权威·前沿·原创

皮书系列为
"十二五""十三五"国家重点图书出版规划项目

进博会蓝皮书

BLUE BOOK OF
CHINA INTERNATIONAL IMPORT EXPO

中国国际进口博览会发展研究报告（No.2）

DEVELOPMENT RESEARCH REPORT OF
CHINA INTERNATIONAL IMPORT EXPO (No.2)

上海研究院项目组／编

社会科学文献出版社
SOCIAL SCIENCES ACADEMIC PRESS (CHINA)

图书在版编目（CIP）数据

中国国际进口博览会发展研究报告.No.2／上海研究院项目组编.--北京：社会科学文献出版社，2020.5
（进博会蓝皮书）
ISBN 978－7－5201－6457－3

Ⅰ.①中… Ⅱ.①上… Ⅲ.①国际贸易-进口贸易-博览会-研究报告-中国　Ⅳ.①F752.61－282

中国版本图书馆 CIP 数据核字（2020）第 051775 号

进博会蓝皮书
中国国际进口博览会发展研究报告（No.2）

编　　者／上海研究院项目组

出 版 人／谢寿光
责任编辑／杨桂凤
文稿编辑／杨桂凤　赵　娜　胡庆英　隋嘉滨　张小菲　庄士龙

出　　版／社会科学文献出版社·群学出版分社（010）59366453
　　　　　地址：北京市北三环中路甲 29 号院华龙大厦　邮编：100029
　　　　　网址：www.ssap.com.cn
发　　行／市场营销中心（010）59367081　59367083
印　　装／天津千鹤文化传播有限公司

规　　格／开　本：787mm×1092mm　1/16
　　　　　印　张：27　字　数：407 千字
版　　次／2020 年 5 月第 1 版　2020 年 5 月第 1 次印刷
书　　号／ISBN 978－7－5201－6457－3
定　　价／168.00 元

本书如有印装质量问题，请与读者服务中心（010－59367028）联系

▲ 版权所有 翻印必究

进博会蓝皮书编委会

编委会主任　李培林
编委会副主任　张国华
成　　　员　（按姓氏笔画排序）
　　　　　　任　琳　周国平　赵克斌　姚枝仲　夏杰长

本 书 主 编　李友梅
本书副主编　林　盼

主要编撰者简介

李培林 法国巴黎第一大学（索邦大学）博士，中国社会科学院原副院长、学部委员，现任中国社会科学院－上海市人民政府上海研究院院长，十三届全国人大社会建设委员会副主任委员，俄罗斯科学院外籍院士；兼任国务院学位委员会委员、"十三五"国家发展规划专家委员会委员、中国博士后科学基金会理事会副理事长、国家社会科学基金评议委员会社会学评议组召集人等。曾获国家有突出贡献中青年专家、国务院特殊津贴专家、百千万人才工程国家级人选、全国留学回国人员先进个人、"四个一批"文化名家、哲学社会科学领军人才等称号。主要著作有：《另一只看不见的手：社会结构转型》、《和谐社会十讲》、《李培林自选集》、《村落的终结——羊城村的故事》、《社会转型与中国经验》、《当代中国民生》（合著）、《当代中国城市化及其影响》（合著）等；主编《社会学与中国社会》、《中国社会形势分析与预测》年度报告（"社会蓝皮书"）等。

李友梅 法国巴黎政治研究院社会学博士，现任中国社会科学院－上海市人民政府上海研究院第一副院长，中国社会学会会长，上海大学教授，上海市决策咨询委员会委员；主要研究领域为组织社会学理论与分析、发达社会中的人类合作机制创新。曾获教育部第二届"高校青年教师奖"、国务院特殊津贴专家、上海市领军人才称号及"法兰西金棕榈骑士勋章"。主要研究成果：《从弥散到秩序——"制度与生活"视野下的中国社会变迁（1921～2011）》（合著）、《中国中产阶层的形成与特征——基于特大城市的经验研究》（合著）、《中国社会治理转型（1978～2018）》（合著）、《组织社会学与决策分析》、《中国社会变迁（1949～2019）》（合著）、《重塑转型期的社会认同》、《从财富分配到风险分配：中国社会结构重组的一种新路径》、《当代中国社会治理转型的经验逻辑》、《关于社会体制基本问题的若干思考》、《进博会的溢出带动效应：中国与世界共同发展的战略机遇》、《秩序与活力：中国社会变迁的动态平衡》、《当代中国繁荣发展的重要密码》等。主持中央"马克思主义理论研究和建设工程"重大项目、国家社科基金重大项目"新时期社会协调机制建设问题研究"、国家社科基金重大招标项目"当代中国转型社会学理论范式创新研究"及教育部哲学社会科学研究重大课题攻关项目"新时期加强社会组织建设研究"。

林　盼　复旦大学历史学系博士，复旦大学社会学系博士后，现为中国社会科学院经济研究所副研究员，中国社会科学院－上海市人民政府上海研究院科研处处长；主要研究领域为经济史、政治经济学、历史社会学。在《中国经济史研究》《开放时代》等学术期刊上发表论文三十余篇，参与编撰《中国国际进口博览会发展报告（No.1）》《上海服务"一带一路"建设报告（2018）》等。

摘　要

第二届中国国际进口博览会（以下简称"进博会"）于2019年11月5~10日在上海如期举行，与首届进博会相比，第二届进博会规模更大、质量更高、活动更丰富。这是中国政府主动向世界开放市场，推动构建互利互惠、包容共赢的开放型世界经济的具体行动和务实举措，有力证明了中国支持多边贸易体制、支持经济全球化、支持贸易投资自由化和便利化，反对贸易保护主义和单边主义的一贯立场。

作为中国社会科学院和上海市人民政府共同创建的研究机构，中国社会科学院－上海市人民政府上海研究院立足上海，放眼世界，服务国家与地方发展战略，于2019年4月编辑出版了全国第一本"进博会蓝皮书"《中国国际进口博览会发展报告（No.1）》，取得了良好的学术反响和社会效应。为了持续跟进进博会这一新生事物并对其加以深入研究，2020年我们将蓝皮书更名为"中国国际进口博览会发展研究报告"，内容和体例仍与往年保持一致。本报告由总报告、分报告两部分构成，围绕经贸、文化、社会、对外开放、品牌等多个维度进行选题，重点关注进博会的溢出带动效应，以及进博会对中国及上海发展的影响。

总报告指出，中国继续举办进博会，体现了以实际行动推进经济全球化和自由贸易投资合作的决心与诚意，展示了中国"共商共筑人类命运共同体"的使命担当。中国继续举办进博会，也为各国经贸发展提供了更多新机遇、新平台和新动力，有力增强了世界与中国共同发展的信心。而进博会永久落户上海，将给上海城市发展带来无限可能性和动力，上海应按照"五个中心"的定位，继续扩大开放，扎实推进各项工作，最大限度地释放进博会的溢出带动效应。

分报告站在全新角度，不仅探讨了进博会与全球治理、世界经济发展及新一轮对外开放之间的关系，还关注进博会促进我国知识产权法治建设、进博会促进虹桥商务区建设、进博会对上海城市外交政策实践的影响、进博会品牌形象塑造等议题，同时继续对进博会促进国际文化和旅游交流合作、进博会推进"一带一路"经贸合作、进博会推动长三角一体化、进博会与自贸区建设、进博会促进上海国际金融中心建设、进博会提升上海城市消费能级等专题进行跟踪研究。

本报告凝聚了中国社会科学院和上海多家高校及科研机构数十位专家的集体智慧，力图以更高的站位、更开阔的视野，对第二届进博会予以全新解读，以高质量发展、高水平开放为目标，深度剖析进博会带来的溢出带动效应。本报告可供相关研究领域的专家学者、业内人士及决策部门参考，也有助于国际学界更加深入地了解进博会的重要价值与深远意义。

关键词： 进博会　对外开放　经济全球化　人类命运共同体　溢出带动效应

目 录

Ⅰ 总报告

B.1 以进博会为契机，推进更高水平的对外开放
　　…………………………………………… 李培林　林　盼 / 001

Ⅱ 分报告

B.2 进博会提升全球治理水平研究………… 任　琳　韩永辉 / 014
B.3 进博会促进经济全球化发展研究……… 吴国鼎　熊爱宗 / 042
B.4 进博会与新一轮高水平对外开放研究 ……… 刘洪愧　张　婷 / 065
B.5 进博会与"一带一路"建设的长效互动机制研究
　　…………………………………………………………… 王玉柱 / 087
B.6 进博会促进国际文化、旅游服务贸易研究
　　……………………… 李　萌　陈文彦　高宇璐　胡晓亮 / 113
B.7 进博会与长三角一体化研究………… 陈晓东　邓斯月　赵丹妮 / 133
B.8 进博会与新一轮自贸区建设研究
　　………………………… 何树全　王晴晴　张婉婷等 / 151
B.9 进博会与上海国际贸易中心建设研究……… 张　昊 / 188

001

B.10 进博会与上海国际金融中心建设研究
　　　　　　　　　　　　　　　 杨　涤　主父海英　禹钟华　胡晓亮 / 221
B.11 进博会与上海城市外交政策实践研究 ………………… 赵银亮 / 242
B.12 进博会与上海科创中心建设联动发展研究 …………… 余运江 / 265
B.13 进博会对上海城市消费能级提升的影响与对策研究
　　　　　　　　　　　　　　　 王春雷　王　强　杨宇晨　涂天慧 / 281
B.14 进博会与虹桥商务区建设研究 ………………………… 何　丰 / 314
B.15 进博会促进我国知识产权法治建设研究
　　　　　　　　　　　　　　　　　　　　　　　 顾　昕　张　鹏 / 338
B.16 进博会品牌形象研究 …………………………………… 叶　俊 / 370

Abstract ……………………………………………………………… / 401
Contents ……………………………………………………………… / 403

总 报 告
General Report

B.1
以进博会为契机，推进更高水平的对外开放

李培林 林 盼*

摘 要： 当今世界"你中有我，我中有你"。全球分工生产、全球价值链的发展把世界各国经济紧密联系在一起。而单边主义、贸易保护主义等逆全球化行为愈演愈烈，地区性冲突不断，新冠肺炎疫情全球肆虐，政治秩序变得前所未有的脆弱，世界经济面临多重挑战。进博会的举办，是中国面向世界、面向未来的长远考量，展示了我国"共商共筑人类命运共

---

* 李培林，研究员，全国人民代表大会社会建设委员会副主任委员、中国社会科学院原副院长、学部委员，俄罗斯科学院外籍院士，中国社会科学院－上海市人民政府上海研究院院长；主要研究领域为发展社会学、组织社会学、工业社会学；林盼，中国社会科学院经济研究所副研究员，中国社会科学院－上海市人民政府上海研究院科研处处长；主要研究领域为经济史、政治经济学、历史社会学。

体"的使命担当。中国持续扩大开放的务实举措以及持续优化的营商环境，为各国提供了更多新机遇，不断增强世界与中国共同发展的信心，推动我国的高质量发展。同时，进博会"落子"上海，将会给城市的发展带来更多机遇，上海应按照"五个中心"的定位，扩大开放，扎实推进各项工作，把进博会溢出带动效应最大化。

关键词： 进博会　对外开放　双边和多边合作　溢出带动效应

习近平总书记指出："举办中国国际进口博览会，是中国着眼于推动新一轮高水平对外开放作出的重大决策，是中国主动向世界开放市场的重大举措。"中国国际进口博览会（以下简称进博会）不仅是一场国际展会，更是我国推动新一轮高水平对外开放的标志性工程以及主动开放市场的重大政策宣示。首届进博会闭幕一年以来，一大批展品落地转化为商品并活跃在国际贸易市场，大量利好政策纷纷落地，一方面满足了国内消费者不断提升的消费需求，另一方面也为国外商品和服务进入中国提供了更加便利和高效的途径，在此基础上，进博会的溢出带动效应不断显现。伴随着第二届进博会的继续举办，中国开放的市场将为国际贸易发展和全球企业成长注入持久动力以及宝贵的信心。

一　进博会是推进更高水平对外开放的有效平台

2019年11月5日，第二届进博会在国家会展中心（上海）开幕。国家主席习近平出席开幕式，并发表题为《开放合作、命运与共》的主旨演讲。来自全球181个国家、地区和国际组织的3800多家企业签约参展，64个国家、3个国际组织参加国家展。展会期间（6天），共有超过50万境内外专业采购商到会洽谈采购，94.6万人次进场，累计意向成交711.3亿美元，比首届进博会增长23%。如此大规模、高水准、高密度的展览会,为全世界企业提供了高标准商业合作平台,展现了中国融入世界经济、坚定支持全球经济开放互惠的信心与决心。

按照"办出水平、办出成效、越办越好"的重要指示精神,第二届进博会的举办更加成熟、更有看点,实现了"规模更大、质量更优、创新更强、层次更高、成效更好"的目标,得到各界的广泛关注与普遍赞誉。第二届进博会主要有以下几大亮点:一是参展规模更大、规格更高。在参加国家展的64个参展国和3个国际组织中,有24个国家首次亮相,除中国以外的39个国家再度参展,范围遍及五大洲。主宾国数量也从首届的12个增加至15个,展会期间各类配套活动超过300场。其中美国参展企业的数量由第一届的170家增至198家,参展面积达到4.75万平方米,居各参展国首位,客观上体现了美国企业对中国经济的长期看好与合作期待。

二是参展企业的水平及展品质量更高。世界500强企业中,超过半数的企业前来参展,不少行业龙头企业莅临盛会,涉及装备、消费、食品、健康、服务五大板块、七个展区,共举办配套活动380多场。全球或中国大陆首发新产品、新技术或服务391件(多于首届进博会),举行53场新品发布活动。比如,德国永恒力叉车公司首发料箱型堆垛机,富士胶片首秀防雾膜等新科技,博世、联合利华、微软、松下、三星等企业纷纷发布"全球首发、中国首展"的新产品、新技术和新服务,展示智能家居、高档家电、医疗仪器、智能机器人、虚拟现实、人工智能及软件技术。

三是交易组织更有成效。进博会着力打造"2+4+18+X"交易组织体系,即在线上线下2个平台、4大采购商联盟、18个交易分团的基础上,新增重点行业、重点领域采购商群体,多层次、多维度地开展招商活动。展前组织招商路演和供需对接会,展中举办配套活动46场,推动采购成交不断掀起高潮。采购企业中,民营企业占58%。采购商品中,46.7%为食品及农产品,19.4%为品质生活产品,4.5%为智能及高端装备产品。不少成交商品是在国内首次露面的新品、精品。此外,在首届进博会31个"6天+365天"一站式交易服务平台的基础上,新认定18个"6天+365天"一站

式交易服务平台，使之成为进口商品、技术和服务进入中国市场的重要渠道。

四是企业连续参展意愿强烈。会场上就有200多家企业预约第三届进博会的企业商业展，截至2020年1月底，有超过1000家企业签约参展，签约展览面积超过50%。尽管新冠肺炎疫情短期内对中国经济运行产生了一定影响，但不少知名外企依旧看好中国经济中长期走势，积极布局，抢抓市场机遇。一些国外企业表示，未来将会加速新产品的引进和落地，把海外的优秀产品尽早地引进中国，特别是推出适合中国市场的产品和解决方案，采用灵活的商业模式，进一步推进本土化，抓住机会，更好地融入中国市场。尤其是在疫情背景下，进博会组织方推出"云签约"服务，受到企业的一致好评。

当今世界"你中有我，我中有你"。全球分工生产、全球价值链的发展把世界各国经济紧密联系在一起。任何国家都不能与世界隔离而得到发展。尤其是对中国这样一个有着庞大经济规模的国家来说，进一步融入全球经济更是唯一的选择。只有实行更高水平的对外开放，才能把国外的优秀产品、先进的生产和管理技术、优质的服务产品吸引过来；只有实行更高水平的对外开放，才能解决我国面临的一些深层次问题，推动经济社会全面发展。

目前，我国经济在融入世界的程度方面还有一些仍待解决的问题，主要体现为：一是我国经济融入全球价值链的程度还不深，一些偏远地区还处于相对封闭的发展状态；二是服务业融入世界的程度还不深，部分服务业领域尚未对外开放或者开放的程度还不够；三是企业的国际化程度还不深，很多企业尚未打开国际市场，"走出去"的企业在经营理念、管理制度等方面同国际先进水平存在差距；四是部分涉外法律法规等营商环境也没有同世界接轨，一些外资企业在中国的经营存在"水土不服"，对中国企业"走出去"也会造成困扰。所有这些，都需要通过进一步的对外开放予以解决。通过举办进博会，有助于我国进一步扩大开放区域和开放领域，使企业进一步国际化，使我国的各种制度进一步与世界接轨，使我国经济更好地融入世界经济。

同时，中国持续扩大开放也是对建设开放型世界经济体系的责任担当。当前，单边主义、贸易保护主义等逆全球化行为愈演愈烈，地区性冲突不断,新冠肺炎疫情肆虐全球,政治秩序变得前所未有的脆弱,这使得世界经济面临多重挑战。在这一背景下,中国经济在世界经济中扮演着越来越重要的角色。近几年,中国经济对世界经济增长的贡献率一直在30%左右,比美国、日本、欧盟的总和还要多(罗坚毅、何晓洁、张勇,2017)。中国已经成为世界经济发展的主要动力。尤其是在世界主要经济体经济增速放缓、全球经济发展动力缺乏的情况下,中国巨大的消费市场和发展潜力给世界经济的发展带来良好的预期,提振了世界各国对经济发展的信心。由中国举办的进博会,为全球优秀企业进入中国市场、各国共享中国经济快速发展的红利,提供了广阔的平台和绝佳的机会。十八届五中全会指出,我国必须积极参与全球经济治理和公共产品供给,增加我国在全球经济治理中的制度性话语权,构建广泛的利益共同体。正如路透社的一篇报道提到的,进博会是推动中国经济发展、提升中国国际地位的重要组成部分。[①] 作为一个经济迅速发展的大国,中国必须更加积极地对外开放,这既是一种责任,也是一项义务。

二 进博会推动更高水平对外开放的机制和途径

从历史和世界维度来看,一国经济要想持续繁荣发展,必须有国际资本和企业参与其中。改革开放以来,外资对我国经济和社会发展起到了重要的促进作用,不但缓解了我国建设资金的短缺、提供了优质产品、缴纳了税收、解决了就业问题,而且还推动了经济体制改革以及营商环境的改善。进博会的举办,将会持续优化进口商品结构、促进服务贸易快速发展,深化我国和参展国/地区的合作,推动国内营商环境优化,更高水平、更深程度地推动对外开放。

---

① John Ruwitch, "China to Use Import Fair to Highlight Trade Credentials," https://www.reuters.com/article/us-china-trade-expo/china-to-use-import-fair-to-highlight-trade-credentials-idUSKBN1XB332, 2019-11-1.

（一）依托进博会，持续优化进口商品结构，促进服务贸易快速发展

长期以来，中国在进口方面奉行"重生产、轻消费"的原则，进口的产品多被用于生产和再出口中间产品。近年来，我国进口的目的逐步从满足工业生产为主，向同时满足产业升级和消费升级转变。一方面，我国通过对从发达国家引进的技术的消化、吸收和再创新，对产业进行升级；另一方面，我国进口发展中国家劳动生产率低的商品，把我国的资源优化配置到高端产业，加速国内产业转型升级。进博会的举办，将会促进我国进口商品类型与结构的转变。进博会在促进高科技高质量的生活用品、医疗器械及医药保健品、食品等商品进口、推动消费升级的同时，也促进和倒逼国内企业进行产业升级。

进博会的举办，为持续扩大进口创造了良好条件。进口便利是扩大进口的前提，其核心是简化进口程序，加快商品和服务跨境的流通速度。近几年，我国相继出台了一系列政策，从金融支持，到建立和完善进口促进体系，培育国家进口促进创新示范区、自由贸易示范区，再到搭建进口促进平台，从不同层面逐步提升了进口的便利化水平，但仍然存在一些阻碍进口的环节，需要通过进一步深化对外开放来解决。

进博会的举办，进一步促进了服务贸易快速发展。当今世界，服务贸易比重不断提高，已经成为推动世界经济增长的新动力。提升我国服务业对外开放程度、发展我国的服务贸易，有助于扩大我国在全球经济贸易体系中的影响力。随着广大人民对物质生活及高端服务业需求的增长，教育、医疗、文化等服务型消费的市场对进口的需求越来越大。我们需要进一步增强进博会在促进服务贸易方面的功能，把更多国外的优质、高端服务引进中国，在满足我国人民群众高品质生活需要的同时，促进我国服务业的升级和发展，带动全国性、区域性服务体系的规范化建设。高水平服务体系属于软环境建设，将会给经济社会发展带来长期正向效应，这是进博会溢出带动效应的重要组成部分。

（二）依托进博会，深化我国和参展国/地区的合作

当今世界形势错综复杂，需要各国进一步加强双边和多边合作，共筑全球伙伴关系网络。一方面，世界经济复苏乏力，逆全球化、贸易保护主义抬头，迫切需要各国携手应对挑战；另一方面，现阶段世界各国的经济实力对比也发生了深刻变化，新兴经济体和广大发展中国家正成为全球经济增长的重要参与者。推动多边贸易体制建设，有助于增加新兴经济体和广大发展中国家在全球治理体系中的话语权，建立更加公正、合理的全球治理模式。

进博会的举办，有利于我国的进口对象从以发达国家和原材料出口国为主，向发达国家、发展中国家和不发达国家并重转变。近几年，中国进口商品的来源国和地区数量不断增加。1979年，中国仅从全球42个国家和地区进口，而到2018年，这一数量有230多个。同时，中国从不同发展程度国家中进口的比重也有所变化，中国从发达国家进口的份额不断下降，而从发展中国家进口的份额在不断增加。我国邀请包括发达国家、发展中国家在内的诸多国家及其企业来进博会参展，能够更好地将这些国家的特色优质产品呈现在中国消费者面前，有利于这些不同类型国家的产品在中国打开市场。

结合中国目前进口贸易的现状以及进一步发展的需要，应该在从传统进口国持续进口的同时，开拓新的进口市场，以进口市场多元化促进我国经济在国际环境多变的背景下稳步增长。首先，巩固与主要贸易伙伴国的交易量，这些国家要么拥有世界领先的技术，要么拥有丰富的资源，继续从其进口有利于促进国内的消费升级，提升国内生产技术水平，缓解双方之间的贸易摩擦。其次，注重扩大从"一带一路"沿线国家和地区的进口，丰富进口产品种类，扩大进口市场来源，形成产品的优势互补。需要指出的是，要扩大从"一带一路"沿线国家尤其是发展中国家的进口，还存在这些国家向中国出口商品的能力不足问题。为此，有必要借鉴举办进博会的思路和形式，打造多元的国际经贸合作平台，包括改造提升专业实体市场，完善跨境电商进口服务平台和交易平台，举办专门针对发展中国家对华出口能力培养的论坛和培训班，等等。

进博会的持续举办，有利于推动和深化中国同世界上其他国家的双边和多边合作。在双边合作方面，进博会涉及一系列商务、外交、两国的政策协调等问题。和贸易伙伴国签订自贸协定是现阶段最流行的合作方式。通过签订自贸协定，签订双方的产品可以更低的关税、更便捷的途径、更低的交易成本进入对方市场，实现互利互惠。中国目前已经与25个国家和地区达成了17个自贸协定，这些国家和地区分布在亚洲、南美洲、非洲、大洋洲等，已经初步形成了高水平的自贸区网络体系。可以预见，随着进博会的持续举办和影响的逐步扩大，参展国从中获得的经济效益将逐渐增加，这些国家会进一步加深和中国的经贸关系，所签订的双边经贸协定会越来越多。在多边合作方面，进博会是一个融进口、出口、外交等于一体的博览会，在举办期间和后续工作中，与不少多边机构有交集和合作。借助进博会这个平台和机制，将有助于推动中国与G20、金砖国家、APEC等多边和区域合作平台进一步合作。此外，着力打造进博会虹桥国际经济论坛，将其作为全球经贸高层次对话交流平台，各方可就国际经贸发展、全球治理完善等议题各抒己见，出谋划策，为国际经贸发展和全球治理提供方案与智慧。

（三）依托进博会，推动国内营商环境优化

开放与改革相互依存、互为补充。通过进博会，有助于推动我国对营商环境等相关领域进行改革，以更好地满足吸引外资的要求。从某种意义上说，我国大力吸引外商投资并不仅仅是为了解决资本短缺问题，更是出于促进公平与开放的投资环境建设的需要。近几年，中国在优化营商环境方面取得了很大的进步。2019年10月公布的《优化营商环境条例》，包括进一步完善投资促进和保护制度、完善知识产权保护法律体系、提供专利申请便利化服务等。根据世界银行发布的《2020营商环境报告》，中国营商环境排名由第46位上升到了第31位。

进博会的举办，有助于营商环境的持续改善。进博会推动一系列营商环境方面的制度创新，例如创新通关制度、引入大数据管理、简化食品企业注册等创新举措，将延长ATA单证有效期、展品可结转特殊监管区等措施的

适用范围扩大至相关展会,采用适应超大客流旅检现场的工作模式,扩大入境展品种类,支持风险水平可接受的农畜产品参展,通过优先境外核查实现在国内市场便利供应。这些措施都值得进行专业评估和深入研判,探讨在进博会结束之后进行推广的可能性。首届进博会举办以来,地方监管部门不断简化手续,"一次性(一张表)申报""一张网审查""进口直通、出口直放",提高监管效率,形成标准一致的货物检查检验制度,打造安全便利、高效廉洁的营商环境新高地。运用大数据、云计算、物联网等新技术,整合进口商品的物流和资金流,实现信息共享,必将降低货运过程中的摩擦成本。①

进博会作为推动高水平开放的重要举措,体现了中国寻求互惠共赢、实现共同发展的诚意和决心。进博会不是中国的"独唱",而是各国的"大合唱",其溢出带动效应将为自由贸易和多边贸易体制的维护、创新包容的开放型世界经济体系的建设提供有力的支撑。进博会新型合作平台的建立和完善,能够更好地发挥中国在推进全球多边贸易进程中的引领作用,有利于参与各方共商共建共享全球贸易治理新规则。

三 进博会为上海城市发展带来更多机遇

"办好一次会,搞好一座城",主场外交已成为我国参与全球治理的重要平台,同时也为主场外交举办地提供了宝贵的发展机遇。进博会落户上海,并且年年举办,这给上海提供了难得的发展机遇。上海应充分抓住机遇,按照"五个中心"的定位,扎实推进各项工作,"走出一条符合特大城市特点和规律的社会治理新路子",使进博会溢出带动效应最大化。

进博会的举办,有利于促进上海对接国际贸易规则的新变化,促进贸易升级。世界各国的企业来进博会参展,相关的国际贸易组织也会参与其中。

---

① 林盼:《进博会带来的不只是贸易量的简单累积,其所带来的制度贡献更大》,《上观新闻》2019年11月8日,https://web.shobserver.com/news/detail?id=187135,最后访问日期:2020年3月10日。

通过和各类参与者合作,上海可以率先调整自己的贸易规则,接轨国际贸易规则,在贸易商品集散枢纽功能的基础上,进一步打造为在岸与离岸、线上与线下贸易活动的发生地和聚集地,深化"6天+365天"一站式交易服务平台建设,将上海建设为基于贸易信息网络的国际贸易中心。此外,中国(上海)自由贸易试验区临港新片区的设立,迎来了自贸区发展的新时代。上海可以把自贸区扩区和进博会制度创新结合起来,使进博会和自贸区进行政策上的对接、平移和复制,实现融合发展。

进博会的举办,有利于进一步增强上海国际金融中心地位。举办进博会是推动人民币国际化的重要契机。根据国际展会的惯常做法,一般在展会期间交易,优先使用展会所在国的货币支付。当来自世界各国的企业来进博会展览和交易时,就会产生对人民币的巨大需求。我国可以重点围绕进博会参展国/地区以及"一带一路"沿线国家/地区,推动这些国家和地区接受人民币作为结算工具。上海作为进博会举办地,可以把自贸区FT账户功能迁至进博会区域,与这些国家/地区的金融机构进行跨境联动。在此基础上,将FT账户的功能逐步拓展,促进经常项目下的人民币跨境结算自由化,利用我国和一些国家签署的货币互换协议,实现这些国家的人民币需求与供给在上海清算市场上的对接。此外,上海可在做好人民币跨境业务的基础上,试点开展离岸市场业务,逐步建设达到国际标准的离岸市场。

进博会的举办,有利于推动上海建设具有全球影响力的科创中心。上海与高科技企业进行合作,共同研发产品,引进高科技人才,促进产业升级换代,培育新兴战略产业,促进创新环境与机制建设,这些都能够有效提升上海的科创水平。同时,进博会还是科创板建设的重要推动力。通过进博会带来的先进资本市场的发展以及监管理念都可用于科创板市场中,国外的资金和机构对科创板的投资,也将促进科创板的健康发展。此外,进博会还会吸引国外的企业投资于科创板企业,或者和科创板上市企业进行合作研究与开发,加快科创中心建设。

进博会的举办,有利于提升上海国际消费城市能级。通过举办进博会，加快上海的对外开放，可以让全球范围内的更多优质企业、商品和服务在上海集聚，打造"上海购物"品牌，提升上海消费能级。进博会对消费能级的溢出带动效应，包括打造国际消费品集散地，吸引更多国际知名零售商和品牌商入驻，从做强新品发布专业平台、打造新品发布地标性载体、完善支持新品发布的创新制度、培育发布新品的服务机构等方面着手，建设具有国际影响力的"全球新品首发中心"。同时，借助举办进博会的契机，营造促进消费升级的软环境，引导国际中高端品牌零售商建立合理的定价体系，打造多层次、具有标识度的商圈，提升餐饮物流保障精准度。上海还应抓住举办进博会的契机，积极争取在国际消费规则制定中的话语权，创新监管模式。

在此次进博会上，首次召开了上海城市推介大会，600多位进博会参展嘉宾出席，进一步向世界传递了中国和上海坚定不移地扩大开放的强烈信号，充分展现了上海开放、创新、包容的城市品格。举办进博会给上海带来的收益，不一定会立竿见影，有些或许需要较长的时间才能见到成效，这就要求我们以发展的眼光看问题。只要打开思路、下大力气把进博会办好，把进博会变成改进上海各项工作的抓手和推进器，进博会一定会为上海创造更多的长期效益。当然，上海对进博会的投入，也需要中央以及国务院相关部委给予资金和政策上的支持，可在政策允许的范围内，给予上海一定的政策优惠，让上海把举办进博会真正看作对自己的长远发展有利的事，而不仅仅是承担国家所赋予的一项任务。

四 结语

当前，新冠肺炎疫情在全球范围内肆虐，为防疫而采取的包括隔离、歇业等措施，导致工厂开工不足，旅游、餐饮、娱乐等服务业大量停业歇业，这使中国经济短期内受到了很大影响。由于中国经济与世界经济高度融合，中国的产业经济是世界产业链中的重要一环，因此新冠肺炎疫情不仅影响中国经济，对全球制造业也产生了一定影响。更令人担忧的是，此次防疫过程中，部分国家和地区表现出以邻为壑的保护主义。这在疫情全球蔓延、世界经济面临危机的情况下，愈发令人担忧。

站在人类命运共同体的高度，中国政府坚定维护全球经济贸易以及产业链的健康发展。2020年2月21日中共中央政治局会议指出，要深化对外开放和国际合作。要加强同经贸伙伴的沟通协调，优先保障在全球供应链中有重要影响的龙头企业和关键环节恢复生产供应，维护全球供应链稳定。要支持出口重点企业尽快复工复产，发挥好出口信用保险作用。要从构建人类命运共同体的高度，积极开展疫情防控国际合作。这体现了中国政府对防疫工作取得最终胜利的信心与决心，也展现了中国作为世界经济增长引擎之一的大国的担当和国际责任。正如《纽约时报》的一篇文章所言，进博会的举办，展现了中国作为国际自由贸易拥护者的形象（Bradsher, 2019）。

长期来看，中国经济增长和全面建成小康社会的节奏不会被打乱，中国经济长期向好的趋势不会变。2020年是全面建成小康社会和"十三五"规划收官之年，是实现第一个百年奋斗目标、为"十四五"良好开局打下更好基础的关键之年。尽管存在新冠肺炎疫情等一系列风险，但中国政府有信心、有能力应对各类风险。从国际交流与合作的情况来看，陷入债务泥潭的欧盟和经济增长缓慢的日本都需要加强与中国的合作，中日、中欧在高新技术、农业、装备制造业等领域合作前景广阔。同时，中国"一带一路"倡议成果逐渐凸显，中国维护自由贸易的努力得到多数国家的认可，越来越多的国家正在分享中国经济快速发展的红利。世界经济产业早已是"你中有我，我中有你"，固执地进行产业切割和经济脱钩是不切实际的。越是经济下行压力大的时候，各国越应该优势互补，搭台唱戏。中国政府坚持举办大规模、高质量的进博会，不仅仅是提供一个机遇和平台，更重要的是给世界一个信号和信心。进博会带来的窗口效应会越发明显，其作为互利互助的国际合作平台的作用显得弥足珍贵。

进博会作为世界上第一个以进口为主题的国家级展会，其顺利举办，已是国际贸易发展史上的创举。在当前的国际、国内形势下，成功举办进博会，拓宽中国与世界经济交流的窗口，夯实中国与世界经济融合的基础，增强世界对中国经济发展的信心，提升中国对世界经济的贡献，具有十分重要的战略意义和历史贡献。我们有理由相信，小风浪阻止不了全球经济融合的步伐，保护主义绝不是历史的主流，开放共享才能共同发展、共同繁荣。

参考文献

罗坚毅、何晓洁、张勇：《中国对世界经济增长贡献率的研究——基于1996~2016年数据分析》，《经济学家》2017年第12期。

Bradsher, Keith. 2019. "Keith China Endorses Free Trade, But Finds Deals Are Elusive," *The New York Times*, https：//www.nytimes.com/2019/11/04/business/china-xi-trade.html? searchResultPosition=8.

分 报 告

Topical Reports

B.2
进博会提升全球治理水平研究

任琳 韩永辉[*]

摘 要： 当今世界正在经历新一轮大发展、大变革、大调整，各国经济社会发展日益密切。全球发展治理体系变革加速推进，全球发展赤字难题亟须破解，其中一个关键点在于解决最不发达国家的发展问题。进博会是中国为解决全球发展赤字提供的"中国方案"，有利于与最不发达国家分享发展机遇，助力最不发达国家拓展中国市场，使其加快融入全球经贸网络、促进本国经济发展、提高国际地位、创造更多的社会财富。但是，目前进博会运营模式仍不够成熟，软硬件设施仍待完善，品牌影响力有待提升，对最不发达国家发展的支持力度

---

[*] 任琳，中国社会科学院世界经济与政治研究所全球治理研究室主任、副研究员，主要研究领域：全球治理、国际多边合作和非传统安全；韩永辉，中国社会科学院世界经济与政治研究所博士后、广东外语外贸大学广东国际战略研究院副教授，主要研究领域：产业政策、世界经济。

还需加大。为进一步发挥进博会对最不发达国家的帮扶作用，需做到两点：一是要在展前、展中、展后各个阶段加大对最不发达国家的宣传和扶持力度，提高最不发达国家对进博会的认知度和参与度；二是要注重对进博会进行品牌化、专业化运作，提高其国际影响力。

关键词： 全球治理　经贸合作　进博会

一　引言

当前，全球大调整、大变革加速到来，全球治理"公共品"的供给明显落后于全球治理需求，现有的全球治理体系已脱离时代发展，加强全球治理、推动全球治理体制变革已成为大势所趋。其中，全球发展治理问题已成为全球治理的一大重要议题。全球发展治理是指国际社会对全球发展的一系列问题进行治理的过程，而缩小发达国家和发展中国家间的发展鸿沟是核心命题之一。从"中心－外围"理论来看，旧有的全球发展治理体系将绝大部分的优质资源要素过度地集中于位于"中心地带"的发达国家，而发展中国家只能在"外围地带"依附于发达国家，造成国家间的贫富差距，且差距逐渐拉大。而其中，最不发达国家（Least Developed Countries，LDC）则处于传统全球发展治理体系的最底层和最外围，这些国家大都发展严重滞后。进入新千年后，最不发达国家和发达国家之间的差距进一步拉大，极大地加剧了全球发展赤字。

中国国际进口博览会（以下简称进博会）的举办正是中国积极参与全球治理，为解决发展赤字提供的"中国方案"。作为集"展会、外交、论坛、人文"四大功能于一身的国家级展会，进博会的国际公共产品的属性不断增强，外溢效应日益明显，中国正利用这个平台积极与全球特别是最不发达国家共享发展机遇，通过进博会扩大从最不发达国家进口，配合针对性的帮扶性贸易政策，促进最不发达国家相关的产业发展，提高其国民收入水

平及政府财政盈余，进而能够有效激发最不发达国家的内生增长动能，助力破解全球治理中的发展赤字问题，推动构建人类命运共同体。

本文聚焦于"最不发达国家"群体，重点分析最不发达国家的整体经济发展、国际经贸活动以及社会公共服务三个方面的现状，然后分析中国与最不发达国家的贸易合作现状，接着全面、深入地剖析进博会影响最不发达国家的作用机制，最后为进一步利用进博会促进最不发达国家经济发展、融入全球经贸体系、破解全球发展治理难题建言献策。

二 最不发达国家发展情况

最不发达国家在国际上有不同的划分标准。联合国根据人均收入、人力资产、人口数量、经济脆弱性四个标准从全球评选出了47个最不发达国家（具体名单见附表1，2019年世界各国/地区发展指数排名见附表2），其中，非洲33个、亚洲9个、大洋洲4个、美洲1个。本研究沿用联合国的分类标准进行分析。

（一）整体经济发展：增长速度显著，但依然悬殊

最不发达国家整体经济增速呈良好态势。2012~2018年，最不发达国家年均GDP整体增速呈波动状态，在全球范围内处于中等水平，虽然低于中国的增速，但与中等收入国家的增速相当，且显著高于全球平均水平。2018年最不发达国家平均GDP增速为4.2%，比全球平均水平（3.0%）高出1.2个百分点（见图1），经济发展增速显著。

近半最不发达国家GDP增速位于高速区间。2018年，GDP增速高于4%的最不发达国家有21个，约占最不发达国家总数的45%；增速在0~4%的为20个，苏丹、安哥拉和也门为负增长。如此"反直觉"的特征事实也说明，一些最不发达国家具备较好的经济发展潜力，全球"脱贫"攻坚取得了一定成果。

部分最不发达国家经济增速居全球前列。2012年至今，部分最不发达

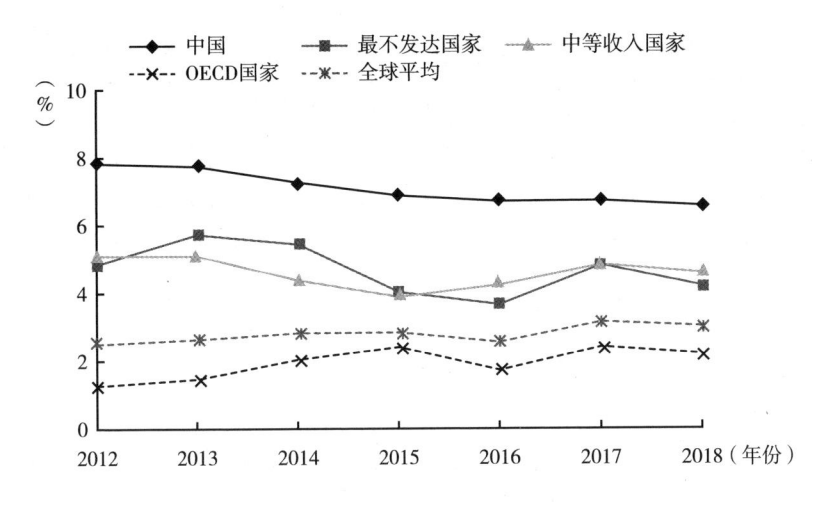

图1 全球各类型国家年均GDP增长情况

资料来源：世界银行公开数据库，https://data.worldbank.org/。

国家的GDP维持了较长时间的高速增长，埃塞俄比亚和几内亚两国的GDP增速连续多年取得了高于10%的增长（见图2），卢旺达的经济发展被称为"非洲奇迹"。这些最不发达国家的经济增速平均高于中国和印度等大型新兴市场两到三个百分点（见表1）。

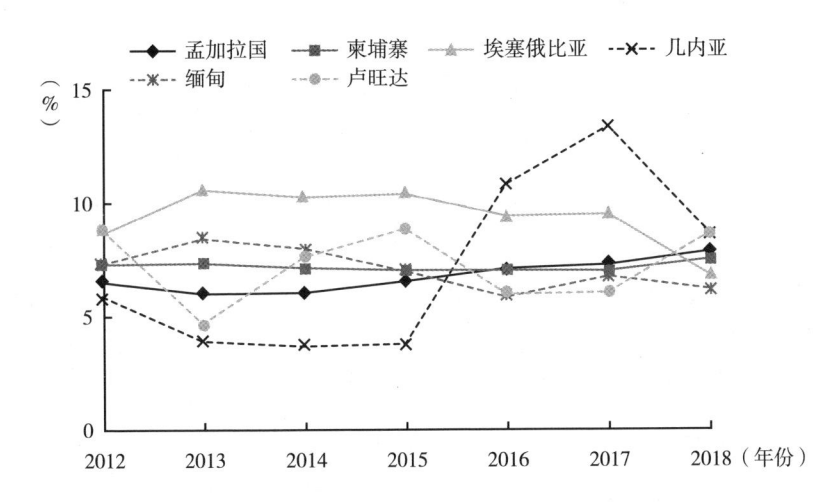

图2 2012~2018年部分最不发达国家GDP增速

资料来源：世界银行公开数据库，https://data.worldbank.org/。

表1 2018年最不发达国家GDP增速排名（前20）

排名	国家	增速(%)	排名	国家	增速(%)
1	卢旺达	8.67	11	尼泊尔	6.29
2	几内亚	8.66	12	缅甸	6.20
3	孟加拉国	7.86	13	乌干达	6.09
4	柬埔寨	7.52	14	吉布提	5.96
5	贝宁	6.86	15	刚果（金）	5.76
6	埃塞俄比亚	6.81	16	坦桑尼亚	5.20
7	塞内加尔	6.77	17	马达加斯加	5.19
8	冈比亚	6.60	18	尼日尔	5.17
9	布基纳法索	6.51	19	马里	4.90
10	老挝	6.50	20	多哥	4.88

资料来源：世界银行公开数据库，https://data.worldbank.org/。

但是，当前最不发达国家的经济发展水平与发达国家和一般的新兴经济体之间仍存在巨大的鸿沟。从GDP占全球的比例来看，最不发达国家仍被锁定于底层劣势位置。2012~2018年，最不发达国家占全球GDP的比例长期维持在1.2%左右，基本没有发生上升变化。而同期中等收入国家组别的整体GDP占比则由34%上升至36%（见图3）。从平均GDP规模来看，最不发达国家与发达国家相差甚远。2018年，最不发达国家平均GDP规模仅为224.07亿美元，而发达国家平均GDP规模为14613.93亿美元，是最不发达国家的65倍多。[①]

从人均国民总收入（GNI）来看，最不发达国家人民生活水平依然极端贫困。2012~2018年，OECD国家的人均GNI依然保持较为强劲的增长态势。而最不发达国家虽从2300美元增长至2900美元，但与OECD国家的差距也从25795美元扩大至42812美元（见图4）。

---

① 资料来源：作者通过世界银行数据计算得出，世界银行公开数据库，https://data.worldbank.org/。

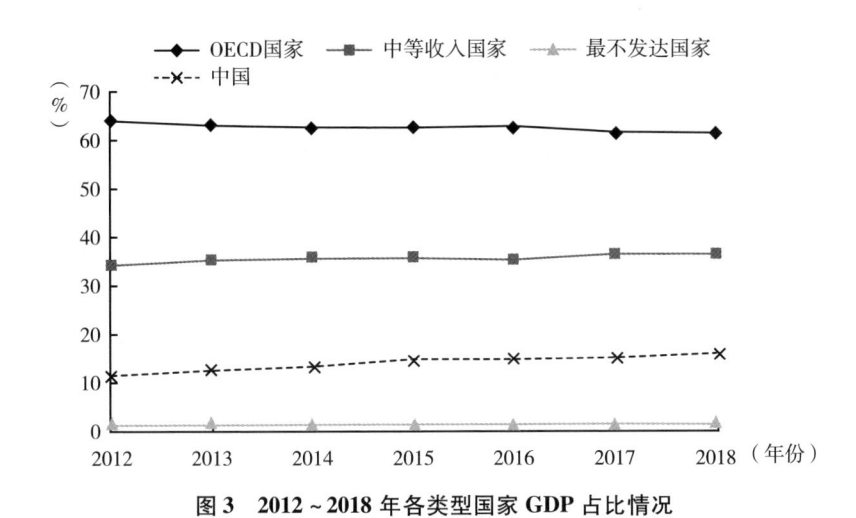

图3　2012~2018年各类型国家GDP占比情况

资料来源：世界银行公开数据库，https://data.worldbank.org/。

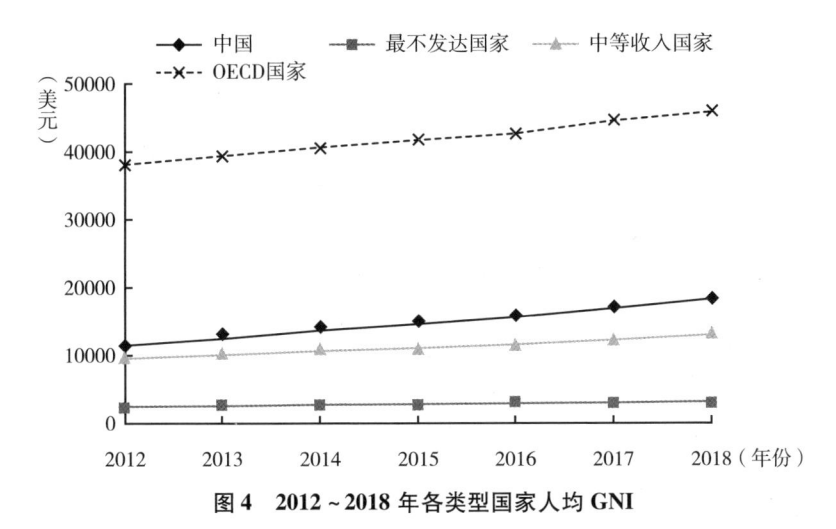

图4　2012~2018年各类型国家人均GNI

说明：GNI为国民总收入，已根据购买力平价调整。
资料来源：世界银行公开数据库，https://data.worldbank.org/。

由此可见，全球发展赤字极其严峻。虽然许多最不发达国家经济发展增速尚可，且部分国家增速稳居全球前列，但最不发达国家经济发展规模较小，同中等及以上收入国家的差距逐渐拉大；最不发达国家人民仍然处于极端贫困状态，全球"扶贫"任务依然艰巨。

（二）国际经贸活动：贸易发展动能较弱，对外资吸引力不足

最不发达国家未能融入国际贸易网络。2012～2018年，最不发达国家整体进出口贸易发展呈波动上升状态（见图5）。但相较于中国，最不发达国家的贸易规模极小，基本上仅为中国的10%左右（见图6），意味着最不发达国家的国际贸易潜力激发不足，产品竞争力有限，比较优势未充分利用。

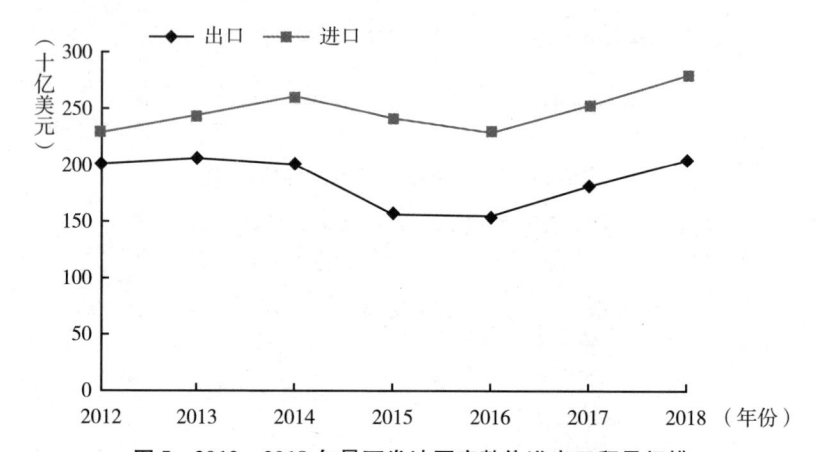

图5　2012～2018年最不发达国家整体进出口贸易规模

资料来源：世界银行公开数据库，https://data.worldbank.org/。

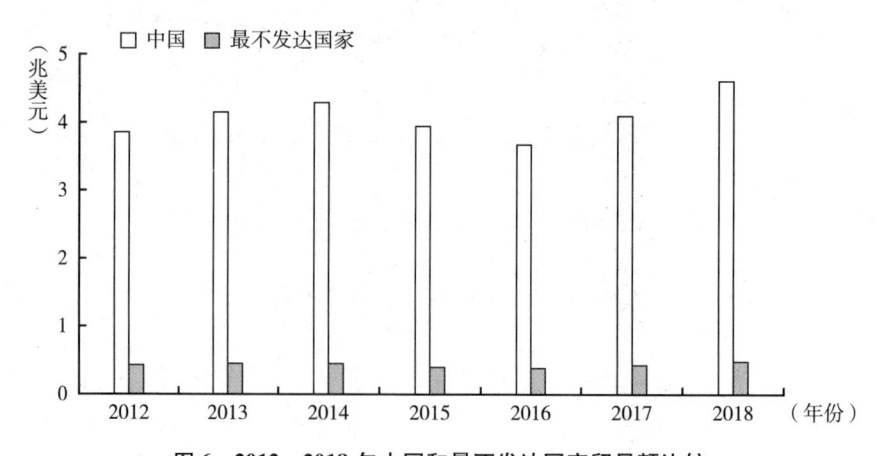

图6　2012～2018年中国和最不发达国家贸易额比较

资料来源：世界银行公开数据库，https://data.worldbank.org/。

最不发达国家对 FDI（对外直接投资）吸引力较为有限。2018 年最不发达国家吸收的外资为 204.15 亿美元，占全球利用外资总额的比重为近 7 年之最。但是相较于其他国家和地区，最不发达国家吸收的 FDI 规模较小。2018 年，流入所有最不发达国家的 FDI 规模仅为中国（2034.92 亿美元）的约 10%，仅占全球 FDI 规模的约 1.7%（见图 7）。

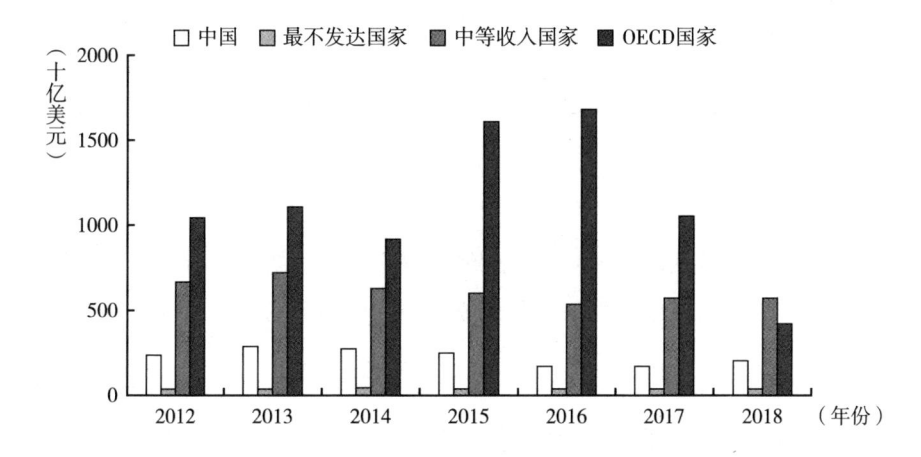

图 7　2012~2018 年各类型国家吸收的 FDI 规模

说明：中等收入国家包含中国。
资料来源：世界银行公开数据库，https://data.worldbank.org/。

最不发达国家营商环境整体偏差，部分国家排名靠前。从表 2 可知，2019 年，最不发达国家营商环境便利化分数整体偏低，排名整体靠后，大部分国家位于 160 名以后。国家间营商环境差距明显，其中 2019 年卢旺达以 76.5 的高分位列全球第 38 名，索马里则以 20 分的最低分被评为全球营商环境最差的国家。

表 2　2019 年部分最不发达国家营商环境便利化情况

单位：分，名

国家	营商环境便利化分数	营商环境便利化排名
卢旺达	76.5	38
吉布提	60.5	112
贝宁	52.4	149
布基纳法索	51.4	151

续表

国家	营商环境便利化分数	营商环境便利化排名
科摩罗	47.9	160
布隆迪	46.8	166
孟加拉国	45.0	168
安哥拉	41.3	177
阿富汗	40.1	173
乍得	36.9	182
中非共和国	35.6	184
索马里	20.0	190

说明：全球共计190个国家参与排名。
资料来源：世界银行公开数据库，https://data.worldbank.org/。

由此可见，最不发达国家在全球经贸网络中处于劣势。相较于其他国家和地区，最不发达国家进出口贸易规模极小，吸引外资能力有限，这与其较差的营商环境也有一定关系。

（三）社会公共服务：教育医疗发展滞后，人民生活极度贫困

最不发达国家人口规模大，增速快。2012～2018年，最不发达国家的人口规模从8.77亿人增加至10.1亿人，占全球总人口的比重从12.37%增长至13.30%（见图8）。由于最不发达国家基本处于贫困状态，因此其人口规模的逐步增大加大了全球公共服务事业的压力，也提高了全球的扶贫难度。

最不发达国家人均预期寿命增长缓慢，水平远低于其他国家和地区。2012～2017年，虽然最不发达国家的人均预期寿命从62.52岁增长至64.71岁，但是同中等收入国家和OECD国家相比还存在较大差距。2017年，OECD国家的人均预期寿命为80.14岁，比最不发达国家整整高出15.43岁（见图9）。人均预期寿命极低一方面体现出最不发达国家贫穷的社会现实，另一方面体现出该区域落后的基础设施建设及医疗水平。

最不发达国家基础教育发展远低于全球平均水平。近年来，虽然最不发达国家的教育水平在逐渐提升，但是同OECD国家，甚至是中等收入国家相比仍存在显著差距。2018年，最不发达国家初等教育完成率从2012年的

图8 2012~2018年最不发达国家人口规模和占全球人口比重情况

资料来源：世界银行公开数据库，https://data.worldbank.org/。

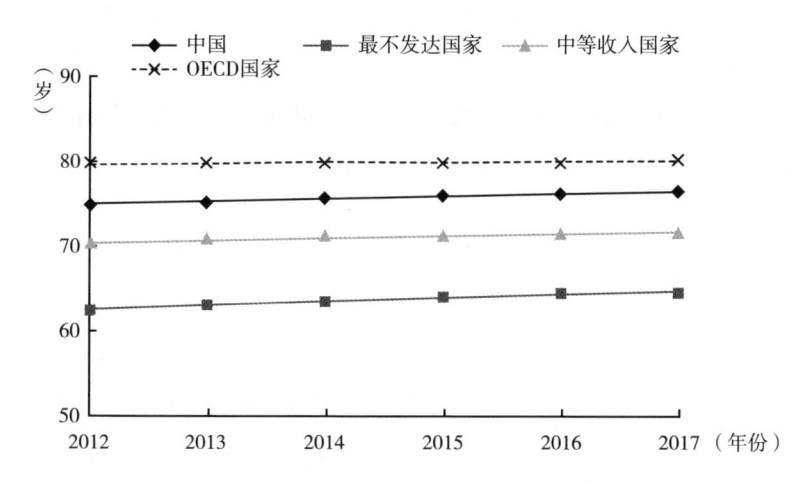

图9 2012~2017年各类型国家人均预期寿命变化

说明：中等收入国家包含中国。

资料来源：世界银行公开数据库，https://data.worldbank.org/。

68.29%增长至71.66%，但相较于OECD国家，差距仍较大。OECD国家2018年初等教育完成率为98.27%，比最不发达国家高出26.61个百分点，意味着OECD国家基本所有公民都完成了初等教育。而最不发达国家教育水平低下的重要原因之一便是国家财政支出的不足。

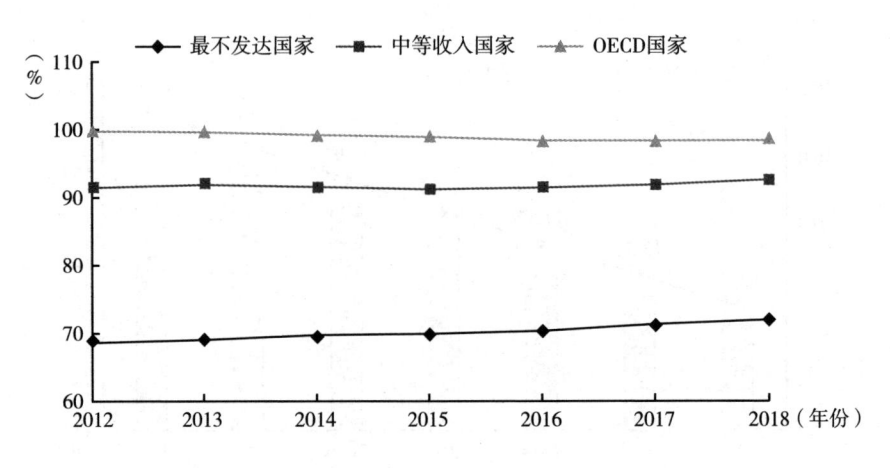

图10 2012~2018年各类型国家初等教育完成率

资料来源：世界银行公开数据库，https://data.worldbank.org/。

由此可见，最不发达国家人口规模大、增速快，但是人均预期寿命和人口受教育程度偏低。这说明最不发达国家医疗卫生、教育等公共基础设施严重缺乏，人民极度贫困且素质较低，从而不仅增加了最不发达国家的发展负担，也不利于新型全球治理体系的建立及人类命运共同体的构建。

三 中国与最不发达国家经贸合作现状

中国是推动全球治理体系和治理制度变革的主要力量，同最不发达国家的经贸合作日益密切，在推动最不发达国家摆脱贫困方面的重要性不断增强。中国对最不发达国家的贸易差额由逆差转为顺差。2012~2018年，中国对最不发达国家出口整体呈增长态势，从498.07亿美元增长至724.08亿美元；进口呈周期性波动，在400亿至600亿美元之间徘徊。2016年贸易差额由之前的贸易逆差逐渐演变为贸易顺差，且顺差规模较大。2018年，中国对最不发达国家的贸易顺差达178.31亿美元（见图11）。

中国是最不发达国家重要的外部市场。2014~2018年，中国从最不发达国家的进口额占最不发达国家对外出口总额的比重整体维持在1/4左右的水平（2014年为36%），与欧盟28国的地位相当，远高于美国所占比重（见图12）。

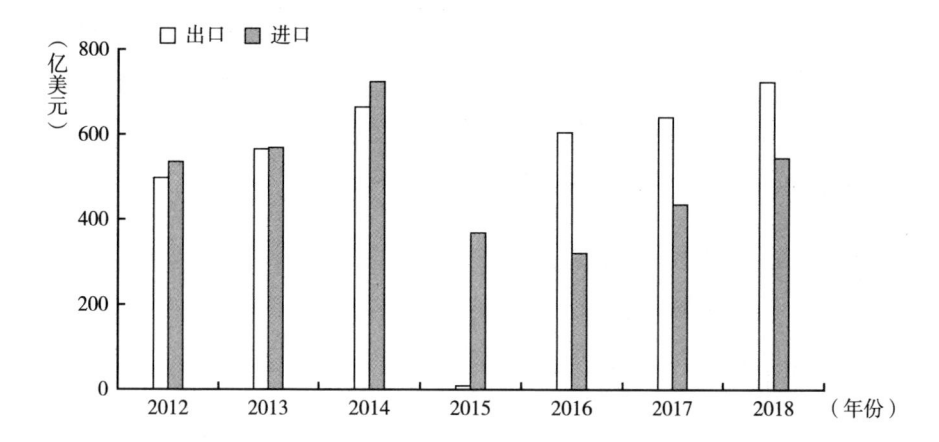

图11　2012~2018年中国对最不发达国家贸易规模

说明：根据 UN Comtrade 数据，2015年中国对最不发达国家出口值仅约为3.2亿美元。
资料来源：世界银行公开数据库，https://data.worldbank.org/；联合国贸易和发展会议，https://comtrade.un.org/。

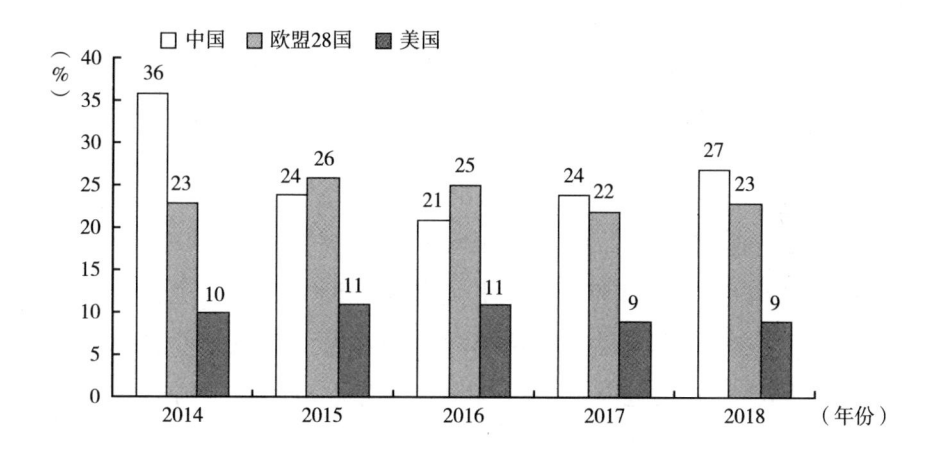

图12　2014~2018年各国从最不发达国家进口额占比情况

资料来源：世界银行公开数据库，https://data.worldbank.org/；联合国贸易和发展会议，https://comtrade.un.org/。

中国从最不发达国家进口规模不断扩大，最不发达国家在中国进口贸易体系中的地位进一步提高，但仍有较大提升空间。2018年，中国从最不发达国家进口的总额占总进口额的3%，同中国从美国进口所占比重（7%）

相比有较大差距，但这一差距有缩小趋势，且最不发达国家有逐渐赶超越南在中国进口贸易体系中地位的发展态势（见图13）。这说明中国从最不发达国家进口的潜力还有待深入发掘。而进博会为中国加大从最不发达国家进口的力度提供了重要抓手，使双方合作前景进一步明朗。

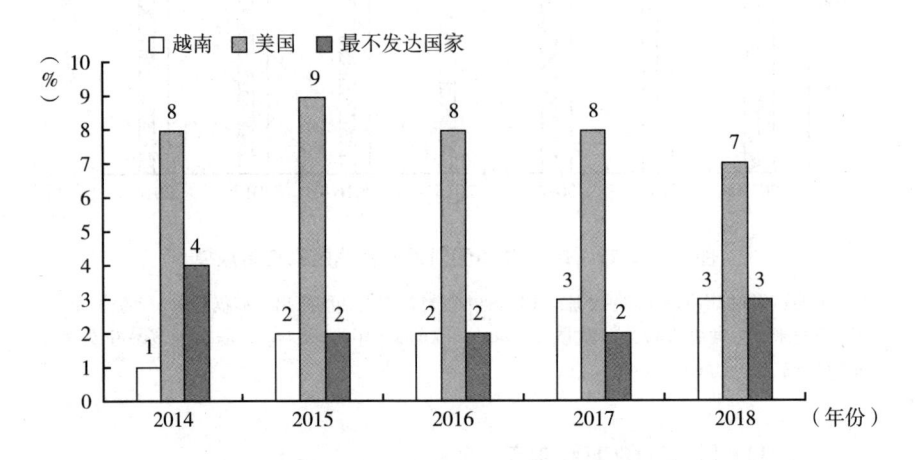

图13 2014~2018年中国自各国进口占比情况

资料来源：世界银行公开数据库，https://data.worldbank.org/；中国历年统计年鉴。

中国从最不发达国家进口高度集中于少数国家，进口来源多元化不足。对华出口额居前十位的最不发达国家均为亚非国家，非洲国家（除坦桑尼亚）大多向中国出口，亚洲国家（除老挝）则从中国进口多。从排名次序来看，中国对最不发达国家的贸易规模递减较快，其中进口规模的递减梯度更加陡峭（见图14）。中国的进口高度集中于少数国家。2018年，中国从安哥拉进口额占从最不发达国家进口总额的比重高达47%，刚果（金）为9%，缅甸为9%，进口规模居前十位的国家占中国进口总额的比重超过90%（见图15）。

中国从最不发达国家进口产品高度集中于非金属矿物产品及相关制品（矿产品）。2018年矿产品进口规模达360.77亿美元（见图16），占中国从最不发达国家进口总额的比重高达66.1%（见图17）。其中，对非金属矿物产品及相关制品的进口高度集中于安哥拉（主要为石油进口）。2018年，中国从安哥拉进口的矿产品占中国从安哥拉进口总额的99.8%，占了中国从最不发达

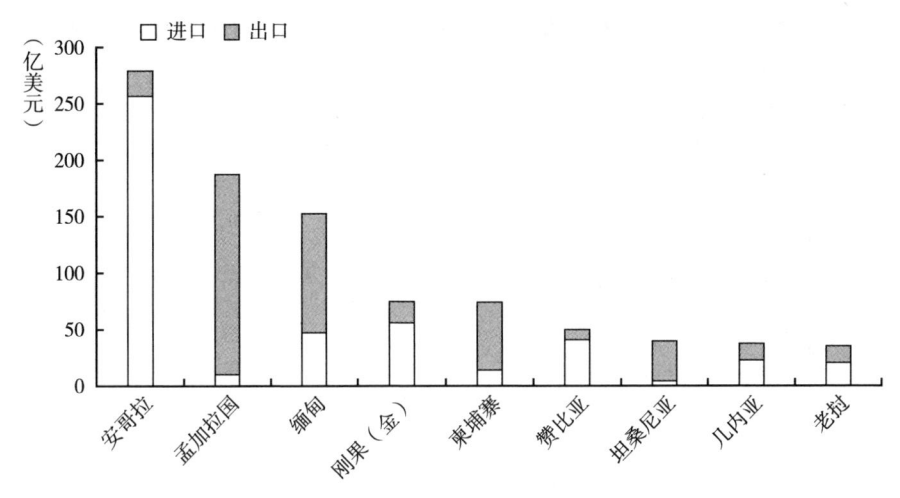

图14　2018年中国对部分最不发达国家贸易规模（前九）

资料来源：联合国贸易和发展会议，https://comtrade.un.org/。

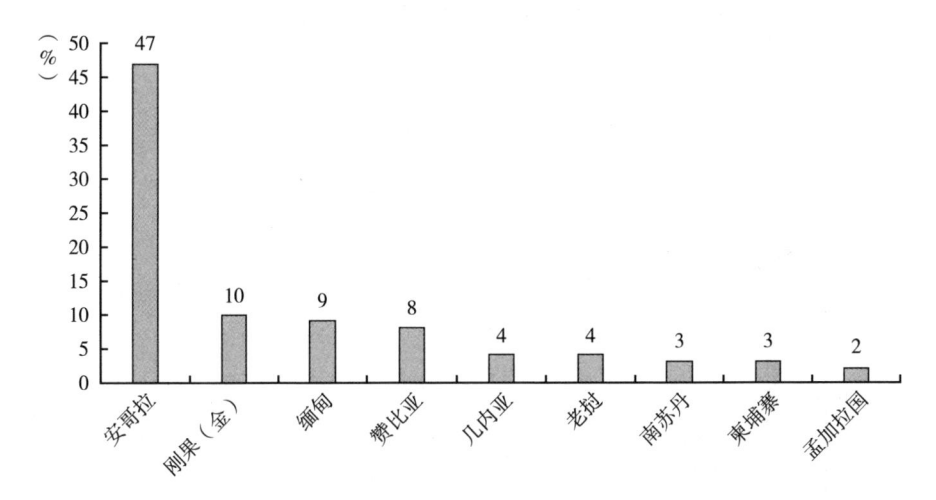

图15　2018年中国从部分最不发达国家进口占比情况

资料来源：联合国贸易和发展会议，https://comtrade.un.org/。

国家进口矿产品的71%[①]。从时间变化来看，从最不发达国家进口非金属矿物产品及相关制品（主要是石油）的来源逐渐多元化，从安哥拉的能源进口

---

① 资料来源：项目组根据联合国贸易和发展会议数据整理得出，http://comtrade.un.orgl。

呈波动下降趋势，但安哥拉在最不发达国家对华能源出口中依然占据绝对的主导优势（见图18）。

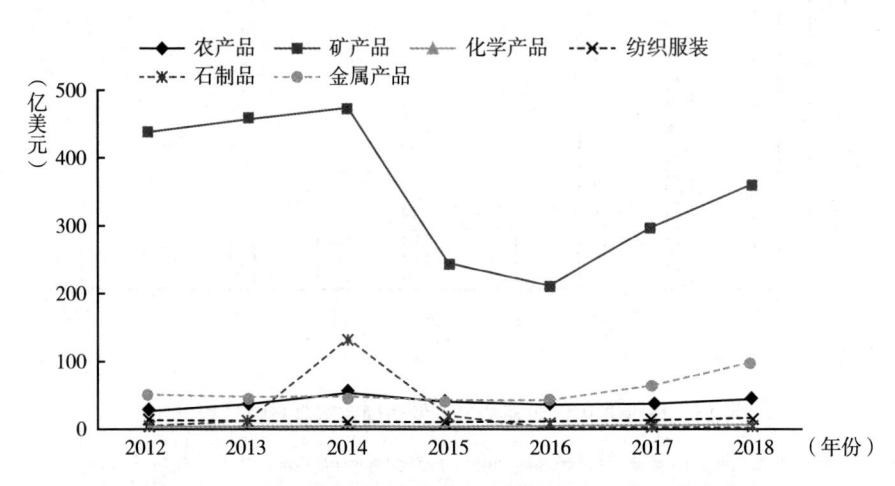

图16　2012~2018年中国从最不发达国家进口规模（按产品分）

说明："矿产品"指非金属矿物产品及相关制品，"金属产品"指贱金属矿物产品及相关制品，"石制品"指陶瓷、石材、玻璃、贵金属矿物及宝石类相关制品。

资料来源：联合国贸易和发展会议，https：//comtrade.un.org/。

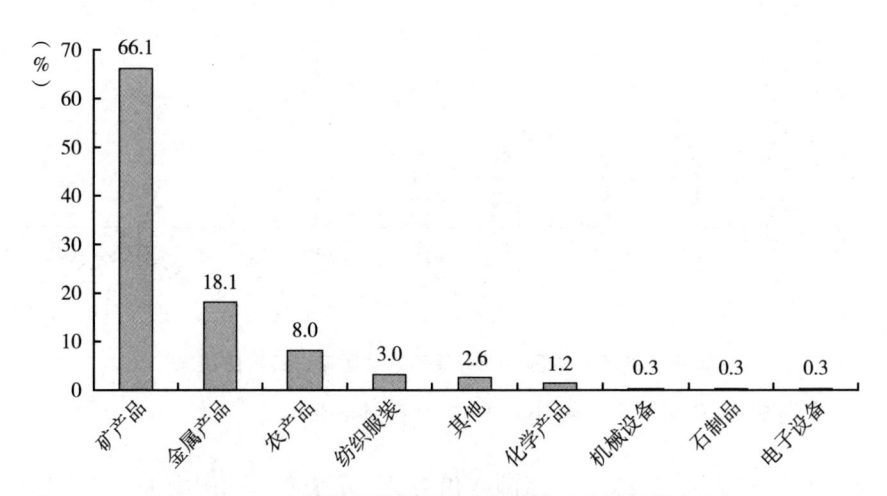

图17　2018年中国从最不发达国家进口产品规模占比

说明：1. 运输设备产品占比太低，因此不予显示。
　　　2. "矿产品"指非金属矿物产品及相关制品，"金属产品"指贱金属矿物产品及相关制品，"石制品"指陶瓷、石材、玻璃、贵金属矿物及宝石类相关制品。

资料来源：联合国贸易和发展会议，https：//comtrade.un.org/。

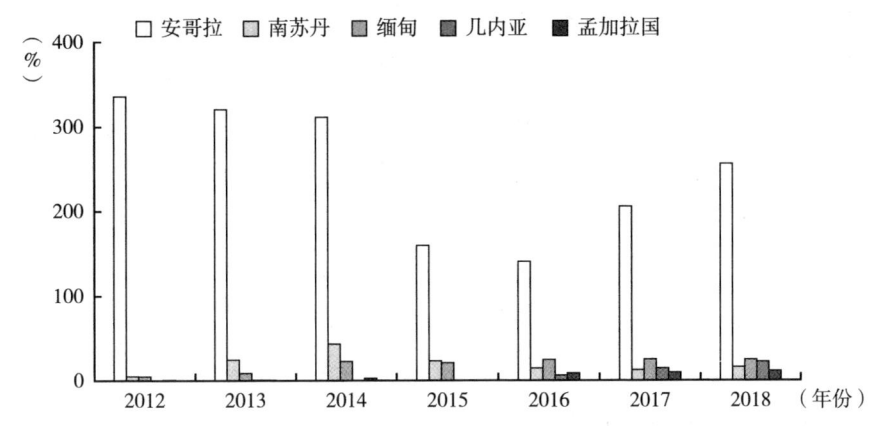

图 18　2012～2018 年中国从最不发达国家进口非金属矿物产品及相关制品规模占比

资料来源：联合国贸易和发展会议，https://comtrade.un.org/。

最不发达国家资源类产品对中国的进口吸引力逐渐增大，而农产品、纺织服装等产品对中国来说进口需求规模有限。中国从最不发达国家进口金属产品占比近年加速上升，2018 年占比达 18.1%，其中尤其以从刚果（金）和赞比亚进口占比增长最快和进口规模最大。但农产品及纺织服装等最不发达国家具备"比较优势"的产品类型进口规模有限，2018 年，中国从最不发达国家进口农产品所占比重仅占从最不发达国家进口总额的 8%，进口的纺织服装仅占 3%。

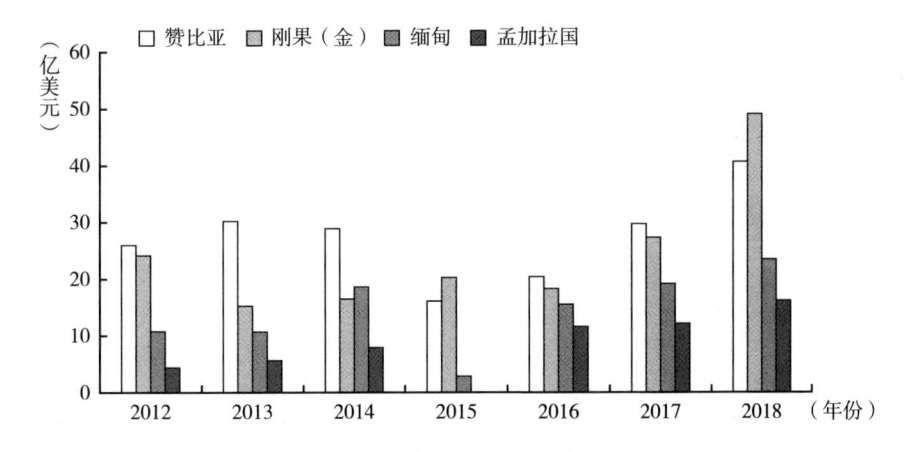

图 19　2012～2018 年中国从最不发达国家进口金属产品规模（前四）

资料来源：联合国贸易和发展会议，https://comtrade.un.org/。

由此可见，中国市场对最不发达国家的重要性显著提升。虽然最不发达国家对中国的出口额占比不及美国等主要进口国，但是最不发达国家在中国进口贸易体系中的地位逐步提升。从进口贸易来看，中国从最不发达国家的进口贸易规模不断扩大，进口占比稳中有升，且逐步逼近越南，同美国的差距有所缩小。从进口国情况来看，中国从最不发达国家的进口比较集中，以安哥拉为主。从进口商品结构来看，中国对最不发达国家的资源类产品较为依赖，而对农产品、纺织服装等消费品进口相对较少。

在保护主义、单边主义抬头，国际形势复杂严峻的背景下，特别是在中美贸易摩擦带来的经贸关系紧张的情况下，中国应该坚持开放、合作、共赢的原则，进一步加大同最不发达国家的贸易往来。一方面，助力最不发达国家加大出口、增加外汇储备、提升国际竞争力；另一方面，有利于提升最不发达国家综合实力，增强发展中国家在国际事务中的集体话语权。

四 进博会与最不发达国家

进博会既是中国向全球展示自身发展的窗口，又是向全球分享发展机遇的平台。中国举办进博会顺应了全球开放发展的时代潮流，是中国捍卫多边贸易体制、反对贸易保护主义提供的"中国行动"，是中国推动全球治理变革提供的"中国智慧"，有利于激发全球贸易活力，促进经济全球化，构建人类命运共同体。

（一）进博会对中国的意义：展示中国，拥抱世界

进博会的成功举办体现了中国强大的消费能力以及继续加大对外开放的坚定决心，对进一步提升中国在全球价值链中的国际话语权的意义重大。第一，进博会有助于扩大中国进口规模，促进中国进出口贸易平衡，减少贸易摩擦。第二，进博会有助于满足国内对高端技术产品以及多样商品的需求，满足人民日益增长的生产生活需求，提升人民的幸福感。促使部分海外消费回流，进而激发国内市场消费潜力，打造新的消费动能。第三，进博会有助

于"倒逼"国内企业转型升级，加大创新投入，提高技术实力。受到国外优质多样的产品的威胁，国内企业迫于市场压力提高产品质量，以增强企业竞争力。第四，进博会有助于提升中国国际贸易地位，增加贸易规则制定中的话语权。中国进口规模的扩大意味着全球产品的销售对中国依赖度的提高。根据波特五力模型可知，中国这个"庞大"的采购商将不仅在贸易规则方面，而且在整个全球治理体系方面均享有越来越大的话语权。

（二）进博会对最不发达国家的意义：分享中国发展红利，提高经济发展水平

进博会给最不发达国家提供了分享中国发展红利和走向全球的机遇。由于在首届进博会上获得了较好收益，因此，最不发达国家对第二届进博会更加重视。从这两次参展情况来看，最不发达国家参加进博会积极性有所提高。在首届进博会上，47个最不发达国家中有25个最不发达国家的100家中小企业参展。在第二届进博会上，有40个国家的企业前来参展，覆盖率从53%增长至85%。

1. 助力最不发达国家拓展中国市场，分享中国发展红利

中国是最不发达国家最重要的贸易合作伙伴之一，但是贸易合作的潜力尚未被充分激发。

第一，中国拥有全球18%的消费市场。[1] 中国拥有近14亿消费人口，人民生活水平不断提升，购买力增强，显示了巨大的市场前景。在中国，一线城市的消费能力已经能够与发达国家看齐；来自三四线城市、县城和农村的庞大群体日益成为中国的消费新力量。[2] 中国市场是世界眼里的香饽饽，最不发达国家也应当参与分享庞大的中国市场。据了解，多数最不发达国家参加进博会的主要意图是向中国消费者宣传该国的产品。

---

[1] 全球18%的消费市场，主要是依照人口占比计算的。2018年，中国人口数为13.95亿人，全球人口数为75.94亿人，中国人口数占全球的比重为18%。

[2] 资料来源：《天猫2019运动消费趋势报告》，中文互联网数据咨询网，http://www.199it.com/archives/982241.html，最后访问日期：2020年3月20日。

第二,进博会有利于连接最不发达国家的"供给"与中国的"需求"。进博会为双方提供了良好的线下展示、交流、商谈平台,有利于最不发达国家拓展中国市场,扩大对中国的出口规模。一方面,进博会使得加纳等国家第一次将自己的产品带入中国市场;另一方面,进博会使参展的最不发达国家获得了来自中国的大额订单。如卢旺达一个经营辣椒的农业企业获得了向中国出口1500桶辣椒油的价值200万美元的合同(袁野,2019)。尼泊尔对中国出口的展会商品总计达21亿尼泊尔卢比(1美元约合110尼泊尔卢比),包括雕塑、绘画艺术品、菩提子、面条、羊绒围巾、中药材等。由于首届进博会带来了良好的经济效益,因此尼泊尔政府对第二届进博会更加重视(宁林,2019)。

第三,进博会促使中国同最不发达国家的贸易往来实现了国家和商品多元化。依托进博会这个展示和交易平台,中国逐步拓展多元合作主体及合作范围,而不仅局限于安哥拉等个别国家以及非金属矿物产品及相关制品等单一资源类产品。例如,马达加斯加的大龙虾、腰果、辣椒、香草,孟加拉国的黄麻手工艺品,老挝的茶叶,阿富汗的手工毛毯,赞比亚的蜂蜜、珠宝、手工制品,卢旺达的咖啡、茶、辣椒和手工制品等受到中国消费者的喜爱以及大量购买。[①] 进博会的"带动作用"促使中国不断开拓新的贸易主体和交易商品,与最不发达国家的合作伙伴关系进一步密切。

2. 助力最不发达国家扩大吸收外资,融入全球商业网络

最不发达国家吸收的外资规模极小,是其陷入贫困、营商环境差的因素之一。作为极度贫困的国家,外资的引进规模大小直接影响到该国整体经济发展水平以及社会福利水平的高低。进博会不只是商品交易平台,还是一个促进多方资源汇聚的平台,能发挥资源集散和商品交易的辐射作用,提高最不发达国家对外资的吸引力。例如,进博会期间,卢旺达在展位上通过向参展者提供投资卢旺达的包括交通、旅游业等产业的相关资料,吸引了来自中国企业的投资。此外,通过系列招商引资活动,中国不

---

① 资料来源:根据商务部官网整理,http://www.mofcom.gov.cn/。

少省区市与有关国家的企业签署了投资合作协议，其中也不乏部分最不发达国家。

3. 助力最不发达国家增加外汇储备，扩大政府盈余

一个国家的外汇储备往往反映该国的经济实力以及应对外部风险的能力，与其经济对外开放程度低、对外贸易规模小有关。进博会作为联通买方和卖方的重要平台，有利于最不发达国家增加外汇储备，扩大政府盈余，完善国内相关基础设施，为民众提供更多福利。第一，凭借自身特色的产品以及丰富的自然资源，依托进博会，最不发达国家出口规模的扩大有利于增加其外汇收入，提高该国应对贸易风险的能力。第二，外汇收入的增加意味着国家财政收入基础将更加牢固，为加大本国水电、教育、医疗等基础设施建设或是促进其他产业发展提供有力支撑。第三，伴随着最不发达国家政府对各产业投入支出的不断增加，最不发达国家就可以为其国内创造众多的就业机会，降低本国的失业率，增加人民收入，提高人民的生活水平。

4. 助力最不发达国家引进技术，发挥产业"比较优势"

最不发达国家存在的普遍共性即产业发展比较落后。绝大多数国家以农业和传统工业为主，虽然本国有着良好的农业或者矿产资源，但是由于缺乏相关的加工技术和设备，最不发达国家出口产值偏低。以非洲的服装业为例，由于生产设备和技术落后，虽然非洲棉花的品质很好，但是其仍以原棉出口为主，经济效益非常低。

而依凭进博会这一平台，一方面，最不发达国家可以吸纳海外投资，进而优化本国生产设备，提高生产技术，促进本国工业的发展，提高产业效益。以非洲某产棉国为例，该国的工作人员在参加进博会时表示，他们提出了涵盖棉花全产业链，从棉种研究、棉花品质提升到棉花制品加工的"棉花路线图计划"，由于无法独立完成，因此他们特意前来参展，以获得中国政府和企业在资金方面的支持，从而实现"棉花救国"的目标。另一方面，展会为各国在技术、服务方面的交流提供了一个平台，促使最不发达国家加深对现在前沿科技的认识，进而激励政府加大对科技的投入，提

高本国的研发支出,并通过政府间的协商,以较低成本(低于市价)扩大从其他国家进口设备的规模,同时,积极引导本国的龙头企业加大研发投入和扩大设备进口规模,进而提高本国的生产效率,延伸"优势"产业发展链条,提升经济效益。

5. 助力最不发达国家提高人才素质,吸引优质要素集聚

进博会不仅为最不发达国家提供免费的珍贵展览摊位,让其产品走进中国,而且积极发挥分享、教育的功能,为最不发达国家培训人才,提高其人员素质,如依托虹桥国际经济论坛开展的活动。该论坛为国际社会提供了理解中国创新型发展方式的思想交流阵地,也是政策沟通的主要平台,还是一个以全球治理和南南合作为导向的交流互动平台。两次进博会期间该论坛均就贸易政策、贸易发展和全球化理念等进行了交流和思想交锋。同时,该论坛注重发挥咨询角色的作用,为全球各国,特别是最不发达国家提供了实时了解中国市场信息、学习中国发展经验的机会。此外,进博会还为最不发达国家专门举办了培训会,如对贸易促进委员会、海关等部门人员进行跨境业务知识等方面的培训,提高了人员素质。随着最不发达国家被全球认知程度的逐渐提升,其国内的市场潜力将进一步被挖掘,外商投资的不断涌入将驱使人才争相涌入,从而为最不发达国家的经济建设提供人才保障和创新动能。

五　下一步的对策

进博会是中国的发展机遇,也是世界的发展机遇,为了进一步破解全球四大制度赤字,破解人类命运共同体的伟大命题,中国和进博会还需在平台建设、营销推广、品牌运营、规则对接等多方面发力。

(一)积极参与国家贸易规则制定,打造全球贸易治理新平台

当前,保护主义势力崛起,自由贸易发展受到限制,世界贸易组织功能相对弱化。进博会作为一个常设性的主场外交平台,专注于国际经贸合作的

促进，未来可以将其打造成各国经贸政策的协调平台，推动其与世界贸易组织合作的机制化，并将最不发达国家作为重点保护对象，为其制定更加优惠的政策，以促进最不发达国家经济的进一步发展，使其尽早摆脱贫困。具体措施有以下几点。第一，完善进博会制定的知识产权保护条例及相关实施细则等一系列条例，保证其符合中国的法律精神，同时，有效对接我国已经签署的《与贸易有关的知识产权协定》等一系列国际法律条例。第二，企业可向国家申请对从最不发达国家进口商品进一步减免或降低关税，从而鼓励中国企业加大从最不发达国家进口商品的规模。第三，进一步落实联合国《2030年可持续发展议程》，在人、财、物、技术等多方面加大对最不发达国家的扶持。加强同参展的最不发达国家的其他经贸规则对接，以参加进博会为契机，双方签订谅解备忘录，以制度便利促进中国同最不发达国家的经贸合作往来。

（二）以现代信息技术为抓手，培育展会数字经济发展新动能

大力依托人工智能、大数据、云计算、物流网等现代化信息技术，完善展会相关的服务配套设施，助力最不发达国家利用好展会资源。第一，继续完善进博会的官方网站系统和页面设计，如语言种类可以更加丰富，从而尽可能满足绝大多数国家的需求。为了进一步服务于最不发达国家经济的发展，可在国家馆栏目的显眼位置再增添一个"最不发达国家"窗口，从而提升最不发达国家的曝光度。第二，大力打造"随身行进博会"和"网上媒体中心"，完善相关信息配套服务功能，不仅让最不发达国家实时掌握进博会的商品情况以及相关交易进展情况，而且为其提供有关进博会的相关体制机制、上海的营商环境、中国进出口贸易的优惠政策等促进贸易便利化的相关信息。第三，继续完善一站式跨境电商服务平台，打造O2O生态，将线下展示和线上交易充分结合，充分利用网络资源，打造智慧交易平台，针对最不发达国家，可以鼓励本国跨境电商平台同进博会合作，加大对最不发达国家的市场布局，建立电子商务合作机制，利用跨境电商扩大中国对最不发达国家的采购规模。

（三）创新多种宣传方式，构建四通八达的营销网络

进口展会采用"6天+365天"经营模式，实现6天集中展览，全年售卖。为了最大限度地助力进博会全阶段、全方位营销，应不断创新宣传方式，丰富宣传内容。

在展会前期做好宣传。应通过联合商务部、上海市政府等官方资源，并联手央视、各大地方卫视等媒体，携手微博、微信、抖音、B站等新型媒介以及报纸、广播等传统媒介全方位对进博会进行预热宣传。拍摄参展流程知识科普小视频（翻译成多国语言），并在各大平台投放或者是前往最不发达国家开设进博会展点，现场为当地企业答疑解惑，使最不发达国家对参展流程更加了解。

在展会中期做好服务。应该利用展会摊位的海报、宣传册等形式的硬广以及视频投屏等形式的软广重点宣传最不发达国家的特色产品及介绍其国情国貌，提升中国人民乃至全球人民对最不发达国家产品的认知度和国情的认知度。此外，可在经济论坛上开设以"促进最不发达国家融入全球经贸体系"为主题的论坛，一方面，利用各国政府首脑、领袖、行业协会、专家、学者的智慧，为最不发达国家经济发展出谋划策；另一方面，进一步为最不发达国家提供展示宣传自己的机会。

在展会后期做好配套服务。在采购招商方面，对先行合作的最不发达国家及其企业要做好客情维护、积极征求反馈意见，要动用各方面资源合作解决最不发达国家参展中遇到的问题，同时，向前来观展但未参展的最不发达国家的企业递出橄榄枝，通过派送小册子的方式，让其明确参展流程及相关注意事项。

（四）创新多元化展示形式，大力支持品牌化运营

创新展会多元化展示形式，将展会作为品牌进行运作，打造国际化、特色化展会品牌，提高展会的全球影响力。第一，合理规划展会空间，细分部分产业模块，同时，额外抽出最不发达国家展示模块，将最不发达国家的产

品进行集中展示。第二，创新设立移动特色展位，即在展馆内打造移动展会轨道，设置可移动的展台。为最不发达国家提供此类特色展台，增加最不发达国家产品的曝光度。第三，对展会进行品牌化运营，借鉴德国的会展经验，通过政策支持大力打造国际知名会展企业，发挥会展企业的产业集聚作用，提升上海整体展会能力，塑造上海国际展会品牌形象。

（五）完善相关软硬件配套设施，营造良好的营商环境

不断完善进博会各种软硬件配套设施，营造良好的营商环境。在硬件方面，不断完善展会内的各种基础设施，以及保险、运输、航空、餐饮、广告、翻译、商旅、交通等一系列配套硬件。同时，注重完善上海市区的交通网络系统，方便居民出行。在软件方面，注重对知识产权、诚信制度等一系列"软件"设施的打造。注重对知识产权有关法规的制定和完善，同时加强事前、事中和事后监督，营造良好的营商环境。

（六）定向推动"引进来"和"走出去"，服务于最不发达国家

借鉴广交会的相关经验，针对最不发达国家，开展大型招商引资推介会。第一，拓展国家招商渠道。加大对全球47个最不发达国家的精准邀请力度，尽量使展馆对最不发达国家实现全覆盖，并为每个最不发达国家提供1~2个免费展位，提供包括货物进出口、摊位、运输、法律咨询等免费服务项目，为最不发达国家参展解决后顾之忧。同时，通过同当地官媒、社交媒体和搜索引擎合作，向最不发达国家宣传进博会为其带来的利好，并加强同当地政府的联系，利用政府的宣导作用，吸引当地企业积极参展。第二，加强同行业协会、科研机构以及当地专家学者的合作，利用这些中间人的作用，向最不发达国家大力宣传进博会。第三，开展经贸合作配对活动。举办进出口贸易以及投资配对会，并邀请经贸专家、知名学者、跨境电商平台、检验检疫进口业务专家以及专业观众，共同探讨最新的行业发展动态，为制定"一对一"经贸合作帮扶政策出谋划策。

参考文献

董小麟，2018，《以开放促改革是我国实现新发展的成功法宝》，《国际经贸探索》第11期。

郝宇彪、刘江汇，2019，《贸易博览会对中国贸易发展的影响机制分析——基于平台经济理论视角》，《社会科学》第8期。

联合国贸易和发展会议，https：//comtrade. un. org/。

刘方平、曹亚雄，2018，《改革开放40年中国对外援助历程与展望》，《改革》第10期。

马永伟、黄茂兴，2018，《中国对外开放战略演进与新时代实践创新》，《亚太经济》第4期。

宁林，2019，《进博会·高端专访丨尼泊尔：首届进博会的良好效应，对第二届进博更加重视和期待》，文汇客户端，https：//wenhui. whb. cn/third/baidu/201911/04/299066. html。

隋广军、查婷俊，2018，《全球经济治理转型：基于"一带一路"建设的视角》，《社会科学》第8期。

唐任伍，2002，《论全球化带来的两极分化及其对策》，《世界经济与政治》第1期。

夏友，1996，《论国际贸易与环境保护》，《世界经济》第7期。

袁野，2019，《卢旺达在中国进博会上瞄准全球市场》，中国青年网，http：//news. cyol. com/app/2019 – 11/05/content_ 18225453. htm，11月5日。

Gupta, J. 2002. "Global Sustainable Development Governance：Institutional Challenges from a Theoretical Perspective." *International Environmental Agreements* 2：361 – 388.

Ahmed Shafiqul Huque, Habib Zafarullah. 2017. *International Development Governance*. Routledge.

Sommerer, T., Tallberg J. 2019. "Diffusion across International Organizations：Connectivity and Convergence." *International Organization* 73：399 – 433.

Stewart, M. A. 2018. "Civil War as State – Making：Strategic Governance in Civil War." *International Organization* 72：205 – 226.

附表1 国家/地区分类（按发展水平）

类别	国家/地区	
最不发达国家（47个）	非洲（33个）	安哥拉、贝宁、布基纳法索、布隆迪、中非共和国、乍得、科摩罗、刚果民主共和国、吉布提、厄立特里亚、埃塞俄比亚、冈比亚、几内亚、几内亚比绍、莱索托、利比里亚、马达加斯加、马拉维、马里、毛里塔尼亚、莫桑比克、尼日尔、卢旺达、圣多美和普林西比、塞内加尔、塞拉利昂、索马里、南苏丹、苏丹、坦桑尼亚、多哥、乌干达、赞比亚
	亚洲（9个）	阿富汗、孟加拉国、不丹、柬埔寨、东帝汶、老挝、缅甸、尼泊尔、也门
	大洋洲（4个）	基里巴斯、所罗门群岛、图瓦卢、瓦努阿图
	美洲（1个）	海地
发达国家/地区（46个）		安道尔、澳大利亚、奥地利、比利时、百慕大、保加利亚、加拿大、克罗地亚、塞浦路斯、捷克、丹麦、爱沙尼亚、芬兰、法国、德国、希腊、格陵兰、匈牙利、冰岛、爱尔兰、以色列、意大利、日本、拉脱维亚、立陶宛、卢森堡、马耳他、荷兰、新西兰、挪威、波兰、葡萄牙、罗马尼亚、圣马力诺、斯洛伐克、斯洛文尼亚、西班牙、瑞典、瑞士、大不列颠及北爱尔兰联合王国、美利坚合众国、罗马教廷、法罗群岛、直布罗陀、圣皮埃尔和密克隆
发展中国家		其他

注：经过1971年、1991年、2015年3次标准定义后，全球共有47个国家进入名单，曾经被纳入名单的锡金、博茨瓦纳、佛得角、马尔代夫、萨摩亚、赤道几内亚已经被除名。其中锡金因被纳入印度而被除名。

资料来源：UNCTAD：《2019年世界最不发达国家报告》，知识库，https://www.useit.com.cn/thread-21516-1-1.html，最后访问日期：2020年2月25日。

附表2 2019年世界各国发展指数排名

排名	国家	排名	国家	排名	国家
1	挪威	10	荷兰	19	日本
2	瑞士	11	丹麦	20	奥地利
3	爱尔兰	12	芬兰	21	卢森堡
4	德国	13	加拿大	22	以色列
5	中国香港	14	新西兰	23	韩国
6	澳大利亚	15	英国	24	斯洛文尼亚
7	冰岛	16	美国	25	西班牙
8	瑞典	17	比利时	26	捷克
9	新加坡	18	列支敦士登	27	法国

(续表)

排名	国家	排名	国家	排名	国家
28	马耳他	66	毛里求斯	104	马尔代夫
29	意大利	67	巴拿马	105	汤加
30	爱沙尼亚	68	哥斯达黎加	106	菲律宾
31	塞浦路斯	69	阿尔巴尼亚	107	摩尔多瓦共和国
32	希腊	70	格鲁吉亚	108	土库曼斯坦
33	波兰	71	斯里兰卡	109	乌兹别克斯坦
34	立陶宛	72	古巴	110	利比亚
35	阿拉伯联合酋长国	73	圣基茨和尼维斯	111	印度尼西亚
36	安道尔	74	安提瓜和巴布达	112	萨摩亚
37	沙特阿拉伯	75	波斯尼亚和黑塞哥维那	113	南非
38	斯洛伐克	76	墨西哥	114	多民族玻利维亚国
39	拉脱维亚	77	泰国	115	加蓬
40	葡萄牙	78	格林纳达	116	埃及
41	卡塔尔	79	巴西	117	马绍尔群岛
42	智利	80	哥伦比亚	118	越南
43	文莱达鲁萨兰国	81	亚美尼亚	119	巴勒斯坦
44	匈牙利	82	阿尔及利亚	120	伊拉克
45	巴林	83	北马其顿	121	摩洛哥
46	克罗地亚	84	秘鲁	122	吉尔吉斯斯坦
47	阿曼	85	中国	123	圭亚那
48	阿根廷	86	厄瓜多尔	124	萨尔瓦多
49	俄罗斯联邦	87	阿塞拜疆	125	塔吉克斯坦
50	白罗斯	88	乌克兰	126	佛得角
51	哈萨克斯坦	89	多米尼加共和国	127	危地马拉
52	保加利亚	90	圣卢西亚	128	尼加拉瓜
53	黑山共和国	91	突尼斯	129	印度尼西亚
54	罗马尼亚	92	蒙古国	130	纳米比亚
55	帕劳	93	黎巴嫩	131	东帝汶
56	巴巴多斯	94	博茨瓦纳	132	洪都拉斯
57	科威特	95	圣文森特和格林纳丁斯	133	基里巴斯
58	乌拉圭	96	牙买加	134	不丹
59	土耳其	97	委内瑞拉玻利瓦尔共和国	135	孟加拉国
60	巴哈马	98	多米尼克	136	密克罗尼西亚联邦
61	马来西亚	99	斐济	137	圣多美和普林西比
62	塞舌尔	100	巴拉圭	138	刚果（布）
63	塞尔维亚	101	苏里南	139	斯威士兰王国
64	特立尼达和多巴哥	102	约旦	140	老挝人民民主共和国
65	伊朗伊斯兰共和国	103	伯利兹	141	瓦努阿图

(续表)

排名	国家	排名	国家	排名	国家
142	加纳	158	尼日利亚	174	冈比亚
143	赞比亚	159	坦桑尼亚联合共和国	175	几内亚
144	赤道几内亚	160	乌干达	176	利比里亚
145	缅甸	161	毛里塔尼亚	177	也门
146	柬埔寨	162	马达加斯加	178	几内亚比绍
147	肯尼亚	163	贝宁	179	刚果（金）
148	尼泊尔	164	莱索托	180	莫桑比克
149	安哥拉	165	科特迪瓦	181	塞拉利昂
150	喀麦隆	166	塞内加尔	182	布基纳法索
151	津巴布韦	167	多哥	183	厄立特里亚
152	巴基斯坦	168	苏丹	184	马里
153	所罗门群岛	169	海地	185	布隆迪
154	阿拉伯叙利亚共和国	170	阿富汗	186	南苏丹
155	巴布亚新几内亚	171	吉布提	187	乍得
156	科摩罗	172	马拉维	188	中非共和国
157	卢旺达	173	埃塞俄比亚	189	尼日尔

注：定义最不发达国家的标准有以下几个。①以人均国民总收入三年平均估计数为基础的人均收入标准，确定可能列入名单的案件的上限为1025美元，确定可能毕业的案件的下限为1230美元。②人力资产标准，包括一个综合指数（人力资产指数），该指数基于以下指标：营养（营养不良人口的百分比）；儿童死亡率（5岁以下，每1000名活产儿）；产妇死亡率（每10万名活产儿）；入学率（中学总入学率）；识字率（成人识字率）。③经济脆弱性标准，包括一个综合指数（经济脆弱性指数），该指数基于以下指标：小（人口对数）；地理上受到冲击的程度（偏远程度指数）；人类受到冲击的程度（生活在低洼沿海地区的人口比例）；受冲击的经济风险（农业、林业和渔业在国内生产总值中的份额；商品出口集中度指数）；自然冲击（自然灾害受害者在人口中的份额；不稳定指数）。

但是，对于这三项标准，都采用不同的阈值来确定列入最不发达国家名单的案件和脱离最不发达国家地位的案件。如果一个国家在所有三项标准上都达到了增加的门槛，并且人口不超过7500万人，它就有资格被列入名单。只有在有关国家的政府接受最不发达国家地位的情况下，才有资格被列入名单。如果一个国家在对名单进行至少两次连续三年期审查时至少达到三项标准中的两项标准，则该国通常有资格脱离最不发达国家地位。但是，如果一个最不发达国家的三年平均人均国民总收入上升到至少两倍于毕业门槛的水平，而且如果这一表现被认为是持久的，则该国将被视为有资格毕业，而不论其在其他两项标准下的得分如何。这条规则通常被称为"仅限收入"的毕业规则。

资料来源：世界银行：《2019世界发展报告》，中文互联网数据咨询网，http://www.199it.com/archives/734508.html，最后访问日期：2020年2月25日。

B.3
进博会促进经济全球化发展研究

吴国鼎　熊爱宗*

摘　要： 进博会不但对中国国内的改革和发展具有促进作用，而且对全球经济的发展也有重要的意义。进博会通过搭建全球经贸合作平台、扩大进口、深化与参展国之间的经贸关系、促进全球价值链的发展、维护全球多边贸易体制等促进全球经济发展。进博会的举办为世界各国企业和优质产品进入中国市场提供了历史性机遇，直接带动了相关国家对中国的出口，促进了这些国家国际贸易的发展。通过举办进博会，中国旗帜鲜明地反对贸易保护主义和单边主义，为优化国际贸易环境做出了重大贡献。对于发展中国家特别是最不发达国家的支持促进了全球经济的共同发展。未来，应进一步强化进博会的国际采购平台功能，帮助提升发展中国家的出口能力，完善进博会的投资促进功能，积极培育虹桥国际经济论坛的国际话语权优势，从而更好地推进经济全球化的发展，共建开放型世界经济。

关键词： 进博会　全球经济　溢出带动效应　共同发展

---

* 吴国鼎，中国社会科学院世界经济与政治研究所副研究员，主要研究方向：宏观经济政策、资本市场、公司治理等；熊爱宗，中国社会科学院世界经济与政治研究所副研究员，主要研究方向：全球金融治理、新兴市场等。

中国举办中国国际进口博览会（以下简称进博会）是国际贸易史上的一项创举。进博会不但对中国国内的改革和发展具有促进作用，而且对全球经济的发展也有重要的意义。当今世界正面临百年未有之大变局，世界各国对全球经济该如何发展各执一词。全球化还是逆全球化、单边主义还是多边主义，正成为不同国家截然不同的发展路径选择。基于全球经济的发展现状和趋势，我们认为，经济全球化是不可逆转的历史发展趋势，也是促进全球经济发展最为强劲的推动力。各国只有坚持对外开放，加强合作，才能推动共同发展；各国只有维护多边贸易体制和自由贸易，推动生产要素在全球范围内的自由流动，才能使全球资源配置得到优化，才能使全球生产力水平得到提高；各国只有合力推动全球治理体系和国际秩序变革，推动共建开放型世界经济，才能增进世界各国人民的福祉。进博会正是中国坚持上述理念而举办的一项博览会。进博会的举办为世界各国企业和优质产品进入中国市场提供了历史性机遇，有利于参展企业和参展国的发展，有利于多边贸易体制和自由贸易的维护，有利于促进全球经济的发展。

一 进博会举办的国际经济贸易背景

（一）全球经济增速放缓

2008年爆发的全球金融危机严重影响了全球经济的发展。受金融危机影响，世界主要经济体经济增速在2009年均出现下滑，有些国家还出现了负增长。为了消除金融危机的不利影响，各国纷纷出台财政、货币等政策来刺激经济发展。在一系列经济政策的刺激下，世界经济在接下来两年出现了好转的迹象。但是持续时间不长，2012年世界经济形势再次面临不利局面。欧债危机的爆发以及美国等一些主要经济体货币政策的调整导致世界经济增速又开始下滑。这一状况一直持续到2016年。在这段时间，发达国家的经济普遍不振，一些发展中国家经济下滑得更加严重。2016年，世界经济和世界贸易总量分别仅增长了3.3%和2.2%，达到了低谷。

其中，美国和欧元区经济分别只增长了1.6%和1.9%；巴西和俄罗斯经济则分别下滑了3.6%和0.2%，而且是连续两年出现负增长（毕吉耀，2019：7~9）；中国出口也出现了下滑，2016年的出口额比2015年下降了2%。2017年，随着美国等发达经济体经济的复苏，全球经济也开始出现好转并开始了新一轮的发展。2018年，世界几个主要经济体的经济都获得了稳定增长。

但是，世界经济发展的这一良好形势随着美国特朗普政府挑起一系列的贸易争端而又受到了冲击。特朗普政府自2018年3月起，开始向中国、欧盟等多个经济体和贸易伙伴挑起贸易争端，大幅增加进口产品关税。相关国家也纷纷被迫采取反制措施，这使全球化以及多边贸易体制受到了冲击。频繁的贸易争端破坏了世界各国对贸易环境和经济发展前景的良好预期，打击了全球金融市场的信心，影响了各国企业的跨国经营环境，对全球供应链造成了严重冲击，给国际贸易带来了消极影响，严重冲击了世界经济。世界贸易组织（WTO）2019年3月发布的全球贸易景气指数显示，全球贸易景气指数从2018年第四季度的98.6下降到2019年3月的96.3，创下了2010年第一季度以来的最低值，同时，该数值也是连续两个季度小于100。由于贸易摩擦的不断升级，世界贸易组织已经降低了国际贸易增长的预测值，将其由2018年的3.9%下调至2019年的3.7%。除了国际贸易，近几年国际直接投资（FDI）的表现也不尽如人意。2007年全球FDI总额已高达1.98万亿美元。但金融危机爆发后，FDI总额直线下降，2009年下降到了1.2万亿美元，直到2015年才勉强恢复到1.92万亿美元，但仍低于危机前的水平（刘曙光，2019：46~58）。随着世界经济增长乏力和全球贸易摩擦加剧，2015年以来，全球FDI总额再次出现了下降趋势。根据联合国统计，2018年全年全球FDI总额仅为1.2万亿美元，为2009年以来的最低水平。

一方面，逆全球化、贸易保护主义的强化拖累了全球贸易增长；另一方面，虽然全球范围内新技术、新产业的发展日新月异，但是现阶段能够从根本上促进世界经济增长的新技术和新产业还没有产生。这使现阶段世界经济中存在的结构性问题仍然得不到解决，从而使各国推出的财政货币政策的效果仅是暂时的和有限的。这两方面的因素，导致世界经济发展的前景仍然不容乐观。

（二）以美国为代表的贸易保护主义、单边主义抬头

近几年，逆全球化形势愈演愈烈，贸易摩擦不断升级，不断冲击着国际贸易和全球经济合作的发展。最突出的表现是英国脱欧以及美国的不断"退群"和挑起与贸易伙伴之间的贸易争端。自特朗普当选美国总统后，美国一系列行为和政策都体现了反全球化倾向。美国相继退出跨太平洋伙伴关系协定、联合国教科文组织、巴黎协定、伊朗核协议、联合国人权机构等协定和组织，并挑起了同中国、欧盟、日本、韩国等多个主要贸易伙伴之间的贸易争端。其中美国挑起的和中国之间的贸易摩擦对全球贸易的影响最大。2017年8月，特朗普指令美国贸易代表办公室（USTR）对中国展开301调查。此举宣告了美国正式挑起对华贸易争端。其间经过了十几轮磋商，终于初步达成了协议，避免了贸易摩擦的进一步升级。但是我们也应该看到，美国对华贸易政策反复无常，至今没有完全结束的迹象。尤其是在对华增设贸易壁垒和技术壁垒的问题上，特朗普政府不会轻易作罢，很有可能不断提出新的要价，制造新的麻烦，中美贸易摩擦将是持久战。中美发生贸易摩擦势必会影响到两国的经济增长，而美国和中国作为推动世界经济增长的两个重要发动机，经济增长下滑和对世界各国商品需求的减弱必将拉低世界经济增速。除了中美之间的贸易摩擦，美国和其他贸易伙伴国家之间的贸易争端也频繁发生。例如，在中美发生贸易摩擦的同时，美国也多次对从欧盟进口的产品实施增税。2018年3月，美国宣布对从欧盟进口的钢铁和铝分别征收25%和10%的关税。2019年4月，美国宣布将对欧盟110亿美元的进口商品加征关税，以报复欧盟对空客公司的补贴（刘曙光，2019：46~58）。2019年7月，美国决定对法国政府的数字服务税法案发起调查。此外，美国还同韩国等国家和地区发生了贸易争端。

国际分工、全球价值链已经成为当今世界经济发展的特征。通过国际分工和价值链，世界各国的生产和消费都紧密地联系起来。任何一个国家都不

可能脱离其他国家而独立发展。而贸易保护主义则是试图人为地切断这种关系，这就会导致各国发挥其比较优势参与国际分工的生产模式和全球价值链遭到破坏。这一行为的后果就是，增加了国际市场交易成本，扰乱了国际市场资源配置，阻碍了全球生产率的提高以及世界整体福利的增加。贸易保护主义已经成为当今世界经济发展的主要障碍。如果这一现状不能得到缓解，世界经济发展的前景仍然不容乐观。

（三）国际经贸规则出现深刻调整趋势

世界贸易组织及其前身关贸总协定是二战后各国为了维护国际贸易秩序、发展国际贸易而成立的组织。这一组织的宗旨就是维护多边贸易体系。其制定了一系列国际贸易规则以及对于国际贸易争端的解决办法，从而成为二战后国际贸易治理的核心。世贸组织及其前身关贸总协定（GATT）成立70多年来，其对维护多边贸易体制和自由贸易，促进国际贸易和世界经济发展起到了重要的作用。但是，世界经济发展到现阶段，以世贸组织为核心的多边贸易体系开始面临一些困难。一些国家对世贸组织产生了不满，甚至有些国家威胁要退出世贸组织。主要原因在于：一是由于全球经济的衰退和全球市场需求的下降，一些国家从参与国际分工和国际贸易中得到的福利已经小于其由此带来的损失；二是由于全球化和自由贸易导致了一些国家内部的贫富分化，一些从全球贸易中受损的行业和阶层就开始反对自由贸易；三是世贸组织的改革缓慢而滞后。不可否认，随着世界经济的发展，以世贸组织为核心的国际经贸规则已有部分条款不适应现阶段的全球经济形势。因此，国际经贸规则也应该与时俱进，需要进行相应的改革和调整。但是由于不同国家以及不同国际组织的诉求不同，现阶段还很难就世贸组织该如何改革达成一致的意见。

近几年来，以世贸组织为核心的多边贸易体系开始受到一些国家的抵制，国际经贸规则出现了一些调整。这些调整主要表现在以下几个方面。一是一些国家抛开世贸组织规则和框架，用自己的国内法来调整其和贸易伙伴之间的贸易关系。最典型的就是美国。美国近几年在遇到贸易争端时，其往往不是把争端诉诸世贸组织,要求世贸组织的贸易争端仲裁机构进行仲裁,而是搬出自己的国内法,进行所谓的"301""302"调查等。并以此为依据,大幅增加进口产品关税,甚至进行技术和产品出口管制。这就导致美国不断和其贸易伙伴之间发生贸易摩擦,其结果是两败俱伤。二是以双边或区域性协议来取代多边贸易体系。一些国家发现其诉求在世贸组织框架内不能实现,就抛开世贸组织,转而诉诸和其贸易伙伴进行一对一的单独谈判,然后达成双边贸易协议。或者是诉诸在一个更小的范围内进行谈判,进而达成一个小范围的区域经贸协议。在这一方面,典型的代表还是美国。美国认为自己在世贸组织框架内进行贸易受了损失,而要推动世贸组织按照自己的意愿进行改革又很难实现,于是美国就开始和其贸易伙伴逐个进行谈判,在谈判中提高要价,以便实现其在世贸组织框架内不能实现的诉求。美国和中国进行了双边贸易谈判,谈了十几轮后达成一个初步协议;美国和墨西哥、加拿大、日本、韩国、欧盟等国家和地区也一直在磋商以达成新的贸易协议。除了美国,日本、欧盟等经济体也开始和其贸易伙伴进行一对一的谈判,试图达成双边贸易协议。三是新达成协议的标准普遍有了提高。一些国家认为,现行世贸组织框架下的标准偏低,致使如果按照现行的标准进行贸易,自己的利益会受损。因此倾向于和其贸易伙伴之间达成标准更为严格的协议。例如,美国等国家对于世贸组织改革的诉求以及其在新达成的协议中普遍都增加了对于知识产权、技术转让、产业政策等的条款和规定。一些协议中还增加了关于国有企业竞争中立、补贴透明等的条款。国际经贸规则的这些调整,一方面使现行的世贸组织框架下的贸易规则受到了挑战和破坏,另一方面也使世贸组织的改革迫在眉睫。

二 进博会促进全球经济发展的机制

(一)进博会通过搭建全球经贸合作平台来促进全球经济发展

进博会促进全球经济发展最直接的途径就是搭建了促进全球经贸合作的

平台。进博会设置了企业展馆、国家展馆、经贸论坛等不同类型的平台，从而使进博会不仅是一个各国企业展示自己产品的平台，而且是一个参展国展示自己国家整体形象的平台，还是一个世界各国以及相关组织共商全球经济该如何发展的全球经贸治理的平台。

第一，进博会搭建了一个各国企业展示其产品的平台。在这个平台上，各国企业把自己的最新产品带到中国来，展示在中国市场和消费者面前。如果中国的经销商或者消费者对其产品感兴趣，那么交易就可以达成，从而也就直接促进了国际贸易的发展。而且双方进行产品进出口交易仅是第一步。如果参展产品在中国的销售状况良好，外商就有可能在中国进行投资设厂，生产产品在中国境内销售。或者中国企业看到参展产品在中国的销售状况良好，其就有可能到国外投资设厂进行生产。这也就促进了国际投资的发展。

第二，进博会搭建了一个各国展示其整体形象的平台。进博会设立国家馆，对每个参展国家进行整体形象包装，传播一个国家的整体形象，从而也会更有利于促进双边经贸发展。每个国家都有自己独特的地理位置、人文特色以及优势产业，因此其产品也会体现出该国的整体特色。与会者通过参观国家馆，就会增加对这个国家整体形象的了解，对于该国参展产品中所包含的地理、文化等特色也就更加了解。这样也就更有利于该国产品的整体包装、推广和销售。

第三，进博会搭建了对于新产品和新技术的交流平台。各国家或者企业来进博会参展的产品，除了一些传统的体现民族特色的产品，还有很多是最新产品、高科技产品，而且很多是全球首发。这些产品在进博会展出，就给参会各方提供了一个了解某一行业或者某一类产品最新发展动态的机会。全球的同行可以在一起交流产品性能、生产技术，互相学习和吸收，从而能够促进整个行业的发展。

第四，进博会搭建了跨境电商平台。电子商务的发展使开展国际贸易不再受到信息、地域等的限制。进博会打造了各种类型的跨境电商平台，常年展览和交易各种商品，这为扩大交易提供了良好的条件。虽然在6天的进博会持续时间内，就可以达成很大金额的交易，但是如果只依靠这6天的时间，进博会的功能会大打折扣，显然达不到举办方的目的。而搭建跨境电商平台，进行常年的展览和交易，就能够更充分发挥进博会的功能。在发展电商平台方面，中国有世界上其他国家无可比拟的优势。中国的电子商务产业是世界上规模最大、技术最先进、相关产业配套最完善的。中国把电子商务的发展模式应用到进博会中，极大地促进了全球经贸的发展。

第五，进博会是集思广益、参会各方为全球经贸发展出谋划策的平台。虹桥国际经济论坛的举办是进博会的一大创新。在现阶段世界经济发展遇到困难、发展模式遇到挑战的背景下，世界经济何去何从和该如何发展正成为各方关注的焦点。全球化还是逆全球化、多边发展还是单边发展，世界经济的发展正处于十字路口。这就需要各方对此进行讨论，各抒己见，达成共识。中国举办进博会以及各方参与进博会，本身就体现了一种信念，那就是坚持全球化和多边贸易、自由贸易。同时，对现有的国际贸易治理体系进行改革也成为一种共识。在论坛上，各方围绕激发全球贸易新活力、共创开放共赢新格局，抵制保护主义和单边主义、构建开放型世界经济等问题进行了深入交流和讨论，为世界经济的发展出谋划策，开出良方。需要强调的是，虹桥国际经济论坛也给发展中国家提供了一个表达自己诉求和观点的机会，使世界各方能够更多地听到发展中国家的声音，关注发展中国家的诉求，并采取相应的扶持措施。举办经贸论坛，全球贸易治理的思路得以确认，广大发展中国家的诉求得到关切，各方共同努力促进全球经济发展的目标和途径也得以明确。

（二）进博会通过扩大进口规模来促进全球经济发展

在全球经济增长速度放缓、需求不振的情况下，中国巨大的消费市场，不断扩大的进口规模为全球经济发展注入了动力。

在改革开放之前，由于中国的经济实力很弱，中国市场是全球市场中微不足道的力量。根据国家统计局公布的数据进行的统计，就进口额来说，1978年，中国的货物进口总额仅为187亿元，占世界总进口额的比重仅为

0.8%。但是在改革开放以后，中国的经济迅速发展。中国 GDP 增长率在很长时间保持在 8% 以上的水平。GDP 总量也从 1978 年的 3678.7 亿元上升到 2018 年的 900309.48 亿元。我国从 2010 年开始，GDP 总量开始位居世界第二，而且和位居第一的美国的差距越来越小。同时，我国的进口总额也在不断增加。2018 年，我国的进口总额已经达到了 12.5 万亿元，占世界总进口额的比重超过了 10%。我国已经是世界第二大进口国。

2019 年，中国的人均 GDP 已经突破 1 万美元。中国基本上已经避开了中等收入陷阱，而且可以预期，中国经济在未来仍旧会以较快的速度增长。就市场规模来说，中国约有 14 亿人口，而且有相当部分为中等收入人群。这将会成为一股强大的购买力量，从而形成其他国家都无法比拟的庞大的市场。随着中国的发展，中国必将有更多的进口，这其中既包括生产品进口，也包括消费品进口。中国经济的快速增长，必然要求进口更多的原材料、中间品以及能源。这就给这些商品的生产国提供了扩大生产的机会。与此同时，随着人民群众收入的增加，人民群众对高品质生活的要求必将越来越高，这就必然要求进口更多的消费品和服务。近几年，中国消费市场持续快速发展，消费品和服务的进口规模越来越大。在不久的将来，中国有望成为世界上规模最大的进口市场。繁荣发展的中国市场将为世界各国的产品进入中国提供更大的商机，将促进这些国家生产更多的产品以出口到中国，这都能够有力地推动世界经济增长。

在这一背景下，进博会的举办，正恰逢其时。一方面，进博会将进一步促进中国进口更多的国外产品和服务。进博会使中国的消费者接触到了国外的优质产品和服务，从而刺激了中国消费者对这些产品和服务需求的增长，也使中国的进口有了更明确的目标。另一方面，进博会也使国外产品更容易进入中国市场，从而为其产品的生产和销售打开更为广阔的市场。

（三）进博会通过深化与参展国之间的经贸关系来促进全球经济发展

进博会并不仅仅是一个进口商品展示会，其更是一项外交活动。从进博会举办前的双边磋商,到参展国来中国参展,再到进博会闭幕后的后续活动,都需要双方政府层面的协调。这就会进一步深化中国与参展国之间的经贸关系。概括来说,进博会可以通过以下途径深化两国之间的经贸关系。

一是进博会可以推动双方的自由贸易协定升级。和贸易伙伴签订自由贸易协定对于中国发展其和贸易伙伴之间的贸易有重要的作用。目前,中国已经和25个国家和地区达成了17个自由贸易协定。协定签署后,需要通过双方磋商来使其进一步完善和升级。而进博会的举办就提供了这样一种契机。进博会举办过程中双方的参展、交易等活动,可使协议签订双方审视已经签订的协议,评估其是否还有进一步完善和升级之处。此外,中国也可以借助进博会,与一些尚未与之签署双边协议的参展国进行双边经贸磋商,同其就签署双边协议进行谈判,为将来可能与之签署自由贸易协定奠定基础。二是进博会可以促进中国和"一带一路"沿线国家和地区的经贸关系升级。中国自提出"一带一路"倡议以来,已经与170多个国家和地区签订了共建"一带一路"协议。虽然"一带一路"建设取得了很大的成就,但是我们也应该看到,这其中还存在一些问题。包括签约双方对于对方国家的政治经济体制、风俗文化、人文地理、法律法规等的了解还有所欠缺,共建"一带一路"的目的还不明确等。这导致双方的经贸交流还存在一些障碍,没有达到预期。进博会的举办,就为双方提供了进一步加深了解和进一步理顺双方经贸关系的机会。双方可以通过进博会,扩大双方的贸易规模,对已有的项目和规划重新进行审视,找出其中的不足,总结成功的经验,然后把工作做得更好。三是进博会有助于拓宽中国和参展国之间市场信息交流的渠道。进博会是一个综合的展览会,既有企业展,也有国家展,还有经贸论坛。这就使中国和参展国之间有了更多的信息交流的渠道。毕竟,如果不是举办这样一个进博会,那么中国和参展国之间的信息交流可能是碎片化的和不全面的。而通过进博会,参展国会把其国内最具代表性的产品、最新的产品、种类最丰富的产品带到进博会,这就能够使中国对于参展

国有更深和更全面的了解。参展国来中国参展，也会和中国以及其他国家有更多的接触和交流。双方的信息交流加强了，更进一步的经贸交流也就水到渠成了。四是可以加深双边的人文交流。进博会不仅吸引来了参展国的官员和企业，也使其将参展国的文化带到了进博会和中国。参展国带到进博会进行展览的表面上看是商品，但是其中可能包含着该国的民族传统文化。这就使双方在进行商品交易的同时，也加深了双边的人文交流。双边人文交流的增加会伴随着双边经贸交流的增加。

中国举办的进博会设立了国家馆。每个参展国作为一个整体进行展示。这是世界展览会发展史上的创新，对于促进双边经贸发展具有很重要的意义。一方面，一个国家以国家馆的形式进行整体展示，且不论国家大小，同样能够得到展示的机会，这能使参展国更加重视，也使其更有自豪感。同时，也使中国以及其他参展国家对于该国的整体形象有更深一步的了解。另一方面，国家馆的设置，能够使该国的小企业有参展的机会。这对于进一步扩大双边经贸关系具有很重要的意义。因为，从历史上看，能够参加国家博览会的企业都是一些大型的跨国企业，小企业由于受到规模、资金、品牌知名度等因素的限制，很少有机会能走出国门，把自己的产品向世界展示。进博会国家馆的设置，则给这些中小企业提供了这样一个机会，特别是一个向全球第二大消费市场展示自己产品的机会。这有利于该国把品种更加丰富的产品展示到世界市场面前，也使其他国家的消费者有了更多的选择。这就必然会扩大双方的经贸往来。

（四）进博会通过促进全球价值链的发展来促进全球经济发展

20世纪80年代以来，经济全球化的日益深入、信息技术及互联网的迅猛发展、新一轮产业技术革命的大力推进，打破了产品的各个生产工序集中于某企业或某地的传统方式，出现了以分散、碎片化为特征的全球价值链分工模式。全球价值链发展对全球经贸格局产生了巨大影响。在全球价值链体系下，世界各经济体之间，尤其是处于同一价值链中的国家之间的经贸关系由过去的竞争排斥转化为当前的协作与竞争并存，成为一个链条上利益紧密相关的整体。相互依存带来的不是零和博弈，而是多赢格局，否则就会影响整个价值链的运转，并波及其自身利益。针对当前全球贸易低增长、对世界经济发展的推进作用下降的情况，各国要顺应全球价值链分工迅速发展的新形势，重新构建与之相适应的政策规则体系，消除贸易壁垒，进一步深化全球价值链的分工合作，优化资本和技术的配置效率，实现共同发展。

举办进博会，能够实现中国和各参展国以及参展企业之间资源和市场信息的共享，能够提高信息交流的扩散效应。这有助于参展各方寻找更多的合作机会，包括寻找更优质的产品、更广阔的市场以及更好的投资机会。这就能够促进对外投资的发展，促进人才、资金、技术等各种资源在全球范围内的重新配置，从而能够促进全球价值链的延伸。参加进博会的企业很多是跨国企业。跨国企业的特点是可以在全球范围内配置资源进行生产，因而跨国企业是全球价值链的主要参与者。随着全球经济融合度进一步提高，跨国企业在全球价值链中的作用也越来越大。跨国企业参加进博会，就可以在市场中寻找到更多的投资机会，从而进行跨国投资生产。跨国企业在某国投资建厂后生产的产品，可能会再进入其在其他国家生产的环节或者进入其他国家市场进行销售，这都会促进全球价值链的发展。全球价值链进一步深化和发展，就能提高全球全要素生产率，实现各国产业升级，进一步促进全球经济发展。

（五）进博会通过维护全球多边贸易体制来促进全球经济发展

二战后形成的以世贸组织为核心的多边贸易体制促进了全球经贸的发展。其基本宗旨就是维护自由贸易和多边贸易。在这一体制下，各国发挥自己的比较优势，生产自己具有比较优势的产品，然后通过国际贸易获得其不具备比较优势的产品。通过互通有无，增进世界各国人民的福祉。二战后70多年来，世界经济的发展，有很大原因要归结于这一贸易体制。但是近年来，这一多边贸易体制遇到了挑战。由于一些国家在参与自由贸易的过程中获得的收益少于自由贸易给其带来的损失，因此这些国家内部就出现了反

对自由贸易的声音。这也就导致一些国家采取了抛弃世贸组织而另起炉灶的行为。

我们应该看到，虽然现阶段世界经济形势发生了变化，以世贸组织为核心的多边贸易体制存在一些不适应现阶段世界经济发展现状之处，但是多边贸易体制仍然应该是现阶段国际贸易治理的基本规则。全球分工生产、全球价值链发展到今天，全球市场已经形成了一个整体。单边主义、自我封闭的生产和贸易方式是行不通的。各国只有更加积极地参与到多边贸易体制中来，进一步发挥自己的比较优势，参与国际分工和贸易，才能增进国内人民的福祉，也才能增进世界人民的福祉。当然，现有的多边贸易体制已经不能完全适应现阶段世界经济发展的形势，需要进行改革。如果不进行改革，也无法继续维持下去。

中国举办进博会，就是向世界表明中国维护多边贸易的决心。从运行效果来看，进博会确实也维护和促进了多边贸易。第二届进博会期间，有180多个国家、地区和组织参展，参展企业也有3800多家，有50多万名国内外的专业采购商参加，累计意向成交额700多亿美元。参展期间，参展各国签署了大量双边和多边协议。这就说明，进博会的成功举办是多边贸易体制框架下的成果。同时，进博会又促进了多边贸易的发展。进博会期间，无论是在虹桥国际经济论坛还是在进博会上的其他场合，参展的国际组织、参展国以及参展企业都表达了维护多边贸易体制的决心，也就如何改革世界贸易组织、完善多边贸易体制逐步达成了共识。

三 进博会对全球经济的具体影响

（一）进博会的直接进口效应

进博会的举办直接带动了相关国家对中国的出口，促进了这些国家国际贸易的发展。进博会由展会和论坛两部分构成，其中展会又分为国家贸易投资综合展和企业商业展。国家贸易投资综合展将集中展示参展国家和国际组织在贸易投资领域的发展状况和成就，虽然只展示不成交，但是可以为该国特色产业和产品进入中国市场树立良好的形象。相比之下，企业商业展通过展示参展企业的产品、技术和服务，直接促成相关企业的展中、展后供需对接，帮助外资企业打开中国市场。

从参展国家角度来看，首届进博会共吸引了172个国家、地区和国际组织参会，其中有82个国家和世界贸易组织、联合国工发组织、国际贸易中心等国际组织参加了国家贸易投资综合展（周蕊、于佳欣，2018），巴西、加拿大、埃及、德国、匈牙利、印度尼西亚、墨西哥、巴基斯坦、俄罗斯、南非、英国、越南12国为主宾国。第二届进博会吸引力和国际影响力持续提升，共有181个国家、地区和国际组织参会（田泓，2019），其中，63个国家和世界贸易组织、联合国工发组织、国际贸易中心等国际组织参加国家贸易投资综合展，主宾国数量增加至15个，分别为柬埔寨、捷克、法国、希腊、印度、意大利、牙买加、约旦、哈萨克斯坦、马来西亚、秘鲁、俄罗斯、泰国、乌兹别克斯坦、赞比亚。

参展国特别是主宾国在进博会上设立了独具特色的展馆，充分展示了其经贸发展成就和特色优势产品，这在宏观上带动了这些国家对中国的出口。例如从第一届进博会的情况来看（见表1），参加进博会的12个主宾国2018年对华总出口同比增长了22.5%（以美元计，下同），远快于中国整体进口增长水平（15.8%）。其中，巴西、加拿大、墨西哥、巴基斯坦、俄罗斯等国2018年对华出口同比增速不但快于中国整体进口同比增速，而且也快于各自国家2017年对华出口的增速。这在一定程度上反映了参加进博会对各国对华出口的促进作用。2019年这种效应仍在发挥作用，12国对华出口尽管与2018年近乎持平，但仍好于中国整体进口情况（-2.7%）。参加第二届进博会的主宾国也表现出类似情况（见表2）。2019年参加进博会的15个主宾国对华出口同比增长4.5%，远好于同期中国整体的进口增速（-2.7%）。其中，约旦、希腊等国对华出口实现大幅增长，马来西亚、哈萨克斯坦、捷克、柬埔寨等对华出口也保持了较快增速。

表1 第一届进博会主宾国对华出口增速

单位：%

年份	巴西	加拿大	埃及	德国	匈牙利	印度尼西亚	墨西哥
2017	27.8	11.1	142.1	12.6	17.7	33.3	14.0
2018	31.7	39.0	36.8	9.7	6.5	19.6	19.0
2019	2.9	-0.7	-45.7	-1.1	-13.7	-0.3	2.3

年份	巴基斯坦	俄罗斯	南非	英国	越南	12国总计	中国总进口
2017	-4.1	27.7	9.5	19.4	35.4	21.3	16.1
2018	18.7	42.7	11.9	6.9	27.0	22.5	15.8
2019	-16.9	3.2	-5.0	0.1	0.3	0.0	-2.7

资料来源：万得资讯。

表2 第二届进博会主宾国对华出口增速

单位：%

年份	柬埔寨	捷克	法国	希腊	印度	意大利	牙买加	约旦	哈萨克斯坦
2017	21.3	25.2	19.1	51.7	38.9	22.2	205.1	32.2	32.3
2018	36.7	19.0	20.2	31.2	15.2	2.8	52.6	-23.3	33.8
2019	4.9	5.2	1.2	28.9	-4.5	1.7	-61.2	102.7	8.6

年份	马来西亚	秘鲁	俄罗斯	泰国	乌兹别克斯坦	赞比亚	15国总计	中国总进口
2017	10.2	39.9	27.7	7.9	-8.4	41.1	19.0	16.1
2018	16.2	12.5	42.7	7.3	58.0	31.4	19.8	15.8
2019	13.6	1.8	3.2	3.4	-6.2	-20.1	4.5	-2.7

资料来源：万得资讯。

从参展企业角度来看，首届进博会共有3600多家企业参展，超过40万名境内外采购商到会洽谈采购，展览总面积达30万平方米。其中，世界500强企业75家，行业龙头企业145家，来自"一带一路"沿线国家的企业有1000多家，占参展企业总数的近1/3，来自最不发达国家的企业也有147家。首届进博会上中国与各国企业累计达成意向成交578.3亿美元（按年计）。其中，智能及高端装备展区成交额最高，为164.6亿美元；其次是食品及农产品展区，成交 126.8 亿美元；汽车展区成交 119.9 亿美元；医疗器械及医药保健展区成交 57.6 亿美元；消费电子及家电展区成交 43.3 亿美元；服装服饰及日用消费品展区成交 33.7 亿美元；服务贸易展区成交 32.4 亿美元（于佳欣、周蕊，2018）。第二届进博会参展企业数量进一步增多，共有 3800 多家企业、超 50 万境内外专业采购商参展，展览面积达 33.6 万平方米。其中世界 500 强和行业龙头企业达到 288 家。第二届进博会成果较第一届更为丰硕，此次进博会中国与各国企业累计达成意向成交 711.3 亿美元，比上届增长 23%（陈炜伟、周蕊，2019）。

（二）参展国家均从进博会中获益

1. 俄罗斯

俄罗斯是唯一连续两年成为进博会主宾国的参展国。进博会的成功举办为俄罗斯提供了难得的展示平台，为其各类企业近距离接触中国市场提供了机会。在首届进博会上，俄罗斯政府派出了以时任总理梅德韦杰夫领衔的 800 人政府代表团，100 多家俄罗斯企业展示了其在农产品、医疗与保健、高科技装备、服饰与消费品以及服务贸易 5 个领域的产品和服务。第二届进博会俄罗斯国家展代表团近 400 人，70 余家企业参加了企业展。通过参加进博会，俄罗斯企业获得了实实在在的经济利益。据中方统计，第二届进博会俄方参展企业成交额较首届大幅提升 74%（李明琪，2019）。

对于俄罗斯而言，"进博效应"正在不断凸显。以俄罗斯农产品和食品贸易为例。农产品和食品是俄罗斯对华出口的重要商品之一，俄罗斯一直将其作为进博会重点推介对象。在首届进博会上，俄罗斯农产品和食品企业参展总面积达 1000 平方米，超过俄罗斯企业总展位面积的一半。在此推动下，2018 年，俄罗斯对华食品出口达 25 亿美元，增幅超过 40%（俄罗斯卫星通讯社，2019）。在第二届进博会上，俄罗斯进一步加大了对农产品和食品的推介，共有 40 多家俄罗斯农产品和食品企业参展，包括具有俄罗斯特色的蜂蜜、肉类、乳制品、坚果、饮料等。俄罗斯企业发现，许多食品类产品在中国市场有着巨大需求，与此同时，它们还发现，一些在俄罗斯本没有太大

需求的产品，如鸡爪等，也能在中国市场找到旺盛需求（郑洁岚，2019）。据《俄罗斯报》报道，俄罗斯出口中心表示俄罗斯每年可以对华出口15万~20万吨各类禽肉，主要是鸡翅和鸡爪（童师群，2019）。俄罗斯农业部表示，俄罗斯对华农产品出口额2019年前10个月较上年同期增长1/4，达到26亿美元，俄对华农产品出口额到2024年或可达到77亿美元。借助进博会的平台，这将帮助中俄经贸尽快实现2000亿美元的新目标。

2. 法国

法国也充分利用进博会扩大对中国出口。首届进博会法国共有69家企业参展，其中世界500强和行业龙头企业14家，如标志雪铁龙、施耐德电气、法马通、欧莱雅等，参展企业最终达成意向成交额超过15.5亿美元，成交的产品涉及七大产区的装备、汽车、医疗设备、食品、文化用品等40余种。也正是在首届进博会之后，法国牛肉在2019年1月正式投放中国市场，这是时隔17年之后首批解禁并出口到中国的法国牛肉。根据中国商务部发布的国别贸易报告数据，2019年，中国从法国进口的肉及食用杂碎数量同比增长95.4%，其中牛肉进口占据了相当份额（中国商务部，2020）。

法国以主宾国身份参加了第二届进博会。法国总统马克龙不仅受邀参加开幕式，而且亲自带团积极参展。在第二届进博会上，近80家法国企业签约参展，法国无论是在参展企业数量上还是在参展面积上均较首届进博会有所提升。第二届进博会新设的品质生活馆，吸引了大批法国企业参展，如全球第一大和第二大高端消费品集团路威酩轩集团（LVMH）和开云集团（Kering）首次亮相该馆，参加首届进博会的欧莱雅集团亦将高端产品线引入其中。这是此类高端消费品集团首次以整体集团形式参加国外经贸类展会，显示出通过进博会进一步扩大对华出口的决心。

3. 柬埔寨

柬埔寨连续两次参加进博会，并且是第二届进博会的主宾国之一，农产品特别是大米成为其重点推介对象。2018年，两家柬埔寨稻米企业参加了首届进博会，希望通过进博会进一步推动中柬两国的大米贸易。首届进博会后柬埔寨大米对华出口显著增加。第二届进博会上，柬埔寨稻米联盟携13家大米出口企业赴上海参展，除在国家馆布展外，还在企业馆设置了展厅，展示柬埔寨的多种大米。中国检验认证集团柬埔寨有限公司数据显示，柬埔寨2019年对华大米出口量约为22.2万吨，比2018年增加35%，创历史新高（毛鹏飞，2020），中国已成为柬埔寨最大的大米出口市场。

4. 非洲国家

非洲国家是进博会十分重要的参展方，我国对非洲国家参展也提供了诸多便利和支持。南非是首届进博会的主宾国之一，当时参展企业有22家，成交额达5507万美元。为此，第二届进博会上南非参展企业进一步上升到了32家，其中20家是中小企业，产品涉及食品、农产品和工艺品等（陆瑜坤，2019）。南非高度重视进博会为南非企业拓展中国市场提供的机会，希望借助进博会进一步推动南非产品对华出口。赞比亚是第二届进博会非洲地区唯一的主宾国。2018年，赞比亚有14家企业参加了首届进博会，在赞比亚发展局的协助下，6家企业产生了价值9200万美元的销售合同（Zambia Development Agency，2019），与此同时，通过首届进博会，赞比亚成功将蜂蜜等产品出口到中国。越来越多的赞比亚企业看到进博会带来的机遇，近40家赞比亚企业参加了第二届进博会，涉及蜂蜜、辣木籽、珠宝、农作物、工艺品等多种产品。赞比亚商贸工部长克里斯托弗·亚卢马表示，参加进博会的意义不仅仅是让赞比亚产品进入国际市场，与其他国家企业的竞争更促使赞比亚中小企业提高自身产品质量和标准，促进企业革新与成长，提高赞比亚企业在非洲地区的竞争力（彭立军，2019）。

（三）进博会有力地支持了全球化和贸易自由化的发展

全球金融危机爆发，部分国家为支持本国经济增长，贸易保护主义有所抬头，特别是特朗普当选美国总统后，美国的贸易保护主义和单边主义倾向加剧，使多边贸易体制受到严重冲击，给世界经济复苏带来了不利影响。通过举办进博会，中国旗帜鲜明地反对贸易保护主义和单边主义，无疑为优化国际贸易环境做出了重大贡献。举办进博会，既是中国主动向世界开放市场

的重大举措，也是中国推动建设开放型世界经济、支持经济全球化的实际行动，对促进全球经济发展具有重要意义。

一是围绕进博会，中国主动降低关税以扩大进口。中国国家主席习近平在两届进博会上均表示，中国将进一步降低关税、削减进口环节的制度性成本，以此来提高对各国高质量产品和服务的进口。2018年中国连续四次降低相关产品关税，涉及药品、汽车、日用消费品、工业品，我国关税总水平由2017年的9.8%降至2018年的7.5%。2019年中国更是多次调整进口税率。自2019年1月1日开始，中国对多达700项商品实施进口暂定税率，包括对部分药品生产原料实施零关税。自2019年4月9日起，对部分进境物品进口税税率分别调降至13%、20%。自2019年7月1日起，取消14项信息技术产品进口暂定税率等。2020年中国继续下调关税以扩大进口。自2020年1月1日起，我国对850余项商品实施低于最惠国税率的进口暂定税率，例如冻猪肉的进口关税税率从12%降至8%，大包装非冷冻橙汁的进口关税由30%降至15%，对治疗哮喘的药品及生产新型糖尿病药品的原料实施零关税……同时，自2020年7月1日起，中国还将对部分信息技术产品的最惠国税率实施第五步降税。中国不断下调关税以扩大进口，与部分国家"奖出限入"形成鲜明对比，中国用实际行动推进贸易自由化和经济全球化，为全球经济增长注入源源不断的新动力。

二是围绕进博会，中国推出了一系列对外开放的创新性制度安排。在首届进博会后，中国不断推出推动更高水平开放的制度性和结构性安排。为加大外资市场准入的力度、扩大外贸市场准入的领域，中国全面实施负面清单制度。2018年底，我国开始发布《市场准入负面清单》，对外商投资准入负面清单之外的领域，按照内外资一致原则实施管理，外商投资享受国民待遇。为进一步扩大对外开放，积极促进外商投资，中国创新外商投资法律制度体系。2019年3月15日，十三届全国人大二次会议表决通过了《中华人民共和国外商投资法》，2020年1月1日起正式施行，从法律上推动了中外投资规则的深度对接。2019年10月，国务院常务会议通过《优化营商环境条例》，为各类市场主体创造了更加便利和友好的投资环境。

三是通过虹桥国际经济论坛发出支持全球化的中国和全球声音。除了国家展和企业展，进博会期间还将同期举办虹桥国际经济论坛。论坛为全球政商学界提供高端对话平台，支持经济全球化和贸易投资自由化、便利化的发展，为全球经济发展出谋划策。第一届虹桥国际经贸论坛以"激发全球贸易新活力，共创开放共赢新格局"为主题，并设立"贸易与开放""贸易与创新""贸易与投资"三场平行论坛，重点就推进贸易投资自由化、便利化，构建开放型世界经济等内容进行讨论。第二届虹桥国际经济论坛以"开放创新，合作共赢"为主题，紧跟全球经济发展新趋势，聚焦全球经济发展新挑战，突出开放发展和创新引领，为完善和变革全球经济治理体系凝聚共识，为世界经济健康发展提出"虹桥智慧"。虹桥国际经济论坛正成为提供国际公共产品的新平台，其所坚持的开放发展理念，为世界经济发展注入了新的活力。

（四）进博会促进全球共同发展

进博会促进全球开放合作、共同发展，向世界充分展示了"共享"理念，是构建人类命运共同体的一个生动实践。中国国家主席习近平在第二届进博会开幕式上的主旨演讲充分体现了这一点，他强调，"推动经济全球化朝着更加开放、包容、普惠、平衡、共赢的方向发展"，"让发展成果惠及更多国家和民众"（习近平，2019）。

进博会强调对发展中国家特别是最不发达国家的支持。为支持发展中国家特别是最不发达国家参展，除了为所有国家参加国家展提供免费场地，中国政府还为每个参展的最不发达国家提供了两个免费的摊位。同时，还举办多场针对最不发达国家的专场供需对接会、洽谈会、投资说明会等一系列配套经贸活动，尽可能地为促进最不发达国家经贸发展提供服务和支持。在第二届进博会上，为提升非洲国家参加进博会的积极性，中国政府专门为非洲国家提供了多项支持措施，包括对非洲最不发达国家给予95%的进口产品的免关税、免配额待遇，还对一些非洲国家展的展位费等费用、宣传方面都予以相应支持。此外，进博会也为发展中国家中小企业进入中国市场提供了便利。2018年，联合国国际贸易中心共带领来自非洲、亚洲和拉丁美洲的

20个国家的逾80家中小微企业参加进博会，2019年，该中心又组织了另一批100家中小企业来中国寻找商机（陈寅，2019）。进博会还为"一带一路"沿线国家和地区的中小企业搭建了全球中小企业开展相互贸易的重要平台、提供了参与中国市场的机会。支持发展中国家和最不发达国家参加进博会，可以帮助他们参与并快速融入经济全球化进程，分享中国市场机遇，同时学习中国发展经验，达到共同发展目的。

四 进一步提升进博会的"溢出带动效应"

进博会是世界上第一个以进口为主题的国家级展会，其举办不仅有助于促进中国经济高质量发展，也为各国特别是新兴经济体和发展中国家之间的经贸合作搭建了一个重要平台，有利于推动全球进出口贸易，为世界经济发展注入活力。为进一步提升进博会对全球经济发展的"溢出带动效应"，特提出以下建议。

一是进一步强化进博会的国际采购平台功能。应认真履行进博会期间达成的各类贸易合同，提高合同的履约率，使进博会相关成果能够尽快落地。出台更加便利和有保障的措施，巩固和延续中国企业与他国企业的合作基础和业务往来，将合作成果从进博会期间延续扩展至进博会时期之外。以进博会为契机，相关部门应进一步降低关税和制度性成本，不断提高贸易便利化水平，扩大对各国高质量产品和服务的进口。积极与国内外企业、交易平台进行对接，在不断提升我国进口能力的同时，积极扩大海外进口来源，将上海打造成辐射海内外的进口商品集散地。

二是利用进博会帮助发展中国家提升出口能力。对部分发展中国家特别是欠发达国家而言，由于其工业化进程相对缓慢，其加工和制造能力有限，造成商品出口能力受限，且商品出口结构主要以原材料和初级农产品为主。为此，可考虑依托进博会成立发展中国家出口能力培训中心，通过举办专题培训和研讨会、到企业实地走访调研等方式，帮助发展中国家官员和企业人员学习、了解中国发展经验，使其增进对中国市场的了解，从而逐步提高出口企业的竞争力，优化出口商品的结构。

三是完善进博会的投资促进功能。投资促进功能既包括外国企业通过参加进博会增加对我国的投资，也包括外国政府、外国企业通过参加进博会，进一步展示本国的投资环境与投资机会，吸引中国和其他国家企业对它们进行投资。因此，一方面，进博会应积极搭建各种投资平台，充分展示我国以及各地方政府的投资环境与投资机遇，促进外商直接对我国进行投资；另一方面，进博会也应为其他国家特别是发展中国家政府和企业提供展示平台，积极做好配套活动，为中国企业对外投资做好对接服务，将进博会打造成为中国企业"走出去"的新平台。

四是积极发挥虹桥国际经济论坛的国际话语权优势。作为全球政、商、学、研等各界高层次交流对话平台，一方面，虹桥国际经济论坛要传递改革开放的中国声音，提升中国在全球资源配置中的影响力，增强中国在世界经贸领域的话语权；另一方面，虹桥国际经济论坛也要成为全球国际贸易话语权的风向标，凝聚全球共识，共同反对贸易保护主义、单边主义，维护自由贸易和多边贸易体制，推进经济全球化的发展，共建开放型世界经济。未来可考虑，除在进博会期间的论坛活动，还要加强虹桥国际经济论坛的研究能力，为促进全球经贸合作、维护自由多边贸易体制发出中国声音，提供中国方案。

参考文献

毕吉耀，2019，《世界经济形势及面临的主要风险》，《中国经贸导刊》第5期，第7~9页。

陈炜伟、周蕊，2019，《711.3亿美元！第二届进博会经贸合作成果丰硕》，新华网，http：//www.xinhuanet.com/2019-11/10/c_1125214655.htm，11月10日。

陈寅，2019，《专访：进博会为发展中国家中小企业进入中国市场提供便利——访国际贸易中心执行主任冈萨雷斯》，新华网，http：//www.xinhuanet.com/2019-11/06/c_1125199921.htm，11月6日。

俄罗斯卫星通讯社，2019，《2018年俄对华食品出口量同比增长超过40%》，http：//sputniknews. cn/russia_ china_ relations/201905071028408864/，5月7日。

李明琪，2019，《中国驻俄罗斯使馆举行第三届进博会新闻发布会》，人民网，http：//ru. people. com. cn/n1/2019/1227/c408039 - 31524809. html，12月27日。

刘曙光，2019，《当前世界经济形势及中国的对策》，《理论学刊》第6期，第46~58页。

陆瑜坤，2019，《进博会为南非企业打开了了解中国的窗口》，东方网，http：//wap. eastday. com/node2/node3/n361/u1ai2109507_ t92. html，5月7日。

毛鹏飞，2020，《柬埔寨2019年对华大米出口创新高》，新华社，http：//cb. mofcom. gov. cn/article/jmxw/202001/20200102927848. shtml，1月20日。

彭立军，2019，《专访：进博会为非洲国家打开另一条发展经济之路——访赞比亚商贸工部长亚卢马》，新华网，http：//www. xinhuanet. com/fortune/2019 - 11/01/c_ 1125181334. htm。

田泓，2019，《本届进博会累计意向成交711亿美元》，《人民日报》11月11日，第2版。

童师群，2019，《中国要大举进口俄鸡爪 俄媒呼吁行业抓紧做好准备》，参考信息网，http：//m. ckxx. net/p/171101. html。

习近平，2019，《开放合作 命运与共——在第二届中国国际进口博览会开幕式上的主旨演讲》，人民出版社。

于佳欣、周蕊，2018，《578.3亿美元！首届进博会交易采购成果丰硕》，新华社，http：//www. gov. cn/xinwen/2018 - 11/10/content_ 5339213. htm。

郑洁岚，2019，《"进博效应"：俄对中市场出口猛增44%》，《文汇报》11月7日，第3版。

中国商务部，2019，《2019年法国货物贸易及中法双边贸易概况》，《国别贸易报告》2020年第1期，https：//countryreport. mofcom. gov. cn/record/qikan. asp? id = 11802。

周蕊、于佳欣，2018，《首届进博会吸引58个"一带一路"沿线国家千余家企业参展》，新华网，http：//www. gov. cn/xinwen/2018 - 11/03/content_ 5337235. htm。

Zambia Development Agency, ZDA to market 12 Zambian Companies' Products at CIIE 2019 in Shanghai, China, http：//www. zda. org. zm/? q = ar/node/531.

B.4 进博会与新一轮高水平对外开放研究

刘洪愧 张 婷*

摘 要： 进博会是中国主动向世界开放市场的重大举措，体现了中国扩大开放、支持经济全球化、推动建设开放型经济的决心。举办进博会顺应了中国开放型经济发展新阶段的要求，对我国应对中美贸易摩擦，促进新一轮高水平对外开放具有重要战略意义和现实意义。本报告从产品层面、制度层面、战略层面和国际交流合作层面入手，阐释了进博会将成为我国新一轮高水平对外开放的重要平台。从创新进口管理体制、积极评估和宣传进博会国际作用、妥善处理可能遇到的问题、建立健全国际合作机制等方面，提出利用进博会推进我国高水平对外开放以及发挥好上海在扩大开放过程中作用的建议。

关键词： 进博会 对外开放 "一带一路" 自贸试验区

当今世界正处于"百年未有之大变局"中，全球政治经济局势正在发生大变革大调整，贸易保护主义、单边主义不断抬头，尤其是美国特朗普政府不断挑起与各国的贸易争端，中美贸易摩擦也不断加剧。在此背景下，我国举办针对世界各国的中国国际进口博览会（以下简称进博会），是中国主动向世界开放国内市场的重大举措，体现了中国支持经济全球化深入发展，

---

* 刘洪愧，中国社会科学院经济研究所副研究员，主要研究方向：国际贸易和金融、自贸试验区等；张婷，山西财经大学金融学院副教授，主要研究方向：国际贸易、开放型经济等。

推动建设开放型世界经济的决心。进博会是全球第一个以进口为主题的国家级大型博览会，早在2017年5月14日，习近平主席就在首届"一带一路"国际合作高峰论坛上宣布中国将举办进博会。习近平主席在首届进博会开幕式上的主旨演讲中指出："这体现了中国支持多边贸易体制、推动发展自由贸易的一贯立场，是中国推动建设开放型世界经济、支持经济全球化的实际行动。""中国主动扩大进口，不是权宜之计，而是面向世界、面向未来、促进共同发展的长远考量。"（习近平，2018）。进博会已经成功举办两届，世界各国积极参与，成效显著，有望成为中国推动新一轮高水平对外开放的重要抓手。

一 新形势下连续举办进博会具有重要意义

进博会不仅体现了我国全面开放的诚意，而且是我国开放型经济发展到一定阶段的必然要求。在新形势下，进博会具有重要的战略意义和现实意义，特别是对我国应对中美贸易摩擦，缓解中美经济脱钩的不利影响具有重要意义。2017年，中国开发性金融促进会公布了一项数据，预计未来15年内，我国将进口超过24万亿美元的商品。这对世界其他国家来说，是非常重要的机遇和巨大市场。面对中国体量巨大的消费品市场，进博会为国际企业进入中国市场、展现优势产业和优质产品提供了一个平台。

（一）举办进博会顺应了我国开放型经济发展的要求

开放型经济的发展具有其历史规律，在早期以出口为重点，通过出口赚外汇以及通过出口扩大国内产品的销路，促进国内产业不断发展。而随着开放型经济的发展和成熟，必然要求进口更多中间产品、服务和最终消费品，进口的重要性将不断上升。我国也基本顺应了这一规律。1949~1978年，我国建立了独立自主的对外贸易体系，出口了大量农林牧渔产品，积累了一定数量的外汇，从而可以进口一定数量的机器设备，引进许多先进技术，也进口了一些工业原料和零部件，对我国工业生产体系的建立和恢复具有重要作用。1979 年以来，我国实行出口导向型经济发展模式，鼓励出口并积极进口，对外贸易发展迅速。

数据显示，1979~2018 年，中国进出口总额从 293.4 亿美元提高到 46230.4 亿美元，年均增长大约为 14%，在全球货物贸易中的排名由第 30 位上升到第 1 位。而且自 2009 年起，中国已经连续 10 年成为货物贸易第一大出口国和第二大进口国。我国出口总额由 136.6 亿美元增长到 24874.0 亿美元，增幅高达 181 倍；进口总额由 156.7 亿美元增长到 21356.4 亿美元，增幅高达 135 倍。到 2018 年，中国货物进出口总额占全球货物进出口总额的比重已上升为 11.77%，出口额占全球出口额的比重为 12.77%，进口额占全球进口额的比重为 10.79%。[1] 除货物贸易外，我国服务贸易也快速发展。根据我国统计公报，2018 年服务进出口总额 52402 亿元，同比增长 11.5%。其中，服务出口 17658 亿元，同比增长 14.6%；服务进口 34744 亿元，同比增长 10.0%。总体来看，我国货物贸易出口额一般大于进口额，但是服务贸易连续多年进口大于出口。[2]

对外贸易使得我国的外汇储备不断积累，从而有能力引进国外先进生产技术和设备，引进国外优秀专业技术人才，有力支援了我国国内的经济建设。国家外汇管理局数据显示，截至 2019 年 11 月底，我国外汇储备规模为 30956 亿美元。大量的外汇储备使得我国的对外开放可以更加主动，也必将使我国更加注重进口的作用。以往我国的对外开放主要是通过开放国内要素市场、积极引进外资、大力发展出口贸易这种相对"被动"的形式，未来我国可以在利用国外人才、资源、资本等要素方面更加主动。进博会的举办正是我国开放型经济更加主动的体现，具有重要的战略意义。

（二）在贸易摩擦背景下赢得对外开放主动权

近些年，中美贸易摩擦不断，特别是美国总统特朗普上台以来，中美贸

---

[1] 上述数据由本文作者根据国家统计局相关数据整理计算得出。
[2] 上述数据由本文作者根据国家统计局相关数据整理计算得出。

易摩擦不断升级，对中国开放型经济的发展造成了诸多障碍。而且，当今世界政治经济所面临的不确定性显著上升，保护主义、单边主义不断抬头，对经济全球化的继续发展形成了严重的挑战。

在这种背景下，我国积极举办进博会，首先可以让世界各国看到中国坚持对外开放、坚持经济全球化、坚持多边主义的决心和行动，习近平主席在首届进博会开幕式的主旨演讲中提出了五项举措：激发进口潜力、持续放宽市场准入、营造国际一流营商环境、打造对外开放新高地、推动多边和双边合作深入发展（习近平，2018）。其次，进博会表明了我国坚持对外开放的基本态度，展现了我国全面对外开放的胆识和魄力，让世界各国吃下定心丸。再次，进博会有力地回击了美国特朗普政府认为中国有意谋求贸易顺差的无理指责，表明我国并不是主动刻意追求贸易顺差，贸易顺差是我国经济发展的结果，是我国产业国际竞争力的体现。最后，进博会有利于团结世界各国人民。例如，第一届进博会已吸引"一带一路"沿线58个国家、超过1000家企业参展，占参展企业总数的将近1/3；这58个国家的参展面积达到4.5万平方米，占企业展总展览面积的16.5%；参展展品涵盖了农产品、日用消费品、服装服饰等多个门类。中国与"一带一路"沿线国家的意向成交额累计达47.2亿美元。

在这种情况下，美国企业和美国政府对待进博会的态度可能是不一样的。就美国出口企业而言，它们将非常欢迎进博会的举办，因为中国进口产品的许多中间产品和服务都是从美国企业进口的。进博会还可以从进口端减少中美贸易摩擦的负面影响。比如，中国对美国产品加征关税，影响了美国产品进入中国市场，会对中国生产厂商和消费者产生一定的负面影响。但是，欧盟国家、日本、韩国等的产品对美国产品具有高度替代性，扩大从这些国家的进口可以降低贸易摩擦的负面影响。

（三）成为推进供给侧结构性改革的重要举措

通过举办进博会，一方面，国外高端最终品进口的增加有助于满足人民对美好生活的向往和需要；另一方面，增加进口对改善国内生产要素的供给有非常积极的作用,有利于我国充分高效利用国外生产要素,优化资源配置效率,还可以倒逼国内企业提高生产效率,改善产品质量,提升中国企业创新水平和产业竞争优势。

1. 进博会有助于满足人民对美好生活的需要

目前,我国中产阶层群体不断增加,消费不断升级,这反映在他们每年巨额的海外购物上。所以,最终品进口可以满足人民对美好生活的需要,满足多样化的国内消费需求,适应消费升级的需要。最终品进口还拓宽了国内消费者对高质量产品的选择面,消费者福利也得到了增加,充分反映了我国尊重与适应消费者个性化、多样化消费选择的事实。当然,这也有助于推动消费者偏好的改变,培养新产品消费,带动和刺激国内企业对高品质消费品的跟进生产。此外,进博会有助于引导大量的境外消费回流,增加国内消费,从而有助于提高就业和增加税收。而且,这也将加剧国内产品市场竞争,对本土企业形成一定的压力,从而对国内相关消费品产业的转型升级产生倒逼作用。

2. 促进国内产业升级,改善产品供给质量,提高国际竞争力

第一,促进我国产业升级,提高生产率。通过进博会,企业可以更加便利地进口高端资本品或者中间品,以前都是我们飞到欧洲、美国,现在是他们主动来中国,节约了我们的时间和成本。进口资本品和中间品可以跟国内技术配合,产生一加一大于二的熊彼特效应,有利于提升本土企业的全要素生产率。特别是进口新能源技术及产品、智能驾驶汽车与技术、智能制造装备、集成电路、工程机械等,对提高中国企业的生产率和竞争力作用更大。

通过引进国外先进的生产技术、生产标准和管理经验,可以有效促进国内企业深度参与全球价值链分工和全球创新网络,加快国内新兴产业的成长和产业升级步伐。当然,对于全要素生产率比较低的本土企业,会面临被淘汰出局的风险,但是,对全要素生产率比较高的企业,面对外在的压力,可以有效转化为内在的动力,从而做大做强,攫取更大的市场份额。总体来看,进博会将激励国内企业提高竞争意识,倒逼它们降低成本、改善工艺、提升技术,提高产业竞争力。

第二,通过进博会,企业家可以在每年的固定时间和地点密集地看到各行业最新的产品,进博会提供了了解行业发展的重要窗口和渠道,国内企业家可以更快知道国际同行在干什么。借助进博会这个重要平台,我国企业家和贸易商可以更有针对性地寻找国外合作伙伴,也可以与其他国家的企业共同开发第三国市场。正如进博会记者所采访到的:"我们正在为广西的一个新项目做准备,来看看国际先进的电器设备、自动化控制系统等,这两天走了Honeywell、通用电气、艾默生、施耐德等几个公司,很开眼界。""美国艾默生的工业物联网智能工厂理念很先进,为以后工厂设计的数字化转型提供了方向。"(周红梅,2018)

第三,进博会通过促进中国进口产品在数量、质量、品种等方面的实质性提升,能够有效提升我国企业的生产能力和全球竞争力。进博会的本质是促进全球范围内的要素、资本、产品更自由地服务中国经济发展,倒逼企业改善产品质量,提高供给质量,进而提高中国企业竞争力。

(四)有助于推动我国外贸格局的平衡发展

进博会有助于推动我国外贸格局的平衡发展,包括进出口平衡、进口产品平衡、进口国家和区域平衡、国内进口省际平衡。

第一,进博会将使得进口增速快于出口增速,从而降低贸易顺差。虽然中国是一个贸易顺差国,但是中国更愿意促进贸易平衡发展,从来不刻意追求贸易顺差。贸易平衡也有助于减轻中国与贸易伙伴国之间的摩擦。借助进博会这个抓手,我国可以更多地从世界各国进口各类产品,从而极大缩小对某些贸易伙伴国的顺差,进而为中国经济发展创造更好的外部环境。

第二,我国长期以来进口的资本品、中间品和能源产品较多,而生活、消费类产品较少。通过进博会,我国可以主动进口更多的某类产品,从而使得进口产品种类更加平衡。例如,可以更多地进口科技生活品、品质生活品、医疗器械及医药保健品,满足国内消费升级的需要。

第三,进博会有助于促进进口国家和区域平衡。我国长期以来从发达国家进口的产品更多,存在进口对象国的过度集聚现象。通过进博会,更多地从"一带一路"沿线国家进口,可以有效分散我国进口对象国的集聚度,降低我国对某几个国家的依赖度,并提高"一带一路"沿线国家对我国的出口依赖度。

第四,可利用进博会促进我国进口的省际平衡。长期以来,我国东部沿海省份占据了绝大部分的进口份额,而中西部省份的进口占比太少。进博会使得中西部省份可以更便利地接触国外生产厂商。进博会在中国举行,政府和企业不用出国就可以了解全球新产品、高端中间产品,这降低了中西部地区进口高端中间产品的壁垒,有利于区域对外开放平衡发展。

二 进博会成为新一轮高水平对外开放的重要平台

两届进博会的成效和实践已经表明,未来进博会将成为我国新一轮高水平对外开放的重要平台。而我国政府部门和学术界需要思考的是,如何高效利用这个平台,从哪几个层面推动新一轮高水平开放的发展,以及政策的着力点应该放在哪里。

(一)产品层面

1. 促进我国全领域、全产品的深入开放

1957年,我国就创办了"中国出口商品交易会",2007年更名为"中国进出口商品交易会"(简称"广交会"),它是中国对外贸易的"晴雨表""风向标"。自创办以来,广交会就一直是广大中小企业寻找和开拓国际市场的重要平台。创办至今,广交会的累计出口成交额已经超过1.2万亿美元,占全国出口比重的峰值一度超过50%,对中国出口做出了重要贡献。借鉴广交会的成功经验,国家层面将努力发挥进博会在促进进口方面的作用,不断提高进博会对我国进口的贡献,促进我国全领域、全产品开放格局的形成。

目前来看,进博会货物贸易主要包括:食品及农产品、消费电子及家电产品、服装服饰及日用消费品、医疗器械和医疗保健品、汽车、智能及高端装备等。服务贸易包括：新兴技术转让、服务业外包、文化教育、金融咨询、旅游服务、现代物流服务、其他综合服务等。进博会涉及的领域比较全面，但我国目前在某些领域的进口壁垒仍较高，特别是金融服务业、平行汽车进口、高端消费品等，这导致大量消费外流。所以，可以利用进博会这个平台，降低某些进口壁垒较高行业的壁垒，推动这些行业的进口。我国要充分利用进博会以及国内消费升级的现实需要，更多地进口平行汽车、高端装备和智能装备、科技和品质生活品、先进医疗器械和医药保健品、食品及奶产品等以前进口相对较少的产品。

2. 强化我国对国际产品的定价权

我国是进口大国，但是对国际产品特别是大宗产品的定价权一直缺乏。作为全球重要的商品进口国，由于在商品定价权方面没有控制力，我国深受全球商品价格波动带来的负面影响。可以说，商品定价权的缺失是我国亟须弥补的短板，我国也一直在这方面努力。近年来，中国巨大的进口体量、中国各类期货市场的不断设立，以及人民币国际支付和定价步伐的加快，都使中国在全球商品定价权方面起到了非常重要的积极作用，积累了一定的经验。进博会有助于进一步扩大中国的进口影响力，大规模的中国商家采购也有利于中国对国际商品价格形成的控制。中国可以借助进博会这个平台，在制度层面思考如何借此强化中国对全球商品的定价权，例如，可以设计一系列产品价格国际指数，形成中国采购商家集体报价制度等。

3. 利用进博会及时获悉全球新产品的发展趋势

从其属性来看，进博会有较强的市场性和展示性特征（苏庆义、王睿雅，2018）。就市场性而言，进博会汇聚企业流、商品流、人流、物流、资金流等，可以及时、准确、低成本地集中提供密集的市场信息。就展示性而言，进博会可以展示、宣介、普及最新技术、最新产品，从而加速新技术、新产品的传播与使用，甚至诱导创造新的需求，体现全球行业和产品的新前景与发展趋势。所以，要利用进博会的这一特点，形成新技术、新产品的"风向标"，聚集代表最高品质、最新趋势的产品与服务，引进全球贸易产品趋势，这有利于我国企业及时获悉全球新产品和服务。

在第二届进博会上，共有181个国家、地区和国际组织参会，3800多家企业参加企业展，其中包括250多家世界500强企业和龙头企业；超过50万名境内外专业采购商来到进博会洽谈采购，其中包括7000多名境外采购商，境内企业中来自制造业的占比达到32%、来自批发和零售业的占比为25%；全球或中国大陆首发新产品、新技术或服务达到391件，累计进场91万人次，累计意向成交金额高达711.3亿美元，比首届进博会增长了23%。这表明进博会已经初步成为新产品、新技术发布和交易的平台，有助于我国企业发现新技术、新产品。

例如，德国馆内展示的SVH仿人五指机械手，它曾在德国汉诺威工业博览会上和德国总理默克尔"握手"。除握手外，它还可以执行抓取动作，如拾取一根针、拿钥匙并开锁。又如，有面镜子在英国馆内展示，它被称作新一代虚拟现实（AR）镜子，观众可以360度全方位地感受3D视频和音频，仿佛置身现场表演中。再如，在日本馆内，展出了全新的第五代Forpheus乒乓球机器人，它可在千分之一秒内控制击球时机和方向，并通过预测乒乓球的运动轨迹计算出回球的角度。此外，进博会还展示了微型心脏起搏器、抗癌新药等高端医疗器械和医药产品。新的人工智能服务解决方案也是第二届进博会的一大亮点。例如，霍尼韦尔公司展示了一系列创新互联产品和解决方案，包括互联货运、互联飞机、智慧楼宇、智能穿戴等方案，展现了人工智能技术在各行业的深入运用。德勤公司则展示了包括智能文档审阅、智能问答机器人、反洗钱机器人等数十款人工智能解决方案。在第二届进博会为期3天的供需洽谈会上，来自103个国家和地区的1367家参展商、3258家采购商进行了多轮"一对一"洽谈，共达成成交意向2160项。

今后的进博会要继续发挥第二届进博会在展出新产品、新服务、新科技方面的作用，要主动遴选展出产品，无论是对于参展商还是对于展品，都要优中择优，使展区产品更符合未来的产业发展趋势。一方面，遴选参展企业，参展企业要具有较高的国际知名度，在所在细分行业或领域的全球销售额和在中国的销售额要排名靠前；另一方面，筛选产品，要求所展出的产品是符合"双境外"要求、代表世界前沿的高端产品。

通过这种方式，使我国企业能够及时获悉全球新产品的发展趋势，从而在生产中有的放矢。

（二）制度层面

进博会是习近平总书记亲自倡议举办的，涉及中央十多个部委，而且进博会每年举办一次，这决定了进博会在层级上具有天然的优势，在制度改革方面具有更多的自主权和能动性。所以，要研究如何通过进博会推动我国的进口制度建设，包括产权保护、贸易便利化、通关、关税和非关税壁垒、检验检疫、市场监管等一系列制度的不断完善和优化。而且，上海作为进博会的举办地，也一直是我国贸易监管制度创新的试验地。早在2013年，我国就成立了中国（上海）自由贸易试验区（以下简称上海自贸区），进行政府管理制度的先行先试探索。上海自贸区在贸易监管制度方面的积极探索，可以为进博会提供必要的借鉴，并在此基础上进一步完善。

中央各部委不断修改、完善各项管理制度，为企业实质性扩大进口"清障减负"，当前已经取得了一些进展。例如，在海关总署等部门的支持下，上海自贸区推出并落实了几十项创新举措，涉及允许展品提前备案、以担保方式放行等，加快了展品通关流程。又如，对进博会展期内销售的一定数量的进口展品，财政部决定免征进口关税，且按70%的比例征收进口环节的增值税和消费税，有效降低了进口综合关税。再如，在知识产权保护方面，对于在进博会上首次展出的发明创造、首次使用的商标，展会能够出具展出证明，使得展商在中国申请专利时，可以享有6个月的宽限期。这些试点措施为相关领域未来的更进一步深入改革积累了丰富经验，但是未来仍需要进一步探索优化更深层次的进口制度，对标国际最高标准。

（三）战略层面

1. 进博会与"一带一路"建设的协同

进博会与"一带一路"建设有着天然的联系，2017年习近平总书记在首届"一带一路"国际合作高峰论坛上首次提出举办进博会。进博会与

"一带一路"倡议同为党的十八大以来我国调整对外关系的重大举措,两者相互补充、相互促进。

大部分"一带一路"沿线国家的经济发展程度较低,所以对于这些国家而言,它们迫切需要扩大出口以发展国内经济,进博会为"一带一路"沿线国家搭建了重要平台,是它们进入中国的重要方式。所以,我国在今后的进博会中,要深入研究和把握其与"一带一路"之间的内在联系,要更多吸引"一带一路"沿线国家参与,给予它们适当的优惠和补贴,增加其参展产品的种类,将进博会与"一带一路"建设较好地结合起来。

2. 进博会与上海自贸区建设的协同

第一,要充分借鉴上海自贸区成立6年多来积累的一系列改革试点经验,将这些措施成功复制到进博会中,促使进博会更好地发展。第二,应利用上海自贸区的制度优势和政策优势,服务好进博会。第三,要以成功举办进博会为契机,推动上海自贸区的深入发展,让进博会成为上海自贸区未来发展的抓手。第四,应通过进博会这个抓手,通过深挖进博会的体制机制和政策需求,推动上海自贸区体制机制改革,推动上海自贸区建设,推进上海市国际贸易、金融中心建设。上海自贸区要借助举办进博会的机会,促进高端产品和服务进口,积极推动形成新一轮贸易自由化、便利化制度,完善跨境人民币结算、国际金融交易平台,加强进博会与张江国家自主创新示范区的联动,建设具有全球影响力的科创中心。

3. 进博会、长三角区域经济,带动中国经济增长

上海是整个长三角地区的龙头,而进博会在上海举办,势必对长三角的发展具有重要意义。未来,长三角高质量一体化发展是中国经济的增长极,而中国经济更是当今世界经济的一大风向标和发动机。来自各国的企业积极参与顶级全球化平台,进博会对长三角的意义不仅在于将长三角区域更高质量的一体化发展越做越实,更在于不断打开全世界对于上海、对于长三角、对于世界级城市群的想象空间。长三角也将获得更多机会,在更高层面参与全球资源配置,从而更有效、更快速、更合理地带动中国经济增长。

(四)国际交流合作层面

进博会是中国主动提出的以进口为主体的展会,可以说是发展中国家推动国际贸易发展的重大实践,体现了新的国际交流合作方式。

第一,进博会不是中国的独唱,而是中国与世界各国、与多个国际组织共同举办的。例如,第二届进博会的参展国家来源更加多样化,各国展区的特色非常鲜明,活动丰富多样,极大促进了国家间的交流合作。其中,中国馆展区的主题是新中国成立70周年,重点展示了我国发展的历史和成就以及新发展理念。我国展厅首次集中展示了一大批非物质文化遗产和"中华老字号"特色产品,具有鲜明的中国传统文化特色,有助于让外国友人更加了解中国,进一步促进中外文化交流。

第二,进博会是中国各级政府向全球发布和阐述新一轮高水平对外开放政策措施的重要平台。中国一直强调将继续打造更具吸引力的营商环境,加强同国际规则对接,增加政策透明度,鼓励竞争,反对垄断。中国一直坚持加强知识产权保护、加大执法力度、提高违法违约成本,鼓励企业间正常的技术合作,保护所有企业的知识产权。此外,第二届进博会还安排了相关政府部门专门宣讲相关政策、知识产权保护措施等,希望打消国外企业的顾虑,为国外先进技术和产品进入中国市场打通政策通道,提供相关便利。在第二届进博会期间,共同期举办各类配套活动380多场。我国各大部委组织召开了12场各类政策解读活动,各省市分别派政府官员和企业家代表参会,并举行了一系列招商推介、经贸洽谈活动,用以促进贸易、投资与产业合作。

第三,在进博会举办期间,虹桥国际经济论坛同期举行,商品和服务的展示与全球治理改革探讨同步。多个国家的首脑或高级官员、国际组织负责人、诺贝尔奖得主、跨国公司董事长和总裁等全球政商学各界人士来到上海,就国际贸易政策、营商环境等领域的问题,进行深入探讨和交流,虹桥国际经济论坛成为交换新理念和全球共识的国际高端平台。

第四,进博会是首脑外交的重要舞台。进博会期间,多个国家的首脑有机会会晤,有助于协商引领多双边关系新方向,成为化解相关经济金融风险、加强国家间政策沟通、消除分歧的有效平台。

第五,进博会将成为新型国际标准、规则和公共产品的发布平台。要吸引更多国际组织和行业机构的参与,推动进博会成为国内外经贸规则、国际议题、行业标准、数据和指数等发布的重要国际平台。例如,不少国家都担忧多边主义带来的挑战,国际贸易规则当前在某种程度上已经被"武器化",尤其是不少国家在不欢迎全球化的同时还需要面对数字经济时代的冲击,这时它们便会出台选择性的产业政策以阻止国外企业进入国内市场,进博会的召开则为这种矛盾寻求解决途径,使各国共同应对、协力解决问题。数字贸易已经成为全球贸易中最具活力的贸易形式,各个国家开始将数字内容、技术、软件、信息、电子商务等纳入贸易中,融入全球数字经济,重塑全球贸易价值链。应以进博会为契机,依托大数据、区块链,实现数字贸易互联互通,形成数据贸易中心数据库,对数字贸易业务进行分析、挖掘和支持,完成合同交易的自动化,在不断的交易过程中,形成新型国际标准、规则和发布平台。

三 以进博会推进新一轮高水平对外开放的建议

(一)进一步创新进口管理体制机制

应以每年举办的进博会为抓手,不断创新进口管理体制机制,逐步探索出贸易便利化自由化的新途径,加快进口体制机制的改革步伐。第一,要推动消费品进口税收的结构性改革,包括关税、增值税、消费税改革等,从而降低进口商品综合税率。第二,要提高进口消费品采购信息透明度,积极争取实现进口货物退免税政策的新突破,争取实现"即买即退"政策试点突破。第三,要推动形成更优的进口贸易便利化机制。除了税收外,阻碍进口的另一大关键因素是通关的便利化,可以通过进博会的平台,推动实施符合国际通行惯例的贸易便利化制度,形成贯通展前准备、展时和展后一揽子通关、检验检疫便利化措施,并探索"6 天 + 365 天"保税展示交易常态化制度安排（张娟，2018）。第四，需要思考外贸新业态的监管模式、监管和服务制度，探索解决进口商品的存放和监管问题。这需要与上海自贸区结合起来研究。上海自贸区总体方案指出，要"探索建立货物状态分类监管模式"，推进实施"一线放开、二线安全高效管住"，促进二线监管与一线监管相衔接。要在此基础上，探索形成具有操作性的进口商品特别是进口展示商品存放和监管方案。上海虹桥进口商品保税展示交易中心较早利用了保税区的贸易监管政策，值得进一步总结经验并复制推广（张娟，2018）。

（二）促进电商平台与实体展会互补，线上线下共同发展

目前，京东全球购、天猫全球购等跨境电商平台已与美国、欧盟和东南亚国家有进口合作，所以，进博会可考虑与互联网企业合作和相互补充，或者建立进博会网上展销平台。线上和线下对于国外出口企业和国内采购方来说，应是互为补充的贸易平台。这两种扩大进口的方式不是替代关系，而是互补关系。例如，对于许多较为成熟的同质产品，买卖双方通过网上采购可能会更为便捷，并且节省了参展和观展成本。然而，就全新的异质性产品而言，实体的进博会将发挥更大的作用，这也是进博会的着力点。因为境内采购商并不完全了解产品的特性，所以在线上可能无法快速达成信任和交易。但是，通过更为严格的线下进博会，境内采购商可以在现场直接咨询、体验甚至试用，从而将对产品属性、特征、性能有更全面深入的了解，从而更放心地下单采购。所以，我国要充分利用跨境电商线上平台和进博会线下平台，使得两者相得益彰、相辅相成，共同作用，促进进口。

可利用进博会探索形成线下和线上展览平台，形成365天全天候的进口平台，借助线下和线上平台做品牌推广、寻找合作伙伴、降低贸易门槛、推进贸易便利化、增加销售精准度。例如，通过扫描二维码，使采购商体验购物、获得售后服务等。

（三）在长三角地区选择若干城市设立进博会分论坛

目前的两届进博会都仅在上海一个城市举办，这是因为上海在政策、金

融、科技、航运、国际影响力等方面确实存在许多比较优势。上海是长三角城市的龙头,也是首个自贸试验区所在城市,但是仅在上海举办进博会可能并不是最具经济效益的选择。

第一,上海各方面的接待能力有限。每年的进博会仅参展人数就达到80万人,加上工作人员等可能达到上百万人。而且,上海本来就是商贸城市,人流比较密集,进博会的举办使上海的人流量在短时间内突增,对上海的交通、住宿、餐饮、环保等方面造成了较大压力。例如,可能造成交通堵塞、宾馆住宿餐饮费上涨,不能给国外参展方以较好的体验。所以,仅在上海举办进博会从经济上讲并不划算。

第二,长三角一体化程度特别是交通基础设施的一体化程度已经很高了,从长三角其他城市往来上海所需时间很短。例如,乘坐高铁从苏州到上海仅需不到2个小时,而且苏州完全有举办大型国际展览会的经验和能力。长三角其他一些城市也具备这一条件和能力。

第三,将进博会若干分展会或者若干展厅放置在长三角其他城市举办,有助于更好地让国外各界人士更全面了解中国经济的发展,也可以更好地宣介其他城市,从而推动长三角一体化发展。

综上所述,可以选择几个与上海距离较近的长三角城市,根据其产业发展特点,将相应的进博会展厅放置在这些城市。

(四)对外积极阐释和宣传进博会的意义

要进一步做好对外宣传,阐释我国扩大进口并举办进博会并非是权宜之计,而是由我国经济发展的内在要求和国内进口的巨大需求所决定的,从而打消各国的疑虑。

第一,中国中高收入人口比重不断增加,消费升级加快,具有对高质量和多样化消费品的需求。改革开放以来,中国经济增长带来了规模巨大的中高收入人群,中产阶层人口数量已经远超其他国家,中国消费对世界经济增长的贡献越来越大。数据显示,从2013年到2016年,按照不变美元价格来计算,中国的最终消费对世界消费增长的年均贡献率已经达到23.4%,已

经高于同期的美国、欧元区国家和日本的贡献。而且，中国人的消费观念和消费行为发生了重大变化，个性化消费、多样化消费、高端消费越来越多。世界经济发展的规律也显示，当人均GDP达到3000~5000美元的时候，消费结构将出现较大的升级，对高端消费和服务的需求将快速上升。早在2017年，中国人均GDP已经达到8800美元，消费结构调整加快。所以，中国举办进博会以扩大进口，是为了满足人民对多样化高端商品和服务的消费需要，是为了满足人民对日益增长的美好生活的需要。

第二，要说明虽然中国自主创新能力有很大提升，但是仍然在许多关键技术上存在不足，仍然需要进口高科技产品和机器设备。要通过数据来说明，目前中国在中高端技术领域的发展仍比较薄弱，在许多高端技术领域与发达国家的差距仍非常大，对国外的进口依赖度还比较高，有些产品的依赖度甚至高达80%。所以，中国确实还需扩大进口，特别是对高端技术、材料、中间零部件的进口。

第三，中国人口多、可用耕地少，对农牧产品具有天然的进口需求。中国海关统计数据显示，中国目前是世界上最大的农产品进口国，2018年农产品进口额高达1371亿美元。所以，进一步扩大农牧产品进口，实现进口国家的多元化、品种多样化，对提高人民生活水平具有重要意义。特别是，部分"一带一路"沿线国家的农牧产品质量高、价格低，需要提高对其进口比重。

第四，中国受资源环境条件的限制，对石油、天然气、某些矿产品等资源性产品具有较高的进口需求。中国的初级产品进口多年来一直以矿产品、石油及某些原材料为主。2017年和2018年，中国的石油进口量分别达到4.2亿吨和4.6亿吨，对外依存度分别达到72.3%和70.9%。中国已经超过美国成为世界最大的原油进口国家。而且，除石油外，中国对矿产品和天然气的进口依赖度也非常高。

（五）及时评估和宣传进博会的国际作用

第一，对全球贸易的带动作用。近年来，受贸易保护主义、世界经济增长下滑、全球经济政策不确定性等不利因素的影响，国际贸易持续呈低迷状态，贸易增速已经多年低于全球经济增长速度。联合国贸易和发展会议（UNCTAD）的数据表明，从2012年到2016年，世界贸易的实际增速均低于3%，平均增速仅为2.3%，连续多年低于世界GDP的增速，这在金融危机之前是不可能存在的。2017年，世界贸易增速有所上升，实际增速达到了4.7%，然而，这一反弹并不稳固，2018年继续下降，世界贸易增速仅为3%。在此背景下，进博会对全球贸易具有重要的刺激作用，我们要积极对外宣传进博会的举办将为世界各国扩大出口提供非常好的机遇，对扩大全球出口和进口可起到稳定器作用，从而形成国际社会对我国的良好印象，表明我国愿意承担世界大国的责任。我们也要及时评估进博会对激发全球贸易新活力以及对全球贸易的贡献程度，并做好宣传工作。

第二，对发展中国家和欠发达国家发展的作用。我国要宣传进博会对发展中国家和欠发达国家的积极作用。例如，进博会对世界35个最不发达国家提供免费参展的机会，对部分发展中国家提供优惠展位。我们还有国家展，为各国展示国家形象、展示特色产品提供了机会，也为其进入中国市场、吸引中国投资等提供了机会。这些都有助于发展中国家和欠发达国家参与全球价值链，从而促进全球包容性增长。要积极宣传进博会使不同国家、不同阶层、不同人群得以共享经济全球化的成果，为推动经济全球化朝着更加开放、包容、普惠、平衡、共赢的方向发展提供了强劲动力。从数据来看，在首届进博会的签约企业中，来自"一带一路"沿线国家的企业占比达34%，来自最不发达国家的企业占比达10%。而在第二届进博会首批参展企业中，来自"一带一路"沿线国家的企业占比高达57%。此外，通过相关机制设计，进博会给予最不发达国家以必要的技术支持，帮助其融入全球价值链，实现贸易减贫。以上措施表明，我国正在努力通过进博会促进发展中国家和欠发达国家的发展，值得大力宣传。

（六）妥善处理可能遇到的主要问题

第一，在扩大进口的同时，保持国际收支基本平衡。保持国际收支平衡

是一国宏观经济调控的重要目标之一，我国当前还是发展中国家，保持国家收支平衡对于稳定国内经济发展具有重要的意义。即使是发达国家，如美国和日本，也十分注重国际收支的平衡。例如，虽然美国货物贸易长期处于逆差状态，但是其通过服务贸易顺差，基本维持了经常项目的总体平衡，而且美国拥有国际货币——美元，可以一定程度上缓解收支不平衡的负面影响。日本虽然在20世纪80年代经过美日贸易战进口量增加，但从那时起到今天，日本仍然保持对外贸易顺差并带有长期性（张娟、沈玉良，2018）。所以，我国需要在不断增加进口的同时，保持出口贸易的持续增长，并提高服务业的国际竞争力，不断减少服务贸易逆差，从而实现国际收支的基本平衡，并维持充足的外汇储备，确保国内宏观经济的稳健运行。

第二，保持消费品和中间品进口结构的均衡关系。我国仍是发展中国家，经济发展仍是一定时期内的主要任务，所以仍要以进口工业品、资本品等中间产品为主，并适当增加消费品进口，保持消费品和中间品进口结构的均衡。回顾其他国家的历史，我们发现，美日等发达国家的进口结构仍以生产环节的中间品和资本品为主，中间品进口占总进口产品的50%以上（张娟、沈玉良，2018）。所以，我国在增加消费品进口以满足人民群众美好生活需要的同时，仍然需要加大生产环节的中间品和资本品进口，保持两者的平衡关系，从而继续推动我国制造业的转型升级。

第三，在扩大进口的同时，确保国内产业健康发展。扩大进口必然会对国内生产企业造成较大冲击，所以为了国家自主产业发展的需要，要在扩大进口的同时，加大国内企业自主创新和研发力度，有效应对进口冲击。高端消费品、高端装备和智能装备、高端技术和各类现代化专业服务等，仍是我国产业发展中比较薄弱的方面，扩大进口可能会减缓这些产业的发展。所以，为了减轻进口对国内产业结构的影响，我国必须未雨绸缪，事先将进口压力转化为自主创新的动力，要鼓励企业建立自主创新和研发体系。

（七）建立健全国际合作机制，做好顶层设计

进博会已经成功举办了两届，但是为了其长远发展和更好地发挥其作为国际经贸合作平台的作用，我国还需要思考如何建立健全进博会的国际合作制度设计。需要从国家层面加强与其他国家、国际组织、国际行业协会等的商讨，探索建立更加正式的进口合作机制，做好顶层设计。通过制度建设，吸引更多的各类贸易主体集聚上海，获得更大的贸易促进效应。

第一，建立国家层面正式的进口合作机制。目前，进博会虽然吸引了大量国家、企业和国际组织参展，但是还缺乏较为正式的国家层面的进口合作机制。为了使进博会获得长久的发展动力，有必要探索建立正式的合作机制。一是由我国政府出面，考虑与一些国家商谈并签订协议，确定每年的参展企业数量、参展商品种类、参展人数等。二是由我国政府、相关行业协会或组织出面，与各类国际组织和协会商谈并签订协议，建立正式的合作机制。三是进博会可探索形成参展企业会员制度，包括不同权限的会员，可根据国家发展程度确定是否缴纳会费以及缴纳多少会费。进一步，可成立会员委员会，委员会可讨论形成进博会章程和常设办事机构，用以解决进口中的贸易争端。四是虹桥国际经济论坛可参照世界经济论坛（达沃斯论坛）等国际高端经济论坛的组织和举办形式，形成更加正式的组织机制。每年可以提前确定好议题，邀请更高级别的各国官员、商家领袖和学界知名人士，打造世界级的经济论坛。通过这些比较正式的制度安排，将进博会打造成更具国际影响力的全球经济治理平台。

第二，吸引各类国际贸易主体集聚上海。我国还需要利用进博会这个契机，采取各类措施，吸引各类国际贸易主体落户上海。一是吸引贸易企业。鼓励大型跨国公司、大型知名采购商、高端装备和技术贸易企业、跨境电商平台企业以及各类新型贸易企业落户上海，或在上海成立亚洲总部，从事进出口及相关配套服务，形成新的贸易网络。二是吸引各类贸易服务企业。贸易也是服务密集型行业，所以需要吸引国际顶尖的金融、银行、咨询、航运、各类中介企业落户上海，为进出口贸易提供必要的服务，保证贸易顺利进行。三是引进知名国际组织机构，如积极争取联合国贸易和发展会议（UNCTAD）、世界贸易组织（WTO）、世界贸易中心协会（WTCA）等国际机构和组织来上海设立亚太中心或亚太区域办事处。四是要鼓励国外各类贸易促进机构、行业协会、国际标准化组织、商协会等各类专业性服务机构在上海集聚。通过各类机构的集聚，提升进博会的国际影响力，提高我国贸易服务能力，提高服务贸易国际竞争力。

（八）完善贸易服务能力和通道运输能力建设

第一，完善贸易服务能力建设。要采取各种措施，通过各类媒体，完善对进口商品和服务的推广工作，建立"6天+365天"线上线下交易平台。一是推动完善我国进口大宗商品市场建设。借助进博会契机，组建进口大宗商品协会，加强我国与全球各类大宗商品交易市场的联动，对主要的大宗商品进口提供专业的投融资、咨询等配套服务。此外，要与上海大宗商品交易市场合作，通过金融市场和产品创新，不断提高我国对大宗商品定价的议价权。二是根据进口商品的特点建立相应的交易市场。借鉴成功的市场发展经验，结合我国的消费需求，选择若干城市，建立如智能装备、集成电路、消费电子产品、生物医药、医疗器械、医药保健、汽车、服装服饰、日用消费品、农牧产品等交易市场，为参展国和企业提供进入国内市场的持续通道。三是扩大对国外先进技术设备的运用范围并持续创新。要进一步加强与进博会参展国家的科技合作，在强化知识产权保护的同时，加强对进口技术的吸收和创新。把握跨国公司在我国设立创新项目的机遇，支持国内企业参与跨国公司的创新项目，同时进一步开放国内的创新项目，鼓励国外公司参与共同研究。

第二，持续推进进口贸易通道创建。发挥进博会的带动作用，以构建四位一体的贸易体系建设为目标，完善贸易主体之间的货物运输通道和信息交流通道建设，进一步完善我国进口贸易体制改革，形成更加高效的制度通道。一方面，要推动海陆空网跨境贸易通道建设，不断提升国内陆港、空港、海港的国内外连通性。一是要充分发挥上海在航空、航海等方面的枢纽作用，形成连接国内和国外城市的复合型枢纽城市。二是充分发挥"中欧班列"在连通"一带一路"沿线国家和城市中的作用，形成新的跨亚欧陆上通道。三是完善重点经贸合作园区、物流园区建设，完善海陆空多式联运能力建设。四是加强网络和信息通道建设,加快探索建设 5G 网络,推动数字网络的连通。另一方面,要完善进口贸易制度通道。例如,把进博会的成功经验向其他城市推广,完善展品通关,展品提前备案、快速放行,研发用品快速检疫,展品展后进入特殊监管区域视同离境予以核销等监管制度。探索以销售价格为完税价格,只征收关税、增值税、消费税等进口环节税。完善上海自贸区国际贸易"单一窗口",提高服务效率。

(九)用好上海的基础和优势,不断扩大对外开放

第一,通过"上海故事""上海元素"推动上海内外联动,引领区域经济发展。上海市勇当改革开放排头兵,我国继 1980 年设立深圳经济特区后,1992 年又设立了浦东新区,上海通过 40 余年的改革开放,成为全国其他地区实行改革开放的"样板"。上海成功举办进博会,加强了 20 世纪 90 年代初浦东开发与进博会之间的关联叙事,巩固了上海市改革开放排头兵的地位,提升了其城市形象。另外,上海在服务全国的过程中也在不断发展,紧密结合本地优势,可以重点打造区域性主题展会,如"上海智能装备展""上海医展""上海车展"等全球性会展品牌,比肩戛纳影展、米兰时装展等具有全球影响力的行业性展会,引领并服务全国经济协调发展。

第二,以上海"五个中心"建设深化改革开放,推动贸易自由化发展。上海自 2013 年成为我国首批设立的自贸区以来,提出深化改革开放,高质量地建设国际经济、金融、贸易、航运、科技创新"五个中心"。上海应借助进博会的举办,抓住高端产品和服务进口需求增长的机会,积极推动贸易自由化便利化政策形成制度,促进本外币一体化运作,推动跨境人民币结算,建设国际金融交易平台;瞄准世界科技前沿,加强科技创新,引导科创中心建设升级,推动贸易自由化发展。

第三,作为对外开放的"窗口"和经济发展的"增长极",上海应不断深化对外开放。上海地处长三角地区,而长三角区域经济发展、经济一体化发展是我国经济协调发展的重中之重。上海以进博会为载体,促进长三角高质量一体化发展,增强了长三角区域市场的要素配置作用,促进了市场统

一。同时，上海在我国新型对外关系中处于核心地位，进博会与"一带一路"倡议同为十八大以来我国调整对外关系的重大举措，两者相互补充、相互促进。上海能把握两者之间的内在联系，又能服务于"进博会＋丝路合作"的模式，势必有利于我国开放型经济的发展。

参考文献

李春顶，2018，《进博会开启中国扩大开放的新路径》，《中国报道》第 12 期。

刘建颖，2019，《多棱镜视角中的进博会》，《国际贸易》第 1 期。

苏庆义、王睿雅，2018，《从历史和全球视野看进博会》，《世界知识》第 23 期。

习近平，2018，《共建创新包容的开放型世界经济——在首届中国国际进口博览会开幕式上的主旨演讲》，人民出版社。

张娟，2018，《"进博会"举办背景下我国进口消费商业模式创新研究》，《商业经济研究》第 21 期。

张娟、沈玉良，2018，《发挥国际进博会效应，持续扩大我国进口》，《国际贸易》第 10 期。

周红梅，2018，《对接全球市场 扩大进口贸易——广西交易团参加首届进博会综述》，《广西日报》11 月 11 日，第 5 版。

B.5
进博会与"一带一路"建设的长效互动机制研究

王玉柱*

摘　要： 进博会作为世界贸易创新机制，是重要的国际公共产品，具有较强的发展功能和全球经济治理改革驱动功能。高质量共建"一带一路"背景下，进博会塑造外部经济空间，降低贸易竞争不确定性对全球贸易发展的影响，推动沿线地区与国内形成稳定的产业联系格局。进博会作为"不一般"的展会，除了推动商品贸易外，还在政策沟通、制度合作等领域发挥机制性作用，是高质量共建"一带一路"的重要助力机制。虹桥国际经济论坛已成为国家和地方政府对外政策展示的窗口，未来将肩负更多的制度合作和达成国际共识的机制创新发展使命。进博会是高质量发展的重要发布平台，越来越多的国际创新产品和技术选择在进博会上首发，使之具有创新引领的发展功能。此外，进博会具有促进市场空间拓展和改革倒逼功能，以及通过贸易平衡战略实现国内产业发展、结构调整的改革促进功能，对于政府治理能力现代化、"一带一路"建设的国内市场制度建设等都有重要促进功能。

关键词： 进博会　"一带一路"　长效机制　市场空间　开放

---

* 王玉柱，上海国际问题研究院世界经济研究所副研究员，主要研究领域：经济体制改革、国际发展经济学。

中国国际进口博览会（以下简称进博会）和"一带一路"是新时代我国开放型经济建设的两大重要政策举措，两者在政策设计上互为补充和促进，未来可通过政策架构的持续优化形成长效互动机制。进博会设立的首要目标在于通过扩大进口，让中国的发展惠及世界，通过推动中国对外贸易平衡，降低既有中国经济发展模式对于世界经济平衡的冲击，发挥中国在世界经济可持续发展领域的建设性作用。"一带一路"建设是中国塑造开放型经济外部发展空间的重要举措。中国需要探索建立一个具有可持续开放基础的外部经济空间，形成一个能够有效应对外部不确定性冲击的网状分工体系的空间经济布局。进博会和"一带一路"建设在目标上具有一致性。厘清两者之间的政策互动逻辑和建立两者之间的长效互动机制，有助于更好地优化相关政策机制，提升政策实践有效性。从经济和产业发展形态看，进博会属于会展经济范畴，是建立开放型经济体系的重要抓手和实践载体。"一带一路"建设在创造开放型经济发展空间的同时，亦依赖于外部经济发展空间。换言之，进博会和"一带一路"建设的共性政策逻辑在于创造一个持续稳定、可拓展的市场空间布局体系，通过制度合作降低市场壁垒，有效促进要素互补和产业发展的深度互动，提升内部经济空间内分工合作的稳固性。

一　会展服务业促进开放型经济建设的实现机制

　　会展业的发展与对外开放联系紧密，对促进开放起到有效作用。会展经济已独立发展成为一种新的贸易形式，更具有专业性，体现了国际价值分工发展规律。会展经济与一个国家或地区之间的开放战略有着紧密的内在联系和互动逻辑，是开放战略实践的重要抓手。高质量发展背景下，会展经济将成为承载行业或地区产业升级的重要使命。进博会作为"不一般"的展会，其首要属性应归类为会展经济范畴，是开放型经济政策实践的重要载体。

（一）会展服务业促进全面对外开放的历史梳理

会展作为市场实体的重要表现形式，是交易达成的重要机制和场所。会展作为商贸经济的最初形态，除了直接推动地区或整个国家对外经贸发展外，还具有对外政治和文化交往等功能，被称为"触摸世界的窗口"。当前会展经济的发展已成为对外开放战略的重要实现机制之一。从人类最初商业活动开始，会展业即成为商业交易的主要形式。从原始形态的集市贸易到当前的专业展会，其所体现的经济发展逻辑具有相似性。实际上，国际会展经济的初始业态可追溯到延边地区的边境集市，拥有漫长的发展历史。长期以来，边境地区的开放与边境集市的发展紧密联系。新中国成立初期，我国在"一穷二白"的基础上开始进行国家经济建设。1957年首届中国出口商品交易会在广州中苏友好大厦举办，后来成为享誉世界的"广交会"。

改革开放后，我国迎来会展服务业大发展的时代。几乎与十一届三中全会的召开同时，中国贸促会最先在北京组织举办了"北京外国农业机械展览会"，是中国展会对外开放的重要标志。随着对外开放战略的实施，国内潜在需求被激发，尤其是生产资料等重要物资供应缺口需要依赖进口。1980年，上海机电一局与中国机电设备进出口公司上海分公司联合举办"上海机电产品内外展销会"。随着计划经济体制管制的进一步放松，越来越多的对外展会开始筹备和举办。20世纪80年代初，香港雅式展览服务公司最早在广州设立办事处并着手筹备专业国际展会。随着经济体制改革和对外开放战略的进一步实施，越来越多的境外企业开始在国内设立展会办事处，新鸿基、工商、讯通、海岸、新加坡组展、英国蒙哥马利展览公司、德国汉诺威展览公司等纷纷在国内设立办事处。（陈泽炎，2018）

1982年中国重返世界博览会，是中国会展行业开放的又一标志性举措。随着14个沿海开放城市的设立，各地政府积极探索组建各类型交易会，通过设立各种类型的展览和交易会，进行招商引资、商品展销和其他类型的对外展示活动。比如，创办于1984年的"河北省利用外资引进技术暨出口商品贸易洽谈会"。1985年，中国国际展览中心竣工，并于同年成立中国国际展览中

心集团公司。1987年创办"中国大连进出口商品交易会"。1988年创办"中国国际投资贸易洽谈会"。1991年创办"华东进出口商品交易会"。与此同时，越来越多的展会开始寻求与国际标准的对接，以国际视野办展。诸多专业学会和协会举办的展览成功申请获得国际展览联盟（UFI）的认证。

上海浦东开发以后，以民营企业为代表的会展机构纷纷崛起。比如，分别于1993年和1994年成立的上海龙头展览服务有限公司和上海华展国际展览有限公司。与此同时，国际会展品牌进驻国内市场的节奏进一步加快。比如，德国汉诺威展览公司的"中国国际动力传动与控制技术展览会（PTC CHINA）"、德国慕尼黑展览公司的"上海宝马工程机械展（bauma CHINA）"、英国励展博览集团的"中国国际高尔夫球博览会（CHINA GOLF）"等。此外，中国在会展行业的开放逐步拓展至文化和其他领域。继1999年昆明举办世界园艺博览会后，2007年夏季达沃斯论坛落户大连，2010年上海举办世界博览会，2018年上海举办首届进博会。当前，我国会展行业发展迅速，正形成开放战略驱动的综合经济效应。随着高质量共建"一带一路"的持续推进，中西部地区纷纷推出和打造各类型展会品牌，比如，重庆举办的"中国（重庆）国际投资暨全球采购会"、广西举办的"中国-东盟博览会"、青海举办的"'一带一路'中国（青海）国际食品用品博览会"等。

（二）会展服务业推动形成全面开放的参照体系

会展经济能够发挥产业纽带作用，会展业的开放将推动更广领域的开放，并牵涉一系列政策改革的推进。一般认为，会展经济对于其他产业发展具有显著的撬动功能。以深圳市为例，其会展业发展形成的产业带动系数大约为1:9[①]。会展业的发达与否也是检验一个城市营商环境软实力和国际竞争力的重要标准之一。

第一，大型活动的举办能够在短期内推动相关地区形成更具国际视野的

---

① 刘虹辰：《深圳会展业产业带动系数1:9》，https://www.sznews.com/，最后访问日期：2020年3月20日。

软硬件设施环境，是提升城市发展能级和开放度的重要政策抓手。目前越来越多的国内城市将打造国际会展视为重要的政策选项，虽然在一定程度上也造成了会展业发展"大跃进"现象，但中国发展经验表明，会展业的发展对于其他行业具有很强的发展拉动效应。会展作为一种经济活动组织形态，通过举办大型会议或展览，形成源源不断的人流、商品流和资金流，是发掘市场机遇和促进投资的有效机制。目前国内会展业发达的城市也是走在开放最前沿的城市。这些城市的开放水平通常亦与会展业的发展密切相关，重大会展活动通常会成为城市发展能级转换的重要节点。比如，北京举办奥运会、上海举办世博会和杭州举办G20峰会等，这些大型会展业的发展对城市的开放设施建设起到了有力的促进作用。进博会的举办对于上海及其所在的长三角地区能够形成持续的溢出带动效应。

第二，展会作为商品的交易集散平台，在发挥贸易功能的同时，对于一个国家和地区的产业结构调整亦能起到很好的助推作用，相关产业的发展进一步推动开放政策和制度的完善。会展行业发挥着重要的信息传播功能，能够在较短的时间内实现人流和物流的汇聚，使得诸多企业能够便捷地获得最新市场发展信息和评估市场前景。会展行业的发展能够显著带动物流、金融、会务和其他服务行业的发展，这一过程将进一步倒逼国家层面相关法律法规的调整。改革开放以来，我国在相关领域的政策改革与展会的推进密切相关。比如，加入世贸组织后，为进一步开放会展行业，中国承诺开放《中国入世议定书》附件九CPC87909的会展条款（陈泽炎，2018）。尤其需要指出的是，会展业能够直接带来相关服务贸易的发展，这类服务贸易的开放涉及更广领域的政策改革。比如，以技术交易为主要内容的服务贸易展会是促进技术升级和产业链拓展的重要桥梁。服务贸易的发展有助于推动形成更加多元化的产业生态体系。比如，推动多式联运、专业服务、创意文化和旅游等外资企业的入驻。这一系列产业领域的开放牵涉复杂的政策体系调整。

第三，会展服务业对开放的促进作用还体现在贸易政策便利化等领域，它可以推动海关和检验检疫等相关的商事流程制度变革。会展行业的发展是商事流程改革的重要政策依据。以海关领域为例，参展商品不同于一般贸易品，需要执行特殊的监管手续。自中国（上海）上海自由贸易试验区（以下简称上海自贸区）设立以来，进出口流程便利化一直是商事流程改革的重点领域，早在2014年，上海浦东新区即与出入境管理局合作，就会展过程中的人员入境、货物入境手续简化等进行了一系列改革探索。比如，为参展人员提供"落地签"的口岸服务，对展品实施统一报关、统一查验、统一仓储的"一站式"服务。同时对在上海新国际博览中心、世博展览馆举办的国际展会的部分入境展品免收海关担保金。[1] 这一制度创新目前正逐步推广至更多的领域，其他地区也纷纷仿效。进出境和海关领域的便利化举措改革具有持续性，在生产要素和物资进出境完全自由化之前，商品进出境相关环节的措施便利化是对外开放领域政策改革的重要内容。以进博会为例，其在展览相关的商事流程便利化方面，起到了持续推动改革的促进作用。首届进博会举办前夕，2018年6月底海关总署推出30条便利措施，设立展品进口的"负面清单"制度，使得商事流程改革得以进一步推进。为配合第二届进博会，上海海关2019年专门设立上海会展中心海关，统筹全部国际会展监管资源，通过设置专窗、简化审批手续、优化查验流程，提升会展商品通关便利性。

第四，会展是促进文化、政治和国别层面交流的重要平台，是学习互鉴和经验交流的有效践行机制。改革开放以来，国外发展经验是我国政策改革的重要参照依据。我国在出台重大政策之前，通常以向西方发达国家和地区派出学习考察团的方式吸取他们在经济发展和社会治理等领域的发展经验。新一轮对外开放背景下，我国政策改革正进入精细化领域，需要在更多和更细节层面学习和借鉴国际经验。比如，上海世博会期间，诸多国家展馆展示了他们在环保、节能、社会治理等领域的经典案例，这些展出为后续国内政策改革提供了重要参考依据。随着现代科技的应用，展会越来越具有场景化特点，借助各种先进的声像技术可以向参观者展示不同的制度、理念和经验等。进博会期间，国家馆和主题馆的设立对于传播相关国家先进治理理念和

---

[1] 卢晓川：《会展成浦东培育高端服务业重要抓手》，http：//www.pudong.gov.cn/shpd/InfoOpen/InfoDetail.aspx? Id = 694269，最后访问日期：2020年3月20日。

民族文化等具有重要意义。除商品展览外，展示内容涉及一个国家的历史文化、城市建设、地理风情等，这类展览将形成旅游、商品出口、海外留学等一系列高端需求的消费创造效应。"一带一路"建设背景下，人文交流被赋予了更长远的发展内涵，它对于民心沟通和经贸交流能够起到积极的推动作用。很多地方政府和民间团体积极尝试以展会为平台，举办一系列政策和文化交流活动。第二届进博会期间，上海市外事部门首次设立友好城市论坛，使得进博会成为地方政府间交流和经济文化交流的重要创新机制。

（三）会展服务业促进开放型经济建设的路径和机制分析

我国改革和经济发展的历程表明，会展服务业是我国建立现代产业体系的重要物资交易和供给平台，在历史上具有重要发展贡献，高质量发展背景下仍将发挥重要作用，并将成为供给侧结构性改革的重要驱动机制。当前，国际贸易方式呈多元化发展态势，以互联网为载体的新贸易业态不断涌现，但会展仍是贸易经济的主要形态。诸多技术细节、新产品和新消费理念，需要借助特定的场景方能实现，需要通过观众的现实感知与互动充分展示技术性能。展会具有无可比拟的场景化和现实性优势，是实现人员互动、交易达成、交流合作的不可替代的现实空间平台。会展经济对于开放发展的促进作用已得到诸多国家和地区的认可，会展服务业发展与产业体系形成、对外开放政策和国内政策改革之间具有紧密的内在联系。

会展服务业是高质量发展的重要助推器。技术、生产设备和生产型基础设施的引入是我国产业升级和经济可持续增长的重要驱动机制。高质量发展背景下，会展业的发展将有助于引入更多且具有一定技术和资本集成度的商品，促进经济结构优化和提升产业发展竞争力。党的十九大报告提出，建设现代化经济体系，必须把发展经济的着力点放在实体经济上（习近平，2017：30）。如何吸引高质量外资及生产要素进入实体经济领域是我国新一轮改革和对外开放需要面对的重要课题。推动优质资源流入是会展行业服务国内高质量发展的重要长效机制。展会经济的发展可以更好地促进优质资源"引进来"和推动国内供给侧结构性改革，我国在这一方面具有丰富的历史

经验可循。

改革开放以来，诸多展会的设立是以满足国内生产能力扩张为导向的。在物资短缺的年代，中国通过在广东等地设立国际展会，吸引经香港、澳门转口的贸易商品，作为工业生产的重要物资。改革开放后，我国一些企业所使用的设备有相当一部分借助此渠道输入。随着市场改革的深入，展会是推动国内生产设施更新的重要平台和机制。越来越多的国际会展企业入驻国内市场，纷纷推出各类专业展览，大量与生产制造有关的设施进入国内市场。经过多年发展，当前一些特色展会品牌在服务国内产业转型升级方面发挥了至关重要的作用。比如，北京机床展、纺机展、冶金铸造展和印刷展等。

当前，我国实体经济正经历发展转型之痛，需要新一轮资本品投资，通过智能化、自动化和生产工艺的改进，提升生产竞争力。2008年全球金融危机后，世界生产格局发生重大调整。国内产业持续扩张形成的产能过剩对国际市场产生了较大冲击。国际市场需求疲软使得中国经济的结构性问题凸显，依靠劳动力等传统资源禀赋获得产业竞争力的时代一去不返。国内企业需要引进新的生产设备，通过劳动力替代，提升劳动生产率和企业经营利润水平。广东等地中小企业通过"机器替人"项目在短期内迅速实现劳动生产力的提升，充分说明高端装备引入对于供给侧结构性改革的重大意义。

目前，中国已连续多年成为世界最大的机器人需求国。上海的工博会、bauma展等成为新型高端产品的重要市场平台。两届进博会的智能制造场馆始终是最受国内生产制造企业关注的场馆。在发达国家新一轮工业化背景下，我国面临新一轮产业化和产业升级的发展挑战，如何通过会展经济促进高端商品进口，更好地促进区域产业布局，增进与世界其他地区联动发展是供给侧结构性改革的重要政策命题。

会展经济是促进消费升级的实现机制。随着国内中产阶层群体的崛起，会展行业是国内消费升级的重要助推器。随着国内市场的开放，越来越多的国际优质商品开始进入国内市场，在同等条件下，将对国内现有商品供应格局形成强有力的冲击。国际商品的流入将成为当前我国供给侧结构性改革的重要外部动力。经过数年增长和市场扩张，中国消费市场的增长潜力越来越获得国际企业的青睐。除了普通实体商品外,服务行业的消费增长势头迅猛。以上海自贸区改革为先导,越来越多的外资医疗、保险等社会服务类商品进入国内市场。越来越多的展会以国外留学、医疗健康等为主题。此外,进口贸易是中国消费经济的重要风向标,展览会将是企业产品"投石问路"的最好契机。

二 进博会和高质量共建"一带一路"具有政策设计共性逻辑

进博会作为一种新的机制、载体和平台,于世界市场而言,正形成新的发展溢出效应和发展理念内涵创新。进博会作为一个开放平台能够体现开放经济的诸多发展理念创新。当前世界经济发展的诸多问题已超越传统的新古典主义经济学和新自由主义经济学范式的解释能力,很多介于政府与市场之间的经济现象需要用创新的发展理念加以解释。第二届进博会在延续首届进博会举办模式的基础上,紧紧围绕"越办越好"的总要求和实现"规模更大、质量更优、创新更强、成效更好"的发展目标,进行了更多的制度性创新,更能体现"不一般"展会的发展经济学内涵。

(一)国际公共产品及世界市场的空间创造问题

1. 世界的均衡发展需要中国腾挪和创造新的市场空间

改革开放40年是一个重要的时间节点,40年来,我国社会经济结构、国际经济环境出现的巨大变革正驱动我国进行全方位政策调整。贸易平衡战略的提出具有历史转折意义。一方面,世界市场已进入阶段性供需饱和点,已无法吸纳我国传统生产模式下的对外贸易扩张。当前,我国需要重新平衡自身生产能力和世界市场吸纳能力之间的关系。2008年全球金融危机的发生使得这一政策问题变得格外棘手。自我国提出贸易平衡发展战略以来,进博会即发挥了这样的功能。另一方面,中国经济结构出现的结构性变化客观上有助于推进深层次的经济改革。其中,最显著的变化在于人口结构变化使得传统工业化进程和城市化速度显著放缓,通过快速增长解决就业的紧迫性已显得相对次要。通过剪刀差压制农业部门利润支持工业生产的模式正得到实质性扭转，传统以出口为导向的工业化进程已进入发展拐点期。

从亚当·斯密开始的古典贸易理论将分工视为驱动国际贸易发展的核心和关键因素，但后续的主流经济学并未将分工研究置于核心位置。尤其是忽视了斯密最初强调的市场规模影响分工及经济效率的命题。当前，中国市场与世界市场的关系需要更多地考虑到市场规模对于国际分工的影响。换言之，过于庞大的中国经济体量对于世界经济的影响完全超越传统中小规模经济体之间的分工合作。因此，对于中国参与世界市场的分析需要新的视角。

处于不同发展阶段的经济体需要在发展层级方面表现出产业布局的梯度性。按照传统东亚区域产业梯度发展理论，中国将在工业化成熟阶段逐步向世界其他地区转移相对落后的夕阳产业。但中国市场内部的发展差异决定了这种生产转移的发生与发展过程要明显滞后。中国巨大的市场体量推动形成了自成一体的生产体系，国内区域间发展差异一定程度上抑制了对外部市场的分工溢出效应。并且这一相对健全的生产体系在规模经济效应的驱动下，实现市场规模的自我膨胀，对外部市场形成一种强有力的生产排斥效应，具体表现为对外贸易的持续顺差与相关国家和地区成本竞争力的难以为继。

然而，特定发展阶段内，世界市场的需求总量相对恒定，一旦市场供给超越需求，供给的过剩将对新的生产形成抑制，即后进国家和地区的潜在工业化发展将失去外部市场环境支撑。联合国《2030年可持续发展议程》提出推动非洲国家工业化，而当前非洲市场上已充斥着各种中国生产的商品，非洲国家一定程度上失去了通过新设立生产工厂为本地市场提供同类商品的可能性。换言之，世界市场容量的相对稳定一定程度上抑制了世界生产供给总量的扩张规模，其他地区工业化生产需要依托新的市场空间。中国推动贸易平衡，通过进口贸易推动国内产业结构调整将有助于为世界其他地区工业化增长腾挪新的市场空间。

2. 国际公共产品视角下进博会驱动世界创新型贸易合作机制研究

改革开放以来，中国对外经济政策主要采用适应和接轨国际市场的策略，通过对外开放"倒逼"国内改革，以加入WTO为标志，中国参与全球市场的过程始终是以被动适应为特征的,这种融入世界市场的被动适应过程几乎主导了改革开放以来的整个发展历程。质言之,与世界发达国家和地区的巨大发展差距使得中国参与世界市场失去了话语权优势,融入世界市场必须以既定规则为标准和参照。这种被动适应过程对应着国内市场经济体制的建立与改革深化,具有历史发展的必然性和阶段性特征。

进博会是具有公平发展导向的公共产品,其作为一个创新型贸易合作平台,旨在为世界生产创造新的市场,为世界发展合作搭建新平台。进博会的举办对应着中国对于自身与世界发展哲学的重新思考和定位。进博会具有显著的国际公共产品属性,是中国重塑中国发展与世界发展关系的长期考虑。中国政治体制特征决定了不需要考虑政治选举周期等因素的影响,而应更加注重系统性和全局性的经济政策布局,充分权衡短期与长期、局部与整体、经济政策与政策原则之间的辩证关系。

作为一个发展中国家,新的公共产品提供者需要实现自身角色的重要转变。大量从国际市场进口商品必然意味着短期发展权利的让渡,但中长期看来,中国作为世界市场的一部分,必然要考虑到自身巨大市场体量可能触发的市场均衡问题。与此同时,开放型经济体系需要一个更加多元化的国际竞争环境,实现更有效率的外部分工协调关系,通过优质资源的内外协调可持续地优化经济结构。中国因此需要更加积极主动地实现从被动适应到主动塑造世界市场的发展转变。

需要从商品和市场属性两个层面进一步理解公共产品的理念。新的公共产品供给需要突破不公平和不对等的问题。从商品属性看,公共产品供给也应体现市场竞争性,否则必然存在垄断和不公平竞争现象。当前国际市场上既有公共产品大多具有垄断的性质,公共产品供给者通常以附加条件约束公共产品使用者。在全球治理领域,发展中国家的发展问题本质上是一种公平发展权利的问题,新的公共产品需要足够的机制创新解决发展权利和发展主体公平性问题,这亦意味着公共产品提供者自身发展权利的让渡和发展观的重塑。中国的世界角色转换,意味着中国需要通过提升公共产品市场多元性和竞争性以实现净化既有不公平附加规则的目标。

（二）高质量共建"一带一路"的国际共识与制度架构

"一带一路"建设与进博会制度设计存在共性政策逻辑，高质量共建"一带一路"以可持续的外部经济空间塑造为导向，通过塑造持续、稳定的外部经济发展环境，为国内经济发展注入源源活力。"一带一路"建设是一个日积月累的过程，"一带一路"国际合作高峰论坛每两年举办一次，每届论坛都会将发展合作的进程扎扎实实地向前推进一步，可谓"积跬步至千里"。

1."一带一路"建设正推动形成新的国际共识和发展认知

共识具有集体行为共性逻辑的特征，是指导实践的理念基础。高质量共建"一带一路"的有效推进离不开国际共识的支撑。毋庸置疑，"一带一路"倡议提出以来，我国在推动"一带一路"沿线硬件基础设施升级方面取得了令人瞩目的发展成就，以一大批标志性工程为代表。然而，从长远发展看，国际社会对"一带一路"建设和发展理念的认知转变具有更为深远的意义。"一带一路"国际合作高峰论坛作为高质量共建"一带一路"最重要的主场外交平台，是中国向世界阐述高质量共建发展理念的重要契机，也是展示国家社会对"一带一路"建设认知的重要窗口。第二届"一带一路"国际合作高峰论坛（以下简称第二届高峰论坛）期间，共有37个国家元首和政府首脑出席圆桌峰会，比首届出席人数多8人。若不考虑第二届进博会的稀释效应，出席峰会的领导人人数将更多。这充分说明"一带一路"建设相关理念正逐步成为国际发展共识。越来越多的国际组织和外国领导人的出席参与将进一步提升国际社会对"一带一路"建设的正面认知。随着越来越多发达经济体的加入，高质量共建"一带一路"不再是中国帮助"亚非拉"的经济援助，而是所有国家一道，通过互利合作实现发展共赢。第二届高峰论坛期间，西方国家中除意大利、奥地利、瑞士等国领导人出席外，法国、德国、英国、日本以及欧盟也派出了高级别代表与会，并做了发言。西方发达国家从拒绝到接纳，再到参与的认知转变，充分体现了"一带一路"发展理念在国际上被逐步认可，正发展成为重要的国际共识。

部分欧洲国家甚至是在美国的强大压力下做出参与共建"一带一路"的政策选择，充分说明现实经济发展需求将超越狭隘的国际政治战略或民族主义因素。参与共建"一带一路"国家对于合作共赢的共识和认知将成为推进"一带一路"建设最持久的动力源。与此同时，随着认识的深化，西方发达国家也开始逐渐淡化对于"一带一路"建设的政治偏见，越发倾向于从发展经济学和国际合作层面理解和接纳这一发展共识。"一带一路"倡议提出至今已有六年多，这段时间也是国际社会认知转变的重要时机，一旦发展共识得以形成，未来"一带一路"国际合作的步伐将进一步加快，发展合作也将更具有可持续性。第二届高峰论坛所收获的成果清单几乎涉及对外合作的各个领域，包括各类倡议、多双边合作文件、合作平台、投融资项目及项目清单等。"一带一路"建设的推进渐入成熟发展阶段，每一项政策设计都具有可持续性的发展意义。第二届高峰论坛期间发布的一系列声明和签署的合作文件充分体现了国际社会对于"一带一路"建设已发生集体认知的转变。

支撑国际社会对中国推动"一带一路"建设认知转变的基础主要体现在如下两个方面。一是中国自身践行开放市场的承诺逐步获得国际社会的认可，针对西方发达国家对中国市场保护的指责，中国通过改善国内营商环境和制定《中华人民共和国外商投资法》等一系列制度建设，逐步打消国际社会疑虑。同时，随着国内开放市场的制度建设进一步完善，中国市场与"一带一路"沿线国家和地区的双向互动关系进一步增强，使得未来开放合作有了更加坚实的国内制度基础。二是近年来"一带一路"建设取得的早期收获效应激发了更多国家和地区的参与热情。以"六廊六路多国多港"、产能合作和推动地区工业化等合作为代表，这些项目推进的成效已初步显现，其形成的早期收获效应能够对相关地区经济发展产生后续拉动作用。

2. 高质量共建"一带一路"的制度框架日臻完善

当前，推动"一带一路"建设向高质量发展已具有坚实的制度基础，党的十九大首次提出"高质量发展"的政策理念后，2018年8月，在推进"一带一路"建设工作5周年座谈会上，习近平总书记提出推动"一带一路"建设向高质量发展转变（范恒山，2018）。2018年11月18日，习近平主席在巴布亚新几内亚莫尔兹比港举行的亚太经合组织第二十六次领导人非正式会议上发表的《把握时代机遇 共谋亚太繁荣》讲话中，进一步提出注重"一带一路"建设的高质量、高标准和高水平发展的"三高"标准（习近平，2018b）。第二届高峰论坛期间，习近平主席在论坛开幕式主旨演讲中强调共建"一带一路"要向高质量发展，要秉持共商共建共享原则，坚持开放、绿色、廉洁理念，实现高标准、惠民生、可持续目标（习近平，2019a）。

高质量共建"一带一路"意味着需要更加注重当地人民福祉，更加注重经济发展与当地社会、生态环境以及债务可持续性等问题引发的国际关切。以推进绿色和可持续发展为例，第二届高峰论坛期间达成的多个合作专项体现了绿色和可持续发展的理念。中国政府通过推动实施绿色丝路使者计划和绿色照明、绿色高效制冷、绿色债券发行等项目，践行绿色发展理念。中国外交部与联合国亚洲及太平洋经济社会委员会签署了关于推进"一带一路"倡议和2030年可持续发展议程的谅解备忘录。此外，中国还推动与有关国家共同实施"一带一路"应对气候变化的南南合作计划。同时，高质量发展还体现为对国际社会关注的有效回应。针对国际社会有关腐败和透明度的质疑，中国政府通过发起《廉洁丝绸之路北京倡议》、与世界银行合作举办企业廉洁合规经营培训班等方式，回应国际社会对于项目运作透明度和可能存在腐败问题的关切；就"债务陷阱"问题，财政部发布《"一带一路"债务可持续性分析框架》，有效回应了国际上关于中国投资诱发"债务陷阱"等问题的质疑，通过提升债务状况的可监测性和提升"一带一路"沿线国家和地区的债务管理水平，推动实现投融资的可持续性。

第二届高峰论坛成果文件还涉及一系列平台和机制建设。比如，由中国与13个国家共同建立的"海上丝绸之路"港口合作机制，有助于进一步提升海运联结的便利性；由中国财政部联合亚投行和世界银行、亚洲开发银行、欧洲复兴开发银行等多边金融机构共同组建的多边开发融资合作中心，将有助于打破投融资市场分割带来的融资成本和风险困境；由中国与28个国家建立的"一带一路"能源合作伙伴关系，将有助于提升能源供给稳定性和降低能源价格波动可能带来的经济风险。尽管这些平台设立尚处于起步阶段，但随着制度建设的日益完善，平台的资源整合效应和"一带一路"建设的系统性整合效应将进一步显现。

"一带一路"建设不再是狭义层面的基础设施建设的概念，而涉及中国对外经济合作的整体框架，具有体系性和全局性。这种体系的构建从《推动共建丝绸之路经济带和21世纪海上丝绸之路的愿景与行动》（以下简称《愿景与行动》）开始，经过这些年的发展演化，尤其是"一带一路"写入党章，将使得政策推进具有坚实的制度基础。第二届高峰论坛前夕，推进"一带一路"建设工作领导小组办公室对外发布了《共建"一带一路"倡议：进展、贡献与展望》，对过去几年来"一带一路"建设取得的进展进行了系统性梳理。总体而言，根据《愿景与行动》最初提出的设想，目前已形成了一个相对健全的国际合作发展框架。第二届高峰论坛期间达成的283项成果几乎涉及对外经济合作的各个领域，具有全局性和体系性。除了基础设施、投融资等传统领域外，其他领域还涉及贸易规制、贸易便利化、海关信息、标准化、税收合作、铁路运输、邮政快递、渔农业发展、科技创新和人员交流。未来将逐步形成以经济合作为主体，以科教文卫等多领域为补充的全方位对外经济合作格局。并且，这些合作具有较强的实践导向型，大多数项目能够在中短期内看到可预期的合作成果。与我国签署双边协议的主体不仅包括相关沿线国家，还有诸多国际机构，越来越多的发达经济体和国际组织将成为"一带一路"建设的重要合作伙伴。据不完全统计，英国、法国、新加坡、意大利、比利时、以色列、芬兰、西班牙、荷兰、丹麦等发达经济体均参与到相关合作项目中。

此外，高质量发展还体现在技术进步层面，技术进步是实现高质量发展的重要物质基础，技术合作是推动高质量共建的重要发展趋势。中国政府已与诸多国家签署了一系列技术合作协议。比如，与老挝、保加利亚、拉脱维亚、萨尔瓦多、巴拿马等国政府签署科学、技术和创新领域的合作协定，与

以色列政府签署创新合作行动计划。此外，以科技部为主体，与匈牙利创新和技术部签署了关于开展"数字丝绸之路"合作的双边行动计划；与奥地利、日本、墨西哥、以色列、希腊、新西兰、乌兹别克斯坦、乌拉圭、南非、马耳他、印度尼西亚等签署了各种科技合作计划。

三 进博会与"一带一路"建设的长效机制构建

进博会和"一带一路"建设作为重要的开放型经济政策实践机制和载体，在服务国家经济建设方面具有较高的契合度，进博会可以成为服务"一带一路"建设的重要长效机制。高质量共建"一带一路"体现在高标准、可持续和惠民生等诸多方面。进博会是高质量共建"一带一路"的重要实践平台。进博会能够促进更高标准商品和技术的交易和交流，是促进共建"一带一路"国家及地区工业化和可持续增长的重要驱动器，是让这些国家和地区的居民获得经济收益最直接的交易平台，同时也能为国内居民带来诸多民生福利。随着进博会体制机制的成熟，其将被赋予更为重要的政策改革驱动和政策协同功能，成为推进"一带一路"建设的重要实践平台。

（一）进博会是高质量共建的商品和技术展示平台

进博会正成为创新引领和高质量发展的重要窗口。越来越多的企业选择进博会作为其新产品或新技术的首发平台。首届进博会期间展品数达5000件，其中570件为全球或中国大陆首发新产品、新技术和服务（钟山，2018）。第二届进博会期间，全球或中国大陆首发新产品、新技术和服务391件[①]。借助进博会平台展示商品和技术将成为进博会功能创新的重要发展趋势。从商品经济的历史发展看，诸多新科技成果和新产品都是通过博览会的方式向世界首次呈现并得到后续发扬和拓展的，比如，蒸汽机、火车头、无线电话、电

[①] 袁勇：《第二届进博会经贸合作成果丰硕——东方之约点亮世界》，https://baijiahao.baidu.com/s?id=1649856873025701630&wfr=spider&for=pc，最后访问日期：2020年3月20日。

视机等。展会是诸多新兴消费产品和消费理念的展示地，参观者通过参加展会提升学习认知，在此基础上进一步激发潜在消费需求。比如，新型微创手术、癌症治疗方案、外资医疗保险方案等开始成为展会的重要展示内容，并将对消费者的消费行为产生深远影响。与万国博览会举办之初举办各种产品和技术展览有所差异，当前世界博览会更多承载着展示新发展理念、国家文化传播等使命。进博会在战略定位上与最初的万国博览会存在类似之处。

进博会作为"不一般"的商品展示平台，新产品或新技术借助进博会特有的磁场效应，借助多渠道和高曝光度的媒体宣传，能够在短期内形成品牌效应，使得相关商品具有明显的"网红"特征。对于很多中小经济规模国家而言，相关领域的商品生产缺乏市场空间支撑，企业生产也难以实现有效规模扩张。进博会在挖掘优质产品的同时，能够实现优质品牌与国内大市场的融合，在短期内迅速提升相关产业的市场空间。

在一些竞争激烈的产品领域，进博会为其提供了重要的产品创新功能展示平台，甚至具有延续商品生命周期的功能。以汽车行业为例，受新能源、互联网和无人驾驶汽车等新型产品的冲击，国际"二线"品牌传统燃油车正面临较大的生存危机。在首届和第二届进博会上，汽车展占据了显著的份额和较大比重。韩国起亚电动化战略概念车 EV SUV Coupe Concept 选择第二届进博会作为其新产品首发平台，该新概念车型可通过车内多种传感器识别人们的表情、心率和皮肤活动等，进而优化车内环境，改善驾乘人员的舒适度。相比德系和日系汽车，韩国汽车产业需要新的创新曝光度维系和提升其市场份额。此外，意大利法拉帝集团设计的最新型号 FSD195 号公务快艇也借进博会平台进行亚洲首发。日本泰尔茂株式会社在第二届进博会上首次展示世界最细最短的胰岛素注射针头纳诺斯 Jr.（NANOPASS Jr.），针头直径仅为 0.18 毫米，能够带来无痛注射，对于经常注射的患者而言是一大福音。

新产品和新技术是高质量发展的重要体现，也是我国开放型经济体系建设"两种市场和两种资源"观的重要体现。技术创新的产业化需要通过市场规模的扩大以降低生产成本，中国巨大的市场体量是技术创新和转化的重要空间载体。市场优势已成为一种制度竞争力,当前,越来越多的国外投资者看中我国市场规模优势。随着我国资本市场开放的改革推进,越来越多的境外机构投资者开始投资国内技术市场,通过境外资本培育国内技术市场发展。进博会作为国外新技术和新产品探索中国市场的重要"探路石",将在未来推动形成更多科创和研发相关的产业生态。

(二)进博会是促成制度合作和传播高质量共建理念的重要载体

高质量共建强调政策协调和制度合作,并且制度合作越发具有普遍性意义。根据诺斯对于制度的定义,除了政策层面的"硬规制"外,还需要推动包括习俗、惯例、共识和其他理念的"软约束"的形成。作为进博会的重要政策配套,虹桥国际经济论坛是探索制度合作的重要载体,未来可实现若干功能型创新和更广泛意义上的制度合作。高质量共建背景下,需要将制度合作视为共建"一带一路"的实现机制。制度合作需要多维度、多层次的规则、机制的对标和协同,是各种软约束的互融互通过程。制度合作能够通过降低制度型交易成本,提升经济互动的便利性。

制度合作为高质量共建提供空间载体,其本身亦是重要的收益实现机制。当前全球化进程的相对停滞本质上是市场分割和技术扩散渠道受阻所导致的。推动在市场融合、技术流通和扩散领域的制度合作是打破当前全球化发展困境的重要努力方向。高质量共建需要突破技术民族主义壁垒,通过打通体制壁垒,促进技术流通,促进共性技术研发。比如,中国、俄罗斯和巴西都是重要的航空技术大国,如何促进技术的互通和整合,首先是一个制度问题,这也是金砖合作未来的发展方向。

制度合作是一种可持续的收益实现机制。通过创造共融共生的发展环境,打破市场分割,提升参与方的市场收益,是制度型收益的重要体现,是高质量共建的重要实现机制和最终落脚点。正如世界经济一体化进程是制度壁垒不断消除,交易成本不断降低的过程,高质量共建是推动制度相融相通的过程,能够提升参与多方的发展收益。随着发展合作的深入,制度型开放能够推动实现更高标准、更可持续和更惠及民生的发展实践。高质量共建应推动参与诸方成为制度设计的贡献者，充分考虑到共建国多方参与者的利益关切，提升他们发展的主动性和舒适度，避免误入大国强权的歧途。中国参与的制度塑造和供给需要区别于霸权国家，应提升制度的包容性，降低制度型公共产品的准入门槛，将提升共建国对制度及制度型公共产品的接纳度视为高质量共建的重要准则。

将虹桥国际经济论坛打造为"高质量共建"制度合作平台是建立"一带一路"与进博会政策互动机制的重要长效机制之一，是推动实现"一带一路"高质量发展的重要功能载体①。虹桥国际经济论坛作为进博会的配套论坛，将成为中国常设性主场外交平台。从第二届起，"虹桥国际经贸论坛"更名为"虹桥国际经济论坛"，将聚焦更为广阔的世界经济领域。虹桥国际经济论坛对于传播中国声音，向世界阐述中国开放发展理念具有重要意义。论坛围绕全球经贸发展前沿问题展开交流，比如，营商环境、人工智能、世贸组织改革、数字经济和人类命运共同体等，均是当前世界经济和国际合作的主流和前沿议题。此外，论坛还通过积极阐述中国政府反对贸易保护主义、单边主义的立场，更好地凝聚国际共识。受邀的国际嘉宾和国际组织代表参会能够有效促进全球治理领域的政策实践，使虹桥国际经济论坛发挥全球治理功能。比如，世贸组织、联合国贸发会议、二十国集团、金砖国家和上合组织成员等参会，有助于在多边机制内推动达成政策共识。

当前，虹桥国际经济论坛越发具有政策传播平台功能，该平台越来越成为诸多国家开放战略和各省份对外开放政策宣传的重要渠道。首届进博会期间，习近平主席宣布了中国扩大开放的5方面新举措和支持上海等地区扩大开放的3项措施，强调中国将坚定不移奉行互利共赢的开放战略，实行高水平的贸易和投资自由化便利化政策，推动形成陆海内外联动、东西双向互济的开放格局（习近平，2018a）。第二届进博会期间，习近平主席宣布了中国推动建设开放型世界经济的3点倡议：共建开放合作的世界经济，共建开

---

① 严玉洁：《钟山部长谈第二届进博会：规模更大、质量更高、活动更丰富》，https：//baijiahao.baidu.com/s? id = 1646016770794042899&wfr = spider&for = pc，最后访问日期：2020年3月20日。

放创新的世界经济,共建开放共享的世界经济。同时,宣示中国持续推进更高水平对外开放的5方面措施,即继续扩大市场开放,继续完善开放格局,继续优化营商环境,继续深化多双边合作,继续推进共建"一带一路"。虹桥国际经济论坛同时也成为政策实践成果的重要展示平台,习近平主席在第二届虹桥国际经济论坛的发言提出首届论坛期间与相关国家达成的98项合作事项,其中23项已经办结,47项正在积极推进,28项也在跟进推进。(习近平,2019b)进博会总结和发布"一带一路"倡议的执行和落实情况,与"一带一路"国际合作高峰论坛形成错位,年度性地发布"一带一路"建设相关成果,促进标志性合作项目的落地和实施。

进博会将成为重要的信息发布平台,不仅发布中国开放导向的政策,还发布地方政府、国际组织和各类研究机构的相关信息,是地方开放政策展示的重要窗口和平台。第二届进博会期间共举办了380多场配套论坛,有关国家部委举办了数十场权威政策解读,相关国际组织也借此平台发布政策研究报告。进博会不仅是"买全球、卖全球"的贸易合作平台,还是集贸易、投资、外交、人文等活动于一体的开放合作平台,是实现国家间政策沟通、民心相通的重要平台载体。此外,越来越多的省市地方政府开始借助进博会探索地方开放经济发展的机制创新。第二届进博会期间,包括云南、四川、重庆、陕西等内陆省份,借助配套论坛,举办了一系列商业推介活动,取得了良好的经济效益和政策宣传效应。地方层面借助进博会平台进行与当地发展相关的交流展示是我国开放政策设计进入纵深化发展的重要趋势。实际上,自"一带一路"倡议提出以来,中西部省份借助沿海地区的投资转移以及中欧班列等交通运输便利条件,正迎来新一轮的产业化发展浪潮,纷纷出台相应的便利化政策。借进博会平台展示中西部地区的发展前景是我国推动开放政策向纵深化发展的重要契机。

(三)双向开放与进博会塑造的可持续外部经济空间功能探索

1. "一带一路"建设背景下进博会驱动的双向开放机制

经过40年的快速增长后,中国经济出现了结构性调整,大多数传统业态需要寻求新的生产基地和销售市场以延续其产品生命周期和维系生产成本竞争力。进博会需要发挥贸易创造的衍生功能，推动投资的双向互动，实现两个市场两种资源的互动发展。从展会的经济功能属性看，越来越多的国际品牌展会在促进双向开放方面发挥着至关重要的作用。目前，越来越多的投资洽谈会以推动中国企业"走出去"为服务对象，相关国家驻华使领馆和商会亦发挥着积极作用。

双向开放还体现在国内市场的对外开放，进博会在扩大国内进口的同时，也有助于促进企业"走出去"，为广大发展中国家发展出口产业体系腾挪国际市场空间。针对中国持续贸易顺差导致的国际争议，未来的开放应该是双向开放的可持续发展模式，需要注重对外贸易的平衡。平衡和可持续的国际贸易需依赖中国与相关国家投资贸易网络的重构与完善，需建立在发展中国家新一轮工业化的基础之上。当前，中国企业海外投资意愿增强，但缺乏必要的投资信息渠道。"一带一路"相关的国别推广活动或专业展览是我国企业了解相关国家投资环境、商机和发展前景的重要窗口。

高质量共建"一带一路"背景下，越来越多的共建国尝试进入中国市场，积极宣传和展示本国的投资环境和市场增长前景。中国企业"走出去"将成为未来世界经济发展的一个新常态，是2008年金融危机后世界经济再平衡的重要驱动力量。随着越来越多共建国家的加入，中国通过国际产能合作和国内企业大规模"走出去"，成为"一带一路"沿线国家和地区工业化的重要推动力量。进博会将发挥重要的桥梁作用，围绕"一带一路"建设，进博会和诸多配套论坛将成为推动对发展中国家投资和双向开放合作的重要平台。

2. 有管理的进口贸易与"一带一路"国际经济空间塑造

当前，需要重新认识国际市场的贸易公平问题，中国需要推出综合平衡的对外贸易战略。进博会是重要的平台机制和抓手，它利用中国大市场优势，探索实现有管理的进口贸易，从而更好地塑造和维系可持续发展的外部经济空间。在实现贸易整体均衡的背景下，应通过进口贸易的结构化管理，实现国内产业结构、消费结构的经济结构优化，更好地践行中国对外开放的制度设计初衷。

贸易管理意味着需要统筹考虑共建"一带一路"国家和地区、其他发达国家以及国内市场的结构性均衡和可持续发展问题，通过平台引导和实现相关进口贸易品的有效管理，实现相应发展目标。以共建"一带一路"国家为例，尽管诸多国家当前尚未有效实现工业化，相关进口商品乏善可陈，但商品出口的经济运行过程会提升相关国家的贸易能力，使其形成参与世界贸易体系的经济发展思维和政策逻辑。出口商品通常会经历从数量到质量的发展转变，由此将推动相关国家产业结构的转型升级。共建"一带一路"国家的商品进入中国市场是一个渐进的过程，对应着其自身生产能力和贸易能力的不断提升。尽管短期内市场销售额难以有实质性提升，但中长期发展前景可期。比如，巴基斯坦手工缝制的足球两次作为世界杯比赛用球成为进博会的明星产品之一，随着中巴经济合作深化，巴基斯坦商品在中国市场品牌效应的形成将得到中巴友谊和发展中国家国际合作精神的强有力支撑，有效地获得国内市场认同。

此外，进口贸易的规划性能够促进"一带一路"沿线投资。可持续的外部经济空间需要建立在稳定和可预期的产业链联系基础之上，贸易是重要的渠道和商品流通机制。中国需要塑造可持续的对外经济合作国际空间，需要以贸易促投资，实现对外合作的国际产业链重构，避免欧美发达国家投资回流带来的逆全球化对国内市场的冲击。有管理的进口贸易能够实现外部经济空间的优化，通过市场化整合增加市场容量，通过提升市场内分工复杂度，增强市场整体抗风险能力。

（四）贸易平衡发展理念赋予进博会全局性改革驱动功能

进博会的贸易平衡功能与"一带一路"建设具有相同的目标，前者直接以贸易平衡发展为导向，对国内产业生产和政策改革产生直接倒逼效应，将与"一带一路"驱动的产业结构调整和结构优化形成相辅相成的关系。进博会作为"不一般"的展会，目前政策设计亦围绕"不一般"的功能定位，不断加强机制创新，丰富其作为一种政策创新平台，在推动世界经济发展领域发挥不一般的平台作用。表面看来，进博会的直接目标在于通过从国际市场进口商品推动贸易的结构性和总量性均衡。但作为新型贸易合作平台，进博会所蕴含的发展理念创新远超贸易促进本身。当前中国对外贸易存在结构性失衡问题，如何通过进博会解决结构性失衡是缓解当前国际贸易争端的可持续之道。

贸易平衡的实现需要有效的市场机制驱动，进博会是践行这一机制的重要平台和载体。通过增加进口实现国内相应产能的削减或实现产业结构的自发调整，这种倒逼效应是一种开放市场环境下的公平竞争过程。海外商品进入国内市场将有助于调整国内生产的供给结构，对生产行为产生最直接影响。长期以来，受到国内市场容量的影响，过度竞争一方面增大了企业经营压力，另一方面，也使得规模化企业通过生产扩张实现产量的垄断，但这种增长仍然是数量型增长，企业在扩张过程中并未实现企业经营收益的有效改善，反之，导致一大批中小企业生产经营难以为继，国内经营环境进一步恶化。这一发展现象的核心原因在于价格因素，企业为了维系生产，不得不通过降低价格打压竞争对手，通过内部成本外部化方式进行成本控制，甚至通过信贷扩张维系生产，部分中小企业因融资链条断裂，只能拱手让出相应的市场份额。在传统"价低者得"的逻辑下，中国产业发展进入规模化扩张的路径依赖"死循环"。

任何一个国家或地区都存在产业发展的路径依赖问题，尤其是产业体系复杂性增强，生产过程的"迂回性"增加，通过市场机制实现产业结构自发调整的过程具有滞后效应。在缺乏有效外力干预的情形下，这种自发调整过程甚至很难实现。不论日本、德国、美国还是其他工业国，产业结构调整的过程都是极为漫长的。改革开放 40 多年来，我国经济政策的基本策略在于通过高速增长驱动工业化和城市化进程。农民在向产业工人角色转变的过程中，获得了基本的就业和工资，生活水平得到了显著提升。高质量发展时代，我国政府在经济治理领域开始尝试回应增长作为手段和发展作为目的之间关系的基本政策命题，国内产业结构调整和相应的经济体制改革力度空前。当前国内产业发展也存在"路径依赖"问题，亟须外部先进产业的引入，通过市场竞争效应，驱动国内产业变革。进博会可以发挥产业引入的窗

口效应和平台作用。

产业结构调整的自发市场秩序的形成需要经历较长的周期，存在严重的滞后效应。我国提出降低出口经济依存度的政策由来已久，但市场机制的信号反馈是极其低效的。对于大部分出口导向型经济体而言，由于产业结构的路径依赖，必须要对出口经济进行大刀阔斧甚至伤筋动骨的改革方能实现。2008年金融危机后，处于微利边缘的出口企业一方面受到国际市场压制，另一方面，在土地等不动产价格飙升的背景下，出口企业通过来自非主营业务的收入或信贷支撑获得喘息机会，稳增长导向的政策设计缓冲了企业生产结构调整面临的外部压力。在这一背景下，进博会选择了直接引入消费品和工业品的方式，这对于国内市场供给产生的冲击效应显而易见。这种倒逼效应主要体现在企业自发结构调整和企业投资的区域转移两个方面。当前，国内社会经济层面发生的结构性变化为政府实施强力改革创造了契机。比如，劳动力供给结构变化降低了大规模采用智能化生产模式可能带来的"劳动力替代"效应。供给侧结构性改革背景下，对于高质量发展的强调意味着一大部分处于盈利边缘的产业将在结构调整和产能淘汰之间做出选择。通过生产设备等高质量资本品进口推动生产结构、工艺流程革新是企业生产转型的重要发展方向。

此外，全局性改革功能还包括政府治理能力现代化领域的发展和改革实践。现代化的治理体系对于"一带一路"建设的机制推进具有深远影响。上海及周边地区为配合进博会的召开，已形成年度的治理合作关系，是长三角一体化的重要助力机制，同时也是提升地方和区域治理能力现代化的重要实践载体。以上海为例，上海在进博会组织管理方面，政府管理能力有了很大的提升。第二届进博会期间，为尽量减少对其他居民日常生活的影响，上海在安保等领域加强管理创新，将一级勤务区域从首届进博会期间的5平方公里缩减至2平方公里。这一管理精细化能力的提升，将有助于上海在中长期提升城市治理能力，今后可以组织和举办更多国际级的盛会。同时，上海引入大数据技术，对参展商、展品信息等进行无纸化、智能化、集约化全流程监管。此外，在城市物价和生产生活宜居性方面，上海也进行了一系列卓有成效的改革探索。2019年9月5日，上海市人民政府发布《关于第二届中国国际进口博览会期间实施临时价格干预措施的通告》，在进博会前后及期间的20天时间里，实施临时价格干预措施，对基本交通出行、停车、住宿等价格进行有效管制，避免供需矛盾造成的哄抬价格行为。宾馆住宿和餐饮价格基本稳定是城市营商环境和商业生产环境竞争力的重要体现。经过两届进博会的筹备，上海及周边地区的营商环境及政府治理能力得以显著提升。

四 待探索的问题及政策设计后续思考

建立进博会与"一带一路"建设的长效互动机制，需要回归开放型经济建设的本源性目的，寻求两者共性目标和政策设计逻辑，进而探索功能互补的制度架构建设。进博会设立的初衷在于建立外部均衡的开放经济体系，借助"两个市场和两种资源"，实现开放和可持续发展。高质量共建"一带一路"旨在创造一个适合中国开放型经济发展的可持续外部经济空间。如何完善两者功能布局优化，实现互动发展是未来制度设计的重点所在。

开放型经济体系建设需要依托稳定和可持续的外部经济空间，应以此为立足点，进一步明晰进博会和"一带一路"建设的功能属性：两者是具有国际公共产品属性的新兴国际经济合作平台，是我国探索建设开放型经济空间的重要载体。目前，两者在制度设计方面容易偏离主体功能，而陷入延伸功能误区，后续政策设计远离发展初衷。

进博会具有贸易平衡导向的全局性改革促进功能，目前的政策设计主要以促进进口增长和实现对外贸易平衡为目标，在提升进口贸易管理、优化国内经济结构、为"走出去"企业拓展国内市场空间等方面的逻辑关系尚未有效理顺。未来需在如下领域探索其全局性改革功能，与高质量共建"一带一路"协同发展。一是要使进博会成为培育"一带一路"沿线市场主体的重要功能性平台，通过开放国内进口市场为沿线地区产业发展提供增长空

间；二是通过进博会实现海外优质资源流入，更好地实现双向开放和互动发展；三是建立进口贸易管理与国内产业发展的联系协调机制，评估相关影响并推动政策优化。

"一带一路"政策设计亦面临相似的问题，政策关注点过度面向推动国内企业"走出去"，忽视内外经济均衡、国内结构调整和促进外部资源引入等方面的政策促进。"一带一路"建设更具有"走出去"的发展特征，即通过制度合作和市场空间塑造满足国内企业产业拓展的发展需求。重新构建和优化高质量共建的市场空间需要充分考虑地理经济、技术变革、区域一体化未来发展等趋势性变化因素。在高质量共建"一带一路"的过程中，应以系统论视角构建市场空间布局，注重外部空间布局，这对于维系生产联系稳定性、降低不确定性冲击可能带来的系统性风险具有长远意义。

参考文献

陈泽炎，2018，《中国会展经济见证改革开放历史进程》，《中国对外贸易》第 5 期。
范恒山，2018，《推动共建一带一路向高质量发展转变》，http://theory.people.com.cn/n1/2018/1029/c409499－30367473.html，10 月 29 日。
习近平，2017，《决胜全面建成小康社会　夺取新时代中国特色社会主义伟大胜利——在中国共产党第十九次全国代表大会上的报告》，人民出版社。
习近平，2018a，《共建创新包容的开放型世界经济——在首届中国国际进口博览会开幕式上的主旨演讲》，人民出版社。
习近平，2018b，《把握时代机遇　共谋亚太繁荣——在亚太经合组织第二十六次领导人非正式会议上的发言》，http://cpc.people.com.cn/n1/2018/1119/c64094－30407251.html，11 月 19 日。
习近平，2019a，《齐心开创共建"一带一路"美好未来——在第二届"一带一路"国际合作高峰论坛开幕式上的主旨演讲》，http://www.xinhuanet.com/politics/2019－04/26/c_1124420187.htm，4 月 26 日。
习近平，2019b，《开放合作　命运与共——在第二届中国国际进口博览会开幕式上的主旨演讲》，人民出版社。
钟山，2018，《新时代高水平对外开放的里程碑》，《求是》第 22 期。

B.6 进博会促进国际文化、旅游服务贸易研究

李萌 陈文彦 高宇璐 胡晓亮*

摘 要： 随着全球产业结构调整，服务贸易在全球贸易结构中的地位持续攀升，已经成为推动全球经济增长的新引擎。文化、旅游服务贸易是服务贸易的重要组成部分，从第二届进博会可以发现，当前国际文化、旅游服务贸易呈现一系列新的趋势：文化、旅游服务贸易的重要地位越来越突出；我国文化、旅游服务贸易步入新阶段；入境旅游发展力度将进一步加大；一批国际化文化、旅游企业的崛起将成为必然；大数据、互联网技术将会发挥更大作用；服务业与制造业融合发展特征更加凸显；自贸试验区及自由贸易港的开放联动效应需要集成发挥。为更充分地发挥进博会促进国际文化、旅游服务贸易发展的功能与价值，需要在线上和线下融合发展、"6天+365天"互动协同模式运行上做出更加积极、更大力度的探索和努力。

关键词： 进博会 文化、旅游服务贸易 互动协同模式

---

* 李萌，中国社会科学院-上海市人民政府上海研究院研究员，主要研究方向：文化旅游；陈文彦，中国社会科学院-上海市人民政府上海研究院科研处副主管；高宇璐，中国社会科学院-上海市人民政府上海研究院硕士研究生；胡晓亮，中国社会科学院-上海市人民政府上海研究院助理研究员。

在全球经济发展存在诸多挑战和不确定性的背景下，服务贸易已成为全球贸易中最具活力的组成部分，并被很多机构视为能够带来全球经济发展新动能、具有巨大发展潜力的重要领域。根据世界贸易组织发布的《2019年世界贸易报告》，2005～2017年，全球服务贸易增速超过货物贸易，到2040年，服务贸易在全球贸易中的份额将增至50%。在服务贸易中，文化、旅游服务贸易在促进世界各国对外贸易和经济社会发展中一直都发挥着积极作用。文化和旅游是国家增加国民经济收入和平衡国际外汇收支的重要产业。从1982年开始，泰国旅游业已成为其国民经济收入的支柱产业和外汇首创产业，其创汇能力在亚太地区位居前列。旅游业同样也是新西兰的支柱产业和重要收入来源，在新西兰，大约每12个从业人员中就有一人从事与旅游业有关的工作（新西兰南方理工学院，2016）。文化、旅游服务贸易发展正受到越来越多国家和地区的重视和支持。

在首届中国国际进口博览会（以下简称进博会）上，商务部发布了我国首部《中国服务进口报告2018》，报告显示，2017年我国服务贸易进口额达4676亿美元，增长3.4%，规模位居全球第二。其中，中国旅行服务进口2547.9亿美元，占服务进口总额的比重为54.5%。2012～2017年，中国对世界旅行服务进口增长的贡献为56.3%，居世界第一位。中国已连续多年保持世界第一大出境旅游客源国和消费国地位，为世界旅行服务进口增长做出了重要贡献。据预测，未来5年，我国旅行服务进口有望突破1.4万亿美元，将为国际文化、旅游服务贸易做出新的重大贡献。进博会是全球首个以进口为主题的世界级展会，将为世界各国文化、旅游机构进入中国提供更广阔的市场、更宝贵的合作契机，也将在促进国际文化、旅游服务贸易新发展上有更大作为。

一 进博会促进国际文化、旅游服务贸易的功能与作用

1. 进博会为国际文化、旅游服务贸易搭建新平台

作为以进口为主题的世界级展会，进博会为全球文化、旅游产品进入中

国市场搭建了平台。不少发达国家的大型跨国公司已深耕中国文化、旅游市场多年，通过进博会与行业内其他合作伙伴深入交流，可进一步明确未来企业境外发展的策略和规划。与此同时，进博会也为世界中小企业和最不发达国家参与和发展文化、旅游服务贸易提供了宝贵机会。与首届进博会一样，第二届进博会继续为最不发达国家提供了国家展展位费的费用支持，同时，针对进口商品，给予其95%的免关税、免配额的待遇。那些世界上看好中国市场但是一直没有机会和中方企业合作的中小企业，也通过进博会找到了合作契机。

第二届进博会上搭建的两大平台受到了社会各界广泛关注。一是为世界深度了解中国文化特别增设的"非物质文化遗产暨中华老字号"文化展示专区平台。在"上海非遗·老字号"展区，集聚了69项中华老字号和上海老字号、37项国家级和市级非遗。该展区以沉浸式体验、互动式交流等手法全方位展示了上海的历史与未来、商业与文化、生活与艺术。二是为参展企业专门搭建的"全球首发 中国首秀"平台，有超过50场新品在此发布。《2019年世界贸易报告》中文版也在进博会上首发，这是连续第二年该报告中文版在进博会期间发布，深刻体现了我国对于多边贸易的支持。

除了实实在在的文化、旅游服务贸易额的成倍增长，参展商、采购商、专业观众还能在进博会上分享新技术和新观点，来一次思想交流的盛宴。进博会举办期间，多个文化、旅游主题论坛同时举办。2019"旅行休闲·幸福生活"主题论坛是第二届进博会的重要论坛之一，与会者围绕全球旅游业现状、机遇和挑战，中国出境旅游客源画像，休闲旅游实践等主题展开探讨，吸引了来自文旅部门、世界旅游联盟、国际旅游机构、涉旅企业、医疗康养机构等的200余人参加。中国文旅产品国际营销年会（2019）作为第二届进博会的官方现场配套活动，以"文化和旅游消费"为主题，通过主题演讲、专业对话、案例分析、互动交流等形式，国内外机构的近百位专业人士和官员共话文化、旅游行业的最新资讯和发展经验。

2. 进博会为国际文化、旅游服务贸易发展带来新机遇

进博会是我国形成更高层次对外开放新格局的重大创举，它为国际文

化、旅游交流与合作开辟了新空间，带来了新机遇。一是不断优化贸易结构，促进区域均衡发展。一方面，进博会为发展中国家和最不发达国家提供了全球贸易新平台，将助力改善当前的国际分工和利益分配模式；另一方面，对发达国家来说，进博会也是一种新的市场机遇，有助于从总体上实现全球性的包容普惠、互利共赢发展。二是集中展示品牌形象，促进无形资产增值。进博会通过集中展示的方式，深刻凸显了产品与生产国之间的密切关联。换句话说，参展的产品和服务不仅代表着企业的发展理念和竞争力，也代表着国家和地区的品牌形象。在德国福维克展厅，一款智能茶艺机吸引了众多参观者前来探究，45秒即可泡一杯功夫茶。这在将中国的茶文化以及中国人的生活方式传播给全世界的同时，也反映了"德国制造"的先进性。进博会为展示德国实干文化的品牌形象提供了国际化平台。三是供需有效对接，促进投资合作。进博会的核心价值和根本吸引力，一方面在于中国作为全球最大的消费市场的魅力，另一方面在于作为功能型世界级展会应有的集聚全球优质要素、促进交流交易的综合服务能级。进博会直接为全球文化、旅游服务贸易供给商深度了解、投资中国市场提供了渠道，也为国内文化、旅游采购商和游客零距离了解海外文化、旅游产品及服务信息提供了便利，有效实现了中国14亿人口的庞大市场和国际大市场的精准对接。

3. 进博会为国际文化、旅游交流合作提供了新动力

进博会上，服务贸易展区的文化、旅游板块集中了全球众多的行业优秀企业，这些企业带来了全球文化、旅游领域前沿发展理念，带来了全球优秀文化、旅游企业发展路径的经验，汇聚了全球优秀文化、旅游机构先进的展示、推广、营销手段。在秘鲁展馆内，有14家旅游服务企业前来参展，参观者可以通过VR设备"逛一逛"秘鲁的风景名胜，也可以通过电子屏了解秘鲁特色农产品的相关信息。在印度展馆内，手绘师许诺带来了印度女性常用的皮肤装饰手法——海娜手绘，现场演示让观众对印度文化充满了好奇。阿根廷、喀麦隆等8个国家的展馆推出了与足球有关的设计和活动。其中，阿根廷展馆用固定时间展示花式颠球，意大利展馆邀请退役足球明星到现场助阵。在黎巴嫩展馆内，标志性景点鸽子岩被设计师"搬"到进博会现场，

希望通过展示黎巴嫩历史人文来吸引游客前去打卡。来自法国的PVCP太阳季集团是旅游度假行业的领军企业,长期为欧洲客户提供田园、山野、都市和海滨旅游服务,企业负责人表示,进博会为他们展示和推介法式生活和度假理念提供了一个良好的平台,他们正计划将旅游度假区开到中国。科技改变生活,普通的鞋子也可以设计得与众不同。展会上,一款专为运动设计的高跟鞋彻底打破了人们对高跟鞋的传统想象和定义,运动鞋也可以超乎想象。结合中国传统文化,运用中国传统工艺设计的山水画鞋子、融入"福禄寿"概念的鞋子,看起来创意感十足。

参展国之间、参展国与中国之间发生的多维互动与交流互鉴,也为国际文化、旅游领域交流与合作注入了新动力,为全球文化、旅游交流合作与服务贸易发展创造了更多的公共产品和平台红利。进博会期间,国家主席习近平会见多国领导人,鼓励参展国向中国消费者积极推介本国优质特色产品。牙买加领导人表示,希望学习中国的成功经验,进一步加强与中国在基础设施建设、旅游、文体等领域的国际合作交流;法国领导人表示,大力支持两国教育、文化、体育、旅游等方面的交流合作。中外领导人还走进部分国家展馆,希腊的美食和艺术品、牙买加的蓝山咖啡、印度尼西亚的棕榈油,吸引着大家驻足参观。国家层面的友好合作以及对进博会的支持态度为参展商深度参与进博会增强了信心。

二 从第二届进博会看国际文化、旅游服务贸易新动向

1. 从文化、旅游板块规模、质量、成效角度看

一是文旅板块参展规模持续扩大。与首届相比,本届进博会文旅板块的展览面积翻倍,达到909平方米,吸引了日本、伊朗、新加坡、德国、泰国、法国以及澳大利亚7个国家的12家国际高品质文化IP和旅游企业前来参展,展示内容涵盖动漫、设计、非遗、视觉艺术、旅游休闲、酒店、航空、知名文化旅游IP等更多方面,全面呈现国际文化、旅游领域发展新特点和前沿趋势。很多文旅企业展台扩大了规模,有的甚至达到首届的5倍以

上。由于2018年入境土耳其的中国游客达到了40万人次，年度增长约七成，第二届进博会土耳其航空公司展台面积就一举从首届的20平方米扩大至150平方米。

二是文旅板块参展质量显著提高。文旅展区的内容设置更加优化。本届新增"非物质文化遗产暨中华老字号"和冰雪体验区的展示，活动以省区市为单位组展，共有17个省区市的171个互动体验项目参展，生动形象地向境内外参展商、采购商和观众展示中国文化的博大精深。展览质量得到进一步提高。在文旅板块，有不少二度参展的"回头客"。继首届日本成为进博会文旅板块参展规模最大的国家以后，第二届进博会日本又有六家展商参展，包括东瀛假日旅行社、株式会社HUBART、株式会社Alexander & Sun、日本品牌株式会社、木兰创意文化发展株式会社以及株式会社荒井工房。其中，每三年举办一次的"越后妻有大地艺术节"在首届进博会上成功落户中国之后，大地艺术节之父北川富朗在第二届进博会上又将旗下全部五个艺术节带了过来，这是他提出的以文化推动乡村振兴和城镇发展的解决方案。此外，在进博会文旅推介现场还出现了不少新面孔。泰国国家旅游局首次参加进博会并向中国游客宣传泰国旅游和当地文化。蜜月婚礼是泰国国家旅游局重点推介的旅游项目之一，泰国有专业的婚礼服务和类型多样的婚礼仪式可供新人体验。泰国国家旅游局还专门安排手工艺师在进博会现场制作泰国传统工艺品水灯，吸引了众多观众前来观摩。文旅产品全球首发成为文旅板块的重头戏。造价超过10亿美元，世界最大、最贵的邮轮——皇家加勒比国际邮轮在第二届进博会上全球首发，并首次开始接受客户预订舱位。

三是文旅经贸交流合作成果更加丰硕。进博会举办期间，一批文旅经贸合作协议陆续达成。凯撒旅游第二次参加进博会，现场与北欧航空签署了2020年意向合作协议，折合人民币约为1400万元。第一次亮相进博会的山东老字号——吉纹斋银壶，原本只是想在"非物质文化遗产暨中华老字号"展区内做品牌展示，结果却意外收获了大额订单。除了在进博会现场，不少参展商还在场外寻找各类促进旅游产业合作的商机。由于看好中国旅游市场的潜力，拉脱维亚经贸负责人在进博会举办期间到访春秋国际大厦，双方共同探讨旅游及航空等领域的合作意向。拉脱维亚未来将会进一步研究缩短签证的办理时间，以促进旅游业发展。围绕文化、旅游等领域开展的各类配套活动超过300场，17个省区市在2019年首次增设的4000平方米"非物质文化遗产暨中华老字号"文化展区举办了140多场交流展示活动，不断放大综合溢出效应。其中，以"遇见上海"为主题，"上海非遗·老字号"展区占地面积达702平方米，给海内外客商在进行一场场热火朝天的供需洽谈的同时，也留下深刻的中国文化记忆。同时，来自法国、意大利、拉脱维亚、斯里兰卡、印度5国及中国14个省区市的97场文化公益活动在国家会展中心（上海）商业广场的360度全景舞台举办，令人眼花缭乱的国际性文化活动吸引了众多参会者的目光。另外，进博会还带动了长三角旅游热。根据在线旅游平台的统计数据，第二届进博会期间，从上海出发的"3小时高铁圈"内，南京、杭州、黄山等旅游城市备受关注，纷纷迎来旅游小高峰。在进博会及其前一周，以国家会展中心（上海）为圆心、步行10分钟到15分钟为半径所覆盖的酒店预订量和搜索量显著上升，11月4日和11月5日入住人数最多，此后呈现递减态势。

2. 从国家文化旅游服务营销角度看

近年来，泰国和印度在入境旅游签证、形象宣传等影响入境旅游的关键方面的做法值得借鉴，古巴、意大利推广其医疗旅游服务的做法也引人关注。

一是不断提升签证便利度。泰国政府宪报网站2019年10月31日发布公告，正式宣布将原定于当天截止的免收落地签证费措施，从11月1日起再延长半年至2020年4月30日。该措施适用于包括中国在内的约20个国家和地区的游客，这些游客无须缴付每人2000泰铢（约合470元人民币）的落地签证费。而当年2月，泰国就启用了电子签证，游客可提前申请电子落地签，抵达后只需出示护照和电子落地签给移民官，即可换取护照上的落地签证完成通关。

印度也在加速"抢人"。自2019年10月起，中国公民可申请有效期为五年且可多次入境印度的电子旅游签证（e-TV），该签证费用为80美元；

而原一年多次入境的电子旅游签证费用降为40美元，30天内单次入境的电子旅游签证（e-TV）费用降为25美元。更便利的是，游客可以在线上完成电子旅游签证的申请并获得结果。

泰国有关部门并不满足于此。根据当地媒体报道，泰国政府有计划取消"填写出入境卡"，而且"入境24小时住址报到"也将取消。如此，泰国入境耗时长等问题将解决，流程将更加简单。

二是营销国家文旅品牌。"Incredible India"，几乎所有了解印度旅行的人都知道"不可思议的印度"这个口号，这个简单的词语正是印度国家旅游局的宣传语。在以"不可思议的印度"为主题的国际旅游活动中，印度的外国游客在2018年12月创下119万人的历史最高纪录（梁建章、孙洁，2019）。

而泰国的旅游宣传语是"Amazing Thailand"。通过多年的旅游品牌管理和营销，泰国的旅游标志已经深入人心。泰国还大力促进地方开发新旅游产品和景点，更多小众、自由行目的地正在被中国游客知晓，中国游客打卡的目的地，不只局限于知名地区，很多个性化的旅游线路也在不断出现。在此届进博会泰国展厅中的大屏幕上，一些略微冷门的景区宣传视频轮番播放，向中国旅客推介丰富多样的泰国二线城市旅游路线，还有针对蜜月、体育和美食等在内的定制游产品，以满足日益变化的市场需求。

三是大力推广医疗旅游服务。古巴医疗服务公司营销办公室主任娅米拉·帕拉西奥斯表示，自本届进博会开幕以来，该机构与中国企业洽谈过程中，成果丰硕，并大力宣传推介了古巴的医疗旅游服务。一些中国企业有意聘请古巴的高水平医药专家到中国工作。此外，意大利展台创设"小城市"概念，精挑细选极具意大利特色的标志性历史遗迹元素，并特邀专业人士共同举办"医疗健康与旅游"等多场研讨会，探讨挖掘意中两国之间的合作机会。

四是创意与VR科技助力国家品牌推广。法国馆以主题"选择法国"在此届进博会期间呈现了一个不拘一格、现代而有活力的展台。在互动体验区，游客可通过工作人员提供的头戴式VR眼镜领略法国八个大区的风土人情,以此作为旅游业推介的方式。

在以"希腊,共享的文化"为主题、仿照古希腊神庙建造的希腊国家馆内,在旅游区,参观者能通过 VR 技术打卡圣托里尼与伊亚小镇等;在美食区,放置着希腊特有的菲达奶酪、葡萄酒等特产供游客尽情品尝;在文化遗产区,与希腊文化和传统舞蹈相关的视频不断播放,以吸引参观者注意。

牙买加展区采用虚拟现实技术结合大屏的展示形式,让游客能身临其境地感受牙买加独特的岛国风情;通过茅草屋顶棚、咖啡馆吧台等造型,进一步起到传播当地文化和增加商业合作机会的作用。

3. 从文化、旅游类参展企业角度看

(1) 法国 PVCP 太阳季集团

法国 PVCP 太阳季集团,主打旗下太阳季度假村旗舰品牌和璞蔚度假村系列产品。进博会期间宣布签约中国合作伙伴,推出三个度假村项目:太舞南山里璞蔚逸趣度假公寓、九华山太阳季度假村项目、湖北鄂州太阳季度假村项目。"我们希望将五十余年的国际经验和开发运营专长带到中国,将别具一格的法式度假体验带给我们的中国朋友。"(杨霞,2019)

(2) 携程集团

本次进博会上,Trip.com Group 作为全球唯一参展 OTA(在线旅行社)在服务贸易板块亮相。进博会前的 10 月 29 日,携程集团(以下简称"携程")20 周年庆典暨全球合作伙伴峰会召开。携程将英文名改为了 Trip.com Group Limited,将推行 G2 战略,即 2 个"G":Great Quality(高品质)和 Globalization(全球化)。梁建章说:有信心在 3 年成为亚洲最大的国际旅游企业,5 年成为全球最大的国际旅游企业,10 年成为无可争议的最具价值和最受尊敬的在线旅游企业(参见唐莹莹,2019)。

(3) 中国南方航空股份有限公司

进博会期间,南航集团通过多元采购方式,与空中客车、通用电气、壳牌等 32 家全球航空服务领域的大型国际知名厂商、供应商签署采购协议,采购项目种类、数量均超首届进博会。11 月 6 日,南航集团与英国罗尔斯－罗伊斯公司正式签署《发动机包修和备发采购意向书》。这是第二届进博会最大

的民用航空订单之一，也是国务院国资委见证签约的重点关注项目之一。

（4）丹麦乐高品牌集团

11月6日，上海市金山区、丹麦乐高品牌集团、英国默林娱乐集团、CMC Inc.华人文化集团公司多方共同签署投资合作协议，正式宣布乐高乐园主题公园选址于上海市金山区。未来项目区域总投资约100亿元人民币，包括周边前期投入和配套设施建设（蒋梦惟，2019）。乐高乐园度假区作为未来全球最大的乐高乐园度假区之一，初步计划2023年建成开园，在之后将与金山滨海、田园、古镇等旅游元素交融交汇，助力金山进一步成为上海国际化大都市的后花园，成为长三角乃至全国知名度较高、影响力较大的都市休闲度假旅游目的地。

（5）法国达高集团

来自法国的达高集团是欧洲第一大动漫集团，被誉为"欧洲的迪士尼"，在本次进博会上与四家中国合作伙伴达成协议，达成中法两国间文化合作领域一系列重要项目的合作。

（6）东瀛假日旅行社

日本展商东瀛假日旅行社（以下简称"东瀛假日"）将日本各个城市包括交通、景区门票、住宿等整个打包带到进博会，是接待中国游客最多的日本地接社。他们的目标客户是国内的旅行机构，希望以深扎当地的价格、资源和规模优势来到中国市场。东瀛假日的工作人员表示，未来非常看好中国跨境游市场。

（7）复星旅游文化集团（香港）有限责任公司

进博会期间，复星集团旗下快乐板块的复星旅文与豫园股份首次亮相。复星旅文旗下的法国地中海俱乐部（Club Med）是全球领先的知名一价全包度假村连锁集团，也是全球冰雪旅游领导品牌。此次参会，Club Med与中国滑雪协会达成合作，同时签约两家滑雪学校和至少一家滑雪度假村。"进博会是一个重要平台，我们希望通过进博会大平台展示Club Med在全球各个国家的发展成果，让中国民众体验与冰雪相关的休闲活动，以此为契机进一步深化中法两国休闲旅游行业合作。"（唐小

丽，2019）

（8）纪娜梵

进博会期间，来自河南洛阳的非遗项目雀金绣和英国高端珠宝品牌纪娜梵（GÈNAVANT）成功"牵手"。此次签约成功后，洛阳"雀金绣"与英国"纪娜梵"将联合建立文化创新研究中心，在未来将互派文化艺术品专家，共同传承中西方文化，融合创新，研发高端雀金绣珠宝系列及衍生商品，并进行国际化的推广和销售。

（9）中国旅游集团

会上，中旅集团与包括雅诗兰黛、轩尼诗、人头马、保乐力加、卡慕、歌帝梵等在内的 25 家海外供应商签约，签约项目涵盖香水化妆品、进口烟酒、食品等品类，签约金额较去年增加近 20%（罗霞，2019）。

4. 从服务贸易相关专题报告角度看

一是 2019 年 11 月 12 日，《2019 中国进口发展报告》发布会在北京举行。该报告提出，要注意扩大进口和国内服务贸易开放的平衡问题。以进博会为平台的产品市场开放，是中国掌握主动权的开放，更是高质量的开放。中国主动扩大进口，非盲目扩大，而是有清晰明了的进口目的的，不仅仅是为了缩小贸易顺差，其根本目的是以新发展理念引领、服务国内经济高质量发展、满足国内消费升级的内在需求。这对主动扩大进口的进程提出了"高质量"的要求。

二是《2019 年世界贸易报告》中文版 11 月 6 日在进博会上由商务部与世界贸易组织共同发布。该报告聚焦服务贸易主题，提出服务贸易可以帮助各国实现更快的增长，提高国内企业的竞争力，增进技能、性别和经济活动选址的包容性。与货物贸易一样，服务贸易能为社会创造福利收益。服务贸易能促进资源更有效地分配和实现更大的规模经济效应。服务贸易能让消费者和生产者享受到更多服务种类，也能够促进生产率更高的服务业企业不断扩张和增长。

《2019 年世界贸易报告》首次尝试采用新的统计方法，通过纳入跨国公司在东道国营业收入进行统计，更加全面地反映全球服务贸易的实际形势。

这也反映出制造业服务化和服务业数字化的发展趋势势不可挡：一方面深度重塑了传统商业模式，另一方面为服务贸易创新发展提供了强大动能。统计数据显示，在2005年至2017年期间，全球服务贸易的增长速度一直超过货物贸易的增长速度，平均增长速度为5.4%。而根据WTO全球贸易模型测算，到2040年，全球服务贸易份额大概率将较现在提升50%。全球服务贸易增长快于货物贸易，2017年达13.3万亿美元（世界贸易组织，2019）。

同时指出，当前跨境服务贸易的成本是货物贸易的两倍，待突破的政策壁垒不容小觑，这就使国际层面上各方需加强协调与合作。

5. 从文化、旅游相关配套专题活动角度看

（1）意大利医疗健康与旅游研讨会

11月10日，在由意大利对外贸易委员会主办的意大利医疗健康与旅游研讨会上，来自意大利经济发展部的工作人员宣传意大利"品质生活"，意大利不仅有美食、家居与奢侈品，还有医疗与健康。而着眼于健康的温泉旅游在意大利风靡已久。得益于地域优势，拥有近380个天然温泉的意大利计划在未来几年依托独特的温泉文化大力开发中国健康医疗市场，着力为中国消费者带来更加多元化、高质量的产品和服务，进一步深化"海上丝绸之路"沿线的贸易交流。2020年是意大利与中国建交50周年，亦是两国政府推动的意中文化旅游元年。相信在不远的将来会有一系列意大利当代艺术、电影、音乐和设计等领域的活动在中国多个城市举办，可以进一步促进意中两国人民之间的文化与旅游交流。

（2）2019中国文旅产品国际营销年会

此次年会聚焦于"文化和旅游消费"，核心目的是更加高效地拓展开放贸易渠道、通过资源禀赋的整合为文旅融合战略实施提供新动能、新路径，是中国文旅产业改革在全球化背景下拓宽、拓深的重要平台。从参会机构的归属行业来看，除文旅产业自身企业，还邀请了金融、科技、体育、教育等多个其他行业的重点机构和专业权威人士共同参与此次年会，以推动文化贸易和旅游服务与金融服务、数字贸易、技术贸易、体育教育等领域在国际范围内的广泛交流与跨界合作。皇家加勒比游轮、万豪国际集团、美团点评等

代表性文旅企业不吝分享推动文旅消费业务的新模式、新技术、新案例、新方向，坚持开放思维，创新求变，直击文旅产业新时代消费热点，包括打造自然、文化与旅游和谐共生的文旅品牌，利用科技推动国际旅游，依托冬奥会打造冰雪旅游热点，发展夜间经济等。有多位中外企业负责人，以"冰雪体验"为主题分享看法，认为"冰雪运动"将会成为下一片发展的蓝海。会上，国家对外文化贸易基地（上海）、万豪国际集团、丹麦日德兰旅游、中译语通、上海月湖雕塑公园、欧亚文化艺术交流协会等十余家文旅机构和企业与国际同业机构和企业纷纷签署合作协议和框架协议，大大促进了双边与多边文旅产业项目的深入交流与合作。

（3）2019"旅行休闲·幸福生活"主题论坛

11月6日下午，由世界旅游联盟（WTA）主办的2019"旅行休闲·幸福生活"主题论坛在国家会展中心（上海）召开。世界旅游联盟主席段强表示，要想实现旅游业的均衡和包容发展，既要发挥政府的推动作用，也要发挥民间力量的作用，充分利用好世界旅游业界的智慧与资源禀赋，各国深耕旅游领域的协会、企业、专家智库的积极参与也是不可或缺的。分享论坛上，海南省旅游和文化广电体育厅厅长孙颖结合海南省休闲旅游实践的相关经验，介绍了海南为推动休闲旅游业发展的战略部署和成功经验。欧洲温泉协会秘书长席拉·迈泽西分享了"欧洲医疗温泉目的地经营理念"，为与会人员生动呈现了中国健康领域与休闲旅游领域的当前形势与合理需求，并推介了多个颇受青睐的欧洲医疗温泉目的地。携程集团大数据客户总监肖铨武现场发布了《中国出境游大数据分析报告》，从大数据角度重新解读目前中国出境旅游客源新画像。此外，来自上海市文化和旅游局、克罗地亚国家旅游局上海代表处、捷克旅游局上海办事处和穷游网的4位嘉宾围绕"旅游休闲·幸福生活"主题展开探讨，就中国休闲旅游推广提出了中肯的建议。

（4）2019国际邮轮服务贸易高峰论坛

11月9日，2019国际邮轮服务贸易高峰论坛在国家会展中心（上海）举行。上海市人民政府宗明副市长指出，上海将全面融入世界邮轮经济的分工协作，加快建设全球一流的邮轮港口，不断打造完备的邮轮经济产业链，

致力于建设为亚太邮轮企业总部基地和具有全球影响力的邮轮经济中心之一。论坛期间，上海市宝山区政府发布了关于宝山邮轮经济"35条"扶持政策升级版，新版政策结合2018年政策运行情况和区域发展实际，对"35条"进行了优化，扶持力度再加码，以促进邮轮经济跨越式发展，支持邮轮新业态发展和产业链延伸。

论坛期间，一批邮轮相关企业签约入驻宝山。一批邮轮服务贸易采购商与进博会境外参展商达成交易意向，并在论坛进行交易签约，共计达成总额为12亿元人民币的交易（周洪，2019）。其中，招商局集团将尽快引入国内外邮轮知名配套企业，在上海市宝山区建设"招商局智造中心——邮轮配套产业园"，着力规划使其成为国家级邮轮核心技术研究和产业化服务基地；红星美凯龙、广东广恒实业等将进军宝山邮轮产业；德国西克也于当天宣布未来进军宝山的计划。

三 国际文化、旅游服务贸易发展新趋势和进博会新作为

1. 服务贸易及文化、旅游服务贸易的重要性越来越突出

从全球贸易发展特点来看，尽管目前面临贸易保护主义抬头、贸易摩擦增多带来的障碍，但总体上推进贸易便利化、自由化仍是各经济体的主流选择。从全球贸易发展重心来看，由货物贸易向服务贸易和数据贸易快速转移的势头没有改变，服务贸易和数据贸易已成为推动全球自由贸易的重点。文化、旅游历来是服务贸易中最重要的贸易类型之一，发展文化、旅游服务贸易将成为推动世界经济发展的重要引擎。

同时，在全球化－地方性动态演进的过程中，各国、各地区空前重视对地方性历史文化遗产、创新性文化产品与服务的挖掘、生产与再生产，文化、旅游发展被作为促进地域振兴、城市更新的核心理念和手段，广泛应用于区域、城市发展实践，另一方面被作为优化国际形象、吸纳国际性优质发展要素、形成动态性竞争优势的有效手段，在国际交流合作中空前活跃。

2. 我国经贸大国地位不断巩固，文化、旅游服务贸易将步入新阶段

改革开放以来，我国外贸实现了由小到大的跨越。世界出口贸易额从改革开放之初的第32位上升到现在的第1位，对外投资从接近于零到迈向世界前列，利用外资从原来的几亿美元发展到已连续27年位居发展中国家首位。现在，我国是第一贸易大国和第二消费大国，经贸大国地位不断巩固（罗珊珊，2019）。据测算，未来15年中国将进口超过40万亿美元的商品和服务（习近平，2018）。这无论是对中国还是对世界都将产生重大影响。

在政策支持方面，2015年，国务院印发了《关于加快发展服务贸易的若干意见》（国发〔2015〕8号），文件特别提出要积极推动承载中华文化核心价值的文化服务出口，大力促进新型文化服务出口，要进一步提升文化领域服务业的开放质量和水平。2016年和2018年国务院又分别印发了《关于同意开展服务贸易创新发展试点的批复》（国函〔2016〕40号）和《关于同意深化服务贸易创新发展试点的批复》（国函〔2018〕79号）两份文件，服务贸易创新发展试点工作在17个省市和地区得到有效落实，而以上海和北京为代表的服务贸易创新发展试点城市随后都出台了具体实施方案。2018年上海市人民政府印发了《上海市深化服务贸易创新发展试点实施方案》（沪府规〔2018〕20号），明确要求上海文化、旅游服务贸易发展要围绕"上海文化"品牌建设，突出文化服务的创新优势，要围绕挖掘特色旅游潜力，巩固旅游服务的规模优势。在我国经贸大国地位不断巩固的背景下，从中央到地方的政策支持，从开展到深化的试点延续，都在推动文化、旅游服务贸易步入快速发展的新阶段。

3. 我国入境旅游发展力度将会进一步加大

入境旅游是我国文化、旅游服务出口的重要途径。近期，世界银行公布了一组世界主要经济体入境旅游对GDP贡献的比较数据（详见表1），对比发现，GDP排名前10位的国家中，入境旅游对GDP的贡献率一般在0.3%~3.0%，而我国作为世界第二大经济体，入境游的贡献率仅为0.3%，排名垫底。携程联合创始人、董事局主席梁建章认为，若我国的入境游对GDP的贡献率达到一般国家的水平，我国的入境游市

场将有1000亿~2000亿美元的增量机会,这相当于2%的GDP、30%~60%的贸易顺差(曲筱艺,2020)。

此外,我国历史悠久、友好、开放、合作、负责任的大国形象需要更大力度的国际传播,而入境旅游是促进中外文明交流互鉴、讲好"中国故事"的重要方式。当前我国入境旅游在形象推广、市场秩序、语言环境、基础设施、签证等方面还存在诸多不足需要克服,入境旅游是我国未来要下大功夫、投大资源进一步努力推进的工作。

表1 世界主要经济体入境旅游对GDP贡献比较

单位:百万美元,%

排名(位)	国家	GDP	入境旅游收入	入境旅游收入占比(%)
1	美国	20494100	214468	1.05
2	中国	13608152	40386	0.30
3	日本	4970916	41115	0.83
4	德国	3996759	42977	1.08
5	英国	2825208	51882	1.84
6	法国	2777535	67370	2.43
7	印度	2726323	28568	1.05
8	意大利	2073902	49262	2.38
9	巴西	1868626	5917	0.32
10	加拿大	1712510	21936	1.28
25	泰国	504993	63042	12.48

资料来源:世界银行官网,https://data.worldbank.org.cn/。

4. 一批国际化文化、旅游企业的崛起将成为必然

随着国际文化、旅游服务贸易的快速增长,中国巨大的消费市场和更高水平对外开放的政策导向,一批国际化的文化、旅游企业正在崛起。锦江集团通过实施"深耕国内、全球布局、跨国经营"战略,已从"走出去"升级为全球化企业。截至2019年9月,锦江集团投资和管理的酒店已达到10000家,客房达100万间,成功跻身全球酒店集团第二位,位列亚洲第一(李佳佳,2019)。根据 *Hotels* 杂志公布的全球酒店集团排名,华住集团位居第九，市值位居全球行业第五。通过加速国外收购扩张，特别是近期全资收购了德国本土最大的集团——德意志酒店集团，华住集团被认为是全球发展最快的酒店集团之一。国际化也成为携程下一个十年的发展目标。近期，携程制定了"3510"发展目标，即三年内成为亚洲最大的国际旅游企业，五年内成为世界最大的国际旅游企业，十年内成为最有价值和最受尊敬的在线旅游企业。而以复星集团为代表的大型企业集团以及拥有核心技术和专业团队的中小型文化旅游科技类企业，也将在国际文化、旅游服务贸易中有更多作为。

5. 大数据、互联网技术将在文化、旅游服务贸易中发挥更大作用

当前，以数据为标的、以互联网传输为媒介的数字服务贸易正得到迅猛发展，研究表明，全球服务贸易的一半以上已经实现了数字化（王轶辰，2018）。根据《2018世界贸易报告》，到2030年，数字技术将促进全球贸易量每年增长1.8%到2.0%，全球服务贸易占比将由目前的21%提高到25%。文化、旅游服务贸易是全球服务贸易中的一项重要内容，5G、云计算、人工智能、大数据等新兴技术将通过重塑人们的生产和生活方式，给文化、旅游服务贸易发展带来诸多可能。"互联网+"将带来更好的文化、旅游新体验，在第二届进博会上，参观者只需借助VR设备即可欣赏伊亚小镇的美丽落日，随时随地来一趟慢节奏的文化体验游，食、宿、行、游、购、娱等旅游消费环节的网络化给游客带来了极大便利；会飞的汽车、可以和人拥抱的"机器人"、私人订制的发色粉底液，这些想象中的场景，在进博会都可见到。进博会的品质生活馆通过新技术向人们完美展示了未来文化、旅游产品的时尚便捷特点。从供需角度来看，互联网激发了文化、旅游领域的消费需求，反过来又推动了文化、旅游产品供给，最终形成的"互联网+文化"、"互联网+旅游"和"互联网+文化+旅游"的文化、旅游产品将使文化、旅游服务贸易内容更加丰富多元。

6. 文化、旅游服务业与制造业融合发展特征将更加凸显

随着现代高新技术产业的快速发展，服务业和制造业的产业边界将越来越模糊，现实中的很多产业已经很难被区分为是制造业还是服务业，如健康

产业既包括康养旅游业，也包括医疗服务业，还包括医疗器械生产。顺应产业融合发展趋势，2019年11月，国家15部门联合印发了《关于推动先进制造业和现代服务业深度融合发展的实施意见》（以下简称《意见》）。《意见》提出要鼓励文化、旅游等服务企业发挥大数据、技术、渠道、创意等优势，发展服务衍生制造，支持有条件的工业遗产和企业、园区、基地等发展工业文化旅游。产业融合发展的现实以及国家政策的大力支持，文化、旅游服务业与制造业融合发展之路将成为必然。这种融合发展特征也将在促进国际文化、旅游服务贸易发展的过程中具体呈现出来。

7. 自贸试验区及自由贸易港的开放联动效应需要集成发挥

当前，我国自贸试验区、自由贸易港布局不断拓展。据统计，我国已先后设立了18个自贸试验区，基本形成覆盖东、西、南、北、中的改革开放创新格局，已累计形成超过200项制度创新成果并在全国范围内得到复制推广，其中，包括促进文化、旅游服务开放内容条款的制度创新越来越多，如2019年新设立的山东、江苏、广西、河北、云南、黑龙江6个自贸区，各有侧重地提出了旅游发展的不同方向，同时，提出为到自贸试验区开展商务、旅游等活动的外国人提供出入境便利。又如海南获建的自由贸易港，目前在免税、体育旅游、邮轮产业、主题公园等方面都开展了新的探索。文化、旅游制度创新有效引领了地区高质量发展，但要最大限度地发挥上述制度创新优势，需要从全国层面集中梳理改革成果，集成发挥自贸试验区及自由贸易港的开放联动效应，进一步提升文化、旅游服务对外开放的质量和水平。

结合上述国际文化、旅游服务贸易发展新动向和新趋势，以及进博会的功能定位和价值效应，进博会在促进国际文化、旅游服务贸易发展上将大有可为，但还应进一步做出积极探索和努力，展现出新的作为。

一是在空间上，进博会需要积极探索线上与线下融合发展模式。与首届相比，线上线下融合发展成为第二届进博会的亮点之一。据统计，俄罗斯、墨西哥、泰国等10个国家宣布开设天猫国家旗舰店，而参展企业中至少有700家已经着手布局电商渠道。线下积极参加进博会、线上集中精力布局电商平台，成为很多国家和境外企业"双轮"驱动拓展中国市场的共同选择。

但是我国跨境电商管理体系还不完善、法律法规制度还不健全、跨境物流还比较滞后、跨境电商人才还比较稀缺，要促进文化、旅游服务贸易的线上线下融合发展，进博会需要在率先做实做优线下场馆实体性展示交易平台的基础上，探索建设专业的线上跨境电子商务展示交流交易新平台，逐步构建比较完善的"线上进博会"运营服务体系。

二是在时间上，进博会需要继续探索"6天+365天"的互动协同模式。首届进博会举办前，上海共授予了31个"6天+365天"一站式交易服务平台，截至2019年7月，31个平台累计引入近800家参展商的2万多种（件）展品，进口了约752亿元的商品。第二届进博会举办前，新一批18个一站式"6天+365天"交易服务平台获批，至此，上海共授予成立了49个"6天+365天"一站式交易服务平台。这些平台有为康养提供长期展示、产品推广、贸易洽谈、文化交流等服务的，如SCP小咖云国际康养产业创新中心，有承载国家贸易推广、文化体育交流、旅游推介和经贸合作等功能的，如希腊国家馆。"6天+365天"永不落幕进博会的顺利运行，让企业和消费者全年都可以购买到进博会上的心仪产品。但目前"6天+365天"互动协同发展仍面临不少问题，在政策支持方面，"6天+365天"互动协同模式需要考虑持续降低关税和审批、通关、检验检疫等进口环节的制度性成本，探索跨境文化、旅游服务贸易负面清单管理模式，切实提升文化、旅游服务贸易自由化、便利化水平，进一步优化营商环境，加强文化、旅游领域的知识产权保护。

当线上和线下融合发展、"6天+365天"互动协同模式高质量实现的时候，进博会促进国际文化、旅游服务贸易发展的功能与价值将会进一步发挥和显现！

参考文献

蒋梦惟，2019，《乐高乐园在华首店落子上海》，北京商报网，http://www.bbtnews.

com. cn/Finance%20and%20economic/，11月7日。

李佳佳，2019，《锦江国际集团跻身全球酒店300强第二位》，中新网，http：//www. sh. chinanews. com. cn/chanjing/2019 - 10 - 22/65047. shtml，10月22日。

梁建章、孙洁，2019，《上海进博时间，中国友好机会》，微信公众号，携程黑板报，11月5日。

罗霞，2019，《中国旅游集团与25家海外供应商签约》，《海南日报》11月9日，第A03版。

罗珊珊，2019，《我国已成为全球第一贸易大国、全球第二大消费市场》，《人民日报》9月29日。

曲筱艺，2020，《携程：成立20周年，进入全球化关键时期》，《新京报》1月15日，第D04版。

世界贸易组织，2019，《2019年世界贸易报告》，上海WTO事务咨询中心，http：//www. sccwto. org/post/26097？locale = zh - CN，11月7日。

唐小丽，2019，《健康黑科技、冰雪体验……复星携多款全球好产品助力进博会》，人民网 - 上海频道，http：//sh. people. com. cn/n2/2019/1104/c134768 - 33504416. html，11月4日。

唐莹莹，2019，《携程更名加速全球化，梁建章：五年成全球最大国际旅游企业》，澎湃新闻，https：//www. thepaper. cn/newsDetail_ forward_ 4803880，10月29日。

王轶辰，2018，《传统贸易向数字贸易转型：全球服务贸易一半以上实现数字化》，《经济日报》12月3日，第7版。

习近平，2018，《共建创新包容的开放型世界经济》，《经济日报》11月6日。

新西兰南方理工学院，2016，《新西兰旅游专业就业前景》，新西兰南方理工学院官网，http：//www. nzsit. cn/xinwen/10087. html，1月4日。

杨霞，2019，《进博会新面孔："法国迪士尼"来华建度假村、泰国旅游局邀你海外办婚礼》，界面新闻，https：//baijiahao. baidu. com/s？id = 1649720881585919271&wfr = spider&for = pc，11月9日。

周洪，2019，《全国首批邮轮港进境免税店——上海吴淞口邮轮港进境免税店揭牌》，央广网 - 上海频道，http：//www. cnr. cn/shanghai/tt/20191109/t20191109_524851591. shtml，11月9日。

B.7 进博会与长三角一体化研究

陈晓东 邓斯月 赵丹妮*

摘 要： 进博会的举办，体现了中国从被动开放到主动开放的转变，彰显了新时期中国"主动开放"与"积极作为"的态度。本文从进出口、消费升级、市场建设、产业融合发展、生态环境统筹保护及深层次改革开放六个方面探讨了进博会对长三角地区的影响，系统分析了长三角一体化与进博会之间相互影响的关系。进博会的红利将惠及长三角地区，长三角地区也将通过学习及借鉴进博会的建设举措，进一步推动长三角一体化的发展。

关键词： 进博会 长三角一体化 产业融合发展 居民消费升级

一 引言

2017年5月14日，在"一带一路"国际合作高峰论坛上，习近平主席宣布中国将于2018年举办首届中国国际进口博览会（以下简称进博会）。对中国来说，进博会是一次集"世博会""广交会""博鳌亚洲论坛"为一体的"三合一"展会，更是在后全球化时代表明扩大对外开放决心的展会。现代展会愈加规范化、市场化，社会分工变细，专业性展览会将逐渐取代大

---

* 陈晓东，中国社会科学院工业经济研究所研究员，主要研究领域：转型升级与产业创新；邓斯月，中国社会科学院工业经济研究所产业经济学硕士研究生；赵丹妮，中国社会科学院 - 上海市人民政府上海研究院产业经济学硕士研究生。

型综合经济贸易展览会。市场性和展示性是贸易博览会的特征。就市场性而言，聚集客商是贸易博览会的主要作用，准确与及时地为市场提供有效的信息是贸易博览会独有的优势，它可以促进对外贸易，创造巨额的经济效应。就展示性而言，贸易博览会能够展示、普及新技术，加速技术传播与应用，显示行业前景及经济趋势。在上海召开的首届进博会，其主题是"新时代　共享未来"，它是世界上第一个以进口为主题的大型国家级展会。在展会上，既有货物贸易，也有服务贸易。第二届进博会落实了习近平总书记关于"办出水平、办出成效、越办越好"的指示。同首届博览会相比，第二届进博会主要有三方面的变化：一是展会的规模更大；二是展会商品的质量更优；三是展会的活动更丰富。

2018年11月，习近平主席在首届进博会上宣布，"将支持长江三角洲区域一体化发展并上升为国家战略"（习近平，2018：11）。2019年11月，习近平主席在第二届进博会开幕式上的主旨演讲中强调，"长三角区域一体化发展已经作为国家战略正式实施"（习近平，2019：2）。中共中央、国务院于2019年12月印发实施的《长江三角洲区域一体化发展规划纲要》，进一步明确了长三角"一极三区一高地"的战略定位[①]。长三角地区由苏、浙、皖、沪三省一市组成，占全国总面积的1/26，其人口占我国全部人口的1/6，长三角地区的GDP总额占全国GDP的1/4，长三角地区进出口贸易额占全国进出口贸易总额的1/3。长三角一体化发展是苏、浙、皖、沪三省一市深化全方位合作的内在要求。

二　进博会促进长三角地区进出口双向提升

加快高水平对外开放的步伐、从被动开放到主动开放的积极转变是进博会两个较为显著的特征。主动开放国内市场，为各国提供机遇，展现了我国

---

① 《中共中央、国务院印发〈长江三角洲区域一体化发展规划纲要〉》，http://www.gov.cn/zhengce/2019-12/01/content_5457442.htm? tdsourcetag=s_pcqq_aiomsg，2019年12月1日。

开放、主动融入全球经济贸易的责任和担当。当前，逆全球化浪潮兴起、贸易保护主义也有抬头的趋势，"主动开放"与"积极作为"的"中国态度"将为中国外贸高质量发展带来有利的外部环境。

1. 进出口贸易额显著提升

海关总署全球贸易监测分析中心（上海）和上海海关的统计数据显示，在2019年前三个季度，中国进口总体微幅下降了0.1%，但中国从第二届进博会63个外国参展国的进口则整体出现逆增长，具有进出口企业数量增加、网购保税新兴贸易方式进口增长、消费品进口增长等特点。2019年前三季度，中国从第二届进博会63个外国参展国进口货值3.09万亿元，较2018年同期增长了8.8%。[①]

在2019年的前三季度，中国有进口记录的63个外国参展国企业共9.4万家。其中，中国国有企业进口的金额达1.13万亿元，较上年同期增长了11.4%，占比为36.6%；中国民营企业进口的金额达1.07万亿元，较上年同期增长了21.3%，占比为34.7%；外商投资企业的进口金额达8757.5亿元，较上年同期下降6.1%，占比为28.3%。

2019年前三季度，中国大陆各省份均有从63个外国参展国的进口记录，展示出中国各地对相关进口的大量需求。在2019年前三季度中，北京市的进口额约为6031.8亿元，较上年同期增长12.8%，占各省份进口总额的比重为19.5%；广东省和上海市的进口额分别为3981.4亿元和3732.9亿元，较上年同期分别增长了3%和1.2%，占各省份进口总额的比重为12.9%和12.1%。

2019年前三季度，在大宗能源和原材料方面，中国自外国参展国进口原油的金额约为5961.5亿元，较上年同期相比增长了13.8%，进口额占进口总额的比重为19.3%，原油是最大类的进口商品；集成电路与铁矿砂及其精矿的进口金额为1830亿元和1696.1亿元，较去年同期相比增长了18.5%和31.7%。在消费品方面，中国自外国参展国进口额达3205.2亿

---

① 如无特殊说明，本文数据均来源于中国国际进口博览会网站、长三角三省一市的统计局和海关。

元，增幅高达25.5%，其进口额占比为10.4%。

值得关注的是，在2019年前三季度，以一般贸易方式从参展国进口的金额约为2.17万亿元，较上年同期增长了8.7%。其中，属于跨境电商新业态的网购保税贸易进口82.4亿元，同比大幅增长40.3%，说明中国普通消费者参与跨境网购的热情和能量正在不断释放。据统计，2019年前三季度，在63个外国参展国中，中国自48个国家的进口额呈增长趋势，占参展国总数的76.2%。第二届进博会共有法国、希腊、牙买加、马来西亚、印度、俄罗斯等15个主宾国。

2. 进出口结构优化

不平衡不充分是中国对外贸易在发展中存在的问题，市场结构的集中度较低、进出口结构不平衡、出口商品缺乏竞争力等问题是中国长期贸易发展基础较差、历史固有条件及政策取向导致的。以上的"短板"是中国外贸"大而不强"的体现，是当前迫切需要解决的问题。在外贸形势复杂多变的情况下，长三角地区进出口贸易在2019年前三季度总体平稳，稳中有进，进出口结构不断优化。

上海市2019年前三季度经济增长总体平稳，第三产业比重提高。前三季度全市生产总值约完成25361.20亿元，按可比价格来计算，较上年同期增长了6.0%，增速较上半年提高了0.1个百分点。值得关注的是，上海市2019年的产业结构较上年相比有显著的优化，其第三产业增加值占全市生产总值的比重为72.2%，较上年同期增长了2.6个百分点。

江苏省2019年前三季度完成的货物进出口额约为32106.1亿元，较上年同期增长了0.02%；其中，出口额约为20129.4亿元，较上年同期增长了4.3%；进口额约为11976.7亿元，较上年同期下降了6.4%。贸易方式不断优化。民营企业的出口一直保持较快的增长。在2019年前三季度，江苏省民营企业的进出口额较上年增长了9.4%，占江苏全省进出口总额的31.1%。

浙江省2019年前三季度进出口总额约为2.11万亿元，较上年同期增长了12.5%。其中，出口额约为1.57万亿元，较上年同期增长了9.7%；进口额约为5447.2亿元，较上年同期增长了21.4%。2019年的前三季度，浙江省出口机电产品的增长率约为10.5%,占浙江省出口总额的比重约为43.4%,较上年同期增长了0.3个百分点。同时,出口高新技术产品增长13.7%,占全省出口总额的6.6%,同比提高0.2个百分点。传统劳动密集型产品出口增长7.2%,占全省出口总额的比重约为35.8%,较上年同期下降了0.8个百分点。

在2019年前三季度,安徽省进出口的贸易规模不断攀升,较上年同期增长了14.9%。其中,出口额约为2051.6亿元,增长了18.4%;进口额为1452.2亿元,增长了10.2%。安徽省进出口贸易规模的增长率比全国高出12.1个百分点,在全国排名第六,较9月提高了1位。出口与进口的增速分别快了13.2个百分点和10.3个百分点,在全国的排名分别为第八和第十三。

举办进博会有利于增加中国的进口贸易伙伴国,有利于促进中国进口市场多元化。进博会为各国搭建了合作交流的平台,中国企业从此也可以更加便捷地"买全球"。

3. 进出口方式多样化

贸易方式多样化现已成为外贸领域的特点,反映了在对外贸易发展政策环境中,我国在不断地改善,这有利于推动长三角地区的经济升级。进博会召开是中国主动扩大进口的强有力信号,不仅对一般贸易进口有利,也能促进进口跨境电商政策的进一步完善,进而为业内人士带来信心。进博会释放出中国扩大进口的信号,这也代表了中国在平衡国际贸易进出口方面的决心。总体来看,长三角地区加工贸易增速逐渐放缓,一般贸易出口增长。与此同时,跨境电子商务也在快速发展。

2019年1~10月,上海市一般贸易出口5268.62亿元,比上年同期增长1.4%,进口9284.13亿元,同比下降1.1%;加工贸易出口3781.84亿元,同比下降11.0%,进口1821.83亿元,同比下降2.4%。从主要出口市场看,1~10月上海市对欧盟出口1934.35亿元,比上年同期下降0.9%;对美国出口2257.91亿元,同比下降11.6%;对日本出口1119.56亿元,同比下降3.0%;对中国香港地区出口1131.84亿元,同比增长1.8%。

2019年前三季度,江苏省一般贸易进出口额占进出口总额的比重为51.7%,较上年同期提升了2.5个百分点;加工贸易额占比为37.2%,较上年

同期下降了1.6个百分点。目的地市场也更趋于多元化，江苏全省对欧盟、东盟与日本的进出口较上年同期分别增长7.2%、11.1%与3.7%；全省对美国的进出口较上年同期下降了9.8%；全省对"一带一路"沿线国家的进出口较上年同期增长了9.1%，占全省进出口总额的比重同比增加了2.1个百分点。

浙江省2019年前三季度，一般贸易出口1.34万亿元，比上年同期增长7.2%，占全省出口总额的比重为79.4%。外贸新业态发展较快，其中市场采购出口1883.5亿元，较上年同期增长19.1%，对全省出口增长贡献率达25.7%；跨境电商进口210.5亿元，较上年同期增长14.3%。

安徽省进出口贸易规模逐季攀升，在2019年前三季度，一般贸易的比重逐步增加，其进出口总额为2531.6亿元，较上年同期增长了16.4%，占比为72.3%，同比提升了1个百分点，较全国平均水平高出12.8个百分点；加工贸易的进出口总额为724.1亿元，较上年同期增长了10.6%；对外承包工程出口货物的总额为22.4亿元，较上年同期增长了78.9%。外贸市场呈多元化，向不同国家不断拓展，其对欧盟、东盟和日本的进出口额分别增长17.2%、30.7%和9.2%；对"一带一路"沿线国家（地区）的进出口额为856.1亿元，增长18.7%；对智利、巴西进出口分别增长了11.3%和35.8%。在出口方面，机电产品、劳动密集型产品的拉动趋势较为明显。

4. 进出口作用专业化

第二届进博会与首届进博会相比，在质量、规模与活动等方面均有了明显的提升。数据显示，第二届进博会累计意向成交总额超过711.3亿美元，比首届进博会增长了23%。作为世界上唯一以进口作为主题的国家级展会，进博会在连接中国市场与全球资源的同时，也为中国外贸的提质、增效创造了有利条件，有利于推动新时期中国外贸的高质量发展。

三　进博会推动长三角地区消费升级

1. 消费品种多元化

进博会设有不同种类的展区，包括贸易投资类、电子消费类、服饰及日用品类、食品农产品和医疗保健类等，进博会带来了多种类的产品，也将使我国居民的生活消费变得更加多元化。

一是智能消费成为消费需求新偏好。智能消费有两方面的内涵：一是消费方式的智能化，二是消费者会更青睐智能化的产品。由于互联网、物联网等网络技术的不断提升，有了移动支付，消费者可以实时消费，消费更加智能化。此外，进博会还设立了智能及高端装备展区、消费电子及家电展区、汽车展区等。

二是健康与安全消费成为人民最基本与最迫切的需求。人们更加重视健康，对医疗器械、养生保健、健康护理等服务行业的需求也在不断增强。随着生活压力的不断加大，年轻人也愈加重视健康，对饮食也提出了更高的标准与要求，环保、绿色、安全等名词都成为人们对于食品质量及品质的基本要求，人们愿意以高价购买健康的商品，人民群众对生命质量及安全也愈加重视。

三是个性化服务消费成为消费者的主要需求。人们对于服务消费的需求在增加，移动互联网使个性化定制服务成为可能，满足消费者需求的个性商品也相继推出，进博会因而设立了服务贸易展区，可以展示创意设计与新兴技术等内容，引导消费需求愈加个性化。

四是体验消费成为消费新趋势。人们愈加追求精神需求，尤其是像旅游等娱乐方面的服务业近年来蓬勃发展，市场前景较为广阔，中国传统文化品需求在不断增加，新的市场空间也在逐步完善。进博会的服务贸易展区设立了文化教育、旅游服务、物流服务与综合服务等多个项目，有助于引导消费者更好地体验具有中国传统文化特色的消费服务。

2. 消费结构优化

马斯洛阐述了人类需求的五个层次，分别为生理需求、安全需求、社交需求、尊重需求和自我实现的需求，在人们满足低层次需求后，倾向于追求更高层次的需求。我国经济在不断发展，现代社会中人们的生活水平也在不断提高，在人们的基本生活需要已经得到满足的当下，人们倾向于追求高层次的需求。

中国人消费层次不断提高有两方面的原因：一是收入的增加；二是在新时代，人们的思想意识也在提高。对中高收入群体来说，除满足基本的生活需求外，人们更加注重安全、环保、绿色，更加注重精神的享受。在消费时，不仅要考虑产品的实用性，还要考虑安全环保，该理念已深入中等收入水平阶层。对于高收入群体而言，消费则能满足社交需求、尊重需求及自我实现的需求。根据中国奢侈品协会的报告，2016年中国奢侈品行业的市场规模就已达1200亿元，中国时尚消费占全球市场总额的30%，中国已成为全球最大的奢侈品消费国。对于普通消费者而言，进博会是进口的平台与贸易的载体，其意义不仅在于现场观看展览带来的体验，更在于扩大进口后所能享受到的境外商品与服务。总的来说，进博会打造的是全世界的消费进口网络平台，以上海为中心产生辐射作用，带动全球经济活力。

3. 消费模式现代化

随着经济的不断发展，信息技术带来了诸多崭新的商业模式（见表1），如共享模式。共享消费是为了满足消费者的多元需求而创造出的一种新的模式，目前有非常多成熟的商业应用，比如共享单车、共享充电宝、共享汽车、共享房屋、共享雨伞等。而线上、线下流量的共通模式实现了线上与线下用户的互相导流，刺激消费者消费。这些消费模式的涌现将不断地刺激消费，扩大市场购买力。

表1 现代化的消费模式

商业模式	内涵
共享模式	共享物品、商业和经济
C2B模式	以消费者为中心，即先有消费者提出需求，后有生产企业按需求组织生产，满足消费者的个性化需求
信贷模式	消费者在安排消费支出上更加灵活，能够预支未来收入，提前实现消费愿望
O2O模式	通过在网上寻找潜在顾客，然后带顾客进入实体店，从而吸引顾客消费
线上、线下流量共通模式	将线上的顾客引导到线下，实现线上线下流量的互动转化

四 进博会加快长三角地区统一市场建设进程

长三角地区是我国经济发展较为活跃、开放程度较高、创新能力较强的区域，在国家现代化建设大局中占据重要的战略地位。长三角一体化，有益于全国高质量发展、建设现代化经济体系。进博会引致人流、商品流、金融流、信息流、科技流、文化流等要素流量快速涌入，促进长三角城市形成连片发展之势，推动长三角加快构建统一开放、竞争有序的区域一体化大市场。

1. 商品流动一体化

长三角地区突出发展共赢、市场流通的一体化，在促进商品流通自由化与消费市场一体化的同时，也使生产要素与中间品可以自由地流通。这就促进了长三角地区产业结构的均衡分布并使长三角地区可以合理地分工合作。

长三角快递时效同城化是区域产业一体化的基础。长三角交通条件便利，交通运输体系完善，江浙沪快递运行效率全国领先。2018年，长三角重点企业快递48小时准时率超过96%，基本实现隔日达；八成以上的快递在长三角能够实现次日达。而2018年全国重点地区快递72小时准时率为79%，长三角次日达和隔日达比例均高于全国重点城市72小时准时率。按照快递服务国家标准，同城快递服务时限为24小时，国内异地为72小时，长三角从快递服务时效来说，已经实现了所谓的"同城"一体化。长三角快递"低价、优质、便捷、高效"吸引了大量电商企业将发货地选择在此，规模集中后，许多企业选择直接在本地进行生产。上海市区曾经是快递的主要发货地，后来受成本影响转移至郊区，现已转移至浙江和江苏部分城市，生产企业随之从市区转至郊区，再向江浙、向长三角中西部转移。上海成为产品展销地和出口地，着力打造总部经济全球枢纽；江浙成为产品生产地和发货地，即江苏是现代制造业基地，浙江则发展商品贸易和国际贸易。由此，区域间分工逐步形成，货源辐射和通达能力更具优势。

2. 人才一体化

人才一体化是长三角一体化重要的组成部分，如果没有人才的一体化，长三角地区的一体化将很难实现。与其他方面的一体化相较而言，人才一体化有其特点。从经济发展来看，一体化是市场的一体化，是市场资源配置的一体化，一般资源的配置主要受价值规律的影响，但人才资源的配置除价格影响外，还受以下几种因素的影响。

第一，与物质资源有显著的不同，人才资源的核心是人，人需要生活环境与工作环境。第二，与普通的劳动力不同，人才注重当前，也重视未来的发展。第三，交通运输成本是制约物质资源流动的主要因素，而人才的流动较为复杂，涉及诸多因素，如离家的距离、交通条件、医疗条件与教育条件等。第四，与物质资源不同，人才资源还受户籍与编制等其他因素的制约。

3. 金融配套一体化

除进口商品展示外，在第二届进博会上还有跨境金融服务的展示。标准银行、大华银行、汇丰银行、渣打银行等外资银行也在第二届进博会上亮相。

在第二届进博会开幕式上，习近平主席发表了主旨演讲，宣布中国将采取多项与金融相关的新举措推动高水平的对外开放，"继续扩大市场开放"是其中的一项，旨在进一步激发国内市场活力，促进国际与国内要素有序自由流动，使国际与国内资源高效配置，使国际与国内市场得到深度融合（习近平，2019）。

4. 科技发展一体化

进博会的召开，标志着中国科技领域的进口市场对接全球，引入高新科技，进一步促进了科技发展一体化。全球经济进入数字经济时代，信息技术、云计算技术、物联网与大数据技术对经济发展的推动作用越来越明显。在社会和行业的各个领域，引入全球新技术、新产品、新服务、新方案，不仅可以提升中国各大行业的数字化发展速度，同时也可以提升行业本身的效率，使行业进入一个全新的发展阶段。

五 进博会促进长三角地区产业融合发展

1. 进博会明显加快长三角地区产业结构优化

进博会作为第二产业与第三产业的连接纽带，通过有效调节供需关系，显著优化了长三角地区的产业结构。进博会打开了中国市场的大门，外商外资也纷纷涌入国内市场，新科技及新理念冲击着国内营商环境。进博会对长三角地区产业结构优化的影响主要体现在以下几个方面。

一是培养区域品牌。打造自身品牌的影响力是当今社会各行业的目标，进博会丰富了上海的城市形象，也给上海带来了巨大的利润与机遇。

二是建构产业共同体。各产业联盟作为产业共同体的主要形态，推动了产业链及产业集群的形成。培育与构建产业联盟，有利于打造具有竞争力的产业链。应大力培育市场合作联盟，使联盟中的企业共享产业基础设施，可降低企业的创新成本及风险。培育供应链联盟，实行联合采购，可以降低成本。

三是优化营商环境。上海作为进博会的举办地，特斯拉上海超级工厂从开工到预备生产仅用了10个月的时间，上海自贸区的负面清单也已缩减至37条。在世界银行关于营商环境的测评中，上海获得了"办理建筑许可"单项的满分。"上海速度""上海态度""上海力度"是开放中国的缩影，优化营商环境的探索与实践每时每刻都在中国上演。在新时代，营商环境的竞争是全球的竞争，优化营商环境是系统工程。

2. 进博会有力推动长三角地区高新技术产业发展

长三角地区一直是我国经济发达地区的代表，高新技术产业的发展是经济发展的重要组成部分。除了自身投入研发，促进高新技术产业发展的另一种方式是引入国际先进技术为我所用。在第二届进博会上，长三角交易团的签约纷纷指向高端装备（见表2）。

表2 第二届进博会期间长三角地区签约情况

省份	签约情况
江苏	苏宁集团进博会期间与意大利对外贸易委员会签约，通过原产地直采为中国消费者带来意大利的商品和文化体验
浙江	西门子和浙江省在基础设施方面展开了一系列的合作，数字化是双方继续合作的重要方向
安徽	合肥康尔信公司与日本三菱重工签订了3000万美元的发动机和发电机组采购订单
上海	上海震坤行工业超市与陶氏公司、施耐德电气达成意向订单，计划采购用于智能制造的电子产品、耗材等商品

资料来源：《进博会"溢出效应"加速长三角一体化》，https://www.gov.cn/xinwen/2019-11/09/content_5450477.htm，2019年11月9日。

3. 进博会不断提高长三角地区生产要素市场化配置水平

（1）进博会倒逼制造业增强竞争力

进博会打造了一个足够大的平台，使经济活动中的买方和卖方更加精准地匹配。卖方中的生产者利用平台展示优质产品，宣传公司实力；买方中的经营者和消费者借助平台，掌握了行业发展的趋势和信息，能够完美地挑选合适的产品。

（2）进博会降低了制造业的成本

进博会的平台凝聚了全球优秀的商品资源，制造业丰富的信息聚集于此。以往信息不对称会导致交易效率低下，进博会优化了采购商和供应商的对接工作，极大提高了交易的效率。

（3）进博会为制造业转型升级保驾护航

进博会带来了全球最新的技术与产品。这些技术和产品极大地刺激制造业企业优化升级。习近平主席宣布激发进口潜力及进一步扩大开放水平的举措，明确了进博会的重要作用（习近平，2018）。

六 进博会加快长三角地区生态环境统筹保护

1. 进博会促进长三角地区生态环境保护

沪、苏、浙、皖四地均有自己的生态文明建设规划，而整个长三角地区缺少统一的生态治理方案。以沿海湿地生物的多样性保护为例，长三角地区有许多国家级的自然保护区及湿地公园，原有的湿地保护区较为分散，环境监测及管理措施也各不相同，应通过整合，建设长三角沿海湿地公园。此外，参考浙江的污水共治、江苏的新一轮河长制和湖长制等优秀的治理政策，整合形成相关法律法规，可以为长三角区域生态治理提供法律保障。

2018年6月2日，长三角区域大气污染防治协作小组第六次工作会议在上海召开，《中国国际进口博览会长三角区域协作环境空气质量保障方案》在会议上提出并讨论。李强在会议上指出，建设绿色美丽的长三角，打好污染防治的攻坚战。

2. 进博会促进长三角地区"吴文化"走向世界

长三角位于中国的东部,该地区的面积仅为中国土地总面积的1/26,但全国1/4的经济在这里汇聚,究其原因是源远流长的历史文化为长三角经济发展提供了良好的创新基因。

习近平主席在首届进博会上指出,长三角区域一体化将上升为国家战略,并要让其与"一带一路"建设、京津冀协同发展、长江经济带发展、粤港澳大湾区建设相互配合,推进长三角地区进一步深化改革,完善中国改革开放空间布局(习近平,2018)。

苏、浙、皖、沪三省一市,汇聚了吴文化、越文化、徽州文化与海派文化,各文化在互相影响的同时,也促进了长三角地区文化产业不断壮大。截至2019年在沪深证券交易所上市的文化企业中,长三角地区的企业有60多家,占全国文化企业总数的30%以上。2019年全国文化企业的30强中,长三角地区的企业就有11家。

汇聚了江南文化与海派文化的上海,素有"文化大码头"的美誉,上海国际大都市的文化魅力也在与日俱增。吴韵汉风与水韵苏乡是江苏文化的鲜明特色,近年来,江苏省开始主动对接"一带一路"建设及长三角一体化、大运河文化带建设等国家举措,挖掘江苏浓厚的文化底蕴,大力传承与弘扬优秀传统文化,培育文化旅游产业。作为历来重视文化产业的浙江,其2017年文化产业的增加值就超过了3700亿元,其占GDP的比重超过了7%。浙江文化产业发展将迈向更高的层次与更广阔的空间。

3. 进博会促进中西文化在长三角地区交融碰撞

上海有着独特的历史,开放包容,能使不同的文化汇聚融合,使古典与现代的元素碰撞交融,为进博会提供了深厚的文化土壤。在进博会上,一个个展览在方寸之间,上演着穿越时空的际会。过去与今天、中国与世界、传统与现代,交汇交融,璀璨绽放。进博会是商品交易的国际展台,也是文化碰撞的世界平台。进博会在打造"上海文化"品牌的同时,也充分展示了上海的海派文化及城市精神。进博会以开放、包容、热情的姿态,彰显了上海海纳百川的气魄。

七 进博会推动长三角地区更深层次改革开放

进博会的红利并非只惠及上海一个城市，其最终目的是带动周边乃至全国经济的发展，带来示范性的效应，让进博会的经验可复制、可模仿。长三角地区可以凭自身的区位优势，学习与借鉴进博会的建设举措，推动自身城市的制度创新。

1. 进博会加快长三角地区市场进一步开放

苏、浙、皖、沪三省一市通过建立共办进博会的长效机制，在打造长三角会商旅文体品牌项目、开展经贸对接活动等方面加强深度合作，延伸和拓展了进博会的溢出带动效应。长三角一体化，长三角共办进博会，苏州、南通等作为协办地助力进博会举办，南京、杭州作为特色商品展销平台助力进博会。通过合作，长三角地区将树立高活力的全球进口商品交易中心的城市形象。

为解决外商投资企业的问题，国务院出台了《国务院关于进一步做好利用外资工作的意见》（国发〔2019〕23号），其主要内容包括五个方面。一是扩大外资市场准入，完善外商投资准入的负面清单管理制度。二是推进自贸试验区改革创新，进一步激发市场活力。三是提升国家级经济开发区等开放平台的引资质量。四是加大外资招商的引资力度，了解政策在实施中的难点，使各项政策更好地发挥效用。五是加大对外商投资企业合法权益的保护力度。

2. 进博会加大长三角地区制度创新的力度

进博会的召开，促使长三角地区进一步在跨境贸易自由化和投资便利化的制度环境下开展试点，构建与开放型经济体制相匹配、相适应的贸易投资监管服务制度体系，探索形成更多可复制推广的制度创新成果。

（1）共建全球科技创新中心

国家自主创新示范区张江、宁波温州、苏南、杭州、合芜蚌，围绕上海共建全球科技创新中心，通过联合互动，探索一体化的治理体系。在国家实验室建设、创新型研发机构组建、多种社会组织活动交流等方面，探索多种可能，推进长三角中央创新区——张江科学城的建设，形成"跨区域、多层次、合作共赢"的新型全球科技中心。

（2）共推自贸试验区发展

长三角地区的自由贸易试验区打造的是具有国际影响力的经济区。此体系具有贸易、投资的便利性优势，具有政策支持的优势，具有与国际投资贸易通行规则相通的制度优势。探索性地在安徽、江苏建立新片区的协作区，拓宽了上海中心点的辐射范围，增强了上海与江苏、安徽、浙江的联动作用，加速了从"地域靠近"到"经济融合"的进程。

（3）积极引领长江经济带发展战略

为更好地贯彻与落实习近平总书记在深入推动长江经济带发展座谈会上的重要讲话精神，准确把握《关于依托黄金水道推动长江经济带发展的指导意见》的思想内涵，长三角地区各省市政府要理清不同发展模式的特色，发挥自身发展的优势并以此为基础参与到协同发展中去，整合优势以提高整体的实力，达到"1+1>2"的效果。合力发展，就是要激发各方的发展活力，提升要素配置效率。

3. 进博会提升长三角地区对全球经济的影响力

长三角凭借得天独厚的区位优势，将充分享受进博会的溢出带动效应，为中国国家形象的全球传播提供"长三角平台"，为全球各地货物、技术和服务进入中国市场提供便捷畅通的"长三角通道"。以此为契机，长三角地区将从开放型世界经济的"参与者""融入者"转变为"建设者""引领者"，从以参与全球价值链分工协作及对接全球贸易网络为主转变为参与重构及制定国际投资通行规则，提升长三角地区在全球经济治理中制度性的影响力及话语权。

（1）积极维护自由贸易和多边贸易体制

当今世界面临百年未有之大变局，经济全球化使世界经济发展充满争议，导致国际金融市场、大宗商品价格动荡起伏。中国始终认为，经济全球化是不可逆转的历史趋势，也是世界经济发展最为强劲的推动力，各国只有

顺应历史规律，推动全球治理体系和国际秩序加速变革，才能够促进世界经济的复苏与高质量发展。中国举办的进博会，是包括世界贸易组织等多个国际组织和众多国家在内的、真正意义上的"国际进博会"，符合共同维护自由贸易和多边贸易体制、推动共建创新包容的开放性世界经济与积极构建人类命运共同体的目标。

（2）构建人类命运共同体的中国行动

作为2019年主场外交的重要内容，第二届进博会主宾国数量从上届的12个增至15个，国家展中新亮相的国家超过1/3，国家展64个参展国遍及五大洲。为支持最不发达国家、推动全球实现包容性发展，第二届进博会还为参加企业展的40个最不发达国家各提供了两个免费标准展位。习近平主席连续两年出席进博会开幕式并发表主旨演讲，强调要扩大市场开放、深化多双边合作、推进共建"一带一路"等。在休戚与共的地球村，消除发展赤字，共享发展成果，是国际社会的一致呼声和理性选择。进博会以发展为导向的实际举措和以人民为中心的实践进程，有助于将全球范围内的各种资源和技术调动起来，充分利用全球价值链的优势，一方面提升发展中国家对外贸易和工业化水平，服务于发展中国家的工业化建设；另一方面助力落实联合国《2030年可持续发展议程》，推动经济全球化朝着更开放包容的方向发展。进博会也正日益彰显着中国为世界经济增长动能转换提供的国际公共产品属性：依托世界第二大经济体的实力、14亿人口的大市场和全球规模最大的中等收入群体，为各国开放合作、共建更加美好的世界发挥积极作用，助推各国人民共享经济全球化和世界经济增长成果，在构建人类命运共同体的过程中，减少全球发展不平等不平衡。

（3）成为国际经贸秩序重塑的重要力量

中国已是世界第二大经济体，也是第一大货物贸易国，中国经济对世界经济发展的贡献率超过30%，为世界经济增长提供了重要推动力。与此同时，单边主义和贸易保护主义正严重阻碍经济全球化发展进程，"贸易吃亏论"与"关税大棒"一唱一和，肆意破坏全球贸易规则，全球经贸秩序正面临21世纪以来最为严峻的挑战。在此特殊国际环境下，进博会集中体现了中国深度融入国际经贸版图，推动国际经贸秩序重塑的决心与意愿，对于促进世界公平贸易和维护自由开放贸易秩序具有重要的积极作用，同时也有助于促进经济全球化持续健康发展，以推动各国生产要素在全球范围内自由流动，实现资源优化配置，为世界各国人民谋福祉。

（4）进一步推动发展中国家的工业化进程

20世纪80年代以来，伴随着经济全球化的迅速发展，发展中国家也快速走上了工业化道路。目前，以制造业为主的工业化仍是世界新一轮工业化的主要动力，人力优势、工业化起飞阶段造就的大规模生产及消费需求优势，将促使发展中国家成为全球经济中新一轮工业化的核心区。2008年全球金融危机以来，产业转移和税收流失、就业机会和福利减少、贸易不平衡、两极分化等现象出现，经济全球化发展的弊端也在一些国家和地区出现，在发展中国家更为突出。在此背景下，面对这种庞大的需求，中国作为世界工业大国，通过举办进博会，充分发挥"引进来"的作用，汇聚来自全世界的新技术、新产品、新服务，服务于发展中国家的工业化建设，推动以新一轮工业化浪潮为核心内容的发展中国家的新型全球化。

参考文献

车俊，2019，《书写推进长三角一体化发展新篇章》，《政策瞭望》第3期。

陆月星、张仁开，2019，《长三角一体化发展的目标定位和路径选择》，《科学发展》第9期。

马林静，2019，《进博会助力外贸高质量发展》，《国际商报》11月14日，第3版。

马莹、甄志宏，2018，《进博会与上海"一带一路"桥头堡建设探索研究》，《上海对外经贸大学学报》第6期。

苏庆义、王睿雅，2018，《从历史和全球视野看进博会》，《世界知识》第23期。

万玲，2019，《进博会引导下的中国居民生活消费新趋势》，《黑龙江工业学院学报》（综合版）第6期。

王珂，2019，《全年稳外资目标能够实现》，《人民日报》11月19日，第10版。

习近平，2018，《共建创新包容的开放型世界经济——在首届中国国际进口博览会开幕式上的主旨演讲》，人民出版社。

习近平，2019，《开放合作　命运与共——在第二届中国国际进口博览会开幕式上的主旨演讲》，人民出版社。

徐琴，2019，《从横向协作、竞合联盟到区域共同体的长三角一体化发展》，《现代经济探讨》第 9 期。

晏澜菲，2019，《商务部有序推进稳外资政策"落地"》，《国际商报》11 月 20 日，第 5 版。

杨旻，2019，《论进博会的成功创办》，《现代商业》第 21 期。

张娟，2019，《进博会视角下上海国际贸易中心建设的内涵和路径》，《国际贸易》第 5 期。

张焱，2018，《打造文化改革发展的示范高地》，《光明日报》12 月 3 日，第 7 版。

B.8
进博会与新一轮自贸区建设研究

何树全 王晴晴 张婉婷 等*

摘　要： 作为以进口为主题的国家级展会，进博会释放着巨大的"溢出效应"。在全面改革开放联动新格局的背景下，我国对外开放正从全面铺开向注重联动转变。国家五大战略互为促进，新一轮自贸区建设是我国改革开放联动新格局的重要内容和主要环节。我国分五批设立了自贸区，目前已形成"1+3+7+1+6"的自贸试验区建设布局。新一轮自贸区建设在商品展示、制度型开放、跨境电商等方面承接进博会功能，并且在制度高地建设、新型国际贸易、产业聚集与布局、物流与金融等方面与进博会形成联动机制。在实践中，进博会和自贸区建设的联动作用存在关注上海建设而忽视全国开放联动、突出消费进口而弱化中间产品进口、注重商品服务而缺乏制度政策建设、强调贸易功能而忽视国际投资功能等问题。进博会和自贸区建设的联动作用应更多考虑制度建设、全国辐射作用、高质量资本品的进口和吸引国际投资等方面。

关键词： 进博会效应　新一轮自贸区建设　开放联动新格局

---

* 何树全，上海大学经济学院教授、博士生导师，主要研究方向：国际贸易、全球价值链、新兴经济体经济。课题组成员：王晴晴，上海大学经济学院国际贸易专业研究生；张婉婷，上海大学经济学院世界经济专业研究生；丁钟毓，上海大学经济学院国际商务专业研究生；李桂平，上海大学经济学院国际商务专业研究生。

一　进博会效应

作为第一个以进口为主题的国家级展会，中国国际进口博览会（以下简称进博会）不仅仅是一个展会，还包含了众多的与博览会主题相关的政府、企业、学界和国际组织活动，释放着巨大的"溢出效应"。具体而言，这些效应主要包括政策导向效应、产业导向效应、国际贸易效应、国际投资效应和全国辐射效应。

1. 政策导向效应

国家领导人在进博会开幕式上的主旨演讲、在虹桥经贸论坛上的主题演讲，都释放出我国经济政策改革的信号，产生了巨大的政策导向效应。习近平主席提出的降低关税、提高通关便利化水平、放宽市场准入、打造对外开放新高地、稳步推进金融业开放、保护外资企业合法权益等多项重大政策承诺，以及增设中国（上海）自由贸易试验区临港新片区、在上海设立科创板以及试点注册制、支持长三角区域发展上升为国家战略三项战略决策等具体政策措施（习近平，2018），都成为一年来改革开放的方向。首届进博会之后，我国出台了众多与进博会政策导向相关的改革开放政策。

（1）促进我国继续降低关税，提高通关便利化水平。目前，我国实际的贸易加权平均税率为 4.4%，① 沿用进博会进口展品的通关便利化政策，不断提高进口商品的通关便利化水平。2019 年我国进口和出口通关时间整体比 2017 年压缩一半，贸易通关效率大幅提高。②

（2）推动我国放宽市场准入，持续优化营商环境。优化营商环境是我

---

① 《〈中国开放发展报告 2019〉发布　中国关税水平接近欧美、产业开放超过入世承诺》，https：//baijiahao. baidu. com/s? id = 1648739099373782447&wfr = spider&for = pc，最后访问日期：2019 年 12 月 20 日。

② 《海关总署：2019 年我国进出口整体通关时间压缩过半》，https：//baijiahao. baidu. com/s? id = 1655888711524378384&wfr = spider&for = pc，最后访问日期：2019 年 12 月 20 日。

国改革开放的主要方向。2019年我国公布了《优化营商环境条例》和《中华人民共和国外商投资法》(以下简称《外商投资法》),持续缩减全国负面清单,放宽外资市场准入,完善投资促进和保护信息报告等制度(习近平,2019),为贸易投资营造公平的竞争环境。通过自贸区负面清单先行试点,逐步放宽外资准入的限制,推动长三角、东部沿海等更大范围的制度改革,形成覆盖东西南北的区域布局。

(3)推动我国从商品和要素流动型开放到制度型开放转变。进博会之后,全国各地加快对外开放新高地建设和自由贸易港建设。我国继续推进长江区域一体化战略布局,形成以长三角城市群为中心、辐射长江经济带、联动全国、服务世界的一体化战略布局;同时,实施黄河流域生态保护和高质量发展的国家战略,推动建设成渝地区双城经济圈,增强开放联动效应。

2. 产业导向效应

进博会为我国产业布局提供了导向。进博会平台展示的大量先进工业品和优质进口商品发挥了技术溢出效应,有利于推动我国制造业的"质"的提高。2019年11月发布的《产业结构调整指导目录(2019本)》充分体现了进博会的产业导向效应。

进博会期间齐聚上海的3000多家制造企业,带来了新产品、新工艺、新技术,不仅为我国产业结构实现出口导向转向优进优出提供了机遇,更为国内产业结构的优化升级提供了新动力。2018年借首届进博会的契机,上海上龙供水设备有限公司通过引入一台西班牙产的大型龙门铣削加工设备,将企业的设备精度控制在0.01mm之内,极大提高了加工效率,提高了产品的精度与质量。

进博会为我国加快发展现代服务业,提高现代服务业效率和品质,调整服务贸易结构,促进服务贸易的优化升级提供了机遇。进博会服务贸易展区展示的信息通信技术、智能制造技术、生物医药技术、云服务、多式联运等热门领域是我国服务业和服务贸易的发展方向。渣打银行、汇丰银行等世界知名外资银行,乔达国际集团、德国铁路集团等物流行业巨头带来的领先世界的高科技服务产品,倒逼我国服务贸易企业不断优化服务质量。

3. 国际贸易效应

国际贸易效应是进博会最为直接的效应。如图1所示，与2018年前11个月外贸进出口数据相比，2019年前11个月我国外贸呈现稳步发展态势，进出口总额28.5万亿元，同比增长2.4%。其中，出口15.55万亿元，增长4.5%；进口12.95万亿元；贸易顺差2.6万亿元，同比扩大34.9%，与2018年同期相比变化不大。

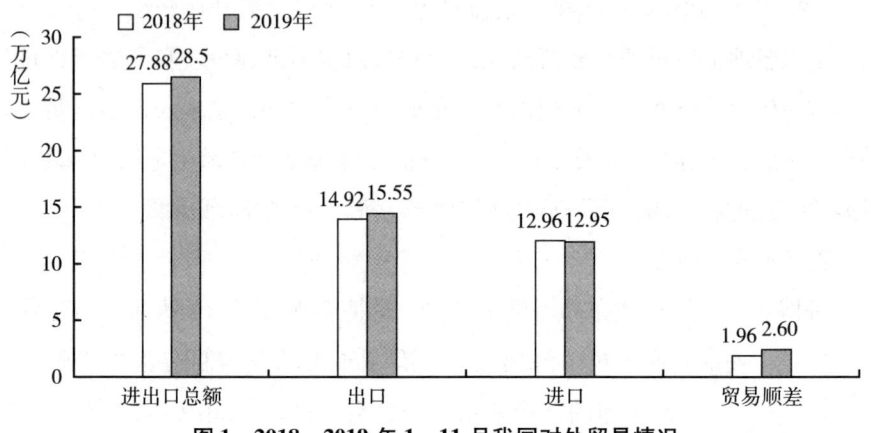

图1　2018~2019年1~11月我国对外贸易情况

资料来源：http://www.gov.cn/shuju/2019-12/12/content_5460725.htm，最后访问日期：2019年12月20日。

进博会推动了我国进口贸易发展。一方面，现有自贸试验区建设和制度创新等贸易便利化举措，为贸易自由通关营造自由宽松、开放透明的竞争环境，激发了进口市场潜力。例如，在新一轮高质量发展中，浦东在发展开放型经济中不断创新贸易方式，如支持市内免税店落户浦东新区，争取引进更多国际免税店，支持开展离境退税、现场退税试点等（《解放日报》，2019）。另一方面，承接进博会主要功能的一站式服务平台，通过强化进口竞争激励，引进更多高质低价中间产品，为我国制造业承接国际贸易的技术溢出效应、推动企业产品改造升级提供便利条件。

4. 国际投资效应

通过进口贸易吸引国际投资是进博会的另一大效应。进博会期间，通过密集开展投资合作活动，发布涵盖制造业、金融、商贸、生命健康等多领域的特色参观路线，吸引国际投资，从而加大世界一流企业对先进领域的投资力度。2018年首届进博会以来，进博会对外资政策的溢出效应显著。特斯拉上海超级工厂从奠基建厂到生产和交付使用不到一年，特斯拉国产Model 3展示了惊人的"上海速度"。

图2显示，2019年前11个月我国累计实际利用外资8459.4亿元，较2018年同比增长6%。根据商务部2019年12月统计数据，2018年高新技术产业实际利用外资2407亿元，同比增长5.7%，吸收外资保持较高增幅。其中，自贸试验区实际使用外资1212.6亿元人民币，占比为14.3%，高科技制造业、高技术服务业同比增长5.7%和43.4%（马玲，2019）。以中国（上海）自由贸易试验区临港新片区（以下简称上海自贸区新片区）为例，2019年8月6日上海自贸区新片区总体方案宣布以来，外商投资企业设立有了明显增长。2019年前11个月，上海自贸区新片区新增外商投资企业共计117家，利用合同外资4.8亿美元。2019年9~11月，上海自贸区新片区吸引外商投资企业49家，占前11个月新增企业数的41.9%（沈则瑾，2019）。

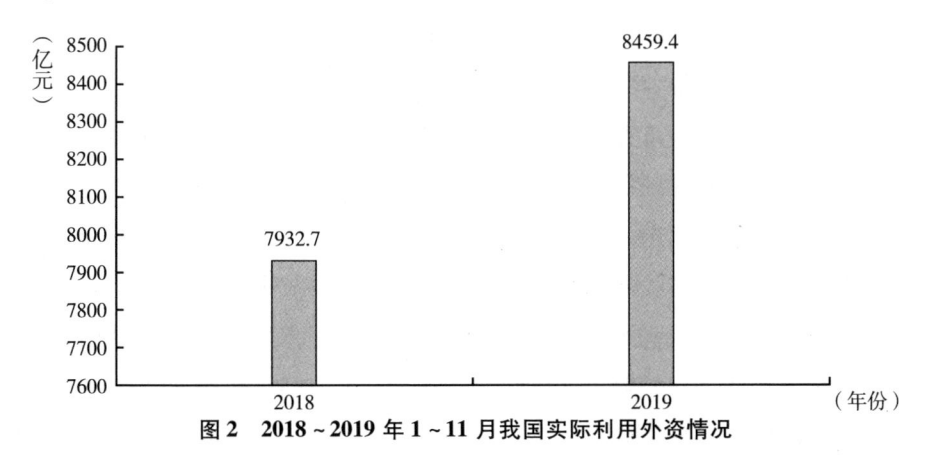

图2 2018~2019年1~11月我国实际利用外资情况

资料来源：http://www.mofcom.gov.cn/article/tongjiziliao/v/201912/20191202923875.shtml，最后访问日期：2019年12月20日。

5. 全国辐射效应

进博会是一个国家级博览会，因而需要整合长三角地区和全国市场需

求，以发挥辐射全国的溢出带动效应。进博会推出的贸易便利化政策及举措将惠及长三角地区、长江经济带和全国其他地区，推动我国高水平开放、高质量发展迈上新台阶。充分发挥进博会一站式服务平台的作用，立足上海，面向长三角和全国的市场，利用平台充分融合金融、物流、产品等要素，构建覆盖全国的网络体系，实现资源、信息、政策共享，充分发挥进博会的全国辐射效应，实现从一个城市展会向辐射整个区域的展会转化；在商品、技术、服务的进口产品产业上形成垂直分工合作，在功能上形成专业化分工协同发展的格局，增强长三角市场关联度，拓展东、中、西部大市场，更好发挥其辐射全国的联动作用。

二 改革开放联动新格局与新一轮自贸区建设

党的十八届五中全会决定我国要打造"陆海内外联动、东西双向开放"的全面开放联动新格局，我国对外开放正从全面铺开向注重联动转变，这是我国在提高对外开放质量方面的重大政策方向。新一轮自贸区建设是我国改革开放联动新格局的重要内容和主要环节。

1. 改革开放联动战略布局

近年来，世界经济形势发生了重大变化，贸易保护主义在世界范围内渐有抬头趋势，世界经济与贸易格局正向多极化发展。世界处于百年未有之大变局，无论是从国家还是国家内部区域层面来看，合作共赢才是实现长远发展的唯一出路。基于时代的大背景，我国在区域内部协调合作方面大胆尝试，通过制度改革打破区域行政壁垒，构建区域协调发展的新机制；鼓励各经济区充分发挥区位优势和比较优势，促进要素有序流通，提高区域经济发展的总体效率。2018年11月，长江三角洲区域一体化发展上升为国家战略；2019年9月，黄河流域生态保护和高质量发展上升为国家战略。我国形成了长三角地区、京津冀地区、长江经济带、粤港澳大湾区、黄河流域生态保护和高质量发展五大经济区域协调发展的开放联动新格局。

五大国家战略布局所承载的功能不尽相同。京津冀地区从高标准建设雄安新区入手，疏解北京非首都功能，探索人口密集地区优化发展的新模式，实现跨行政区人力资本的有序流动；长江经济带、长三角地区通过长江黄金水道相互联通，推动沿江11个省、市联动发展；粤港澳大湾区建设方面，包括广东省9个地级市与香港、澳门两个特别行政区联合打造推动经济高质量发展的新平台；黄河流域生态保护和高质量发展着力于推进黄河流域生态保护修复，加大治理黄河流域污染力度，节约集约利用水资源，促进黄河沿岸地区中心城市及城市群高质量发展，最终建设现代产业体系并大力弘扬黄河文化。

借着国家战略布局的东风，区域内部的城市群以及区域之间的合作也日渐常态化，不仅推动了区域内城市群的建设和发展朝着更加健康有序的方向前行，也给周边城市的发展带来了很大帮助。2018年6月，京津冀三地签署了《京津冀医疗保障协同发展合作协议》，加快推进京、津、冀异地门诊直接结算，包括定点机构互认、异地就医结算、药品和耗材联合采购等。山西省承接辐射效应红利，2018年与京津冀地区共签约454个项目，总投资4400多亿元；2019年1~10月共签约535个项目，总投资4195亿元。2018年，山西省在产业、科技、能源及基础设施建设等方面与京津冀地区开展了大量合作（见表1）。

表1 2018年山西省与京津冀地区合作项目

合作领域	产业	教育	科技	人才
合作项目	积极引进大数据龙头企业（如龙芯中科）入驻山西	清华大学、北京大学助力太原理工大学、山西大学建设一流学科	山西省科技重大专项支持了20项与京津冀地区科研单位合作开展的项目攻关，总投资7.88亿元	聘请来自京津冀地区的22名院士为省政府特聘专家

续表

合作领域	能源	基础设施	生态环境	卫生健康
合作项目	2019年前三季度，外送京、津、唐电网电量89.3亿千瓦时，外送河北电网电量80.79亿千瓦时	已规划太原至西柏坡、大同王庄堡至阜平两条高速公路；推进大张高铁、和邢铁路、雄忻铁路、集大原铁路建设	太行山绿化、京津风沙源治理、三北防护林工程联合启动	通过对口支援、共建共管、办分院等方式推动在京优质医疗卫生资源向山西辐射

资料来源：http://sx.people.com.cn/n2/2019/1130/c189130-33591041.html，最后访问日期：2019年12月20日。

受益于长三角一体化战略和长江经济带开发战略，长江经济带沿线城市群也受益颇丰。常州国家高新技术产业开发区结合生态优先、绿色转型的发展要求，积极融入长三角区域一体化建设和长江经济带高质量发展战略布局。2019年2月，常州国家高新技术产业开发区与上海黄浦区签订协议，全面加强产业与园区平台、城市管理与人才队伍建设等方面的交流与合作，同时支持有条件的企业加快"走出去"的步伐，拓展国际和国内发展空间。粤北民族地区积极承接、引进粤港澳大湾区适合当地特点的新兴产业，粤港澳大湾区的辐射作用对促进粤北民族地区经济发展也起到一定作用。

国家战略的实施和全国改革开放联动新格局的建设极大地改善了我国的营商环境。我国对外开放由"以量为主"到"量质同步"的转变，离不开与国际规则相接轨的制度保障。未来，我国的营商环境建设将继续以法治化、国际化、便利化为目标，以上海、天津、广东、福建为第一批实验区，在全国试推行准入前国民待遇加负面清单管理制度；在传统制造业市场压力较大背景下，探索服务业对外开放路径。两届进博会的召开、全国18地设立自贸区及京津冀协同发展、长江经济带等国家战略都充分反映了我国在提高、优化对外开放水平方面做出的切实努力。目前，我国东、中、西、南、西南及东北的自贸区服务于其对应区域的经济带发展战略，形成了产业优势互补、区位特征鲜明的全国开放联动新格局。

2. 全国自贸区建设布局

自贸区建设的最终目的是服务于对外开放，因此其建设布局成为影响我国对外开放质量的重要因素。我国优化自贸建设布局战略的愿景可分为三个阶段：第一阶段，力争与所有毗邻国家和地区建立自由贸易区，构成合作共赢的周边市场；第二阶段，以"一带一路"沿线新自贸区开辟促进我国边境毗邻国家的自贸区建设，形成"一带一路"市场；第三阶段，构造全球自由贸易区网络——同新兴经济体、发展中国家、主要经济集团分别建立自由贸易区，构建金砖国家市场、新兴经济体市场和发达国家市场。沿着这一思路，我国自贸区布局已初见雏形。

目前，我国分五批设立了"1+3+7+1+6"共18个自贸试验区，实现了沿海省份全部拥有自贸区，与邻国接壤部分省份拥有自贸区；形成了沿海、沿边、东西南北整体布局，对外开放进程从沿海向内地逐渐推进。前四批开放的自贸区注重与国家策略相结合、充分发挥地区专长，借助区位优势大力发展本区特色产业，促进东西区域间互通联动及对外开放（见表2）。多地设立自贸区对引进外商投资、促进往来贸易起到了显著推动作用。2017年，我国11个自贸试验区新设外商投资企业6841家；实际使用外资1039亿元，同比增长18.1%，高于全国增幅10%（申铖、于佳欣，2018）。

表2 前四批开放的自贸区战略优势及建设目标

	省(市)	战略优势	建设目标
第一批 (2013)	上海	开放先行者	投资贸易自由、规则开放透明、监管公平高效、营商环境便利的国际高标准自由贸易园区
第二批 (2015)	福建	改革先行优势、对台优势、对外开放前沿优势	深化促进两岸经济合作的示范区；21世纪"海上丝绸之路"核心区，打造面向21世纪"海上丝绸之路"沿线国家和地区开放合作新高地

续表

	省（市）	战略优势	建设目标
第二批（2015）	天津	京津冀发展平台	京津冀协同发展高水平对外开放平台、全国改革开放先行区和制度创新试验田、面向世界的高水平自由贸易园区
	广东	依托港、澳	粤港澳深度合作示范区、21世纪"海上丝绸之路"重要枢纽和全国新一轮改革开放先行地
第三批（2017）	浙江	东部开放门户	东部地区重要海上开放门户示范区、国际大宗商品贸易自由化先导区和具有国际影响力的资源配置基地
	河南	中部内陆省份开放先行者	服务于"一带一路"建设的现代综合交通枢纽、全面改革开放试验田和内陆开放型经济示范区
	湖北	中部崛起战略、推进长江经济带发展战略	高端产业集聚、创新创业活跃、金融服务完善、监管高效便捷、辐射带动作用突出的高水平、高标准自由贸易园区
	重庆	西部地区门户城市	"一带一路"和长江经济带互联互通重要枢纽、西部大开发战略重要支点
	四川	立足内陆、承东启西	西部门户城市开发开放引领区、内陆开放战略支撑带先行区、国际开放通道枢纽区、内陆开放型经济新高地、内陆与沿海沿边沿江协同开放示范区
	陕西	"一带一路"、西部大开发战略	全面改革开放试验田、内陆型改革开放新高地、"一带一路"经济合作和人文交流重要支点
	辽宁	老工业基地	提升东北老工业基地发展的整体竞争力和对外开放水平的新引擎
第四批（2018）	海南	全岛试点	面向太平洋和印度洋的重要对外开放门户

资料来源：http：//www.gov.cn/zhengce/content/2013－09/27/content_4036.htm，http：//www.gov.cn/zhengce/content/2015－04/20/content_9633.htm，http：//www.gov.cn/zhengce/content/2015－04/20/content_9625.htm，http：//www.gov.cn/zhengce/content/2015－04/20/content_9623.htm，http：//www.gov.cn/zhengce/content/2017－03/31/content_5182288.htm，http：//www.gov.cn/zhengce/content/2018－10/16/content_5331180.htm 等，最后访问日期：2019年12月20日。

2019年8月，我国在内陆省份新设立了6个自贸区，对外开放的势头已从沿海扩展到内地，结合陆上"一带一路"倡议，着力打造西部城市开放门户。此次自贸区的设立实现了我国沿海省份全方位开放、内陆省份分层开放，注重与邻国搭建开放桥梁的目标（见表3）。至此，我国已形成"1+3+7+1+6"的自贸区建设布局。

浙江自贸区、上海自贸区新片区及江苏自贸区以深化产业结构调整、探索创新发展实体经济和产业转型为目标，带动长三角经济区和长江经济带协同发展。云南、广西自贸区在一定程度上弥补了我国西南地区对外开放的短板，注重与东盟和东南亚国家的开放互通。辽宁、黑龙江自贸区的设立意在推动东北老工业基地全方位振兴，以对外开放促进产业结构调整，并在促进中俄贸易互通往来、深化中俄战略伙伴合作关系中起到重要作用。在中部，有河南、湖北自贸区作为先行者；重庆、陕西自贸区带动西部开放，服务于"一带一路"倡议；山东自贸区以中、日、韩区域经济合作为服务对象；河北、天津自贸区以商贸物流为中心，服务于京津冀协同战略布局；广东自贸区结合粤港澳大湾区的国家战略，肩负了与港、澳贸易往来的重任。此外，海南自贸区的设立又为我国以太平洋、印度洋为海上开放通道的开放进程增加了更多可能性。

表3 2019年第五批开放的自贸区战略优势及建设目标

	省区	战略优势	建设目标
第五批 （2019）	山东	毗邻日、韩	加快推进新旧发展动能接续转换、发展海洋经济，形成对外开放新高地
	广西	与东盟国家陆海相邻	建设西南、中南、西北出海口及面向东盟的国际陆海贸易新通道，形成21世纪"海上丝绸之路"和丝绸之路经济带有机衔接的重要门户
	云南	沿边开放	打造"一带一路"和长江经济带互联互通的重要通道，建设连接南亚、东南亚大通道的重要节点，推动形成我国面向南亚、东南亚的辐射中心

续表

	省区	战略优势	建设目标
第五批（2019）	江苏	经济基础雄厚	加快"一带一路"交汇点建设，着力打造开放型经济发展先行区、实体经济创新发展和产业转型升级示范区
	河北	京津冀发展平台	承接北京非首都功能疏解和京津科技成果转化，着力建设国际商贸物流重要枢纽、新型工业化基地、全球创新高地和开放发展先行区
	黑龙江	毗邻俄罗斯	推动东北全面振兴、全方位振兴，建成向北开放重要窗口，着力深化产业结构调整，打造面向俄罗斯及东北亚区域合作的中心枢纽

资料来源：http：//www.gov.cn/zwgk/2013-09/27/content_2496147.htm, http：//www.gov.cn/zhengce/content/2015-04/20/content_9633.htm, http：//www.gov.cn/zhengce/content/2015-04/20/content_9625.htm, http：//www.gov.cn/zhengce/content/2015-04/20/content_9623.htm, http：//www.gov.cn/zhengce/content/2017-03/31/content_5182296.htm, http：//www.gov.cn/zhengce/content/2017-03/31/content_5182288.htm, http：//www.gov.cn/zhengce/content/2017-03/31/content_5182299.htm, http：//www.gov.cn/zhengce/content/2017-03/31/content_5182300.htm, http：//www.gov.cn/zhengce/content/2017-03/31/content_5182304.htm, http：//www.gov.cn/zhengce/content/2017-03/31/content_5182306.htm, http：//www.gov.cn/zhengce/content/2017-03/31/content_5182284.htm, http：//www.gov.cn/zhengce/content/2018-10/16/content_5331180.htm, http：//www.gov.cn.proxy.shenyang.gov.cn/zhengce/content/2019-08/26/content_5424522.htm 等，最后访问日期：2019年12月20日。

从表2和表3可以看出，2017年和2019年设立的13个自贸区中，河南、重庆、陕西、云南和江苏5个自贸区的建设目标与服务"一带一路"倡议，即第二阶段——形成"一带一路"市场有关。另外，在2019年新设立的6个自贸区中，中央政府在加快简政放权和制度建设方面做了许多积极尝试，允许各自贸区拥有独立的外资人才中介机构及无船承运、外资经营国际船舶管理业务的审批、备案权；在制度建设上，以降低贸易成本、提高贸易效率为政策导向。江苏自贸区提出要优化通关机制、减少货物平均放行和结关时间；云南自贸区方案将制度创新作为首要目标。在国务院提出的104条试点任务中，云南首创了25条对应政策，如在与邻国对外交流的审核事项上，建立外事审核审批直通制度，提高沟通效率；在德宏、红河片区试改革资源性产品的储备制度并建立大宗产品战略储备基地；与邻国推动"一次认证、一次检测、一地两检、双边互认"通关模式等。

广西自贸试验区率先实施最新海关监管创新模式，如"两步申报"通关监管创新、对特殊监管区域内企业取消工单核销和单耗管理、原产地自主声明制度和原产地预裁定制度、生物医药研发试验用特殊物品的检疫查验流程优化，并扩大口岸开放，优先审理自贸试验区相关口岸开放项目。① 短期内，我国力争实现与自由贸易伙伴贸易额占我国对外贸易总额比重达到多数新兴经济体的水平；长期内，将形成包括邻国和地区、涵盖"一带一路"沿线国、辐射五大洲重要国的全球自由贸易区网络，促进对外贸易、双向投资，推动绘制一幅高水平的对外开放蓝图。

3. 上海自贸区新片区

2019年8月，国务院正式批准中国（上海）自由贸易试验区（以下简称上海自贸区）设立临港新片区。这是继2014年上海自贸区设立陆家嘴金融片区、金桥开发片区和张江高科技片区后增设的新片区。设立临港新片区的意义同2013年我国首次在上海设立自贸区的目的大同小异，都是对自贸区新发展模式的积极探索，意在为其他自贸区提供更多、更丰富的经验，为提高我国经济发展质量增添新动力。上海自贸区设立临港新片区，不是简单的空间扩大，它的战略定位、战略任务、产业发展与监管方式都有诸多创新之处，参照经济特区管理模式，支持新片区推进投资贸易自由化、便利化。上海自贸区设立临港新片区将实现新片区与境外投资经营便利、货物自由进出、资金流动便利、运输高度开放、人员自由执业、信息快捷联通，打造更具国际市场影响力和竞争力的特殊经济功能区（方喆，2019）。比如，在贸易方面，上海自贸区新片区内将设立物理围网区域，建立洋山特殊综合保税区，取消不必要的贸易监管、许可和程序要求，最大限度实施更高水平的贸易自由化、便利化政策和制度；在金融方面，上海自贸区新片区将试点自由贸易账户本外币

---

① 《国务院关于印发6个新设自由贸易试验区总体方案的通知》，http://www.gov.cn/zhengce/content/2019-08/26/content_5424522.htm，最后访问日期：2019年12月20日。

一体化功能，全方位探索临港新片区内资本自由流动和自由兑换的创新模式。

习近平总书记对上海自贸区新片区的建设提出五个"重要"要求，即海内外人才开展国际创新协同的重要基地；统筹发展在岸业务和离岸业务的重要枢纽；企业走出去发展壮大的重要跳板；更好利用两个市场、两种资源的重要通道以及参与国际经济治理的重要试验田。习近平总书记对上海自贸区新片区的五个建设要求实际上凸显了我国贸易制度、政策与国际逐渐接轨继而参与国际经济治理的战略需要。上海自贸区新片区自2019年8月揭牌至2019年10月18日，1/3的政策制定任务已经完成，接洽项目1000多个。预计在2020年继续推进项目130余个，总投资超过4000亿元，年度投资约500亿元。未来五年，上海自贸区新片区将投资重心放在产业科技项目上，同时也会对生态环境、社会民生项目开展更多尝试（见表4）。

表4 上海自贸区新片区未来五年投资项目概况

单位：个，亿元

	产业科技项目	市政交通项目	生态环境项目	社会民生项目
项目个数	50	31	19	34
总投资	2500	810	176	555
年度计划投资	270	166	21	16
续建项目	13	7	5	3
新开项目	28	24	8	24
预备项目	9	0	6	0

资料来源：http://www.lgxc.gov.cn/contents/8/23981.html，最后访问日期：2019年12月20日。

未来上海自贸区新片区将以制度创新带动改革，完善新片区多元化纠纷解决体系；以开放型产业体系带动新片区全方位的营商环境优化，以法治保障开放秩序；强化风险意识，建立专项风险处理机制，切实提高安全监管水平。如果说2013年国家率先开辟上海自贸区注重的是"首创性"，那么此次设立上海自贸区新片区则注重的是"高质量"——注重先行先试能够较大程度参与国际竞争的开放政策，尤其是在其他地区缺乏可行性的重大创新项目，将会在临港新片区率先实行。

三 承接进博会功能与新一轮自贸区建设

1. "6天+365天"商品展示

"6天+365天"一站式交易服务平台和"6天+365天"常年展示交易平台都是根据《中国国际进口博览会实施方案》搭建的,其设立目的是实现"参展一周,服务全年"的进博会服务专业运行模式,为海外客商提供365天常态化进口贸易服务,为国外企业、商品、服务及技术顺利进入中国市场提供多个渠道。

(1)"6天+365天"一站式交易服务平台。该平台是上海市人民政府唯一授权的官方线上平台,是一个配置公共服务资源,提供采购交易团信息发布,政策法规、贸易便利化措施、进口商品流程解读,展品政策公布,提供进口配套服务、进博会线下活动报名、需求发布等其他服务,使展品变为商品,帮助全球企业、产品、服务、技术顺利进入中国市场的国际公共服务平台。该平台由上海国际进口交易服务有限公司建设运营,于2018年4月18日正式启动上线。该平台在承接进博会功能方面侧重于通过先进的数字技术和互联网技术提供便利化综合贸易服务,助力全球企业、商品(服务)和技术进入中国市场。因此,它具有以下四个功能:常年在线商品展示、在线商务洽谈、提供综合服务以及包括政策法规、贸易便利化措施、知识产权等信息披露。海外参展企业通过注册平台会员,开设网上店铺、上传产品(技术),与注册会员的采购商进行在线磋商。此外,该平台的综合服务是由注册成为服务商会员的全球专业服务商提供,该平台服务商提供金融保险、政策法律、跨境供应链、检验检测、市场营销、商旅服务、会展服务及企业配套服务等八大类服务。

此外,"6天+365天"一站式交易服务平台还对接了由政府牵头组建的四大采购商联盟:大型零售采购商联盟、综合贸易服务商联盟、跨境电商联盟、展示展销平台联盟,为海外参展商提供对接零售采购渠道和跨境电商渠道、综合贸易服务及线下常年展示综合贸易服务。

(2)"6天+365天"常年展示交易平台。该平台是以"政府主导、企业主体、市场化经营"为原则搭建的,该线下平台是由获得上海市政府授牌的企业运营,为国外展商提供365天的商品线下展示、跨境供应链、金融保险、会展服务、检验检测等一站式综合贸易服务。该平台的首批授牌仪式在2018年4月11日举行,包括东浩兰生集团进口商品展销中心在内的30家平台企业获得第一批授牌项目。这些项目涉及综合服务平台、跨境电商平台、专业贸易平台及国别商品中心等四个方面。

"6天+365天"常年展示交易平台是一个集商品展览、贸易洽谈、零售消费以及商贸服务于一体的综合型平台,是进博会的延展平台。因此,在承接进博会功能方面,该平台更多地侧重于会展的经济功能,比如提供商品信息、发布新产品、促进供需对接、整合营销、提供贸易投资服务等方面的功能。正如虹桥进口商品展示交易中心在承接进博会功能方面的实践,该平台不仅为有延展意向的参展商和未能参加进博会的采购商提供了展品展示和交易的场地,也为普通市民提供了在国内购买全球最新的、高质量的商品的机会。在引进商品、加大采购进口商品规模方面,这些常年展示交易平台很好地承接了进博会功能。在30家常年展销平台中,东浩兰生集团进口商品展销中心是唯一入驻国家会展中心(上海)三楼的企业,[①]凭着得天独厚的地理位置,引进了100多家国内外企业,展品包括健康养生类产品、日用消费品、食品等,通过提供常态化交易服务,促进"展品"变"商品"。与"6天+365天"一站式交易服务平台不同的是,"6天+365天"常年展示交易平台支持采购商和消费者线下体验及部分商品的当场提货,因此,利于促进"展品"变"商品",进而扩大进口商品的采购规模,助力国内消费需求升级。

此外,2019年10月22日,第二届进博会开始前夕,第二批"6天+365天"常年展示交易平台授牌仪式举行,又有18个新成员加入。因此,在第二届进博会结束后,有49个"6天+365天"常年展示交易平台继续

[①] 徐晶卉:《作为进博会重要的服务商东浩兰生集团要这样擦亮上海服务"金字招牌"》,http://app. myzaker. com/news/article. php? pk = 5db03b6a8e9f0968e02ef785,最后访问日期:2019年12月20日。

承接进博会功能,[①] 继续扩大进博效应。

2. 企业进口方案

进博会是世界上第一个以进口为主题的国家级展会,其展馆的设计决定了我国企业进口方案的选择。第二届进博会设立了服务贸易、汽车、高端装备、智造与解决方案、科技生活、品质生活、医疗器械及医疗保健、食品与农产品等八个展馆,这些展馆为我国采购商提供了各行业高精尖的货物、技术和服务。进博会作为一个展会,除了是一个扩大市场开放的平台,也将发挥技术扩散和产业联动的功能。因此,进口商品不仅是扩大进口、拉动国外企业投资的体现,还可以促进国内外企业之间的交流与合作。

(1) 承接扩大市场开放功能。企业进口方案是承接进博会扩大市场开放功能的重要体现。第二届进博会累计意向成交711.3亿美元,比首届的578.3亿美元意向成交额增长了23%。[②] 23%的采购意向增长体现了进博会开放市场的功能。据统计,首届进博会交易采购商品价值最多的是"智造及高端装备",占比为28%,这体现了中国市场该类商品的供需情况。通过进口先进设备和技术,倒逼国内相关行业内企业的竞争和创新,进而优化我国产业结构,提升我国企业在全球价值链中的位置。因此,企业进口方案在承接进博会扩大市场开放功能的同时承接了产业联动功能。

此外,与首届进博会相比,第二届进博会的参展商质量、规模都有很大提升。其中全球或中国大陆首发新产品、新技术或服务共391件,大于首届新发商品数量。我国企业进口方案质量的提升,使得进博会逐渐成为新技术和新产品发布的首选平台。企业进口方案的不断升级不仅优化了我国产业结构、增强了市场活力,还将吸引国外企业从分享我国市场转换到分享我国经济增长,进而拉动国外资本和技术进入国内。

(2) 承接世界经济合作功能。进博会的举办,不仅鼓励国外企业进入

[①] 首届进博会"6天+365天"常年展示交易平台第31家授牌企业是绿地全球商品贸易港,该常年展示交易平台是在2018年11月13日正式开港的(上海市商务委员会,2018)。

[②] https://www.ciie.org/zbh/bqxwbd/20190314/11423.html, https://www.ciie.org/zbh/bqxwbd/20191112/20109.html, 最后访问日期: 2019年12月20日。

中国市场,也为国内进口企业提供了与国外优秀企业交流与合作的机会,从而补齐消费品、高端设备、医疗器械等高精尖领域的短板,助力国内产业结构升级。参加首届进博会的成都红旗连锁股份有限公司为了提升自身的创新能力,与来自意大利、澳大利亚的外资公司签署了意向采购协议,拟在未来5年采购价值20亿元的商品。但是,国内进口企业在选择合作对象时不能盲目,不能只关注眼前的利益。因此,在设计企业进口方案时,企业要利用进博会这个平台,思考自己未来在全球经济价值链中的位置,选择长久稳定的国际合作伙伴,建立企业长久独立的知识与技术生产体系。

3. 制度型开放

中国通过进一步开放国内市场搭建进博会这一平台,向世界证明与其他国家开放合作的态度。习近平主席发表的主旨演讲中提出中国进一步加大开放的五项主张——激发进口潜力、持续放宽市场准入、营造国际一流营商环境、打造对外开放新高地、推动多边和双边合作深入发展(习近平,2019)。这五项主张是中国对世界各国的承诺,该承诺将通过制定相关政策法规得以实现。"制度型开放"提出以来,中国积极推进国内、国际两个市场的制度建设。因此,制度型开放在承接进博会功能时侧重开放功能,通过进行一系列的制度创新和试点,优化国内营商环境,促使投资贸易活动便利化,促进国外企业、商品、技术、服务进入我国市场,落实开放市场的承诺。

(1)上海自贸区的制度创新。上海自贸区作为制度创新的"试验田",自成立以来,已经孕育了200多项制度创新成果,并且在全国复制推广,因此自贸区的创新成果在一定程度上体现了我国的制度型开放。[1] 表5展示了上海自贸区在投资、贸易和金融等领域的制度创新成果。

---

[1] 储秀敏:《中国(上海)自由贸易试验区临港新片区:开放新步伐 创新加速度》,https://baijiahao.baidu.com/s?id=1641757016071636603&wfr=spider&for=pc,最后访问日期:2020年1月10日。

表5 上海自贸区创新成果

领域	制度创新成果
投资管理	《自由贸易试验区外商投资准入特别管理措施(负面清单)(2019年版)》,负面清单从2013年版的190条减少到了2019年版的37条; 境外投资管理从之前的核准改为备案管理,办结时间从3~6个月缩短至3天; 2020年1月1日生效的《外商投资法》①
贸易监管	海关、检验检疫、海事等口岸监管部门推出了"先进区、后报关报检"、"一区注册、四地经营"、"多证合一"和全程电子化登记等一系列创新举措,简化企业的申报流程;对标国际实施"单一窗口"管理制度,实现了与国家"单一窗口"标准版全面融合对接
金融开放	支持人民币跨境使用、资本项目可兑换等一系列首创性金融改革; 试点自由贸易账户本外币一体化功能

资料来源:http://sh.people.com.cn/n2/2018/0828/c381722-31985693.html,最后访问日期:2019年12月20日。

2018年8月20日,上海自贸区新片区的设立,是进一步扩大制度开放的体现。上海自贸区新片区将对标国际上竞争力最强的自由贸易区,实施最高开放度政策和制度,建设更具国际市场影响力和竞争力的特殊经济功能区。因此,上海自贸区新片区将加大开放型经济的风险压力测试,在货物进出自由、投资经营便利、资金流动便利、运输高度开放、信息快捷联通、人员自由执业等八个方面探索制度创新突破,对标国际通行规则。此外,上海自贸区新片区不同于以往自贸区,更加突出产业发展新特点。因此,它将重点强化四大开放型产业集聚功能,包括以集成电路、人工智能、生物医药、工业互联网等为核心的前沿产业群,以跨境电商、总部经济、数字贸易等为重点的新型国际贸易、高能级国际航运服务以及跨境金融服务。

(2)进博会贸易便利化制度的创新。目前,贸易便利化制度创新主要体现在关于进博会的一些创新试点制度,进博会本质上是一个开放中国市

---

① 《外商投资法》将国际通行规则与构建开放型经济新体制的需要相结合,推动了中外投资规则的深度对接,提高了投资领域的开放度和透明度,为外商创造了更加便利和友好的投资环境。

场、扩大中国进口的平台。因此，围绕该平台的建设而进行的制度创新试点也体现了制度型开放。

上海市政府在海关总署的支持下，为保证进博会顺利举办，提出了包括允许展会展品提前备案、以担保方式放行展品、延长展品有效期至一年、展品展后进入保税监管场所或特殊监管区域视同离境予以核销、开展保税展示交易常态化等在内的23项制度创新举措，优化升级"144小时过境免签"便利举措，为展品和客商进出境提供便利。比如，2018年9月11日，首届进博会第一票通关进展展品——一辆来自芬兰的生物概念车就享受到了这项"报关5分钟，提货3小时"的便利举措。在这个案例中，海关人员只是仔细审核了该展品的"物资证明函"，在确认无误后，盖章、轻点鼠标，通关放行，这个通关流程只需5分钟。货物放行后就可以准备提货材料、办理提货手续，而且首届进博会第一票展品由物流公司从港区提货完毕只花了3个小时。

4. 跨境电商平台

作为"6天+365天"常年展示交易平台的组成部分，跨境电商平台也是6天进博会的一个延展平台，通过提供保税展示展销、通关、整合营销、在线支付等一站式跨境电商综合贸易服务，促进展品变商品，扩大进口规模。此外，跨境电商平台除了为国际品牌进入中国市场提供高效便利化的渠道，还凭借平台效应和大规模用户数量成为海外品牌入华首选渠道和新品发布的首选平台。

（1）保税展示展销。跨境电商平台是一个集在线磋商、信息服务、物流金融于一体的综合型贸易服务平台，在招商引客、提供高效便捷的进出口方案等方面发挥着重要作用，比如众多国内跨境电商平台是"6天+365天"常年展示交易平台和上海交易团中四大采购商联盟的组成成员。因此，跨境电商平台通过在线展示商品（服务）和保税仓的业务模式，承接一部分进博会功能。

一方面，跨境电商平台通过线上平台、保税仓模式、提供智能物流和跨境支付服务等自身优势以及与线下常年展示交易中心合作，为进博会上有延展意向的客商和未能参会的客商提供商品保税展销的线上平台和一站式贸易服务，为国外企业、商品、技术、服务进入中国市场搭建高效、便捷的通道。比如，参展商在进博会展会期间，就可以将展品上传跨境电商平台，成为中国消费者购物车中的商品，进一步缩短展品变商品的时间。此外，作为首批授牌"6天+365天"常年展示交易平台的全球商品博览汇（IMX）就是由"跨境通线上交易"、"自贸区综合保税"及"进口商品线下展示体验"三大功能构成的（倪巍晨，2018），它通过线上平台搭建国外中小企业进入中国市场的渠道。

另一方面，各跨境电商平台通过大量采购承接进博会可作为中国市场开放标志的功能。各跨境电商平台不仅是两届进博会上的主力采购军，还在很大程度上将进博会上的意向成交兑现。比如在第二届进博会上，阿里巴巴超额完成了首届进博会宣布的5年进口2000亿美元的采购计划，采购目标完成度达123%。同时，京东也宣布完成了首届进博会近千亿元的采购目标，并公布了价值4000亿元的未来三年采购计划。

（2）整合营销功能。作为数字经济大国，网上购物已成为我国消费者的购物习惯。一方面，通过跨境电商平台购物的消费者多为年轻群体，这为国外品牌提供了进入中国的跨境电商进口市场基础。图3描述了2014～2017年跨境电商零售进口渗透率。

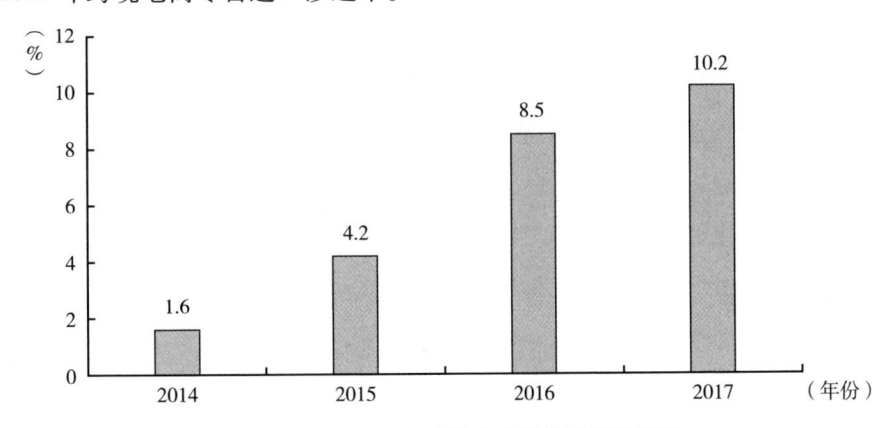

图3 2014～2017年跨境电商零售进口渗透率

资料来源：中国国际商会、德勤、阿里研究院，2018，《持续开放的巨市场——中国进口消费市场报告》。

另一方面，包括阿里巴巴、京东、网易考拉在内的中国跨境电商平台除了为海外品牌提供入华渠道，还可以通过平台数据为海外品牌提供定制的营销服务，使其更好地进入中国市场。因此，在进博会上，包括天猫国际、网易考拉在内的跨境电商平台成为全球品牌入华的"标配"和新产品发布的首选。

在跨境电商出现之前，一个海外品牌要进入中国市场，孵化过程复杂且漫长。但跨境电商平台可以凭借及时的数据反馈等优势，帮助海外品牌精准定位，降低试错成本，进而缩短新品牌的孵化时间。因此，首届进博会上，很多亮相的"进博尖货"在跨境电商平台上第一时间上线，助力国内消费需求升级。首届进博会闭幕以来的一年间，天猫国际进口商品成交同比增长了40%。2019年，海外品牌加速入驻天猫国际，实现了300%的增长，年度亿元俱乐部品牌增长80多个。此外，参加第二届进博会的113个新品牌将通过入驻天猫国际，首次触达中国市场。①

四 进博会与自贸区建设的联动作用

1. 制度高地建设

作为开放"两翼"的进博会与自贸区。进博会是贸易争端背景下，为支持多边协议、发展自由贸易的中国方案，而自贸区是我国接轨国际通行规则的重要战略抉择。创新建设始终是自贸区建设的重中之重，依托创新优势，形成"进博出题、自贸解题"的格局。"解题"的关键在于效率，而效率离不开制度建设。

第一，深化行政审批改革。在自贸区建设方面，以上海自贸区为例，在食品、药品、医疗器械等审批事项中，全面推动无纸化试点以及全程电子化登记，进一步加强贸易便利化。同样，在进博会审批制度上，凡是通过相关认证监管的产品，可在岸口直接办理报检和入境验证手续，为展品入境开放

---

① 《第二届进博会：汇集全球 惠及全球》，https：//baijiahao.baidu.com/s？id＝1649434214675359586&wfr＝spider&for＝pc，最后访问日期：2019年12月20日。

绿色通道，打造国际先进水平的国际贸易单一窗口。在进博会相关工作中，以农业农村为例，上级部委将审批权下放至上海市，针对保质期短的生鲜产品，推广进口商品入境检验检疫信用监管，为农产品的入境提供了便利化政策。相关监督局可以第一时间对接申请方，接收申请材料，完成审查工作，加快产品引入。进博会始终是制度创新的前线，上海应立足进博会，加快制度创新。进博会期间的特殊政策支持，在一定条件下，有望转化为长效机制，并可在自贸区内复制推广。

第二，优化"负面清单"管理。自贸区建设最鲜明的成果，就是"负面清单"管理体系。全国统一的市场准入"负面清单"制度于2018年正式施行。2019年修订后，全国外资准入"负面清单"条目由48条减至40条，自贸区外资准入"负面清单"条目由45条减至37条，所有行业领域均没有新增条目或新增限制。自贸区版"负面清单"对全国版"负面清单"进行删减，并做出细化条例（见图4、表6）。除此以外，隐性壁垒必须予以重视。隐性壁垒的消除是实现贸易投资便利化的必经之路。而在进博会中，"负面清单"明确给出4类禁止、11类限制。"负面清单"有效实现风险管理的同时，也推动了分类管理的便利化。除此以外，"负面清单"有助于加强监管体制，推动政府标准和市场标准协同发展，逐步实现消费品标准和国际标准接轨。

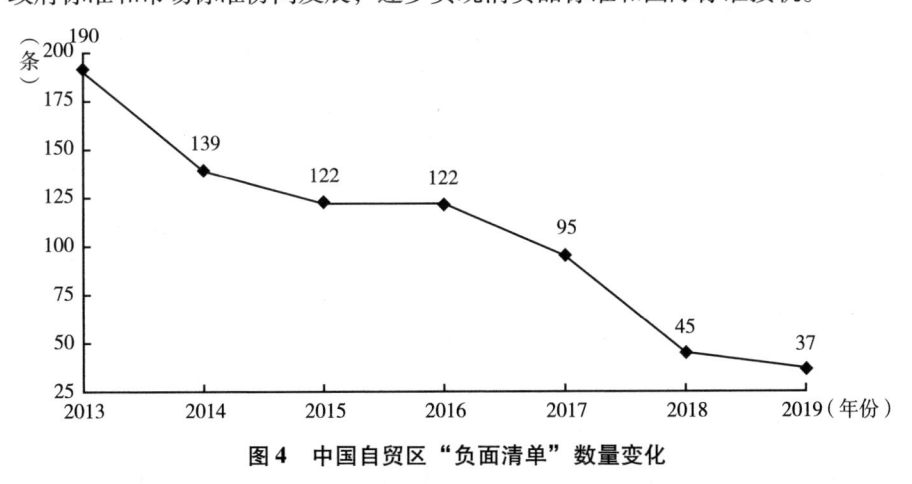

图4 中国自贸区"负面清单"数量变化

资料来源：http://www.sohu.com/a/339850771_100009359，最后访问日期：2019年12月20日。

表6　2019年自贸区版与全国版"负面清单"主要差异

2019年自贸区版"负面清单"	2019全国版"负面清单"
一、农、林、牧、渔业	
小麦、玉米新品种选育和种子生产的中方股比不低于34%	小麦、玉米新品种选育和种子生产须由中方控股
自贸区无此项禁止措施	禁止投资中国管辖海域及内陆水域水产品捕捞
三、制造业	
自贸区无此项禁止措施	出版物印刷须由中方控股
自贸区无此项禁止措施	禁止投资放射性矿产冶炼、加工,核燃料生产
六、交通运输、仓储和邮政业	
禁止投资邮政公司(和经营邮政服务)、信件的国内快递业务	禁止投资邮政公司、信件的国内快递业务
十三、文化、体育和娱乐业	
文艺表演团体须由中方控股	禁止投资文艺表演团体

资料来源:《外商投资准入特别管理措施（负面清单）(2019年版)》;《自由贸易试验区外商投资准入特别管理措施（负面清单）(2019年版)》。

第三,落实知识产权保护。知识产权保护始终是我国制度建设的薄弱环节,上海自贸区秉持"包容审慎监管"与"依法扶持发展"的理念。上海自贸区自设立以来,始终强调营建知识产权环境。知识产权的保护重在执法,而非单纯立法,执法效率决定了保护力度。上海自贸区还尝试多元化解决知识产权纠纷新机制,包括建立国际仲裁院。进博会是对多年知识产权保护建设的一次"阅兵",首届进博会实现知识产权保护"零投诉"。展会前,与参展商约定知识产权保护条款,提醒参展商审查知识产权情况、制定知识产权保护方案。展会期间,主动设立知识产权保护与商事纠纷处理服务中心,为参展商提供相关咨询,调处有关投诉,积极维护相关方的合法权益。知识产权保护和运用是自贸区建设中的基本要义。海南自贸区推动知识产权证券化,首单募集资金4.7亿元,为创新型企业提供了全新的融资模式。

2. 新型国际贸易

离岸贸易是国际贸易的高端业态,我国的离岸贸易服务才刚刚起步。自贸区改革为探索离岸贸易的发展夯下坚实的基础。进博会的召开则为上海先行先试离岸贸易服务提供了绝佳机会。在原本的海关监管制度下,企业无法开展货物不报关入境的离岸贸易,由企业的境外生产厂商销售或租赁给境外客户,跳过了海关,因此海关无法出具相关凭证;银行出于风险考虑,造成企业无法收付汇款和在国内开展资金结算。为破解难题,上海市商务委首开"白名单制度",为资质良好的企业提供离岸贸易的信誉"背书"。同时,上海自贸区推出七大举措,从税收优惠、财政扶持等多个方面,支持离岸贸易发展。2018年11月,沃尔沃建筑设备有限公司完成了第一笔不报关入境的国际离岸结算,本次交易的设备由韩国直发尼日利亚,由兴业银行上海分行提供金融服务,但结算均在境外完成,实现了跨国贸易主体货物流、资金流、单证流"三流分离"。进博会将离岸贸易的蛋糕越做越大。进博会吸引了大量境外采购商,首届进博会共计1432家境外采购商参展,第二届进博会上的境外采购商猛增至7000多家,采购商的国际化程度大幅提升。进博会不仅仅是中国的进博会,更是世界的进博会。进博会境外采购商的激增有力地推动了离岸贸易发展。进博会已经从中国的进口平台逐步演变成全球的进口平台,很好地确立了上海的国际贸易地位,完善了贸易枢纽功能。

跨境电商成为国际贸易的又一重要角色。第二届进博会的另一大亮点是跨境企业和国家馆的双线布局,包括意大利、日本、泰国在内的10个国家入驻天猫开设国家旗舰店。不仅有"国家队",700余家参展的境外企业已在中国布局电商渠道,"线上线下"双轮驱动,助力境外企业开发中国市场。自2014年起,跨境电商进口市场逐渐低迷,增长率从2015年第三季度的56%锐减至2018年第三季度的3%,[①] 首届进博会以来的一年间,国内进口消费引来新的发展机遇,进口市场规模增加到1003.4亿元,增幅达19%(见图5)。据相关统计,天猫国际上进口商品成交额同比增长达到了40%,其中数码家电、宠物和保健品类产品同比增长分别达到了62.3%、110.1%和58.6%。[②]

[①] http://www.100ec.cn/Index/dsb_product.html,最后访问日期:2019年12月20日。
[②] 《进博会联手跨境电商:汇集世界 惠及世界》,https://m.thepaper.cn/baijiahao_4867760,最后访问日期:2019年12月20日。

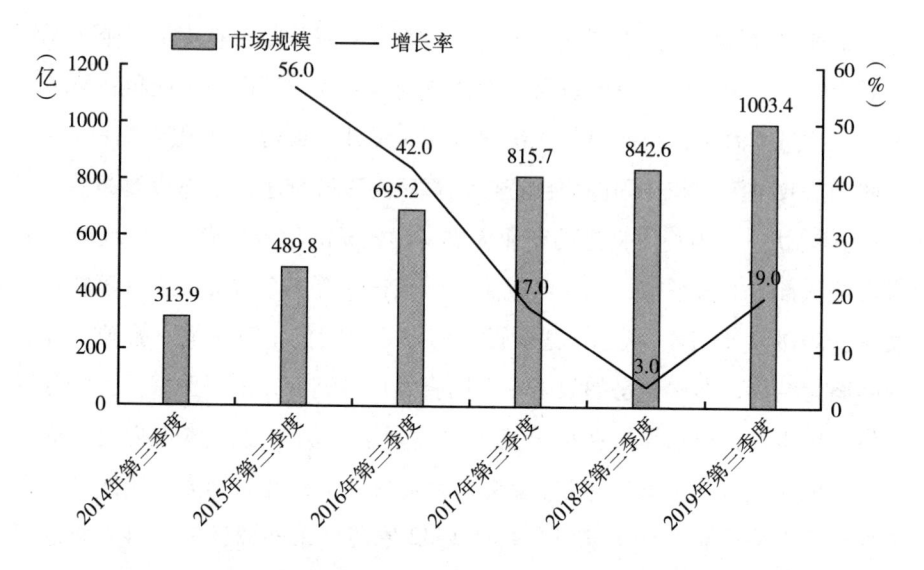

图5 2014年前三季度~2019年前三季度跨境电商进口市场规模

资料来源：http://www.100ec.cn/，最后访问日期：2019年12月20日。

传统的进口大品类美妆、家居、个人护理维持了40%以上的同比增长。进博会上的抢眼表现，也推动了自贸区跨境电商建设。浙江作为电商基地，积极建设以数字贸易为代表的贸易中心，"跨境电子商务综合试验区"是浙江自贸区的建设特色，以进口直邮和保税进口作为主要模式。浙江自贸区主动打破"网购保税进口"的政策壁垒，积极开展跨境电商零售进口监管业务。此举不仅促进了浙江自贸区跨境电商产业发展，而且也为浙江自贸区扩大进出口贸易、为其他自贸区提供良好先例（汪超群、王晖，2019）。

3. 产业布局与聚集

从2013年9月上海自贸区建立算起，截至2019年末，短短6年时间，我国建立自贸区的省（市、区）累计18个，从东部沿海到西部内陆，从东北大地到西北边陲。随着第三轮贸易区方案的公布，新一轮的开放以自贸区形成亮点。在进博会的意向成交额中，高比重行业成为新一轮自贸区产业建设重点，尤其是智能高端装备和医疗器械及医药保健方面。

首届进博会的进口需求，充分体现在新一轮自贸区建设中，第二届进博会进一步揭示国内市场需求。自贸区的建设给各产业带来全新的活力，推动产业发展的同时，形成了新的技术需求。进博会与自贸区建设实现良性互动。目前，第三届进博会也进入筹备状态，将分为四大主题板块：技术和装备板块、消费品和智慧生活板块、食品和农产品板块、服务和健康板块。

4. 物流和金融

物流产业是进博会保驾护航的主要力量，高效的物流让进博会成果推向全国。尤其是生鲜产品，一小时交运的"进博效率"成为一大亮点。除了利用本土创新优化物流服务外，引进先进物流技术也非常重要。在进博会上，多家先进物流企业展示了最新技术，涵盖了海、陆、空各种物流解决方案。以 UPS 为例，它在进博会上推广的 UPS My Choice 服务，强化了运输状态追踪可见性，优化用户体验的同时，还增强了零售商的应急能力。除了引进先进技术，优化物流产业的"软实力"，更重要的在于加强物流基础建设，提高"硬实力"。基础建设的任务则落到自贸区建设上，各自贸区试点均提出了相关的物流建设方案。各省（区、市）依据其地理位置，有针对性地建设特色物流基地，形成区域性对外开放物流中心。

金融的本质是为实体经济服务，而我国金融业的监管较为严格，在对外开放的大格局下，鼓励金融科技创新、扩大金融对外开放势在必行。第一步是开放。我国中小企业长期以来面临融资难、融资成本高的问题。渣打银行在进博会上针对中小企业提供相应的进口贸易金融服务，从跨境支付能力增信、减少自有资金占用、专业汇率管理服务三方面解决轻资产贸易商的资金难题。而在自贸区建设中，支持外资银行和中外合资银行入境，外资银行可以扮演引路人角色。通过外资银行的全球网络与客户优势，引进境外最好的理念与产品，在自贸区先试先行，完善后引入国内其他市场，促进与境内外市场的联通。第二步是创新。进博会期间，中国银行、太平洋财险、中国人寿等在沪金融机构制定了一揽子金融服务方案，推出多元化贸易金融产品，全面满足企业跨境贸易需求。境内、境外协同招商，践行一体化金融服务理念。除此以外，自由贸易账户①（FT账户）是上海自贸区建设中里程碑式的金融创新。自由贸易账户实现了资金与境外账户间的自由流动，并为区内企业涉足离岸市场提供了更便利的途径。海南自贸区于2019年1月正式引入自由贸易账户，首批开户企业来自旅游、热带特色高效农业、互联网等10个重点产业。2019年12月，广东、天津自贸区先后接入自由贸易账户分账核算业务系统。在该账户系统上线的两周内，广东农行已为相关企业办理结算约10亿美元，结汇1亿美元，开立信用证2136万美元，发放贷款2776万元。天津首批6家企业成功开通FT账户，交易金额总计22.75亿元。

总体而言，物流和金融均在国际贸易中起到支柱性作用。一方面，依托进博会，引入境外优质服务，推动了自贸区物流与金融服务建设；另一方面，自贸区积极创新，完善软硬件配置，反作用于进博会，为境外企业提供了更加优质的服务。

五 进博会与自贸区联动建设中的问题与对策建议

（一）关注上海建设而忽视全国开放联动

1. 问题

进博会与自贸区建设取得重大成绩，但在建设过程中也暴露一些问题。一方面，过度聚焦上海及周边自贸区建设，忽视了周边省、市乃至全国承接其溢出效应的研究，对长江经济带、东部沿海城市乃至全国的辐射带动作用不足。进博会更多地聚焦在办展和服务保障方面，对其溢出联动作用缺乏深入研究。尽管周边省、市都希望承接进博会的溢出带动效应，加快其现代化进程，但是由于缺乏有效的沟通渠道以及承接溢出带动效应的有效载体与平

---

① 自由贸易账户：适用于境外及自由贸易试验区内企业和个人的独立账户体系，可实现分账核算、本外币一体化、自由兑换等功能。对境内企业来说，拥有FT账户意味着拥有了一个可以和境外资金自由汇兑和结算的账户；对境外企业来说，则意味着它们可以像境内企业一样享受同等金融服务。

台,故进博会对其发展的辐射带动作用明显不足,功能性平台的辐射带动效应有待充分发挥。另一方面,进博会与自贸区的联动建设中忽视了全国开放联动。2014年12月中央经济工作会议明确提出要推动长江经济带、京津冀协同、"一带一路"区域协同发展战略。首届进博会以来,上海自贸区承接其政策溢出带动效应取得长足发展,然而由于缺乏有效的政策推进机制,其他自贸区政策试点工作进程缓慢,自贸区下的税收优惠政策、贸易自由化以及投资便利化安排也没有惠及更多省份与地区,对重要城市和地区发展的带动作用有限。

2. 建议

首先,推动政策在全国重点城市和地区的复制、推广。推动自贸区支持政策转化为长效机制,推动政策在周边城市和地区的复制、推广,争取将通关便利化方案延伸到其他重点城市和地区。例如,将自贸区的服务业扩大开放措施以及自由贸易账户体系成功复制到广东、天津及长三角地区,最终复制、推广到全国;推进进口商品自动许可证无纸化试点工作在东部沿海城市的落实,提高全国重要口岸城市的贸易便利化水平。

其次,重视融入国家一体化发展战略。基于"五个中心"的战略布局,以进博会为契机,加快推进上海自由贸易港区建设。长三角作为科技创新的发源地,快速聚集海量资源,发挥地区产业发展水平高、发展速度快的优势,通过其创新能力的进一步提高,充分发挥拉动整个国家产业创新发展的示范带动作用。长三角的产业创新与自贸区的制度创新相辅相成,因此,建议基于上海开放高地,进一步扩大自贸区的范围至长三角乃至全国。

最后,推动政府、市场、社会力量的高效协同,发挥政府政策引领作用。通过构建统一的支持政策与标准,为示范区发展以及周边省、市的发展提供有力政策保障。以虹桥为中心,拓展其外延的方位和领域,通过加强与苏州市、嘉兴市等周边地区的联动发展,形成示范区与协同区同步发展的空间格局。此外,以虹桥商务区为中心,通过与长三角一体化战略无缝对接,将其尽快建设成中国、亚洲乃至全球商务贸易核心功能示范区,充分发挥其辐射、放大效应。

（二）突出消费进口而弱化中间产品进口

1. 问题

国内外国际贸易理论研究和贸易政策实践中，普遍重视出口，低估乃至忽视进口对经济增长的促进作用。改革开放40多年来，中国经济持续稳定增长，但进出口不平衡问题依然显著。鉴于此，中国政府分别在2012年和2017年提出要"扩大进口"、"积极扩大进口"，并于2018年举办了世界首个以进口为主题的博览会。在多种鼓励性政策的推动下，我国货物进口额在2014~2016连续三年的负增长后，2017~2018两年间的增长率回正，分别为16.11%和15.83%，为近七年增长率较大值，并首次超过同期出口额增长率。

目前，以进博会为政策引领的进口商品的种类仍以最终消费品为主，这与我国的经济发展阶段及国民消费需求密切相关。目前，我国正处于消费升级阶段，举办国际进博会，为中国消费者引进了好的产品和服务，使消费者有了更多选择，有利于满足消费者对美好生活的需求。相比之下，中间品贸易量占总进口量的比重较小。从图6可以看出，近八年我国最终消费品进口占比约为中间品进口占比的3倍，且未见明显变动趋势，仍以进口消费品为主。

2. 建议

侧重消费品进口使贸易的最终需求方获益，拉动内需，为国内经济发展注入活力，提高人民生活幸福感；中间品进口可使国内厂商发挥"干中学"效应，提高企业的创新发展水平，促进企业降低成本、改进工艺，提升整体竞争力。

目前，世界上有超过2/3的贸易以中间品而非最终品的形式进行。较低的技术水平和丰裕的劳动力资源，使得加工贸易成为发展中国家参与全球价值链的主要途径。全球价值链的分工体系充分利用了世界各国的比较优势，从原材料到最终商品的生产过程可能要辗转多国——这就涉及大量中间品进口贸易，它决定了经济体在全球价值链中的分工地位。

扩大生产型中间品及部分高科技最终品的进口有助于增加国内优质生产

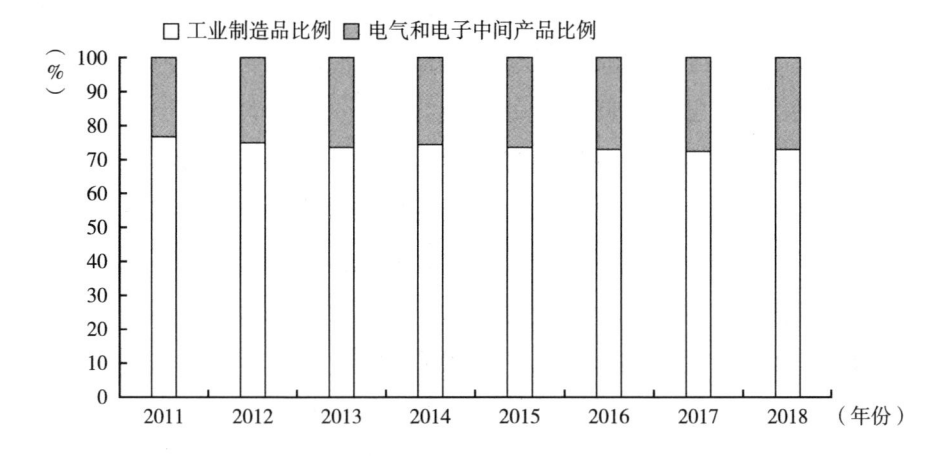

图 6　我国消费品和中间品占总进口额比重

资料来源：https：//unctadstat.unctad.org/wds/TableViewer/tableView.aspx？ReportId＝24741，最后访问日期：2019 年 12 月 20 日。

要素的有效供给，促进生产要素从引进、培育到释放的战略提升，为国内产业转型注入活力；同时也有助于激发国内产业经济发展和制度创新的活力，逐步提升我国制造业和服务业在全球价值链中的位置。我国应积极扩大中间产品进口，着重优化中间产品进口结构，并加大对服务业中间产品的进口比例（王娟、何长江，2011）。这也是未来我国为更好促进进博会与自贸区联动建设效应的可行政策方向之一。

（三）注重商品服务而缺乏制度政策建设

1. 问题

（1）进博会期间的制度创新时效短且注重服务保障。在对接国际高标准规则、推动贸易便利化时，国家有关部委已先后出台 20 多项展会便利化措施，以期将首届进博会办成国际一流的博览会。然而，根据首届进博会展品和客商进出境便利通关方案，23 项制度创新举措仅在进博会 6 天展期中施行，对于展会结束后的政策并未明确，尤其是对于如何推进常态化保税展示交易、展品通关、出入境便利等政策，尚未研究落实。因此，进博会在制

度创新方面，出现了"展中政策多、展后政策少"的现象。该现象反映了进博会目前注重扩大进口和交易额的短暂溢出效应，忽视进博会制度创新扩大范围使用的长期溢出效应。

（2）高水平制度创新仍有较大的提升空间。一方面，与国际规则相比，我国贸易便利化程度仍需提高。比如，保税展示交易政策还存在一定的局限。目前，"前店后库"模式下开展保税展示交易的企业，必须是注册在海关特殊监管区域内的企业，但零售业务在海关特殊监管区域内不能开展保税展示交易。另一方面，进博会更关注商品展示和交易服务等会展基础功能保障方面的制度创新，而忽视了在扩大和承接进博会溢出带动效应方面的制度创新。比如，新加坡政府通过建立高效透明的市场规则和建立健全相关法律法规，来支撑和放大会展业的溢出带动效应。

（3）进博会与自贸区建设联动不足。进博会探索的制度创新没有延长到自贸区进行常态化运作的风险压力测试，自贸区的制度创新成果没有被引入进博会。比如，入驻虹桥商务中心的"6天+365天"常年展示交易平台的国外企业没有享受到自贸区"境外关内"保税政策便利。受政策限制，这些"前店后库"的常年保税展示的企业则不能开展零售业务。其消费者不能现场提货，只能通过线上下单、快递到家的方式拿到商品，大大降低了常年展示交易平台的贸易便利化程度。

2. 建议

（1）扩大进博会期间制度创新成果使用范围。自贸区可以延长和推广进博会期间试点的仅适用6天展会期的便利化政策或举措创新。比如，这项"针对从未进入中国市场的产品，可凭借境外产品销售许可以及原产地证，免办中国境内的所有入境许可证"的展会期的便利政策在自贸区延长使用。进博会期间试点的制度创新可以通过风险压力测试，发现推广使用过程中的问题，为接下来政府调整或出台适当的监管措施提供解决思路。因此，进博会与自贸区建设联动将放大进博会的溢出带动效应。

（2）依靠进博会推进高质量制度创新。

一是完善进口贸易便利化政策，主要通过构建对接世界高水平的国际贸易"单一窗口"推进海关预裁定制度以及检测报告和认证证书的国际互认，提高贸易便利化水平。

二是建立健全相关法律法规，尤其是加大对知识产权的保护。建议借鉴广交会经验出台相关文件，从制度层面明确相关纠纷处理流程和处罚措施，并予以正式发布，进一步优化国内营商环境，吸引更多国外企业来华投资建厂。

（3）加强进博会与上海自贸区新片区联动建设。

一是加强上海自贸区新片区在贸易和集散方面的进一步联动。目前，进博会比较注重展品变商品的实际商品（服务）交易成果，对贸易服务和集散等方面溢出带动效应的关注不够。上海自贸区新片区应建立常态化的销售、航运、服务体系，充分利用天然的航运中心优势以及和进博会的联动效应，成为进口商品的集散片区。

二是推动上海自贸区政策的复制、推广。比如，在虹桥商务中心启动自动进口许可证通关作业无纸化试点和电子许可证签发试点，推进进口商品自动进口许可证申请、许可、通关全程无纸化，推动自贸区服务业的扩大开放措施在虹桥区域复制、推广。

（四）强调贸易功能而忽视国际投资功能

1. 问题

当前模式下，进博会的着力点在于贸易功能。从两届进博会的成交额与进口产品比重可知，进博会强调商品和服务的进口。并且，进博会期间的论坛、峰会大多围绕营商环境展开，针对国际投资建设的力度相对较小。据统计，2019年前三季度，全国新设立外商投资企业30871家，同比下降32.8%，实际使用外资金额1007.8亿美元，同比增长6.5%（见图7）。单从外资使用的数量上看，外资引进水平提高，但是增速放缓，同时新设外商投资企业数量下滑明显。进博会对于国际投资的推动作用有限，更像一个项目磋商平台，在上海签约，落户其他城市。首届进博会签约投资项目覆盖行业广，涉及能源、旅游、农业等。加纳可可农业综合项目是迄今为止中加两国农业领域规模最大的单项合作；中伊能源合作项目落户天津，项目落地后预计年进口伊拉克石油800万吨，贸易额达260亿元。进博会的投资战略依旧偏重吸引外资，而借力进博会实现"走出去"战略同样重要。例如，中国电建签署匈牙利750MW光伏项目，以能源项目合作为核心，实现双赢和多赢。在进博会与自贸区建设联动中，进博会具有"时效性"，缺乏可持续性，一些项目实施前由于无法进行实地调研，部分外商难免在投资过程中缺乏信心。同时，在引资的过程中，地域性差异仍不可避免。

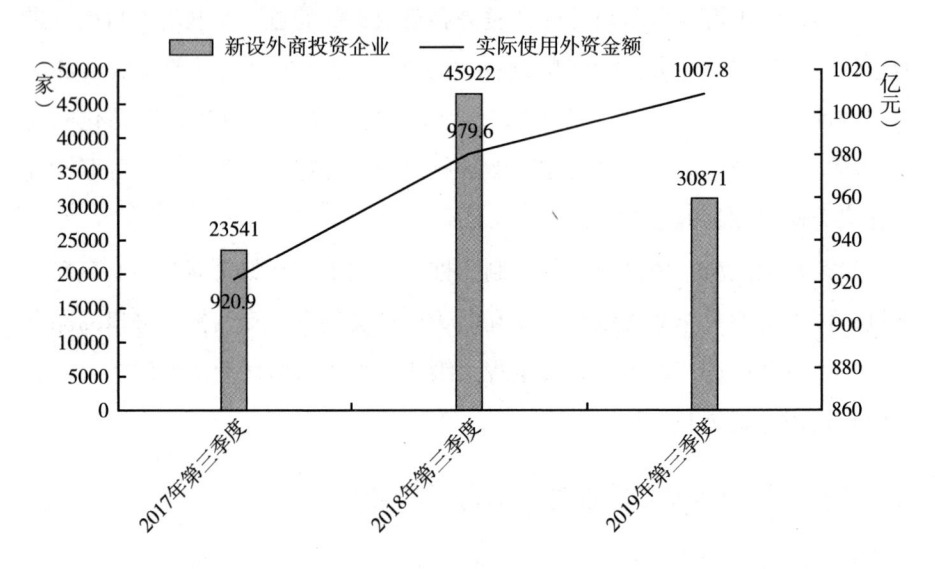

图7 2017～2019年前三季度新设外商投资企业数及实际使用外资金额

资料来源：http://www.mofcom.gov.cn/article/tongjiziliao/v/，最后访问日期：2020年12月20日。

2. 建议

为更好地利用国际投资，首先应加强对外资的空间引导，将焦点从长三角转移至全国，根据自贸区产业布局，外资引进要注重分析国内产业结构，促进产业结构调整，推动新型工业化进程；加强区域经济协调发展，促进"西部大开发"和"振兴东北"等战略的实施，同时与"一带一路"相结合，促进"一带一路"沿线国家和地区的建设。

其次，发挥自贸区"载体"作用。自贸区试点要实施产业集群发展战略，加强对外开放，集研发、运营一体化发展，建设具有鲜明特点的产业园区和研发基地。同时，改善自贸区综合金融服务水平，着力减少外商投资准入的限制。

最后，完善外商投资法律。通过简化投资程序，减少企业投资障碍，加快要素跨境流通速度，打造一个透明、可预期的政策环境。以实施《外商投资法》为起点，进一步简化外商投资管理程序。在外资领域推进"放管服"改革，打造高效、便捷的投资环境，鼓励外商来华投资。此外，不局限于进博会阶段性平台，建立全天候的外资信息平台，避免信息重复与信息多头，逐步减轻外资企业的合规负担，提高外商投资的便利化。

参考文献

《北京晚报》，2019，《2019进博会上的金融服务》，11月14日，第5版。

东艳、刘杜若，2018，《"进博会"的溢出效应和辐射效应》，《人民论坛》第31期。

范少帅，2019，《城市群府际联席会机制的运行及其优化策略研究》，硕士学位论文，湘潭大学。

方喆，2019，《关于上海自贸区临港新片区，你需要知道的事》，http：//www.xinhuanet.com/2019-09/04/c_1210265771.htm，9月4日。

韩剑、戴翔，2019，《新一轮自贸区扩容加快全面开放》，http：//www.npopss-cn.gov.cn/n1/2019/0918/c219470-31359512.html，12月20日。

《解放日报》，2019，《〈关于支持浦东新区改革开放再出发实现新时代高质量发展的若干意见〉正式发布》，6月26日。

《解放日报》，2019，《进博会再添18家"6+365"平台》，10月23日。

《经济日报》，2018，《中国国际进口博览会"6天+365天"常年展示交易平台正式亮相》，4月11日，第4版。

李锋、陆丽萍，2019，《进一步放大进博会溢出带动效应》，《科学发展》第8期。

李治国，2019，《中国进出口银行：设立3000亿元专项额度支持进口》，http：//www.ce.cn/xwzx/gnsz/gdxw/201910/31/t20191031_33480398.shtml，10月31日。

《联合时报》，2019，《放大进博会溢出带动效应 打造高水平开放新优势》，10月

18日，第3版。

林曦、何晶，2019，《进博会联手跨境电商：汇集世界，惠及世界》，http：//money.ycwb.com/2019-11/06/content_30378416.htm，11月6日。

马玲，2019，《营商环境持续优化 前11月实际使用外资同比增长6.0%》，https：//www.businesstimeschina.com/articles-393972-20191220-w1125e1172t5755.htm，12月20日。

倪巍晨，2018，《承接"进博会"溢出效应，港企北上设线下常年跨境交易平台》，http：//www.takungpao.com/finance/236132/2018/1110/202306.html，11月10日。

盘和林，2019，《新修订负面清单体现更高开放水平》，《中华工商时报》7月3日第3版。

钱擘，2019，《航空物流：让进博从会期走向全年》，http：//field.10jqka.com.cn/20191112/c615134578.shtml，11月12日。

上海市商务委员会，2018，《【进口博览会】"6天+365天"常年展示交易平台上线 上海打造"永不落幕的进口博览会"》，http：//sww.sh.gov.cn/swdt/20181116/0023-245293.html，11月6日。

申铖、于佳欣，2018，《2017年我国利用外资规模创历史新高》，http：//www.xinhuanet.com/fortune/2018-01/16/c_1122268183.htm，1月16日。

沈则瑾，2019，《上海自贸区吸引合同外资1271亿美元》，http：//www.ce.cn/xwzx/gnsz/gdxw/201912/26/t20191226_33981097.shtml，12月26日。

谭影慧，2019，《关于如何持续放大进博会溢出带动效应的几点思考》，《时代经贸》第32期。

涂永红、李胜男，2019，《以自贸区为载体谋划国际投资贸易平台建设》，《先锋》第5期。

汪超群、王晖，2019，《"跨境电商零售进口监管"新政落地浙江自贸试验区》，http：//ec.zjol.com.cn/ezx/201906/t20190630_10445259.shtml，6月20日。

王娟、何长江，2011，《中间产品进口对经济增长的贡献》，《经济纵横》第11期。

王倩倩，2018，《专访对外经济贸易大学全球价值链研究院执行院长武雅斌：扩大开放 为央企进军全球第一梯队创造机遇》，《国资报告》第11期。

王淑娟，2018，《为进博会"量身定制"金融服务方案 进出口银行已敲定信贷签约规模200亿元》，http：//www.gov.cn/xinwen/2018-10/29/content_5335466.htm，10月29日。

习近平，2018，《共建创新包容的开放型世界经济——在首届中国国际进口博览会开幕式上的主旨演讲》，人民出版社。

习近平，2019，《开放合作 命运与共——在第二届中国国际进口博览会开幕式上的主旨演讲》，人民出版社。

徐建，2019，《在开放旗帜下推动自贸区与进博会联动发展》，www.pdtimes.com.cn/html/2019-11/08/content_7_1.htm，11月8日。

徐秀军，2019，《进博会彰显中国全面开放的制度优势》，http://theory.gmw.cn/2019-11/08/content_33304435.htm，11月8日。

周斌，2019，《积极融入长江经济带高质量发展战略布局》，《群众》第9期。

B.9
进博会与上海国际贸易中心建设研究

张　昊*

摘　要： 进博会为上海提升国际贸易中心建设水平创造了新的机遇。本报告分析了上海国际贸易中心的发展状况，并对上海汇聚国内外需求、整合两个市场资源的角色进行考察。结合投入产出数据的研究表明，上海在工业制造与物流仓储等行业的产出对中国各地区的最终消费与中间投入均有较强的支撑作用，并在长三角地区、长江经济带表现得尤为明显。在共建"一带一路"过程中，上海也发挥了重要作用。进博会产生的辐射效应增强了外贸行业的活力，促进了国内外市场联通，也带动了上海生产性服务业的发展，提升了贸易便利化水平。未来，应注重进博会功能的延伸与拓展及管理经验的推广，拓展区域性经济腹地，巩固进博会成果，形成支撑上海国际贸易中心建设的长效机制。

关键词： 国际贸易中心　经济腹地　汇聚需求　贸易便利化

中国国际进口博览会（以下简称进博会）为上海提升国际贸易中心建设水平提供了新的契机。本报告将分析上海国际贸易中心的发展情况，然后考察上海联系国内各个地区参与共建"一带一路"，通过整合经济腹地需求

---

* 张昊，中国社会科学院财经战略研究院副研究员，主要研究方向：贸易经济、产业经济与区域经济发展。

联通国内外市场的角色，继而说明进博会带动上海国际贸易发展的具体机制，最后尝试提出上海抓住进博会机遇推进国际贸易中心建设的政策建议。

一 上海国际贸易中心的发展情况

（一）发展历程

上海有着悠久的贸易发展历史。南宋时期，黄浦江码头就出现了商船云集的场面。元朝时，上海县正式设立，贸易活动规模持续扩大。到了明朝，上海已经成为重要的对外贸易城市，并且带动了纺织与手工业的发展。但在清朝较长一段时间里，只有广州"一口通商"，上海的对外贸易处于停滞状态。

19世纪40～70年代初期是近代上海国际贸易中心的起步阶段。《南京条约》签订后，我国对外贸易重心逐渐由广州向东南沿海一带转移。这一时期，上海的对外贸易额占全国的60%以上，成为中国最大的贸易口岸。19世纪末，上海的进出口贸易量稳定在全国的一半以上，且商品日益多元化。同时，上海与内地市场的联系日益密切，贸易主体迅速聚集，成为全国对外贸易的转运中心。随着上海国际贸易中心的地位不断巩固，其在全国乃至整个远东地区的影响力进一步提升，贸易量甚至一度超过了当时的中国香港、日本横滨等亚洲主要贸易港口，加之上海金融、航运和工业生产的快速发展，一个多功能、复合型经济中心逐渐形成。

20世纪30年代，日本侵华使上海的贸易和金融发展受到了打击。淞沪会战失利以后，上海仅剩英美公共租界和法租界的对外贸易在艰难维持。此时，上海与南洋等地的贸易一度增长迅速，但在太平洋战争爆发之后中断（张赛群，2004）。解放战争时期，上海的金融与贸易依然没有摆脱困境，甚至还出现了严重的通货膨胀，经济面临崩溃。新中国成立不久，国家实施了进出口许可证制度、进出口货物分类管理制度等管制型对外贸易政策。由

于西方国家采取了封锁和禁运措施，直至"文革"结束，上海的国际贸易功能及地位仍未完全恢复。

改革开放之后，上海对外贸易重新迎来了发展机遇。20世纪80年代，国务院批准了《关于上海发展对外经济贸易工作几个问题的请示》，决定对上海在利用外资、引进技术、对外贸易、劳务出口等方面给予较大的自主权，扩大上海对外经济贸易管理权限。随后，国内第一个跨省市的综合性经济区上海经济区成立，以出口创汇为重点的闵行开发区也在上海诞生，这些都为上海建设国际贸易中心奠定了基础。在此期间，上海港跨入了世界"亿吨大港"的行列。

进入20世纪90年代，邓小平同志从全国改革开放和经济发展全局的高度对上海的发展提出了战略构想，为上海建设包括国际贸易中心在内的"四个中心"指明了方向。1992年10月，党的十四大报告进一步指出了上海的角色定位："以上海浦东开发开放为龙头，进一步开放长江沿岸城市，尽快把上海建成国际经济、金融、贸易中心之一，带动长江三角洲和整个长江流域地区经济的新飞跃。"

2001年，中国成功入世，为上海建设国际贸易中心提供了更为广阔的发展空间。同年5月，国务院正式批复《上海市城市总体规划（1999～2020年）》，提出上海到2020年基本建成现代国际贸易中心。2009年，为把上海建设为"一个物流中心、进出口商品集散地和购物者的天堂"，上海成立了贸易便利化领导小组。同年9月，上海虹桥综合交通枢纽工程各主体结构基本成型，被赋予贸易营运与控制、现代国际化采购交易、国际购物、国际服务贸易集聚四大功能，成为上海国际贸易中心建设的主要承载区。2010年，第41届世界博览会在上海召开，拉近了中国和世界的距离，更提升了上海的国际形象和贸易地位。2011年，上海市人民政府发布了《关于加快推进上海国际贸易中心建设的意见》，提出了一系列继续推进市场开放、提高贸易便利度、完善市场建设、引导产业升级的措施。2013年，中国首个自由贸易试验区在上海设立，为上海在贸易、航运、金融等各领域实现进一步发展创造了新的机会。

（二）基础条件

国际贸易中心离不开自然、经济、社会等基础条件作为支撑。上海在建设国际贸易中心的过程中，既发挥了其地理区位优势，也推动了当地经济社会的整体发展，实现了良性互动。

上海位于太平洋西岸国际航线上，是亚太地区的交通枢纽，在开通世界市场方面拥有得天独厚的地理区位条件。而且，上海南濒杭州湾，北、西与江苏、浙江两省相接，国内市场腹地广阔。上海也是我国南北海岸线的中心点，地处长江三角洲，滨江临海，位于我国"T"型发展战略，即沿海开发与沿江开发的交汇点，是长江经济带的龙头城市。同时，上海拥有适宜航海贸易的气候条件、优良的港口条件及内河航运网道，这对发展港口贸易至关重要。

上海基于区位条件形成的贸易优势带动了城市工业化水平的提升与基础设施的完善，这成为建设国际贸易中心的又一重要支撑（见图1）。据统计数据计算，1992~2018年，全市用于城市基础设施建设的投资约占同期全社会固定资产投资的24%。为了举办世博会，2009年上海的城市基础设施投资额达到了2113.45亿元。其间，高水平的商贸、金融、交通等生

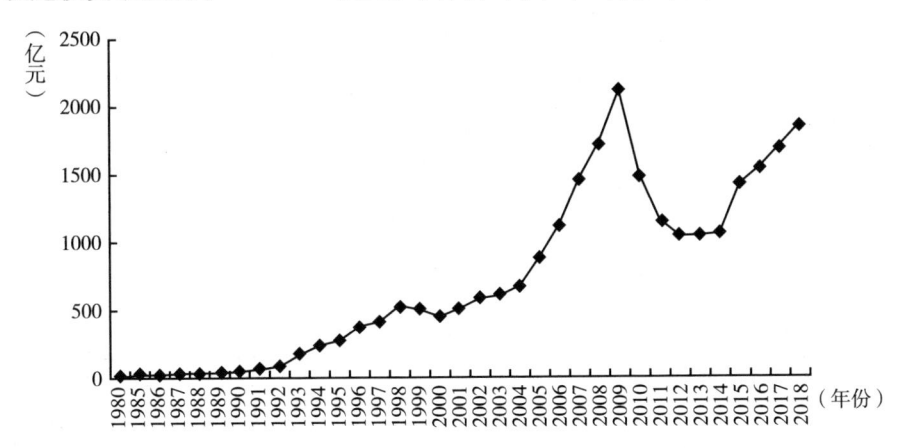

图1 上海主要年份城市基础设施投资额

资料来源：1980~2018年《上海统计年鉴》。

产性服务业得到较快发展,为上海国际贸易中心建设装上了"加速器"。世博会结束以后,上海基础设施投资经历了短暂的回落期,但在2014年以后又开始快速回升。基础设施的优化能够促进城市综合功能的完善,继而为改善投资环境、扩大对外开放创造有利条件,使上海国际贸易中心建设的基础更为牢固。

此外,上海高等教育发达、大专院校众多,拥有复旦大学、上海交通大学、上海财经大学、上海大学、上海对外经济贸易大学等综合性大学及财经类院校,良好的教育资源培育了大量国际贸易人才。同时,上海在率先谋求国际化发展的过程中积累了丰富的经验,掌握了先进的经营管理方式,这也是建设高水平国际贸易中心的必要条件。

(三)主要现状

上海充分依托其深厚的历史积淀和良好的基础条件,抓住机遇、长远谋划,在城市发展与国际贸易中心建设方面形成了良好态势,整体竞争力与经济地位不断提升。

上海在全国对外贸易中的地位举足轻重。在中外城市竞争力研究会根据《GN城市贸易竞争力评价指针体系》计算得出的2019年中国城市贸易竞争力排行榜中,上海位居第三(见表1)。2018年,上海外贸总额、港口货物吞吐量、集装箱吞吐量等均位居全国首位。分地区来看,华东和华南两个地区占了全国近80%的货物进出口额,上海所在的华东地区更是占到了大约一半。上海的货物进出口额超过了东北、西北、西南三地区之和(见表2)。

表1　2019年中国城市贸易竞争力排行榜

排名	城市	总分	排名	城市	总分
1	香港	96.64	4	苏州	94.46
2	深圳	95.82	5	东莞	93.78
3	上海	95.03	6	北京	93.24

续表

排名	城市	总分	排名	城市	总分
7	广州	92.67	9	无锡	91.89
8	宁波	92.3	10	天津	91.54

资料来源：《2019年中国城市贸易竞争力排行榜》，http：//www.gqfgi.com/Ch/NewsView.asp?ID=1463&SortID=25，最后访问日期：2020年3月20日。

表2 2018年分地区货物进出口额

单位：亿元人民币

地区	进出口	占比（%）	地区	进出口	占比（%）
北京	27185.5	8.91	上海	34012.1	11.15
天津	8080.2	2.65	江苏	43793.5	14.36
河北	3553.2	1.16	浙江	28511.6	9.35
山西	1369.1	0.45	安徽	4141.9	1.36
内蒙古	1034.7	0.34	福建	12345.6	4.05
华北合计		13.51	江西	3161.7	1.04
河南	5511.7	1.81	山东	19302.9	6.33
湖北	3485.8	1.14	华东合计		47.64
湖南	3075.7	1.01	辽宁	7557.7	2.48
广东	71602.1	23.48	吉林	1363.1	0.45
广西	4104.4	1.35	黑龙江	1749.5	0.57
海南	848.2	0.28	东北合计		3.50
华南合计		29.07	重庆	5221.0	1.71
陕西	3513.2	1.15	四川	5946.7	1.95
甘肃	395.4	0.13	贵州	500.9	0.16
青海	48.2	0.02	云南	1970.6	0.65
宁夏	248.9	0.08	西藏	47.5	0.02
新疆	1325.5	0.43	西南合计		4.49
西北合计		1.81	全国合计	305008.1	100.00

资料来源：国家统计局，2019。

国际贸易地区结构能够反映一个贸易主体在全球经贸往来中的影响力。长期以来，中国作为制造大国及贸易大国，与美国、欧盟、日本等主要发达经济体有着密切的货物往来。当前，面对全球贸易新形势，中国在不断巩固传统市场的同时，也不断增强与新兴和发展中国家市场的贸易联系。如表3

所示，2019年1~11月，中国对东南亚国家联盟地区进出口增速较快，总体达到12.7%；对"一带一路"沿线国家和地区的进出口增长也十分明显，对俄罗斯联邦、乌克兰、马来西亚、老挝的进出口增速就分别达到了7.6%、28.7%、17.9%和23.0%。

表3 2019年1~11月全国货物对主要国家和地区进出口统计

单位：亿元人民币

国家/地区	进出口 累计值	同比(%)	出口 累计值	同比(%)	进口 累计值	同比(%)
美国	34032.57	-11.1	26398.06	-8.4	7634.51	-19.4
日本	19660.96	-0.5	8992.12	2.0	10668.84	-2.4
加拿大	4068.68	6.9	2301.19	10.0	1767.49	3.0
澳大利亚	10590.44	13.7	3005.65	5.5	7584.79	17.3
新西兰	1146.66	13.0	360.06	3.1	786.60	18.2
俄罗斯联邦	6884.49	7.6	3072.63	7.8	3811.86	7.5
乌克兰	737.76	28.7	463.79	9.9	273.96	81.2
巴西	7107.54	6.1	2106.49	4.5	5001.06	6.8
印度	5797.71	1.2	4674.73	1.5	1122.98	0
老挝	243.75	23.0	110.14	35.8	133.61	14.1
马来西亚	7675.36	17.9	3217.61	19.8	4457.75	16.5
韩国	17843.81	-5.8	6938.58	7.8	10905.24	-12.9
中国台湾	14255.54	3.9	3427.78	18.3	10827.76	0
中国香港	17882.09	-3.7	17324.67	-4.3	557.42	17.8
东南亚国家联盟	39785.12	12.7	22209.91	16.8	17575.20	7.9
欧洲联盟	44002.36	7.7	26686.02	9.6	17316.34	4.9

资料来源：海关总署（http://www.customs.gov.cn/）。

上海同样将贸易伙伴多元化作为重要的发展方向。如表4所示，上海对美国、日本等传统发达国家市场的进出口总额呈现较大降幅，而对东南亚国家联盟的增速则达到8.8%，对老挝、马来西亚等其他"一带一路"沿线国家和地区的增速也大多维持在较高水平。

表4　2019年1~11月上海货物进出口分国别/地区统计

单位：亿元人民币

国家/地区	进出口 累计值	进出口 同比(%)	出口 累计值	出口 同比(%)	进口 累计值	进口 同比(%)
美国	4106.69	-11.6	2529.13	-11.7	1577.56	-11.4
日本	3351.83	-3.7	1243.28	-4.4	2108.54	-3.2
加拿大	395.93	-6.3	144.70	-11.5	251.23	-3.0
澳大利亚	1389.29	0.8	306.50	-7.0	1082.80	3.2
新西兰	170.10	9.1	34.09	-16.6	136.01	18.2
俄罗斯联邦	314.08	1.0	164.28	-3.4	149.80	6.4
乌克兰	41.81	6.9	18.68	-9.3	23.13	24.9
巴西	619.02	-7.7	119.75	-6.2	499.27	-8.0
印度	515.85	-8.7	298.02	-6.1	217.84	-12.1
老挝	4.87	13.7	1.66	9.1	3.21	16.2
马来西亚	1039.77	8.0	301.45	16.6	738.32	4.9
韩国	1546.57	-4.6	441.91	6.6	1104.66	-8.5
中国台湾	1921.74	16.6	628.36	35.3	1293.38	9.3
中国香港	1369.01	5.6	1263.91	3.9	105.10	31.1
东南亚国家联盟	4242.86	8.8	1634.06	5.2	2608.80	11.2
欧洲联盟	6576.03	1.5	2141.64	-3.0	4434.39	3.9

资料来源：上海海关（http：//shanghai.customs.gov.cn/）。

国际贸易产品结构可以反映一个地区产业经济的发展水平及其在国际经贸往来中的地位。通常而言，国际贸易可以分为货物贸易与服务贸易。从全国来看，两者近年来整体都呈现增长的趋势，但后者增长更为稳定，并且速度更快（见图2）。从细分商品来看，中国出口商品中机械及运输设备占比最高，其次是各类工业制品；进口方面，机械及运输设备也占较大比重，其次是各种燃料及原料。

相较于全国来说，上海的出口商品结构更偏向于高附加值商品，进口商品结构则与全国接近（见图3、图4）。2019年1~11月，上海机电产品出口8557.93亿元，占全市出口的69.3%，高于全国同期58.9%的占比；进

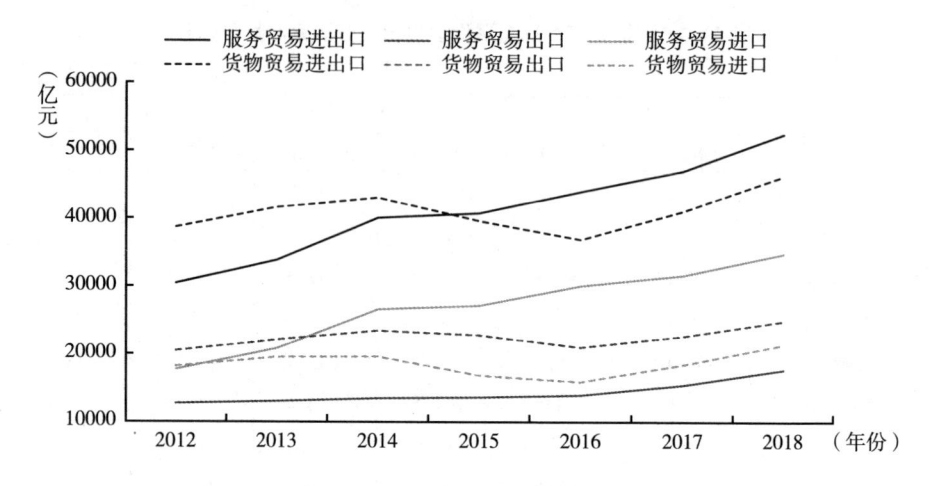

图2　全国历年来服务贸易与货物贸易进出口趋势

资料来源：国家统计局，2019。

口机电产品8752.42亿元，占全市进口总额的47.6%，略高于全国同期43.8%的占比。同一时期，上海高新技术产品出口额为5095.13亿元，占全市出口的41.2%，高于全国的29.4%；进口5670.43亿元，占全市进口的30.8%，与全国基本持平。

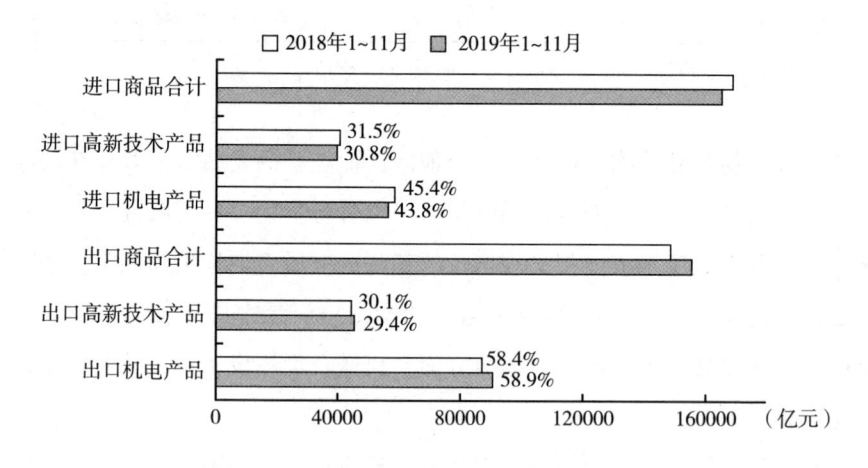

图3　全国进出口商品构成

资料来源：根据海关总署发布的"主要出口、进口商品累计表"数据整理。

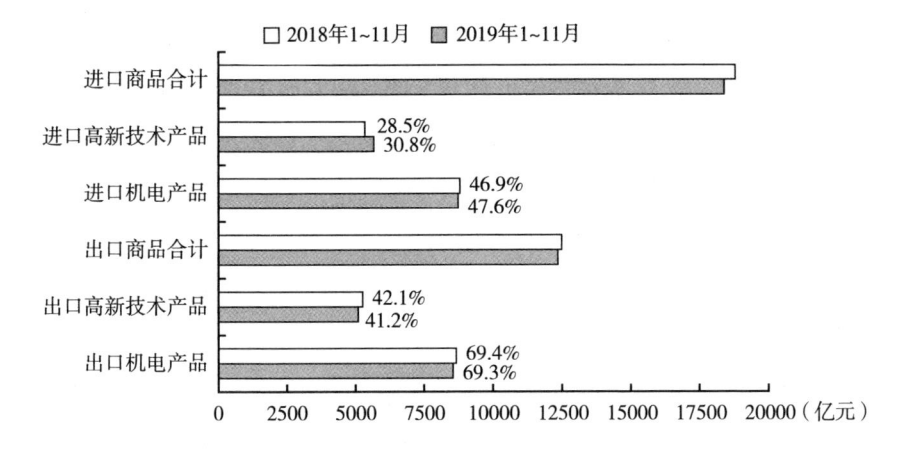

图4 上海进出口商品构成

资料来源：上海海关（http://shanghai.customs.gov.cn/）。

总的来看，上海在贸易规模与结构方面呈现良好的发展态势，国际贸易中心城市的地位已经初步确立。但与国际一流的贸易中心相比，上海在大宗商品定价权、贸易集散功能、多元经济和衍生产业等方面仍有提升空间。在外贸高质量发展的背景下，对标国际，多元布局，提升进出口贸易发展的韧劲和后劲，是上海提升国际贸易中心建设水平的重要任务。

二 上海对经济腹地的需求整合作用

在全球主要的国际贸易城市中，既有新加坡市、中国香港等转口型城市或单独关境区城市，也有纽约、伦敦和东京等背靠经济大国、拥有广阔腹地的中心城市。中国拥有庞大的国内市场，上海在建设国际贸易中心的过程中，必然要充分发挥其与国内地区的经济关联优势。汇聚国内需求、对接世界市场的转口与转运功能，本身就在上海建设国际贸易中心的发展过程中起到了重要的支撑作用。同时，上海拥有较高的工业化水平，产品拥有较强的国际市场竞争力。这意味着，上海的进口功能可以直接与生产制造能力相结合，其产出不仅能够辐射内地市场，还可以在满足"一带一路"沿线国家和地区的市场需求方面扮演重要角色。在上海召开进博会，依托的正是上海

在国际、国内两大市场所具有的影响力。这一部分将重点考察上海与国内经济腹地之间的产业关联以及参与共建"一带一路"的情况,从而说明上海在需求整合与供求对接方面能够发挥的作用。

(一)上海辐射国内经济腹地

广阔的经济腹地是上海建设国际贸易中心的依托。从国内来看,上海位于长三角地区,与东南沿海省市间具有紧密的经济往来,并在长江经济带中扮演着重要的经济角色。作为经济与贸易发展的高地,上海对全国其他地区也有一定的影响力。不仅如此,在推进"一带一路"建设的背景下,上海的辐射力正不断延伸,在实现国际产需双向对接中的作用也越来越突出。

1. 上海与国内主要经济区域

(1) 上海与长江三角洲

在经济发展过程中,较为临近的地区会首先形成紧密的经济联系。上海地处长三角地区,周边城市密集,经济往来密切。包括上海、江苏、浙江、安徽在内的三省一市在经济发展水平、对外开放程度、综合创新能力等方面均为全国领先,肩负着对接国际先进水平、引领全国经济社会发展的重任。

上海对长三角地区有着突出的产业辐射作用。凭借诸多具有影响力的产业龙头企业和大型商贸企业,上海与浙江、江苏等周边省份形成了链条式的协作关系,并在其中发挥着主导作用。同时,包括产业关键技术在内的创新要素在上海周边地区生产领域中得以应用,由此产生了推动当地技术水平提升的溢出效应。目前,长三角地区已经形成较为完整的电子及通信设备制造、普通机械制造、化学纤维制造等产业集群,通过分工与合作建立了灵活高效的生产网络。上海较高的技术创新水平还吸引了不少企业在此设置研发中心,诸多企业的地区总部、运营总部也设置在上海及周边的杭州、南京等地。

近年来,长三角一体化发展趋势更为明显。随着上海本地要素与居住成本的上升,生产制造及配套服务向周边转移的速度逐渐加快。长三角各省份本身经济发展水平较高,且拥有大量临海城市,交通基础设施体系日趋完善、物流运输业发达,这样的区位条件为吸引人才和外资、拓展生产与贸易活动提供了便利。周边省份广阔的市场、协调的产业和有序的制度也为上海高端要素发挥集聚效应提供了有利的客观条件。目前,长三角地区城市化和工业化水平不断加快,并且朝着不断完善、优化升级的方向发展。

近年来,长三角区域一体化合作机制不断完善,推动着区域一体化发展不断深入。2018年,上海与浙江、江苏、安徽三省联合组建的长三角区域合作办公室在上海挂牌成立。2019年,《长江三角洲区域一体化发展规划纲要》印发。集中沪苏浙皖三省一市的力量,发挥高校和科研院所资源集中带来的先导优势,推动创新技术的市场化、普及化,能够培育具有全球影响力和创新基因的本土制造业集群,带动地区产业价值链分工地位提升,进而为实现国际贸易高质量发展奠定更为坚实的基础。

(2) 上海与长江经济带

长江经济带是以长三角城市群为起点,沿长江黄金水道向上游延伸所覆盖的地理区域,包括上海、江苏、浙江、安徽、江西、湖北、湖南、重庆、四川、云南、贵州11个省份,横跨中国东中西三大区域,占全国总面积的21.4%,人口和生产总值超过全国的40%。其中,上海、武汉、重庆是核心,沪瑞和沪蓉两大运输通道是保障。作为中央重点实施的"三大战略"之一,长江经济带建设要发挥长江三角洲、长江中游、成渝三大城市群的辐射作用和周边地级市的支撑作用,形成"一轴、两翼、三极、多点"格局。

在长江经济带中,上海的辐射作用在于能够促进长江流域东、中、西部联动发展。目前,长江经济带已经形成以高新技术产业、重化工产业、机电工业为代表的多个产业集群,产能与产量不断提高,在全国占据重要地位。但是,长江经济带的内部也存在较大发展差异。其中,既有上海这样的超大规模城市,也有大量区域性中心城市和中小城市;既有自然资源丰富、劳动力相对充裕的中上游地区,也有技术、资本、人才等高端要素集聚的下游地区。而且,长江中上游地区与下游地区在产业发展、客户市场等方面的重点也有所不同。这些为生产要素在长江经济带的内部流动创造了条件。2017年,"金融租赁服务长江经济带战略联盟"和"长江经济带航运联盟"相继成立。上海作为长江黄金水道的龙头,可以为中上游地区提供具有国际水

准的金融服务、联通世界市场的贸易平台。同时，上海能够在提升自主创新能力的基础上，发挥科技创新辐射带动与协同引领作用。在对外开放方面，上海也在国际化水平和综合竞争力方面具有优势，能够带动长江经济带向更高层次的开放型经济发展。随着沿江城市间以航运带动物流、以物流拉动产业、以产业推动合作的良性循环逐渐形成，区域经济也将实现整体协调发展。

(3) 上海与国内其他地区

上海的国内经济辐射力不仅体现在周边的长三角地区和基于长江通路的长江经济带，还延伸至包括西北、东北在内的广大地区。这一广阔的经济腹地也是上海在建设国际贸易中心过程中汇聚需求、优化供给，继而扩大经济带动力和影响力的基础。

我国的西北地区包括甘肃、青海、陕西、宁夏和新疆5个省、自治区，面积超过全国的30%，但经济基础较为薄弱，对外贸易量也相对较小。上海与西北地区在资源禀赋、产业布局与文化风俗等方面各具特色，可以通过分工协作实现互惠互利。2003年，西起新疆、东至上海的"西气东输"工程拉开了"西部大开发"的序幕，将西北地区的资源开发与上海的市场需求紧密联系在一起。近年来，随着"一带一路"倡议的提出，西北地区与上海之间的经济往来更为频繁。基础设施与管理规则的互联互通，使上海能够通过西北地区实现与中亚、西亚的经济交往。上海与西北地区的经济互动也由资源与市场的互补拓展至基于国内经济走廊的全方位要素流动与优势整合。

东北地区本身拥有良好的工业经济基础，但近年来，东北三省面临较大的转型压力，需要应对经济下行、人才流失以及经济新增长点形成缓慢等问题。2017年，国务院印发了《东北地区与东部地区部分省市对口合作工作方案》，以期为东北地区注入来自东部地区的经济活力，创造新的发展机遇。与大连进行对口合作以后，上海在建设自由贸易试验区以及国际贸易中心、航运中心方面的先进经验对中国（大连）自由贸易试验区及大连东北亚国际航运中心建设起到了示范作用。同时，以大连为支点辐射辽宁全省，推动了辽宁沿海经济带开发开放。进一步来说，上海在资源、要素、产品等方面的需求也能够与东北地区的供给形成有效对接，并以其广阔的市场和更高层次的需求激发东北振兴的内生动力。

2. 上海与国内经济腹地的产业关联

为了说明上海对国内经济腹地的辐射作用，这里将使用投入产出表数据，分析上海在汇聚产品供求方面的行业特征与区域特点。

（1）基于行业特征的分析

这里考察上海与国内其他地区在产品或服务相互流动中体现的行业特征。用2012年上海市投入产出表数据中的各行业产品或服务国内流出、国内流入数据，分别除以相应行业中间使用与最终使用之和来计算占比，并对结果进行排序，其中前10位的结果如表5所示。从表5可以看出，在仪器仪表、专用设备、交通运输设备以及科学研究和技术服务这4个行业中，由上海流向国内其他地区的比重都在50%以上，这表明满足其他地区相应产品需求是这些行业的主要目的，体现了供给特征。与此同时，交通运输、仓储和邮政与金融等生产性服务业产出的流出占比也位居前十，说明上海服务业也具有满足外地需求的作用。从国内流入情况来看，排名靠前的行业产品主要包括农产品、矿产及相关资源产品、市政供水以及维修辅助等。这些初级产品及配套投入为制造业生产、基础设施建设和城市运行提供了支撑，体现了上海作为中高端产业与贸易活动集聚地的需求特征。

表5 上海市各行业产品或服务流入与流出情况

单位：%

国内流出		国内流入	
行业名称	占比	行业名称	占比
仪器仪表	58.63	石油和天然气开采产品	97.33
专用设备	57.08	煤炭采选产品	90.31
交通运输设备	55.78	非金属矿和其他矿采选产品	84.21
科学研究和技术服务	50.94	金属制品、机械和设备修理服务	82.75

续表

国内流出		国内流入	
行业名称	占比	行业名称	占比
交通运输、仓储和邮政	46.29	废品废料	76.80
食品和烟草	45.57	其他制造产品	76.43
通用设备	41.36	农林牧渔产品和服务	61.70
化学产品	39.03	非金属矿物制品	61.46
其他制造产品	36.45	水的生产和供应	58.91
金融	36.23	石油、炼焦产品和核燃料加工品	55.19

注：表中数据为各项占相应行业中间使用与最终使用之和的比重，按占比前十顺序排列。
资料来源：根据上海2012年投入产出表计算。

（2）基于区域特征的分析

接下来考察上海各行业产出在国内不同地区间的流动情况，来说明上海与这些地区之间的经济关联。为了达到这一目的，本报告使用2012年全国30省区市（不含西藏及港澳台）区域间投入产出表，其中包括上海产出流向其他省份的具体信息。

作为总体情况的反映，这里计算了上海市所有行业产出作为中间使用和最终使用进入各省份的分布情况，并按占比大小予以排序（见表6）。可以看到，在全部产出中，有51.46%用于中间使用，还有32.50%为最终使用。在作为中间使用的部分中，上海本地消耗最大，为35.27%；其次是浙江、江苏和安徽，依次为3.27%、2.84%和1.74%。这三个省份与上海同属于长三角地区，中间使用占比较大，体现出长三角城市群内部较强的上下游产业经济关联。在最终使用部分中，上海本地的消耗量同样最多，为19.36%；其次是河南、吉林和内蒙古，依次为1.47%、1.14%和1.03%。这三个省份地处中国北方，经济发展水平与东南沿海存在一定差距。上海产出流入这些省份并得以最终使用的比例较高，说明上海对这些地区特别是对当地消费环节具有支撑作用。

表6 上海市产品或服入流入30个省份的情况

单位：%

中间使用				最终使用			
上海	35.2741	内蒙古	0.2317	上海	19.3570	天津	0.4466
浙江	3.2698	天津	0.2183	河南	1.4697	山西	0.3974
江苏	2.8429	云南	0.2118	吉林	1.1378	浙江	0.3434
安徽	1.7392	黑龙江	0.2070	内蒙古	1.0318	贵州	0.2411
河南	1.0241	广西	0.1989	广东	0.8902	重庆	0.2313
广东	0.9351	新疆	0.1965	江苏	0.7000	山东	0.2298
北京	0.8657	福建	0.1781	河北	0.6895	江西	0.1891
辽宁	0.5810	山西	0.1632	广西	0.6547	甘肃	0.1691
吉林	0.4638	四川	0.1543	安徽	0.6057	海南	0.1351
陕西	0.4583	甘肃	0.1308	辽宁	0.5661	北京	0.1291
山东	0.4175	贵州	0.1282	湖南	0.5476	青海	0.1117
河北	0.3772	海南	0.1079	黑龙江	0.5441	四川	0.0806
重庆	0.3503	湖北	0.0624	陕西	0.5251	福建	0.0504
江西	0.3353	宁夏	0.0370	云南	0.5149	宁夏	0.0218
湖南	0.2780	青海	0.0261	新疆	0.4737	湖北	0.0182
		合计	51.4645			合计	32.5026

资料来源：根据《2012年中国31省区市区域间投入产出表》（刘卫东等，2018）计算。

上海的产业结构有其自身特点，不同行业产出与其他省份之间的关联也存在差异。为进一步说明代表性行业产出的地区间关联，这里选取了交通运输及仓储、化学工业产品、非金属制品、金属制品、通用及专用设备、交通运输设备、电气机械及器材、电子设备这8个行业，分别计算上海这些行业的产出流入30省份作为中间使用和最终使用的比重，并按占比大小进行排序。在排序结果中，上海本地消耗均占比最大，其后的省份则有所差别，表7给出了剔除上海之后的前5位省份情况。可以看出，在上述行业的产出中，除金属制品、交通运输、设备行业外，由上海流入浙江、江苏两省并用于中间使用的占比均位居前列，这体现了长三角地区内部经济关联的核心。同属于长三角地区与长江经济带的安徽省则在交通运输及仓储、化学工业产品的流入省份中位居第三。其余排序靠前的省份中，既包括重庆、湖南等长

江经济带省份，也有广东、北京、山东、天津等经济发达省份，还包括以陕西、河南、黑龙江为代表的中西部及东北省份。这表明，上海经济产出在满足临近地区下游产业投入需要的同时，还对全国更广泛的地区形成了辐射效应，对当地生产具有支撑作用。

在最终使用方面，上海部分行业产出的流向更为多样化。本报告考察的除上海以外的29个省份中，有22个在排序前5位中出现至少1次。其中，出现次数最多的为广东，有5次；其次为河南与黑龙江，各有4次。这一结果可以说明，上海代表性行业的产品或服务流向了国内的广阔经济腹地，用以满足其最终消费需求。

表7 上海市部分行业产品或服务主要流入省份情况

单位：%

交通运输及仓储				化学工业产品			
中间使用		最终使用		中间使用		最终使用	
江苏	10.5198	吉林	1.1641	浙江	10.8312	广东	0.1416
浙江	6.9065	山东	0.7248	江苏	9.6352	浙江	0.1323
安徽	5.2366	安徽	0.6396	安徽	3.3411	河南	0.0871
山东	2.9800	贵州	0.6050	广东	3.1275	安徽	0.0761
辽宁	2.2343	河北	0.5863	河南	1.9406	湖南	0.0363
非金属制品				金属制品			
中间使用		最终使用		中间使用		最终使用	
江苏	5.7862	浙江	0.0367	浙江	1.4127	黑龙江	0.8473
浙江	5.5442	湖北	0.0280	河南	0.6397	河南	0.6625
湖南	0.3503	湖南	0.0196	陕西	0.6186	陕西	0.5606
天津	0.3051	重庆	0.0078	北京	0.6031	山西	0.5243
重庆	0.2824	广东	0.0074	黑龙江	0.5714	贵州	0.4147
通用及专用设备				交通运输设备			
中间使用		最终使用		中间使用		最终使用	
江苏	4.3687	河南	5.2065	浙江	3.0800	内蒙古	5.9915
浙江	2.0386	吉林	3.4393	广东	2.1630	河南	5.9740
河南	1.0432	黑龙江	3.2255	河南	1.1709	广东	4.9665
安徽	0.9019	江苏	3.0682	山东	0.9176	广西	4.6833
广东	0.6985	内蒙古	2.9815	重庆	0.7720	云南	3.9296

续表

电气机械及器材				电子设备			
浙江	3.2433	广东	2.3040	广东	2.4815	山西	0.7695
江苏	1.0513	黑龙江	1.7112	浙江	1.8565	河北	0.6460
广东	1.0003	天津	1.6865	北京	1.4044	广东	0.6134
北京	0.9908	辽宁	1.5411	江苏	0.6813	黑龙江	0.5853
河南	0.9420	内蒙古	1.5122	辽宁	0.6641	辽宁	0.5651

注：表中数据为按照上海市相应行业产出流入各省份占比排序前5位（不含上海本地）的结果。

资料来源：根据《2012年中国31省区市区域间投入产出表》（刘卫东等，2018）计算。

前述内容考察了上海部分行业产出流向国内其他地区的情况，接下来采取相反的视角，说明国内其他省份对上海流入商品的依赖程度。本报告针对交通运输及仓储、化学工业产品、电气机械及器材、电子设备、交通运输设备、通用及专用设备这6个上海的代表性行业，计算全国各省份相应产品或服务流入（包括中间使用与最终使用）上海的情况。对各省份而言，都有包括自身在内的30个省份的行业产出支撑其消耗，这里分别计算30个省份消耗的产品或服务中来自上海的占比，并进行位次排序。对于各个行业而言，各地消耗的产品或服务均为本地占比最高，这里不再列出，其他省份消耗的产品或服务中来自上海的排序及占比情况如表8所示。可以看出，上海在交通运输及仓储、电气机械及器材、电子设备、通用及专用设备行业的产品或服务对浙江、安徽、江苏3个省份的支撑作用较为突出，占当地供给的比重均居前5位，这是长三角地区内部省份间经济联系紧密的又一佐证。同时，上海的交通运输及仓储服务在全国其他省份的供给中占有重要地位。除内蒙古、四川和湖北三个省份以外，上海提供给各省份的服务占比均位居前五，且在安徽等12个省份中仅次于当地自身的供给。这说明，上海作为全国重要的港口与贸易城市，在物流仓储方面发挥着全国性的辐射作用。在主要工业产品方面，上海的绝大部分排序均在前10位。这说明，其产出在满足其他省份需求方面也扮演了重要角色，这是上海作为全国产业经济中心的体现。

表8　29个省份消耗的产品或服务中来自上海的占比情况

单位:%

交通运输及仓储			化学工业产品			电气机械及器材		
省份	占比	位次	省份	占比	位次	省份	占比	位次
安徽	10.1009	2	吉林	49.2129	3	浙江	3.0916	3
浙江	7.2287	2	浙江	3.0197	3	安徽	2.4471	5
江苏	5.3232	2	青海	3.2702	4	江苏	1.9007	5
陕西	4.4919	2	安徽	3.074	4	辽宁	1.3038	5
青海	4.4283	2	广东	1.8415	5	广东	0.6732	5
海南	4.1522	2	福建	1.7676	5	新疆	3.6845	6
吉林	3.7683	2	海南	1.0906	5	吉林	2.2910	6
江西	3.7281	2	河南	1.0471	5	甘肃	1.9342	6
河南	3.1752	2	广西	0.9353	5	海南	1.7414	6
甘肃	2.8753	2	江西	0.6724	5	内蒙古	1.2354	6
新疆	2.7809	2	江苏	0.6106	5	青海	1.0320	6
辽宁	1.5690	2	辽宁	1.9742	6	湖南	0.7467	6
贵州	3.4657	3	湖南	1.0456	6	江西	0.5760	6
山西	2.8357	3	云南	1.0444	6	福建	0.5539	6
宁夏	2.6607	3	甘肃	1.4503	7	广西	0.5169	6
广西	2.0450	3	河北	1.3715	7	山东	0.4047	6
黑龙江	1.6655	3	新疆	1.3055	7	黑龙江	2.3053	7
广东	1.1343	3	山东	0.8073	7	河南	1.7596	7
山东	0.6348	3	贵州	0.2315	7	重庆	1.6675	7
福建	0.3405	3	陕西	2.6605	8	陕西	1.6046	7
重庆	3.0730	4	北京	1.8042	8	贵州	1.3887	7
云南	2.9789	4	山西	1.7207	9	云南	1.2326	7
湖南	1.5432	4	四川	1.6422	9	北京	2.6008	8
北京	2.5823	5	重庆	1.1764	9	山西	1.5816	8
河北	1.9785	5	黑龙江	0.9056	9	宁夏	1.1118	8
天津	1.6007	5	宁夏	0.4737	9	河北	0.5379	8
内蒙古	1.4150	7	天津	1.6368	10	四川	0.4906	8
四川	0.5509	11	湖北	0.3978	11	天津	0.6360	9
湖北	0.1351	15	内蒙古	0.3945	13	湖北	0.1509	9

续表

电子设备			交通运输设备			通用及专用设备		
省份	占比	位次	省份	占比	位次	省份	占比	位次
江苏	1.3518	2	浙江	7.9571	2	浙江	5.6267	2
浙江	4.7789	3	河南	6.1003	2	江苏	3.5181	2
安徽	3.6921	3	江苏	4.3123	2	安徽	6.2486	3
贵州	3.2540	4	福建	2.6466	2	新疆	4.9315	3
新疆	3.2520	4	安徽	10.3347	3	吉林	3.6888	3
海南	3.0568	4	江西	5.466	3	内蒙古	2.4909	3
青海	2.1758	4	宁夏	5.267	3	青海	2.4158	3
江西	1.9389	4	陕西	4.4224	3	江西	2.179	3
福建	1.4028	4	甘肃	4.2274	3	辽宁	1.7381	3
广西	0.8365	4	重庆	3.5096	3	黑龙江	4.065	4
广东	0.6991	4	广东	2.9559	3	河南	3.6219	4
山东	0.2010	4	辽宁	1.4437	3	湖南	1.8762	4
宁夏	6.9100	5	山东	0.8672	3	广东	1.1188	4
黑龙江	6.8764	5	新疆	8.3143	4	河北	0.962	4
北京	4.0923	5	云南	5.7414	4	海南	4.9213	5
山西	3.8667	5	山西	5.6703	4	云南	3.8643	5
吉林	3.4116	5	内蒙古	5.1044	4	山西	3.2434	5
陕西	2.7004	5	海南	4.5814	4	宁夏	3.1542	5
辽宁	2.6302	5	北京	3.9118	4	甘肃	2.5913	5
河南	2.2141	5	贵州	3.7524	4	广西	2.0136	5
内蒙古	2.1570	5	广西	3.2542	4	福建	1.2838	5
甘肃	2.1210	5	黑龙江	2.626	4	山东	0.4267	5
四川	0.8790	5	湖南	2.3656	4	北京	3.5304	6
湖南	0.8546	5	吉林	1.836	4	陕西	3.2435	6
重庆	0.6377	5	青海	1.4591	4	天津	1.1865	6
天津	0.4799	5	河北	1.019	4	四川	0.9236	6
湖北	0.2158	5	天津	0.9984	4	贵州	2.6346	7
云南	4.1342	6	四川	0.7301	5	重庆	2.3599	7
河北	1.8012	6	湖北	0.3219	5	湖北	0.1867	8

注：表中数据为按照各省份部分行业产出产品来源地占比中上海的情况，按上海所在位序排序，同位序按占比排列。

资料来源：根据《2012年中国31省区市区域间投入产出表》（刘卫东等，2018）计算。

总的来看，上海作为全国经济发展水平居全国前列的直辖市，具有汇聚全国需求的特点，其产出的大量产品与服务进入了广阔的国内经济腹地。基于投入产出的关联分析表明，上海的制造业及服务业产出与国内各地区之间都有较强的联系。一方面，上海本地产出在满足当地消耗的同时进入了全国各地，满足各地区中间使用与最终使用的需求，具有明显的开放型经济特征；另一方面，全国各地在物流仓储、工业制品等方面也对上海地区的产出有较强的依赖性。这种联系在长三角地区最为明显，在长江经济带及其他省份中也有所体现。

（二）上海参与共建"一带一路"的情况

作为促进地区间互联互通、实现经济社会共同发展的互惠互赢之举，中国在2013年提出的建设"新丝绸之路经济带"和"21世纪海上丝绸之路"合作倡议得到了世界许多国家的支持。截至2019年11月，中国已与137个国家和30个国际组织签署了197份共建"一带一路"合作文件，涉及贸易、投资、市场开放、经济合作等多个领域。

作为"一带一路"沿线城市，上海积极参与共建"一带一路"。2015~2017年，上海先后出台《上海参与建设丝绸之路经济带和21世纪海上丝绸之路实施方案》《上海市服务国家"一带一路"建设发挥桥头堡作用行动方案》等一系列文件，推动与"一带一路"沿线国家建立经济联系，提升了其作为国际贸易中心对这些地区的辐射能力。一方面，经由上海实现的对"一带一路"沿线国家的进出口贸易取得较快增长。2019年1~10月，上海关区对"一带一路"沿线国家进出口1.29万亿元人民币，比上年同期增长5.1%，占同期关区外贸进出口总值的24.8%，比重提升了1.6个百分点。其中，对"一带一路"沿线国家出口8615亿元，增长4.6%，自"一带一路"沿线国家进口4295.1亿元，增长6.2%。另一方面，上海企业充分发挥汇聚国内外资源的优势，通过承揽"一带一路"沿线国家建设项目为境外提供产品和服务（见表9）。上海企业加快"走出去"步伐，促进"一带一路"沿线国家和地区基础设施的建设与完善，为经贸合作关系的进一步深化奠定了基础。

表9 2019年1～11月上海企业涉及的部分"一带一路"沿线国家和地区项目

时间	企业	项目
1月14日	上海宝冶	柬埔寨集茂集团金边万豪酒店综合体项目动土开工
2月15日	上海隧道工程	中标新加坡南北交通廊道N109A项目
2月19日	上海宝冶	中标柬埔寨写字楼及公寓楼总承包项目
3月12日	上海宝冶	柬埔寨金边集茂大厦项目开工
4月2日	上海电建	中标菲律宾国家电网输变电项目
4月12日	上海电力设计院	中标华能英国99.8MW电池储能站工程勘察设计
4月12日	上海电气	与北方国际签署风机设备出口销售合同
4月25日	国电投、上海电力	签订土耳其胡努特鲁2×660MW火电项目总承包合同
5月9日	上海锅炉厂有限公司	签订迪拜950MW光热光伏电站项目3×200MW槽式蒸汽发生器供货合同
5月9日	上海宝冶	秘鲁TALARA转化炉模块化项目开工
6月2日	上海宝冶	中标大马联合钢铁厂冶金工程
7月29日	上海宝冶	中标柬埔寨金边flatiron by meridian综合体总承包工程
8月25日	上海电力	土耳其胡努特鲁电厂项目物流首航正式启动
8月29日	上海电气	获得三峡新能源江苏如东800MW(H6、H10)海上风电项目
9月5日	上海电建	中标华电(印尼)玻雅2×660MW坑口电站工程送出线路工程
9月11日	上海隧道工程	中标"新加坡裕廊区域线J102项目"
10月15日	上海电气	签订希腊25.5MW光伏项目总承包合同
11月11日	上海电气	中标孟加拉国800MW燃机电站项目
11月25日	上海电气	签订巴厘岛2×400MW联合循环燃气电厂EPC合同
11月26日	上海电建	华电(印尼)玻雅2×660MW坑口电站500千伏送出线路工程开工
11月26日	上海电气	签订库塔纳光伏项目升压站设计与建设采购框架协议

资料来源：根据公司官方网站及上市公司公开信息等整理。

三 进博会带动上海国际贸易中心发展

进博会在上海召开，不仅直接促进了上海国际贸易的增长与优化，还推动了居民消费和产业升级，继而产生新的进出口需求。同时，进博会带动了

金融、会展等生产服务业的发展和营商环境的改善，其构建的对话与合作平台有助于进一步提升上海在国际贸易中的地位，扩大影响。

（一）进博会增强了外贸行业的活力

当前，基于多边贸易的全球价值链分工已经深入各个行业，消除贸易壁垒、提升贸易便利化水平是世界经贸领域的整体发展趋势。但近年来，少数发达国家奉行单边主义与贸易保护主义，征收高额关税、破坏国际规则，对全球范围的进出口活动和经济增长造成了损害。在复杂多变的国际形势下，中国创造性地举办了以进口商品展览推介为主题的大型展会，为国际贸易注入了新的信心与活力。

从全国来看，外贸行业仍然得以保持较快增速。2018年全年，中国实现货物进出口总额30.51万亿元，增长9.7%。其中，出口16.42万亿元，增长7.1%；进口14.09万亿元，增长12.9%。2019年1~11月，实现货物进出口总额28.51万亿元，增长2.4%。其中，出口15.56万亿元，增长4.5%；进口12.95万亿元，同比基本持平。

上海国际贸易受全球政治经济形势的影响更为明显。2018年全年，上海市实现商品进出口3.40万亿元，同比增长5.5%。其中出口1.37万亿元，增长4.2%；进口2.03万亿元，增长6.4%。2019年1~11月，全市实现货物进出口57521.44亿元，同比减少2.04%。其中出口33806.81亿元，同比增长0.11%；进口23714.63亿元，同比减少4.96%。其间，民营企业进出口增长8.35%，占全部企业进出口的21.97%，比上年同期提高2.03个百分点。其中，出口增长8.96%，进口增长7.80%，比上年同期分别提高了2.40个百分点、1.76个百分点。民营企业是经济活力的体现，进出口增速明显高于整体，显示出较大的发展潜力。

（二）进博会促进了国内外市场联通

进博会是联通全球商贸与中国市场的重要平台，海外展商可以把最新颖、最前沿的产品和服务带到中国，满足中国消费升级与产业升级的要求。

通过近距离的接触和沟通，海外展商对中国市场也会有更深入的了解，从而在中国建设强大的国内市场与推进"一带一路"建设的过程中更好地把握发展机遇。同时，中国的生产者和消费者都能够通过这一平台增进对全球发展趋势和海外动态的了解，以更为开放的视野参与国际市场的经营活动。

进博会能够对接国内市场，促进消费与产业"双升级"。两届进博会期间，境外的数百家行业龙头企业和世界500强企业前来参展，不仅展出了食品、服装、日用品、家电、汽车、电子及高端智能设备等实物商品，还带来了包括物流、旅游、教育、新兴技术、创意设计、服务外包等在内的服务贸易。对于国内消费者来说，扩大进口意味着可以有越来越多的机会享受全球的优质服务和产品，促使国内居民消费结构得到更深层的优化和升级。包括阿里巴巴、苏宁、京东等在内的多家电商企业都紧紧地抓住进博会的机会，与大量进口品牌商展开深度交流与合作洽谈，将受到国内消费者欢迎的高品质商品引入国内。并且，随着进博会成为各国开展经贸合作的重要平台，中国市场和消费者将获得更多"量身打造"的优质进口产品和服务。进博会上展出的各种新技术、新创意以及生产性服务，也能够为国内制造商采用，促进生产环节效率的提升与供给水平的不断升级，由此生产出的新产品也将为国内消费升级提供持续支撑。随着众多展出的商品或服务在会后逐步进口落地，进博会的溢出带动效应已经逐渐显现。目前，一条吸引众多海外企业来华开展贸易的新通道正在形成，国外供应商与国内消费升级及其背后生产升级需求之间的相互对接正变得越来越高效便捷。

进博会促进了中国与"一带一路"沿线国家和地区的经贸往来。"一带一路"沿线国家和地区的产业结构多样，中国与这些国家和地区的市场具有较高的互补性。两届进博会都吸引了大量"一带一路"沿线国家和地区参会，数千家企业参展。从当地传统优势产业产品到新近的特色产品和优质服务，从服装服饰、日用消费品、食品农产，到工业机器人、数字化工厂、无人汽车，进博会为"一带一路"沿线国家和地区的企业推介、展示商品提供了机遇。在第一届进博会上，埃及的农产品、食品、纺织品、手工产品、家具、皮制品，俄罗斯的农产品、食品、高新技术设备、医疗设备及服务产品,马来西亚的高科技产品、服务贸易和食品都受到了关注。在第二届进博会上,意大利特地带来了用于制作和展示特色美食的面团;土耳其则展出了包括食品、日用品、家电、医疗器械、瓷器、餐具等在内的丰富商品。中国市场的包容性在进博会得到了充分体现,这也有利于中国与"一带一路"沿线国家和地区实现互融互通与贸易平衡。

进博会还为国外企业通过中国走向世界创造了条件。中国正处于由"制造大国"向创新型国家转变的过程中,价值链分工日益细化,供应链合作不断深入。参展商利用进博会展示形象、寻求合作,其商机不仅在于庞大的中国国内市场,还包括中国产品广阔的出口市场。在优化营商环境、推进"一带一路"建设的背景下,中国主动扩大开放的这一创举,为更多国家的企业分享中国本土市场与出口市场的发展红利提供了机遇。中国的国内外市场联动,也为促进全球经贸合作、实现"拉手共进、拆墙互联"注入了新动力。

(三)进博会带动了生产性服务业的发展

进博会在促进国际贸易发展的同时,还带动了上海金融、会展等生产性服务业的发展,并反过来为商贸活动提供了更好的支撑。

1. 进博会推动上海会展业发展

会展活动具有展示商品、交流理念、促进双方互信的重要作用,与国际贸易具有密切关联。2016年印发的《"十三五"时期上海国际贸易中心建设规划》明确提出了"十三五"末期上海基本建成国际会展之都的目标。2018年制定的《上海市建设国际会展之都专项行动计划(2018~2020年)》又提出了提升上海会展业全球资源配置能力的要求。在国家会展中心(上海)召开的进博会,是继世博会后上海举办的又一大型国际化展会。进博会"落户"上海并连续举办,将直接推动上海会展业进一步发展。

近年来,上海会展业在规模与质量上都有了较快提升。据《上海会展业白皮书》数据,2018年上海共举办各类展会1032场,居全球主要会展城市之首。如表10所示,2016~2018年,上海会展业总规模从1604.8万平方米增长到1906.31万平方米,年均增长率为9%。预计到2020年底,上海会展业总规模将超过2100万平方米。一方面,展览会规模化成为趋势,大型场馆更受青睐。2018年,九大主要场馆承接的503场展览会,平均展览面积达到3.2万平方米,比上一年度的2.75万平方米增长了16.36%。其中,10万平方米以上的大型展览会共计42场,展出面积801.14万平方米,规模占全年展览会总面积的近50%。另一方面,举办的会议和活动趋于活跃,占比有所提升。2018年,国家会展中心(上海)承接了66场会议和活动,合计89.96万平方米,是承接会议和活动的面积最大的场馆。一些中小型场馆虽然承接展览面积减少,但是承接会议、活动的面积大大增加。跨国采购会展中心全年承接62场会议和活动,合计27.01万平方米,达到该场馆全年业务使用面积总和的57.8%;汽车会展中心承接会议和活动的面积占比也超过了50%。这一变化,是上海会展业多元化发展的体现。

表10　2016~2018年上海主要场馆承接展会情况

场馆	数量(场) 2016年 合计	2017年 合计	2018年 合计	2018年 国际展	面积(万平方米) 2016年 合计	2017年 合计	2018年 合计	2018年 国际展
新国际博览中心	129	140	144	111	649.4	657	682.30	601.04
国家会展中心(上海)	43	46	111	42	426.0	487.49	646.49	545.11
世博展览馆	91	104	149	68	183.8	201.48	239.13	133.75
光大会展中心	128	68	102	22	69.6	65.59	64.03	19.67
上海展览中心	58	63	61	27	42.1	48.42	55.63	31.13
世贸商城	62	40	57	4	32.6	18.93	23.83	2.06
汽车会展中心	13	29	43	5	11.5	23.7	33.51	4.7
跨国采购会展中心	45	52	85	12	41.2	33.97	46.73	8.97
农业展览馆	13	19	19	1	7.5	7.92	11.47	0.75
东亚展览馆	42	—	—	—	12.7	—	—	—
其他小场馆	192	206	223	0	128.3	144.5	103.19	0
小计	816	767	994	292	1604.7	1689	1906.31	1347.18

注:表中数据包括场馆举办的展览会及各类会议、活动。

资料来源:根据上海市会展行业协会网站公布的历年数据(http://www.sceia.org/service/Release-8.html)整理。

进博会提升了上海会展业的国际化水平。2018年，由上海市入境的894万人次中，参展等商务目的的旅客占比在50%以上，上海9个主要展馆吸引参展人次超过2000万。全年举办的994场展会（含会议、活动）中，国际展占29.4%，总共使用场馆面积1347.18万平方米，占比达到70.7%。在满足进博会国际客商需求的过程中，上海会展业在多语种服务、民俗化服务、个性化服务等方面的能力都得到了提升。

进博会也凸显了会展业在落实国家战略、服务宏观经济方面的作用与地位。进博会是由商务部、上海市人民政府主办，中国国际进口博览局和国家会展中心（上海）有限责任公司承办的。政府与市场两种配置资源的手段共同发挥作用，成就了这一由中国自主创立，且具有世界影响的经贸展会品牌。进博会的成功举办，进一步增强了上海会展业对全国会展资源的整合能力，扩大了其在国内经济与国际经贸中的影响力。

进博会改善了上海会展市场的整体环境。为了确保进博会取得圆满成功，上海市政府对主要会展场所周边的公共设施进行了更新完善。同时，进博会促进了会展业与交通、餐饮、物流、信息通信、检验检疫、海关税务等各相关行业和政府部门之间的沟通协作。上海市政府采取的专项行动及进行的高强度督导，也为确保各项服务的质量和水平提供了体制化的保障，积累了有价值的经验。

在组织与举办进博会期间，上海会展业在大规模展会组织、短工期展台施工、国际化会议服务等方面都得到了很大的锻炼，专业人才储备增加，综合实力明显增强，由此形成的服务能力，也能够为上海举办其他国际性经贸展会提供支撑，是建设上海国际贸易中心不可或缺的一部分。

2. 进博会带动上海金融业水平提升

发达的金融业是上海经济的一张"名片"。据上海市统计局数据，上海市2018年全年实现金融业增加值5781.63亿元，比上年增长5.7%，如图5所示。建设国际金融中心也是上海的一个重要目标。作为中外金融机构的重要集聚地和中国金融开放创新的先行区，上海因举办进博会而需要面对庞大的参展体量和贸易规模，对上海的金融服务而言既是一场全面考验，也是提升水平的重要机会。

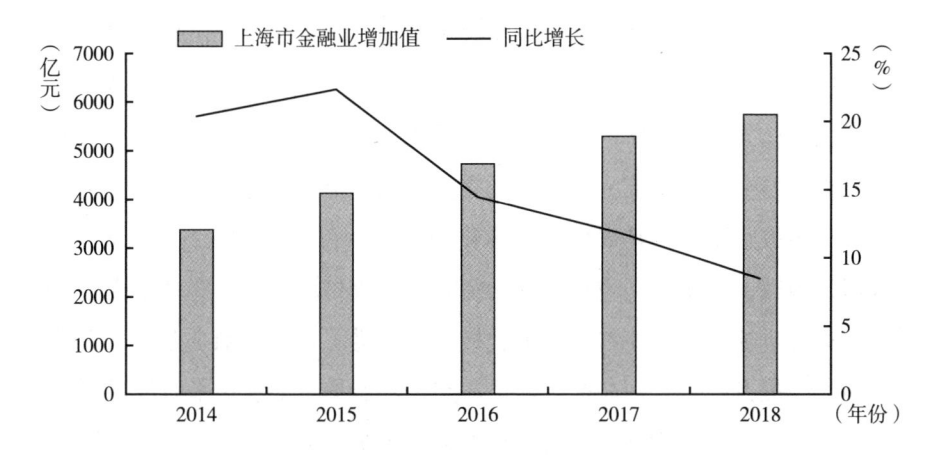

图 5 上海市 2014~2018 年金融业增加值及增速

资料来源：根据 2014~2018 年上海市统计局资料整理计算。

贸易活动离不开担保、融资、保险、汇兑等金融服务的支持。进博会作为一项旨在促进进出口贸易的大型展会，必然产生大量的金融服务需求。截至 2018 年末，上海市中外资金融机构本外币各项存款余额 12.11 万亿元，比年初增加 8654.40 亿元，增速达到 7.7%；贷款余额 7.32 万亿元，比年初增加 5736.67 亿元，增速达到 9.1%，如图 6 所示。

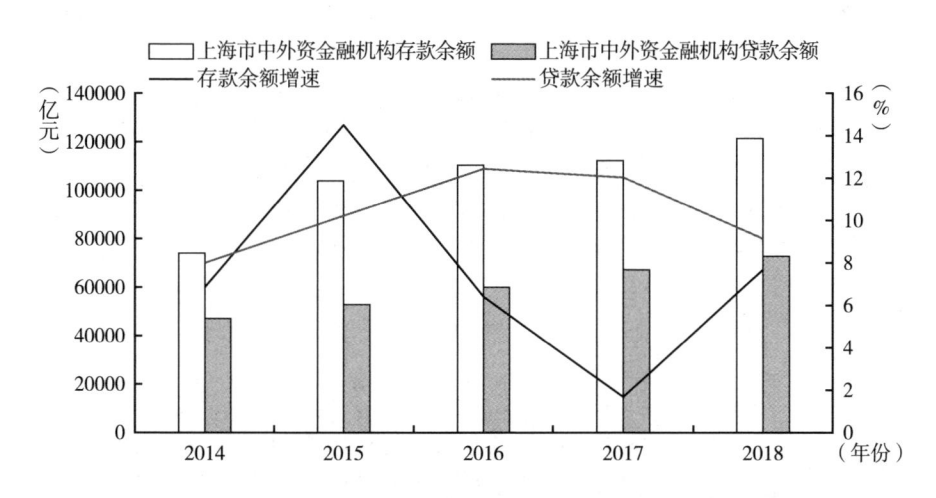

图 6 2014~2018 年上海市中外资金融机构存贷款余额及增速

资料来源：根据 2014~2018 年上海市统计局资料整理计算。

为了满足两届进博会召开带来的服务需求，多家银行、保险公司制定了专门的措施，从金融产品、服务方式、技术保障等方面提供支持，表11对部分金融机构支持第二届进博会的具体做法进行了汇总。进博会促进了金融开放。在进博会的平台上，包括境外交易商、进出口贸易商在内的大量企业使用人民币进行结算，是人民币国际化和中国收付系统开放的重要推动力。各种境外银行、金融机构也更多地参与人民币收付市场。这些高水准的金融服务在举办进博会的上海首先落地，极大地促进了当地金融企业或分支机构业务能力的提升。并且，相关金融产品与配套服务也能够在平时提供给进博会客商以外的企业，为其开展进出口贸易提供更好的金融支持。

表11 金融机构支持第二届进博会的举措

金融机构	支持第二届进博会的举措
中国工商银行	借助广泛的全球布局、雄厚的客户基础和丰富的产品体系，以更高的全球参与度、更智慧的金融产品、更高的服务标准，在招商招展、虹桥国际经济论坛、配套活动、金融服务等各方面提供全面服务
中国农业银行	发布自由贸易账户支持进博会离岸转手买卖金融服务方案，承办服贸企业展前对接洽谈会
中国银行	引入更多科技元素，在跨境撮合效能提升、智能网点建设打造、手机银行功能完善三大方面着力升级，打造以"合聚全球、汇融四海"为主题的全方位综合金融服务解决新方案
中国建设银行	对原有服务和软硬件设施进行全面升级，包括全新升级打造的网点和机具设备，提供上海国际贸易单一窗口特色产品，建立长三角区域协同服务机制，提供"6天+365天"全球综合金融服务，以及制订精准发力的普惠服务方案等
交通银行	升级打造"交银跨境e金融"服务平台。以电子渠道为抓手，持续完善便利化、电子化服务功能，依托完善的业务产品集群，积极打造线上金融服务生态圈
浦发银行	升级发布"进博会综合金融服务方案2.0"，为境内采购商、境外参展商、参展个人提供境内外、本外币、全方位、一体化的全功能综合性金融解决方案
太平洋保险公司	作为第二届进博会核心支持企业和指定保险服务商，提供"产、寿、健"一站式的综合保险保障和一体化的风险管理服务。其服务内容既包括知识产权、关税保险、网络安全等新兴风险，也包括参会各类人员的人身安全风险保障，做到"全牌照、全方位、全覆盖"。特别组建了5支专项团队，提供志愿者服务、进博会现场服务、保险保障服务、风控理赔服务以及应急救援服务

资料来源：根据表中各金融机构官方网站公开内容整理。

（四）进博会提升了贸易便利化水平

进博会期间，大量展品进入中国境内展示、销售，其中涉及多项政府监管职能，既要求高效便捷，又要坚守安全底线。为了保障进博会的顺利召开，海关制定了专门的贸易便利化措施。

在首届进博会召开前，海关总署发布了《2018年首届中国国际进口博览会海关通关须知》《海关支持2018年首届中国国际进口博览会便利措施》《2018年首届中国国际进口博览会检验检疫禁止清单》《2018年首届中国国际进口博览会检验检疫限制清单》等一系列文件。为推动这些政策顺利落地，上海海关又制定了《首届中国国际进口博览会海关工作指引》《展览品结转为保税货物操作规范》《保税仓储货物结转为展览品操作规范》《强制性认证产品入境验证实施细则》等13个工作指引类文件，明确展品进境各项操作的具体规则。其中，延长ATA单证册有效期限、保税展示展销常态化等措施具有创新性。在首届进博会期间，上海海关共完成1046批、总货值10亿元的展品监管，且企业整体通关时间缩短2/3，通关成本大大降低。表12对首届进博会期间上海海关的主要做法进行了总结。

表12 首届进博会期间上海海关的主要做法

保障措施	具体做法
提供专窗服务	在各业务现场设置92个进博会物资专窗，提高服务能力
开展智能监管	开发跨境贸易管理大数据平台（进博会专窗），使海关监管数据与国际贸易"单一窗口"、国家会展中心（上海）数据及其他贸易数据全面对接，为参展商提供全流程申报服务
设置多处查检场地/区	以口岸查检为主，展馆外出为辅，结合周边配套查检场站，协同开展作业。除在浦东机场、虹桥机场和上海主要海运口岸设立查验专用场地之外，还在国家会展中心（上海）北广场设置临时查检区，内含查检区、集装箱堆放区、货物暂扣区、隔离处理区等
优化驻场监管	抽调近100名关员，为企业现场办理展品通关、临时查检、展中巡查、视频监控、政策咨询、联系配合、后续处置等各方面的海关业务
安防内外联动	在海关内部，建立各口岸、通关现场与会展中心工作组的实时信息共享机制，做好处置疫情突发事件和查处知识产权侵权货物工作准备；同时，与卫生、农林等其他部门配合，开展对传染病、展销工业产品安全、参展国家动植物产品疫情疫病等风险的监测或评估等，并提出防控对策

资料来源：上海海关网站（http://www.customs.gov.cn/shanghai_customs/423446/423447/2050712/index.html）。

基于首届进博会积累的经验，为支持2019年第二届进博会的顺利召开，海关总署再次制定并发布了通关须知、便利措施以及检验检疫禁止和限制清单。统筹国际会展监管资源，专门成立"上海会展中心海关"来完成监管服务保障工作，是第二届进博会便利措施的一个突出特点。而且，基于大数据的智能化监管在进博会通关管理中的运用更为深入。依托跨境贸易管理大数据平台，海关可以对进博会参展商、展品信息提供更为便利化、集约化的全流程监管服务。同时，上海海关根据海关总署授权，对食品境外生产企业临时注册验核程序加以简化，免予境外实地评审。此外，进境食品和中药材特许审批以及生物制品等审批办结时限也从20个工作日缩短至3个工作日。

可见，进博会给上海提供了践行贸易便利化措施、优化国际贸易环境的良好机会。这一过程中采取的各项举措，有助于上海发现国际贸易监管中的短板，继而弥补弱项、提升质量，其中的一些做法，还能够转变为常态化监管规则，为进出口客商提供更好的服务。

四 以进博会促进国际贸易中心建设的政策建议

（一）延伸与拓展进博会功能，提升国际经贸话语权

作为世界上首个以进口为主题的国家级博览会与中国的"主场外交"，进博会应当在发挥商品展览、交易洽谈等基本会展作用的同时，逐步实现功能的延伸与拓展，成为中国对接国际市场的重要窗口，提升中国在国际经贸中的话语权与影响力。中国不断升级的巨大市场需求吸引了大量世界级企业，它们将进博会作为了解中国需求的窗口和进入中国市场的途径。以此为契机，可以在互利共赢的发展理念下，提高"中国标准"在全球范围内的知晓度和接受度。在持续举办进博会的过程中，可以探索建立市场交易数据中心。通过构建综合性和行业性的数据服务平台，发布重要产品价格及交易信息，让更多的国际性企业了解中国市场的进口需求动向。

（二）推广进博会管理经验，促进国际贸易便利化

进博会背后的制度供给和管理创新可以对上海进一步完善制度环境、提升贸易便利化水平起到推动作用。进博会期间实施的通关便利化措施中，既有针对展会短期需求的特殊做法，也有可以推广到更多场合的创新举措。构建开放型经济新体制要求建立与之相适应的贸易监管服务制度，优化政府行为、减少企业合规成本是其重要方面。应当以此为出发点，对进博会期间政策的可复制性进行充分评估。符合推广条件的，可以积极争取国家授权，予以先试先行。这一过程既可以适用于对"6天+365天"保税展示交易常态化的探索，也可以与中国（上海）自由贸易试验区（以下简称上海自贸区）升级相配合，提高进出口监管效率。尤其在运用大数据技术实现全流程监管方面，进博会积累了不少经验。未来，可以在更大范围内采用智能化的风险监控与监管预警技术，使监管科技在推动贸易便利化方面发挥应有的作用。

（三）扩大进博会影响，拓展区域性经济腹地

充分发挥进博会汇聚资源、聚合供求的作用，扩大其影响范围，能够为中国夯实国内发展基础、拓展国际市场提供支持。上海在建设国际贸易中心的过程中，必然要用好国际、国内两个市场，统筹两种资源。从国内来看，应当将进博会与长三角一体化、长江经济带建设和促进形成国内统一市场结合起来，提升上海对广大内陆地区的经济辐射力，促进货物与人员流动、推动技术与资源共享，并在突破市场壁垒、优化产业分工方面发挥积极作用。从国际来看，进博会不仅要支撑居民消费升级，还要服务中国制造转型，在"买全球、卖全球"的同时不断提升出口附加值。同时，要利用好进博会平台，发挥中间品、最终品进口在服务"一带一路"倡议方面的作用。由此，随着进博会由展会规模增长向内涵式发展转变，上海作为国际贸易中心在支撑国家整体经济发展目标方面的能力也将得到增强。

（四）巩固进博会成果，建立长期商务合作关系

进博会是国内外交易双方实现对接的平台，更是世界发现中国、在中国市场寻求商机的重要窗口。应进一步建立巩固进博会成果、促进长期商务合作的配套服务机制，使供应商与客户之间实现更为稳定、深入的合作，形成链式发展效应。应当推动进博会与上海自贸区建设联动，在进博会展出的先进技术或中间品，可以优先在上海自贸区落地并得到应用，政府可以运用政策杠杆来降低企业经营风险。同时，应当在优化营商环境、保护知识产权等方面下功夫。一方面要进一步发挥进博会展示优质商品的作用，发现优质供应商；另一方面要吸引优质企业资源，逐渐实现"引智"与"引资"的功能拓展，为构建更为完整的产业价值链、提升国际化水平与市场竞争力寻找新的途径。

参考文献

国家统计局编，2019，《中国统计年鉴（2019）》，中国统计出版社。

张赛群，2004，《抗战前期上海对南洋的贸易研究》，《华侨大学学报》（哲学社会科学版）第4期。

刘卫东、唐志鹏、韩梦瑶等，2018，《2012年中国31省区市区域间投入产出表》，中国统计出版社。

B.10
进博会与上海国际金融中心建设研究

杨 涤　主父海英　禹钟华　胡晓亮*

摘　要： 按照既定目标，上海将在2020年基本建成国际金融中心。进博会已经成功举办两届，以后每年都在上海举办，势必对国际金融中心建设带来积极影响。本报告分析了进博会金融需求，指出进博会与上海国际金融中心建设可以实现相互赋能、相互促进，并提出上海可借助进博会东风，顺势而为，促进货币兑换改革；对参加进博会的"一带一路"沿线国家推进人民币国际化；在中国（上海）自由贸易试验区推进离岸贸易与离岸金融等若干建议，进而促进上海国际金融中心建设。

关键词： 进博会　国际金融中心　货币自由兑换　人民币国际化　离岸金融

一　上海国际金融中心建设要把握好进博会机遇

（一）满足进博会的金融需求是上海国际金融中心建设的新动力

1. 满足进博会金融需求就是国际金融中心金融创新的方向

中国国际进口博览会（以下简称进博会）是世界贸易史上的一项创新。

---

* 杨涤，中国社会科学院-上海市人民政府上海研究院研究员，主要研究方向：金融改革、金融资源配置等；主父海英，山东科技大学副教授，主要研究方向：政策性金融、供应链金融、中小企业金融等；禹钟华，东北财经大学金融学院副教授，主要研究方向：金融史、金融功能的扩展与提升等；胡晓亮，中国社会科学院-上海市人民政府上海研究院助理研究员。

作为全球化的会展经济,进博会必然带来对应的金融需求。这种需求是客观存在的,包括直接金融需求与间接金融需求。与进博会贸易相关的结算、汇兑、保险等需求就是直接金融需求。间接金融需求就是在进博会达成贸易协议之外衍生出来的额外金融需求,如投融资、并购、保理、再保险等。可用一个公式描述进博会的金融需求:

D(金融需求额) = K·E(进博会成交的贸易真实额)①

K = D/E,定义 K 为金融深化系数,代表金融需求额与贸易真实额的比。

金融需求额 D 包括两部分:一部分是贸易金融需求额;另外一部分是延伸金融需求额,即 D = T + A(T 为 trade,A 为 Additional)。进博会只举办了两届,产生的延伸金融需求不太多,金融需求额主要是贸易相关金额。进博会都是以货币为媒介,不存在实物交货情况。因此,没有延伸金融需求时,K 值等于 1。

随着进博会的持续举办,延伸金融需求也许会产生,比如投资、并购对金融提出需求,K 越大,代表进博会促进的真实贸易越多,各国之间在贸易往来之外的投资和人文往来也越多,进博会的溢出带动效应就显现了出来。这时,上海的金融服务要对应跟上,这对建设国际金融中心是一种很好的带动和刺激。进博会提出的金融需求,也就是对上海国际金融中心建设提出的新需求,K 的大小反映进博会的金融深化程度,K 值越大,代表进博会金融深化程度越高。

2. 进博会推动国际贸易规则和国际金融规则创新

在我们看来,不能仅仅将进博会定位为国际贸易会展,对它的定位要从全球经济、金融角度,从重建国际贸易秩序与国际金融秩序的战略高度来进行。在当前逆全球化一系列操作的大背景下,国际经贸环境呈现一定的不确定性。进博会对中国乃至全世界的作用也许不应局限于全球贸易促进平台,因为进出口贸易是基础,会带来投资和人文合作,还可能带来制度创新。进

---

① 在《中国国际进口博览会发展报告(No.1)》中,我们提出了一个金融需求公式,贸易量用的是"意向额",现在对这个公式做一个理论修正,贸易量用"真实额"。

博会很有可能对二战以来建立的国际贸易秩序，国际金融秩序带来新的构想空间，甚至会推动全球化时代的国际贸易规则和国际金融规则创新。

目前，上海正在紧锣密鼓地推进国际金融中心建设，要想成为国际金融中心，就需要先成为国际贸易中心和国际人文交流中心，这样才会把国际金融中心建设的实体经济基础夯实。进博会恰恰提供了一次货物流、货运流、资金流、人际流、服务流等汇聚的机遇。从目前来看，满足进博会的金融需求，要从金融供给侧着手进行改革和创新。这些改革与创新是政府推动的事情，应对标国际通行的规则与惯例，做出符合中国实际情况的选择。这恰恰是上海国际金融中心建设的有效途径和创新方向。

（二）进博会与上海国际金融中心建设相互赋能、相互促进

结算便利化是国际金融中心最基本的功能。国际贸易要想提升能级，没有结算便利化就无从谈起。进博会作为全球化的贸易会展，在有志于成为国际金融中心的上海举办，更是需要结算便利化。结算便利化就是指货币实现自由兑换。进一步来说，没有货币自由兑换，国际金融中心就无从谈起。货币自由兑换包括两方面：经常项下与资本项下。我国现在基本实现了经常项下的货币自由兑换，但资本项下的货币自由兑换还没有完全实现。在国内实体经济竞争力尚不足以与国外垄断资本对标竞争的阶段，贸然放开人民币资本项下管制会带来外部冲击，因此我国对推进资本项目开放的过程一直很谨慎，避免带来系统性风险，冲击实体经济。

2020年2月14日，《关于进一步加快推进上海国际金融中心建设和金融支持长三角一体化发展的意见》（银发〔2020〕46号）正式发布，里面提出的很多措施都需要配套货币自由兑换改革，不仅仅涉及贸易真实的金融需求，还包括股权投资、并购重组、理财资管等方面的金融需求，这些都对国外金融机构实现了较高程度的开放，有些领域如证券、保险、基金与资管则在法律法规层面予以完全放开，外国金融机构可以独资经营也可以参股，中方机构也可以反向参股外资机构，总之，金融对外开放的步伐很快。进博会产生的延伸金融需求与上海国际金融中心建设形成了相互赋能、相互促进的局面。

（三）对参加进博会的"一带一路"沿线国家主动推进人民币国际化

全球化趋势不可逆转，中国应承担自己的责任，引领全球化深入发展。推进上海国际金融中心建设要顺势而为，进博会就提供了一个机遇。进博会是实体经济会展，很多参展企业来自"一带一路"沿线国家，与这些国家加强经贸往来给人民币国际化提供了重要的出口和通道。

上海应积极配合国家的"一带一路"倡议，为人民币走出国门提供平台支撑，要积极研究对策，为进博会参会各国的企业提供金融服务，鼓励用人民币结算。人民币国际化是未来中国推进全球化走向深入的重要领域。上海建设国际金融中心，不能完全囿于现有的国际贸易、金融秩序，应站在更高的战略高度，用更广阔的视野来定位金融改革。人民币国际化需要主动为之，不能被动等待；需要大胆提出设想、思路和方案，提交中央部委决策后，放在上海先行先试。上海有自贸区负面清单管理的实体经济管理基础，有国际金融中心区位优势和营商环境优势，把握进博会机遇，推进人民币国际化进程，势必会加快国际金融中心建设。

我们认为，金融创新不能仅仅考虑货币自由兑换，这项改革需要推进，但不应仅仅局限于此，要有破有立，既有对旧制度的尊重与遵守，也有对新制度的尝试。进博会集聚了那么多的国家，产生了现实和潜在的金融需求，中国可以把握进博会持续举办的历史机遇，积极主动地采取措施，如建立双边货币互换机制，建立双边或区域自贸区，等等，推进人民币国际化进程。在上海，要把国际金融中心建设与人民币国际化进程有机结合起来，使二者相互促进，互为抓手。

二 利用进博会推进货币自由兑换的新思路

（一）进博会背景下运用金融科技监管为货币自由兑换保驾护航

如上所述，传统的货币自由兑换方向，尤其是从经常项下自由兑换向资本项下自由兑换升级转换，是中国不能绕开的一项金融改革。由于担心金融动荡风险，中国一直谨慎待之。但技术的进步给中国实现这种升级提供了保障。

一国货币要成为国际货币的必要条件之一，是要保证适度的开放性和自由度，而货币的可自由兑换意味着放开外汇管制。当前，我国对人民币资本项目实行渠道和额度的双向管理，人民币自由兑换还没有实现。"国际货币基金组织统计的7大项43小项的资本项下可自由兑换项目中，我国完全不开放的项目不足10%。"① 上海可以在中国（上海）自由贸易试验区临港新片区（以下简称上海自贸区新片区）范围内对制度进行改革和创新，按照"先长期后短期，先机构后个人"的原则，在资格门槛、额度审批和资金汇兑方面不断简化手续，试点资本项目的开放。如果自由兑换能够实现，那么人民币的使用成本就会降低，持有人民币的意愿将大大增强，人民币的国际化水平也将随之逐渐提高。

此次进博会的举办，将进一步丰富上海国际金融中心的业务，提高其国际地位，对于货币自由兑换的最终实现将起到巨大的推动作用。在这个过程中，为了能够为货币自由兑换的推进保驾护航，必须有金融科技的加持。当下，除了面对经常项下贸易的诸多监管难点，运用金融大数据进行穿透式监管、保证经常项下贸易真实性之外，也要运用金融大数据穿透式监管资本项下的兑换。

1. 经常项下贸易的诸多监管难点

经常项下的自由兑换早已实现，但是，目前部分经常项下贸易却出现了诸多监管难点。

第一，数据不够完整。比如境外放款、ODI项下的逾期未能汇回利润或收益等数据在现在系统中是缺失的；所在地银行为异地企业办理的贸易融资数据在"货物贸易外汇管理系统"中也未统计在内。第二，统计不准确。

---

① 资料来源于贸易金融网（https://www.sinotf.com）。据2016年第八十四期"经济每月谈"公布数据，IMF关于资本项目合计分为7大类共43项，实现完全可兑换的项目有10项，部分可兑换是27个，完全不能兑换的仅有3个，不足10%。

对有些数据的真实性把控不严,如FDI、ODI项下投资收益数据是由企业自主报送的。第三,对真实性的审核比较困难。目前,海关报关单实施无纸化操作,这使得银行很难有审核其真实性的渠道,比如,银行目前没有针对出口业务的报关单审核端口,某些大额异常资金的跨境流动就是个别企业利用信息不对称实现的,某些企业可能通过假造人民币质押外汇贷款、利用单据造假或者借道转口贸易等进行非法资金转移。

此刻,实施大数据战略就更为迫切,当下应推动构建人力和科技深度融合的监管新模式。利用大数据、人工智能等技术,实现穿透式监管。

2. 运用金融大数据穿透式监管经常项下贸易真实性的建议

运用金融大数据穿透式监管经常项下贸易真实性(包括货物、资金、单据、合同要——对应),并使真实的兑换需求完全实现的自由兑换,改变现在监管过严的现状。

第一,利用大数据实施穿透式"全流程监管"。银行跨境资金交易遵守"留痕"原则是监管的前提条件,综合全流程的信息,透过表面直观的主体、时间、资金,进行事中监管,将监管对象的资金来源、流转、投向环节的全流程联系起来,从内在逻辑关系上深入分析交易项目及其交易对手的合理性和真实性,及时洞察违规线索和异常案件。

第二,补充数据使系统统计功能更完善。货物贸易系统中"贸易融资数据明细查询模块"应该补充提交发票号、报关单号、提单等信息。同时,按照资本项目系统业务条线查询功能来完善跨境系统的"灵活分析与查询"模块数据,通过完善数据,提高准确性,为利润汇出的非现场核查提供依据。

第三,建议向银行开放贸易信贷数据并开放出口关单核验端口,实现银行的信息共享。至于企业是否有真实的融资需求,完全可以由银行来进行排查。

通过运用金融大数据,对经常项下贸易真实性进行穿透式监管,既要及时发现并严打异常资金跨境流动,也要保证经常项下真实性贸易的完全自由兑换。

3. 运用金融大数据穿透式监管资本项下的兑换

金融大数据穿透式监管的技术和原则也适用于资本项下的兑换，在满足 IMF 基本规则的基础之上，中国应逐步向发达国家的标准靠拢、看齐，即对于国外资本进出完全自由化，但对于国内变相转移应予以严打。

建议运用金融大数据穿透式监管的技术和原则进行真实性、合法性和合规性审核，坚持跨境交易"留痕"原则，加强穿透式监管，特别是对反洗钱、反避税、反恐怖融资等的审查，同时配合做好外商投资国家安全审查，尽快实现完全的可自由兑换。

（二）对参加进博会的"一带一路"沿线国家推行货币互换，打破美元依赖

近年来，随着人民币国际地位的提高，我国边境地区使用人民币作为跨境结算货币的情况越来越多。但在人民币尚不能自由兑换的情况下，国外企业人民币头寸必然短缺。近年来，实践显示，签订双边货币互换协议是一条很好的路径。

第二届进博会共有 181 个国家、地区和国际组织参会，3800 多家企业参展，50 多万名境内外专业采购商到会，境外采购商超过 7000 人，美国近 200 家公司参展。可见采购商国际化程度进一步提高。国家展今年有 64 个参展国和 3 个参展国际组织。国家展主宾国为 15 个，这些国家中不乏"一带一路"沿线国家，借此契机，可以继续推进货币互换合作，双方跨境贸易和跨境投资结算对外币或者人民币的需求便可以通过货币互换来满足。

1. 中国人民银行货币互换运行机制

货币互换，是按照事先约定汇率，允许兑换一定数额货币并随后回购的协议，主要是各国央行为了给本国货币提供流动性及对冲货币风险而利用的一种货币信贷政策，本质上是"货币互借"，以保持金融市场的稳定，弥补对方资金的不足（见图1）。中央银行运用国内金融系统将该货币投放给本国企业。货币是一个国家主权的具体代表，当两个国家相互交换彼此的货币时，就如同古代互派质子，说明双方愿意用政府的信用，为彼此经济发展前

景做背书。

中国人民银行从 2001 年起与别国签订货币互换协议。[①] 2008 年全球金融危机中不少国家为缓解对美元的依赖与中国签订货币互换协议,以减少双方的换汇成本、降低金融风险。近两年来,由于美国的优先战略,导致美元回流美国,美元指数持续大涨,在此背景下,多国和中国签订了货币互换协议。

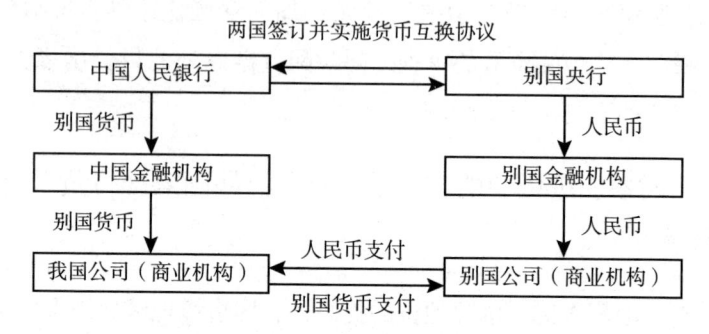

图1　中国人民银行货币互换运行机理示意

据不完全统计,中国目前已经与近 40 个国家或地区签署了货币互换协议,互换总金额已经超过了 6.6 万亿元人民币。

2. 货币互换协议对于人民币自由兑换的意义

货币互换对于推进人民币的自由兑换有以下几个方面的意义(见图2)。

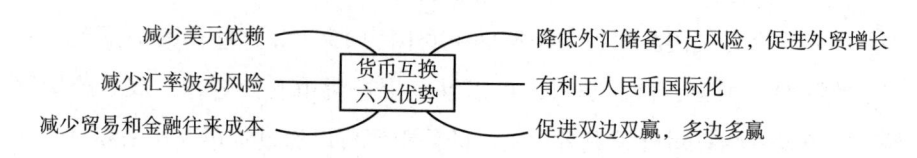

图2　货币互换对于推进人民币自由兑换的意义示意

第一,减少美元依赖。货币互换金额内的货币不仅可以用于贸易融资,也可以用于支付结算、进行资金供给,还可以充当储备货币,由此减少了对美元的依赖(见图3)。

---

① 2001 年中国与泰国、韩国、日本、马来西亚、菲律宾、印度尼西亚等国家中央银行签订了协议金额为 205 亿美元的货币互换协议。

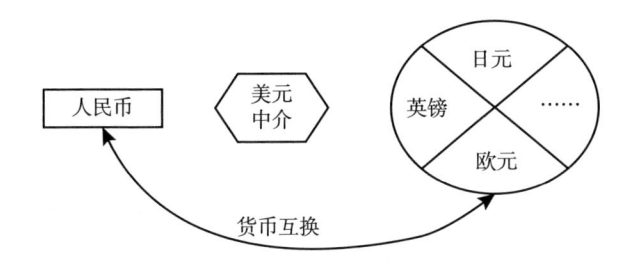

图3 货币互换减少了对美元的依赖示意

第二，降低汇率波动风险。对于有经贸交往的两国来说，货币互换能规避可能发生的汇率波动风险，因为货币互换的汇率是确定的，在国际贸易中，双方企业都可以使用本国的货币，故而在节省了汇兑费用的同时规避了汇率波动风险。

第三，减少贸易和金融往来成本。通过两国货币的直接兑换，去掉本币兑换美元的中间环节，减少了手续费和时间成本，减少了贸易和金融往来成本。

第四，降低外汇储备不足风险，促进对外贸易增长。通过货币互换，即使没有外汇储备也能进行贸易往来。通过货币互换换来的外国货币，可能大多数会被用来购买货币属国的商品和服务，有利于促进对外贸易的增长。中国是多个国家的最大或前三大贸易伙伴，与这些国家的双边贸易量巨大，双方用本币结算，不仅便捷，而且能节省外汇。

第五，有利于人民币国际化。签订货币互换协议后的国家在国际贸易中一般会首先使用对方货币进行贸易结算，在实际操作中，往往是短缺货币更有可能成为主导货币。由于中国是世界第一贸易大国，世界各国对人民币的需求很旺盛，增加人民币在国际贸易结算和跨国投资中的使用量，也是实体经济对国际金融提出的真实需求，因此加快推进人民币国际化进程不容拖延。

第六，促进双边双赢，多边多赢。比如，中国与英国续签的货币互换协议，能增强伦敦作为欧洲人民币离岸中心地位，通过提升人民币结算的便利

性,巩固其国际金融中心的地位。尽管货币兑换协议是双边的,但多个双边协议也就形成了事实上的多边机制,依托于世界第一贸易大国,使用人民币的氛围就会渐渐形成,人民币国际化也就能顺理成章地得以实现。

3. 建议设立国际货币互换常设机构——货币互换局

人民币如若要实现完全的可自由兑换还需较长的时间,其间难免会受到"美元陷阱"的影响。作为世界货币的美元处于全球贸易支付的垄断地位,美国政策的变化会造成美元与别国货币的汇率波动,从而导致贸易损失与经济风险,故而,不少国家为了降低美元的影响,存在与其他国家进行货币互换的天然需求。未来,货币互换将更为普遍。随着越来越多的国家与中国进行货币互换,货币互换的规模、频率不断提高,市场将减少对美元的需求,从而使我们在一定程度上摆脱"美元陷阱"。

未来我国应重点在"一带一路"沿线广泛开展与他国的货币互换合作,建立"区域货币互换合作新机制"。特此建议:应设立国际货币互换常设机构——货币互换局。这对推进人民币区域化、周边化,促进人民币的完全自由兑换,具有重大的现实意义。

利用进博会,我国可以以"一带一路"沿线国家、东南亚各国为中心推行货币互换,进而在全球范围内推广,推动自由贸易区建设,促进双边合作。

三 利用进博会实现从"传统贸易金融"到"离岸贸易金融"的升级

进博会带来了巨大的平台效应和外溢效应,其中之一便是可以依托进博会探索发展离岸贸易和离岸金融。离岸金融市场作为非居民从事货币交易的市场,是现代金融发展中最重要的创新之一,其本身就包括高效的平台、广泛的渠道和创新的制度。"在人民币尚未完全可自由兑换的环境下,人民币离岸市场的出现与发展对人民币的境外流动起到了非常重要的作用,有效地支撑了人民币跨境支付结算的发展"(丁一兵,2016)。党的十九大报告指出"离岸贸易、离岸金融将是自由贸易港政策最终的发展方向"(王勇、王亮、余升国,2018)。未来,上海将依托自贸区新片区打造具有自身特色的"创新离岸贸易"模式,构建以离岸贸易为基础和起点的配套产业链,增强价值链集成功能,进而带动离岸贸易和离岸金融等业态同步发展,成为中国参与全球贸易资源分配的重要战略支点。未来的上海将形成一个全功能的贸易体系,集先进制造业与研发机构、离岸贸易与离岸金融于一体,通过总部经济进一步集聚优势资源,促进产业升级。通过吸引跨国公司将总部设在上海并进行全球供应链管理,从而使上海有机会尽快占据全球产业链、供应链的制高点。由此,也就能够更快地推进人民币的自由兑换。

建议将"自由贸易虚拟港"的创新模式放在上海核心区黄浦区先行先试。

(一)利用进博会发展离岸贸易,推进上海国际贸易中心的建设及其贸易枢纽功能的提升

1. 上海自贸区新片区以跨境结算为开端,大力发展离岸贸易区

"离岸贸易"是指贸易商在境外分别与出口商和贸易商签订买卖合同,货物直接由出口商销往进口商而不再经贸易商所在地的贸易模式,其主要特征是"三流"分离(订单流、货物流和资金流)(见图4)。2018年11月,沃尔沃建筑设备投资(中国)有限公司订购的设备从韩国发往尼日利亚,由境内银行提供金融服务,但结算两头均在境外。上海市商务委员会开出"白名单",这相当于为有良好进出口资质的企业提供背书,从而解决了监管机构、企业和银行之间缺乏互信机制、无法证明这笔离岸交易真实性的关键问题,完成了货物不报关入境的离岸贸易的资金结算。这标志着在政府推动下终于解决了长期困扰上海自贸区的跨境转手贸易结算难题。[①]

[①] 2018年11月,沃尔沃建筑设备投资(中国)有限公司订购设备用于"宗格鲁水电站"项目建设,货物不经过国内口岸,海关无法提供进出境单据从而无法证明货权,企业也就无法通过境内银行收付货款。之前此类离岸贸易业务只能通过沃尔沃建筑设备投资(中国)有限公司位于新加坡的东亚总部进行结算,不仅企业徒增了很多费用,要走烦琐的流程,相关贸易的税收也无法留在上海。

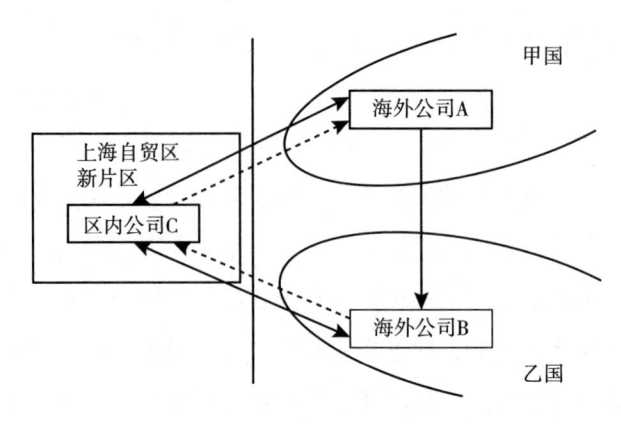

图4 （上海）自由贸易区新片区离岸贸易示意

进博会吸引了大量境外采购商参加，这为上海依托进博会构建全球贸易平台、加快发展离岸贸易提供了重要机遇。下一步应该进一步提升境外采购商的比重，使进博会从中国进口商品平台逐步演进为周边乃至亚太地区进口全球商品的平台，并由此构建高效的离岸贸易模式，从而大大提升上海国际贸易中心的贸易枢纽功能。

2. 发展具有自身特色的创新离岸贸易模式应特别注意以下事项

第一，通过先进的数字化管理系统实现对贸易数据的实时监控。离岸贸易由于两头在外，贸易真实性和资料来源可靠性是监管重点，未来，贸易监管方向应该进一步强化"一线放开"，并且进一步简化通关程序，提高通关便利性。

第二，通过制度创新为离岸贸易活动提供更为全面的金融配套保障。例如，扩大离岸账户使用范围、提升资金进出便利性。通过科技创新，为真实合法的离岸转手买卖业务提供收支和汇兑等金融服务；为支持真实离岸转手贸易发展，金融机构应提供更高效的涉外金融服务。

第三，尽快研究适应境外投资和离岸业务发展的上海自贸区新片区税收政策。发展离岸贸易，必须有特殊的税制安排，吸引跨国企业将结算总部放到上海。建议在该区域施行"三零政策"（零关税、零壁垒、零补贴）。2019年10月31日上海自贸区已推出七大举措（税收优惠、财政扶持等方面），可在此基础上继续实施具有国际竞争力的税收制度和政策；争取监管部门（比如外汇、税务、海关等部门）的支持，监管流程务必便利高效；继续推行上海商务委员会的离岸贸易商"白名单"制度，推进"无关单"资金收付便利，提高离岸贸易运作效率。

（二）利用进博会在上海自贸区新片区探索离岸金融业务

1. 建设离岸金融中心助力人民币国际化的思路

国际金融中心最重要的标志就是产品、价格的制定标准，要把上海建设为国际金融中心，关键就是要把握人民币产品定价权。

上海要做好人民币产品，首先要做好人民币跨境业务，在此基础上进一步做大做好离岸业务，从跨境转为离岸。基本思路见图5。将来的上海离岸金融中心会有各种离岸货币产品，务必以国际产品的标准来优化人民币产品。

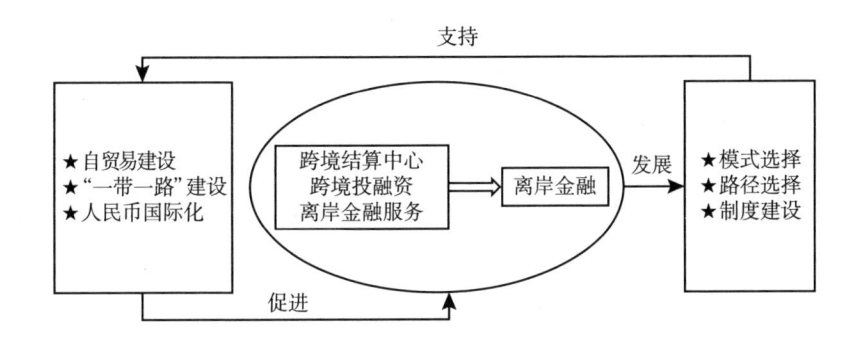

图5　建设离岸金融中心助力人民币国际化的思路示意

2. 上海利用进博会契机建设离岸结算中心，提供便利的离岸转手买卖金融服务

上海应利用进博会契机，推动人民币国际化账户的广泛使用，并全方位、多形式地提供更加优质的金融服务，比如为客户提供人民币跨境贸易融资服务或开展人民币跨境贸易融资的再融资。通过这些服务进一步优化进博会"非居民客户群"的开户服务以及授信服务，面向进博会客户提供更加

便利的离岸转手买卖金融服务，达到同业互惠的效果。通过进博会推出离岸转手买卖，这是上海成为离岸结算中心的第一步。而上海要成为离岸结算中心，其关键就是资金结算效率问题。为什么东南亚国家出口商品到中国，必须通过新加坡结算？因为国内金融机构效率太低。目前人民币支付体系已基本具备了这个能力。

人民币国际化需要建立高效的平台，具体而言就是在世界范围内最大化地建设人民币跨境支付系统（CIPS），为人民币走出去及在世界范围内的运行提供便利。另外，需要制度创新，我们需要借鉴现有国际货币体系的经验，同时也需要加以改进，使中国为世界提供的人民币跨境支付系统成为名副其实的公共产品。在此过程中，推进人民币离岸金融中心的建设和发展十分必要。

3. 落实"放管服"，真正实现离岸金融中心的低成本

离岸金融中心通常具备三个特征：第一，利率自由化（无利率上下限的限制）；第二，金融机构不设存款准备金；第三，免税（尤其是个税的避税天堂）。可见，上海建立离岸金融中心可以连接不同国家和地区，使国际资金流管道覆盖更广、效率更高，其减免税政策、相对宽松的管制以及其他金融优惠措施，将进一步降低人民币在国与国之间的转移成本。目前，我国的利率自由化和税收政策都在推进当中，但是政策空间有限。所以，以离岸市场的标准去压缩贷款利率是可以有所作为的，如要降低成本，必须通过更加专业化的分工管理从账户上进行挖潜。

4. 在上海自贸区新片区内尝试扩大离岸金融业务，实行负面清单管理

上海在建设离岸金融中心的过程中可以借鉴新加坡的经验，采用内外分离模式，在自贸区新片区范围内试点金融的进一步创新与开放，如完善汇率形成机制、创新金融监管模式、完善相关的激励与约束机制、优化人民币跨境管理流程，并借助上海自贸区新片区的贸易活动积极开展人民币跨境支付，助推离岸金融中心形成，加快人民币国际化的脚步。

首先，按离岸标准发展跨境投融资业务。根据《中国（上海）自由贸易试验区临港新片区总体方案》，上海自贸区新片区将稳步发展境外人民币

借款、双向资金池等跨境人民币创新业务，按照离岸标准发行人民币债券。通过上海自贸区新片区的平台，以金融＋科技创新的方式，帮助科创企业更快地走向国际，建议适当降低境外机构投资境内科创企业的准入门槛，尝试放开个人跨境投融资业务。

其次，开展自由贸易账户"本外币一体化"离岸账户试点工作。在上海自贸区现有片区中，FT（自由贸易）账户仍存在限制。上海自贸区新片区下一步的本外币一体化的离岸账户，必须在此前FT账户的基础上建立更为完善的新账户体系。

再次，探索资本自由流入流出和自由兑换。目前上海自贸区试行的外资企业外汇资本金"意愿结汇"，极大地方便了到上海投资发展的外资企业。为了在上海自贸区新片区试点中采取最合理、最有效的措施，监管部门可主动借鉴国外在岸和离岸业务之间更为先进的流通模式。

应该用负面清单的思维来考虑上海自贸区的创新，要有底线思维。只要守住这个底线，剩下的部分都可以进行改革和开放。上海应利用进博会率先进行贸易金融全球自由试点。

四 利用进博会实现从"传统结算方式"到"国际移动支付"的升级

货币的国际化不仅仅是一种单纯的由政府推动的行为，还是一个国家的实力足够强大而自然产生的结果。一国货币的国际化是国际市场的自发选择和该国政府的积极推动共同作用的产物。

（一）人民币国际化面临如何破解现有国际货币体系的封堵问题

2009年7月3日，中国人民银行公布了《跨境贸易人民币结算试点管理办法实施细则》，推动了直接使用人民币进行跨境贸易结算。近年来，随着中国经济的发展和对外开放的推进，人民币在国际化的道路上取得了一些进展。2015年11月30日，人民币被国际货币基金组织纳入SDR，份额居

美元、欧元之后，位列第三。"截至2018年底，人民币国际化指数RII达到2.95%……国际贸易的人民币结算份额为2.05%；在包括直接投资、国际信贷、国际债券与票据等在内的国际金融交易中，人民币计价的综合占比为4.90%；在全球官方外汇储备资产中，人民币占比为1.89%。"（中国人民大学国际货币研究所，2019）"根据SWIFT数据，截至2018年末，人民币为全球第五大支付货币，占全球所有货币支付金额比重的2.07%，排名仅次于美元、欧元、英镑、日元"（欧阳觅剑，2019）。

这些数据说明了人民币国际化迅速发展，但这只是自我比较的结果，通过横向比较，2%左右的使用份额恰恰说明了人民币国际化的滞后，与中国的政治、经济实力完全不相匹配。从经济、贸易、金融的角度来看，人民币完全具备国际化的条件，其发展滞后的主要原因在于国际政治方面。人民币国际化必然意味着对现实旧有体系的挑战，因此，受到了美元主导的现有国际金融体系的全面封堵，这是人民币国际化的主要障碍。

人民币国际化所面临的主要问题是如何破解现有国际货币体系的封堵，如何与现有国际货币体系在竞争中并存，如何在复杂的国际政治经济环境中谋求发展。这要求我们在理念、模式、平台等几个方面数管齐下，全面发力。首先，树立全新的、具有中国特色的、以平等合作为主要内容的国际金融理念，即人民币的国际化绝对不走美元、英镑的霸权老路，中国绝对不谋求金融霸权以及相应的超额利益，中国所秉持的金融观的核心在于视金融体系为公共产品，是各国经济贸易发展的加速器。在国际金融领域中，各国是平等的，应合作、互助、共赢。其次，探索全新的公共产品式的国际金融服务模式，即在具体实践的层面上探索、打造相应的金融运行模式，从制度、机制、技术等方面保证公正、平等原则的具体实施。在这一点上可以借鉴"区块链"式货币的操作经验，建立去中心化的、安全的、高效的国际金融服务模式。最终，中国贡献给世界的应该是一个开放、互联的服务平台，以高效的金融运行服务于各国的经济贸易交往。

中国以人民币的国际化操作作为探索未来服务型国际货币体系的试验田，基于"天下为公"的精神而并无私利，因此未来的货币设计并不一定纠结于人民币本身，在适当的情况下，可以建立联合货币或者超主权的货币单位。

（二）对策之一：借助进博会推进区域经济货币一体化

在具体的人民币国际化的路径选择上，现实的贸易和投资是人民币国际化的基础，"一带一路"倡议已经确立了发展原则与方向。而"一带一路"倡议本身就蕴含着平等互助的理念，其践行也必然是一个平等互助的经济合作过程。秉持着这样的理念，中国应该与所有有条件开展经济合作的国家、区域在经济合作的基础上开展金融合作。当前具有可行性、收益性的路径选择有如下一些。

1. 在"大中华经济圈"实现人民币一体化

要做好我们自己的事情，在"大中华经济圈"实现人民币的一体化建设。中国大陆、香港、澳门、台湾间的货币隔断是历史遗留问题，我们应该创造条件加以解决。随着中国的崛起，货币统一的条件日趋成熟。

2. 推进包括中、日、韩、朝、俄在内的东北亚货币合作

要推进东北亚经贸一体化建设，在此基础上构筑金融合作平台。东北亚地区各国产业规模巨大、产业类别互补、生产要素齐备、资源丰富、交通发达，具有高度的合作可行性和效应性，对这方面的论述已经十分充分，但由于一些国际政治原因，经贸合作谈判始终不能取得实质进展。例如，中日韩的经贸谈判由来已久，始终处在纸上谈兵的阶段。然而对于各国而言，生存、发展是核心的问题，日韩出于自身利益考虑，有强烈的与中国进行经贸合作的愿望，因此，"纸上谈兵"有可能会向实质操作转化。

3. 推进东南亚、中亚的自贸区建设，推进相应地域的金融合作

东南亚、中亚与东北亚国家有共同的特点，就是经济都与中国经济高度互补，具有建立自贸区的天然优势，合作收益巨大，前景广阔。而且与这些地区的国家与中国建立合作机制的建立会更容易些。对于这些地区的国家，可以采取多种方式进行合作，除了贸易和投资基础设施建设之外，还可通过以物易物的方式为其注入经济活力、优化其资源配置，促进其社会经济发

展。可以通过进博会把他们的优质资源引入国内，促进国内消费升级与双方文化交流。

我们可以比照东北亚国家的模式设计，进行相应的、因时因地的调整，在这些地域加以推广，并且不拘泥于地区和形式，无论民族与宗教，以人民币为依托，在条件适合的国家建立平等互助的经贸服务平台和金融服务平台。总之，中国为世界提供的是一个开放、兼容的服务平台，在平等互助的原则下，会延伸到世界的各个角落，造福人类。

4. 与现有国际货币体系保持"共活博弈"态势

人民币国际化可在中国不断崛起的基础之上，用扩大双边乃至区域多边合作的方式，坚持平等互助原则。这个方向与目标不能模糊与放弃。人民币国际化是配合中国崛起的重要工具。

现行国际货币体系是中国乃至世界各国所处的国际金融生态，是不能摆脱的背景环境，我们认为中西之间的博弈是围棋式的"共活博弈"而非象棋式的"零和博弈"，在全球化、信息化的大背景下，世界联系更加紧密，中西之间在客观上必然是一种竞争、协作关系，这是中西之间需要达成的共识。

（三）对策之二：借助进博会建立人民币网络化交易市场

为了增强上海国际金融中心以及进博会的服务功能，以现有的贸易、金融设施为基础，针对现实需求、面向未来发展，我们需要进行一系列网络和机制的建设与完善。当我们把眼光投向更加长远的未来时，我们需要充分估计大数据、5G、AI、超算等信息技术给人类生产、生活方式带来的本质变化，并给出超前性设计。

信息时代必然是一个不断联网的时代，就经济领域而言，如果社会成员用单一的、统一的超级集成网络来解决一切生产、生活问题，那么将带来社会福利提升，我们未来的金融体系设计应从大处着眼，在这样的框架中定位自身的行动方式和功能。如果企业可以在一个统一的网络平台上完成资质、征信、信息、征税、清算、商检、环保、物流等多种业务操作，即把一切不需要物理实体空间转移的事物全部交给信息网络,而且是统一的、集成的信息网络,就会极大地提升效率。这一平台既包括端口的资质审核,又有监督管理,关键在于交易活动在信息技术的保证下具有高效和安全的特点。可以想象,这是发展的一个必然趋势,在不远的将来必然会实现,我们不应被动地等待,而要主动地创造。

只有政府才拥有足够的资源和能力去构筑如此庞大的网络,只有政府有权力使多种既有网络融合、叠加、集成,只有政府才有公信力建立网络信用,只有政府的资源才能保证超级网络上的信息安全,只有政府有资格进行管理监督。因此,这一叠加了诸多功能的超级网络平台的建设要由政府来主导。显然,这是一个超级的、自由的、高效的综合平台,这一平台的国际拓展就意味着人民币国际化的实质提升。如果这一平台构筑成功,那么金融体制、进博会、自贸区等就自然会被其吸附,而成为这一超级平台的一部分,进而实现无形化、网络化、全球化。对于这一平台的构筑,上海同样具有丰富的资源和巨大的优势去进行探索。

1. 建立、完善基于进博会的人民币资产结算、清算机制

强大的支付功能是其他金融功能的基础,为了应对贸易、金融的国际化带来的货币流量,需要增强上海国际金融中心的资金吞吐能力,具有现实针对性地加强人民币的结算、清算机制的建设便成为重中之重。在既有条件的基础上,首先升级自由贸易区 FT 账户的功能,进一步提升人民币跨境结算的效率并扩大结算范围,进而促进自贸区背景下的人民币结算的自由化、国际化。以此为基础,谋划建设依托进博会的人民币资产清算中心,成为人民币清算中心的一个特殊分中心,以提高进博会平台上的人民币支付效率。同时,加强与伦敦、纽约、新加坡市等主要人民币离岸市场的合作,谋求建立面向世界的上海人民币清算中心。

2. 建立大宗商品以人民币结算的现货、期货市场

在当今逆全球化及各类"天灾人祸"的冲击之下,进博会对于世界各国的影响以及吸引力不言而喻,能真正体现出中国作为世界工厂的作用。依托上海建立进博会的合作机制,建立以人民币为结算货币的大宗商品交易的

现货、期货市场，就成为顺理成章的事。这为扩大人民币交易搭建了多种平台，直接推进了人民币国际化进程。

（四）对策之三：借助进博会发挥移动支付优势

中国移动支付技术在全球遥遥领先。目前支付宝用户已有10亿，海外用户超过3亿，覆盖全球54个国家和地区。微信支付已在超过49个境外国家和地区合规接入，支持16种货币的跨境支付交易。2018年中国出境的游客在交易中使用移动支付的交易额占总交易额的32%，首次超过现金支付。①

接入支付宝有三种方式：一种是直接进入这些国家，另一种是收购当地的领先支付工具，还有一种是和当地的支付巨头合作推出新的支付工具。如阿里巴巴集团已经成为印度最大的电子钱包Paytm的第一大股东，还和印度尼西亚Emtek集团联合推出了"印尼支付宝"DANA等。而微信支付更注重线下场景的布局，比如免税店、华人社区等。移动支付的使用极大地扩大了人民币的使用规模，提升了国际地位。

中国游客不兑换当地货币，直接使用支付宝或者微信支付，这些外国商家的账户又在中国，等于还是用人民币在结算，这让当地政府没有收到税费，从而使得支付宝、微信支付在个别国家被叫停。在推进人民币自由兑换及国际化的过程中，肯定会利用微信支付、支付宝等金融服务形式。在此次进博会期间，移动支付也是一种重要的支付方式。为了能够被广泛使用，必须注意保护对方的税收利益，要把账号建立在与当地政府合作的基础之上，让当地政府收到税费，只有这样才能不断良性循环、持续发展。

上海作为中国乃至世界的金融中心，必然居于人民币国际化实践的探索前沿地带，以自身优势为人民币国际化的模式、路径做出积极探索。尤其是进博会的举办，形成了主动的、强劲的引流效应和虹吸效应。在面对全球大

---

① 资料来源：《去年中国游客境外移动支付首超现金》，https：//baijiahao.baidu.com/s? id =1623272846078593965&wfr = spider&for = pc，最后访问日期：2020年3月10日。

量集聚商品的同时，需要强大的国际金融功能与之匹配。上海形成了相对超越本土的国际金融气氛，成为人民币国际化的"试验田"。我们应该利用这一环境及独特的平台进行人民币国际化的各项探索、试验，为人民币国际化的全面推广打好基础。

参考文献

丁一兵，2016，《离岸市场的发展与人民币国际化的推进》，《东北亚论坛》第1期。

欧阳觅剑，2019，《人民币国际化要为实体经济服务》，《21世纪经济报道》11月7日第4版。

王勇、王亮、余升国，2018，《自贸区离岸金融制度创新理论分析框架》，《上海经济研究》第5期。

中国人民大学国际货币研究所，2019，《人民币国际化报告2019》。

B.11
进博会与上海城市外交政策实践研究

赵银亮*

摘 要： 进博会拓展了上海城市外交的内涵，为上海积极融入全球城市网络、参与国际事务提供了机制化路径。借助进博会，上海将更加充分地发挥城市外交新职能，并与国家整体外交中的公共外交、民间外交密切结合，确定上海城市外交的发展方向，即制定有效的全球参与战略、科学合理地配置全球参与资源、积极参与全球城市网络议程设置、重塑公众参与的话语叙事。更重要的是，也对探索央地协同的城市外交集群建设机制提出了建设性的建议。

关键词： 进博会 上海 城市外交 公共产品

第二届中国国际进口博览会（以下简称进博会）搭建了全球共创共享的合作与发展平台，在新的世界经济发展背景下，这一战略举措有力地推进了世界经济和文化的交流融合，具有较强的前瞻性和重要的现实意义（姜微、韩洁等，2019）。基于进博会这一平台，上海城市外交的内涵和外延均发生了很大的变化，借助国际化视野和国际实践，上海正重新描绘全球事务参与者的宏伟蓝图，重构城市外交崭新的话语叙事。

---

* 赵银亮，上海师范大学马克思主义学院副院长、教授，上海师范大学亚洲学研究中心副主任；主要研究领域：公共外交、大国关系、国际政治经济学。

一 城市外交的功能再造：基于理论的视角

从政治学和公共管理的角度分析，城市作为担负重要职能的行为体，在国家总体外交中日益发挥着独特的作用。作为次国家行为体，城市或地方政府虽不能完全代表国家行使主权外交，但城市外交在某种程度上可以反映国家外交的特点、倾向和趋势。[1] 通过积极参与国际事务或外交活动，城市能够进一步增进国家的整体外交活力。城市外交主要体现为城市利用其特殊身份所体现出来的优势为国家大外交提供服务。如果从主要目标来分析，城市旨在通过一系列积极有益的制度性安排或活动，实现国家利益和城市利益的契合，进而提升城市在对外交往中的重要性，改善其在国际社会中的形象，同时为市民和国家提供安全、福利等方面的服务（熊炜等，2013）。在国家和城市之间的冲突中，城市可以发挥次国家行为体的功能，利用与对方国家城市的传统友好关系充当两国关系的游说者、协调者与和平计划的参与者，为促进本国与其他国家之间的友好关系做出自己的贡献（龚铁鹰，2004）。从不同的维度来看，与公共外交和民间外交一样，城市外交在国家的整体外交政策中具有独特的使命。城市外交有助于推进相关方建立多层次的相互信任，提振各类行为体在面对问题与冲突时的信心。不同城市都有自己独特且有效果的治理经验，能够为其他国家或城市提供决策参考，提升城市在特定领域的治理效率，也能够增进彼此的物质与精神财富，增强彼此的身份认同。

（一）城市外交的性质和内涵

城市外交具有丰富的内涵，国内外学界多从"城市"和"外交"等概念本身出发进行解读。这里有两层含义：一是需要厘清两者之间的界限，

---

[1] 关于城市外交的理论思考，可参见高尚涛，2010；郭定平，2006；戴蒙德等，2006；周振华等，2010；谢文蕙等，1996。

二是需要在两者之间寻求契合点或说支撑点（赵可金等，2013）。诚然，城市外交有其历史渊源和现实意蕴，但纵观城市外交的发展演变历程，可以将其看作特定语境下的外交形态，是基于中央政府的授权或指导而进行的参与国际事务的活动。从总体目标来看，作为特殊行为体的城市的外交活动，是为实现国家对外政策和城市繁荣等一系列利益或愿景，与其他机构（官方和非官方）围绕非主权事务而开展的制度化行动（哈特金，2006）。

从研究议题来看，城市外交大致涵盖了理论和实践两个维度（李小林，2016；Friedman，1986；唐海华，2015）。从理论维度进行考察，学界着重从国外城市比较的角度，并基于世界城市的外交实践，不断探索我国城市外交的可能走向及路径，这些研究主要为我国当前的城市外交发展提供智力支持。如果说这样的研究大体催生了我国城市外交的本土理论构架，那么其至少从以下层面进行了理论分析和阐释：其一，从全球层面来看，迅猛发展的全球化和世界的相互依赖，对我国地方和城市的公共产品生产有着怎样的影响；其二，从城市层面来看，全球不同发展水平的城市，及其内在的不同利益，如何反过来影响或重构世界经济格局，如何以及以怎样的方式和程度，影响着全球和区域经济力量的整合；此外，城市力量以怎样的机制或形式嵌入地方乃至国家外交决策事务的进程。

从实践维度进行考察，改革开放以来我国城市发展迅速，通过研究城市外交的机制和转型途径，能进一步提炼和总结我国城市外交的"国际化经验"，并为世界范围内的城市外交研究提供"中国思路"或"中国方案"。

城市外交通常被理解为地方外交的一种形式。它是"外交与城市实践"之间的相互作用，旨在以有利于当地公民的安全、保障并增进其全球利益，同时以特定的方式促进国际环境变化（Acuto, Morissette, and Tsouros, 2017）。作为地方行为体的城市，在参与国际事务的进程中有助于提升国际总体形象，并增进国家整体利益（Acuto and Rayner, 2016）。

表 1　城市外交的类型与主要特征

城市外交类型	主要特征
基于地域的全球参与	城市外交不一定总出现在国际事务的场域中,也可能发生在城市中。城市可以依托自身的市场、政治和文化优势参与国际事务
市政外交政策	世界主要城市日益重视国际交流活动。在实践中,这一功能的演变相当于为城市明确了自身的"外交政策",这种演变至少可以追溯到20世纪70年代
双边关系	城市之间建立双边关系仍然是国际层面、地区层面和国家间交流互动的重要方式,城市之间的合作历史悠久
城市网络	城市网络可能是基于地域的全球参与、市政外交政策中最常见的实例,它们将地方创新与国际合作结合起来,将城市与其他国家和国际行为体联系起来
新型市政城市网络	通常所谓的国际网络,不仅仅限于城市间的双边合作或正式的城市网络;实际上,城市外交政策的上述两种模式仅是更为广泛意义上城市外交的冰山一角,城市外交架起了城市和世界联系的桥梁

注：该表主要基于芝加哥全球理事会针对全球 27 个全球城市的分析整理而成。

在 Acuto 等（2018）调查和研究的 27 个全球城市中，约 69% 的城市积极参与国际事务，约 19% 的城市较少参与国际事务，而另有 8% 的城市基本不参与国际事务。Acuto 等（2018）的报告显示，超过 3/4 的城市有专门用于城市外交的财政预算，但是在大部分城市中，这项专门预算仅占城市总预算的 1% 左右。研究表明，大部分城市用于城市外交的专项预算在过去五年内并未显著增加。那些参与国际事务的城市，其政策初衷很大程度上主要服务于地方政府更为广泛的目标，而且资金严重不足。

研究显示，约有 88% 的城市积极参与全球城市网络，而另有 10% 左右的城市很少参与全球城市网络（Acuto et al.，2018）。另外，Acuto 等（2018）认为，在调查和研究的 27 个全球城市中，几乎所有的被调查对象都认为城市外交对于城市的长远发展产生了积极的影响，另有超过 75% 的被调查对象表示，加入全球城市网络并与其他城市开展合作，能够实现知识和信息共享、直接的商贸交流合作，以及推进共有知识的产生。

城市外交是通过城市与其他"地方"参与者的接触实现的，体现了广泛的实践，包括"促进交流、谈判协议、收集信息、防止冲突以及参与国际社会"。[①] 如今,城市外交的性质和范围不断深化与扩大,实现城市在世界舞台上影响力扩大的关键是制定有效的全球参与战略。那么,我们需要进一步思考:实现这个战略需要赋予城市哪些必要的资源和能力?如何在战略选择上与城市的国际视野和利益联系起来?

(二)功能驱动下的城市外交

从世界范围内的实践来看,尽管通过全球城市网络的各种倡议和活动,许多城市能够在世界舞台上发挥作用,但这种作用主要是由功能驱动的,而不是政策导向的。也就是说,城市外交框架主要围绕城市的功能目的构建(Curtis,2016)。在许多城市中,此类活动是分散的甚至是临时性的,而不是由一套连贯的城市政策指导和联系(Toly,2008)。根据城市的目标和组织设定,大致可以确定城市外交的五项关键功能:促进经济发展;组织或参与国际交流活动;参与全球政策合作与行动;推动公众参与;举办国际活动(Toly,2008)。

促进经济发展是城市外交的重要目标,城市参与国际事务的主要途径是参与国际贸易。城市利用其全球联系来促进经济发展,从旅游业到对外直接投资(FDI)都体现着城市外交的经济职能。在全球化飞速发展的时代,城市管理者倾向于通过国际合作加强与全球企业和投资者的联系,通过贸易活动和对外投资,增强城市发展的外在动力(郑伯红,2005)。

组织或参与国际交流活动,参与全球政策合作与行动,也是城市外交的重要功能。城市通过自身或者联盟的方式,深化对国际事务的广泛和深入参与,并通过谈判和集体行动来寻求利益的最大化。比如,当前研究城市外交不得不提及全球一些有影响的城市联盟,如 C40 等,这些联盟依托合作机制,共同应对全球非传统安全问题,包括气候变化、打击极端主义和恐怖主义等。通过加入国际或区域性的城市网络,在更为灵活和富有弹性的合作框

[①] *Chicago's Global Strategy: A Model for Effectively Engaging the World.* Chicago Council on Global Affairs, June 2017.

架内,能够实现城市间的合作,实现共有知识生产的共享,进而影响国际合作议程。

从研究和实践来看,城市外交的最新发展动向,或许也内在蕴含着城市内部的公众参与。在城市外交的实践中,多样化的国际交流活动,不仅有助于提升城市在全球的影响力和品牌形象,而且也能通过公众参与建构公众活动的公共空间,进而弥合城市大众在不同维度和领域的认知差异,促进城市大众共识的达成,并进一步增强城市精英和大众的认同感与凝聚力(苏宁等,2011)。在西方国家城市战略中,一个很重要的面向,即通过一系列国际交流活动,使公众间建立信任和协作关系,增进少数族裔对政府的信任,推动城市社区的自治能力建设。

通过举办国际活动,城市外交被纳入国家外交的总体部署,也将重构国家外交决策的议程。举办不同类别、不同性质的国际活动,是城市布局全球参与战略、提高城市品牌形象和影响力的重要路径。从贸易协定到绿色能源实践,从世博会到进博会,上海以自己独特的角色转换,诠释了新时代城市外交的功能演变。从奥斯汀市举办的SXSW到丹佛举办的"美洲双年展",城市主体参加各种文化活动和备受瞩目的活动,对城市外交产生了重大影响。对纽约而言,联合国大会和其他以联合国为中心举办的活动,使纽约市可以定位为有影响力的全球行动者,并与国际社会和当地公众进行互动。

有关城市外交的研究,日益成为国际学界关注的重点之一,而研究的重心也日益趋向对城市外交能力提升的思考和探索。尤其是,公共管理和政治学界已拓宽了自己的研究视域,从城市等非国家行为体和国家行为体的互动的角度进行思考。在他们看来,一方面,越来越多的城市在应对非传统安全层面的挑战方面逐渐被赋予更大的权力;另一方面,包括外交决策和实践在内的一系列权力边界,也因全球化和区域化的发展而变得模糊。从实践发展的趋势分析,上述权力逐渐从民族国家向城市转移,那么,城市外交能否成为城市确立自己作为全球参与者的地位及增进其当地公众的全球利益的平台?(Acuto,2017;Acuto and Rayner,2016)相较于国家总体外交,城市外交被赋予怎样的时代意涵,又将如何处理跨国事务或跨国关系?显然,上述

问题依然需要深入研究（Katz & Nowak, 2018; Wang, 2006; Acuto et al., 2018）。

二 进博会：上海城市外交功能的重构

21世纪的特征是所谓的"世界城市"或"全球城市"现象，它们构成了领导当代经济活动的地点和市场（Curtis and Acuto, 2018）。鉴于这些变化，需要研究城市经济地位的重要性，以及它们在国际事务中的社会和政治影响力。依托进博会，上海如何掌控自己的命运、重塑自己的国际形象并对当代全球挑战做出回应？城市可以为大都市圈、国家和全球的经济繁荣做出贡献，但在塑造以稳定、和平与安全为特征的良好社会中能够发挥什么作用？

（一）"全球城市"：城市外交演进的逻辑思路

随着全球化的深入推进，城市的发展已不仅仅局限于传统的政策思路和框架，也不仅仅局限于传统的地域空间和既有功能，城市正在重新寻找新的定位。通过信息技术和大数据的广泛运用，信息时代的城市已被赋予新的职能和发展空间，世界城市或全球城市的发展愿景，已不仅仅停留在地理学研究的空间范畴，而迅速成为引领全球生产要素流动继而影响全球经济活动的重要实践。同时，城市的本质内涵和主要功能也不可避免地经历着深刻的结构性嬗变。从历史维度进行考察，那些曾经依靠工业发展进行财富和资本积累的西方城市，在国家和全球经济生活中的地位正在下降。这些变化，带来的不仅仅是国家财富和权力的地区乃至洲际转移，同时也可能带来有关现代性的诸多反思和悖论。历史的思考或许会对当前城市的发展提出一些严峻的学术问题，比如，近代以来的城市变迁和城市权力转换，其内在的动力是什么？在全球生产要素重新配置和新技术革命的背景下，在适应新的经济增长机会及培育成熟市场的进程中，城市究竟扮演着什么角色？与此相关的是，具有独特国际合作和交往能力的城市，是否将改写世界经济发展版图？是否能够重构国家对外政策？

有学者、智库曾围绕全球城市（世界城市）的演进路径进行了深入研究，也提出了针对这一研究的新范式。这一范式主要从下列维度绘制全球城市的等级水平：跨国公司在不同城市的集中度、城市间运输和通信网络的便捷度、金融资本的集中度等。根据这些指标，研究者大致列出了排名最高的所谓全球城市，其中包括纽约、伦敦、东京、巴黎、法兰克福、苏黎世、阿姆斯特丹、悉尼等，这些城市（大约有40个）与圣保罗、墨西哥城、孟买和首尔等所谓的新兴世界城市密切互动，基本构成了世界经济发展的概貌。研究表明，上述这全球城市或世界城市正在设法实现独立于国家之外的积极互动，也在从根本上重组国际经济格局。

另一项研究由全球化与世界城市研究网络组织（GaWC）负责，该机构旨在对城市职能进行定量研究。研究表明，全球城市的数量和类型在最近几十年有了很大的变化。据该机构的数据，在当前全球100多个全球化程度较高的城市中，有44个是人均实际GDP低于25000美元的中等收入和低收入城市。这一数据主要指向国际金融中心城市的变迁，但同时也基本印证了全球经济发展趋势和城市经济功能的发展脉络。但该机构同时指出，除了上述全球化程度较高的100多个城市之外，还有许多有发展潜力的城市并未被纳入世界经济的发展版图中，尽管更多的城市正以多种方式实现与全球经济的协同发展，并为城市区域经济发展提供生产和服务等公共产品。

由此而言，我们今天讨论城市外交或者全球城市发展，就需要结合历史和现实实践，分析不同城市在历史长河中所经历的时代变迁和功能演进，换言之，需要理解并尊重不同城市在全球经济中各自担负的不同使命及定位。事实上，无论是诸如纽约、伦敦等全球城市，还是墨尔本、加尔各答等发展中城市，都在全球经济布局和世界发展中发挥着各自的重要作用。为此，部分国际研究机构也从城市的经济、社会特征、城市外交的绩效等方面做了统计学意义上的研究。研究认为，衡量投资绩效是评估城市发展潜力和城市外交影响力的重要依据，按照该机构的分类评价，世界城市大致可以分为三类：一是发达的世界城市。此类城市汇集了高度全球化和竞争激烈的大都市经济体，其技术、资本和人才的聚焦程度最高，主要代表是六大全球城市——伦敦、纽约、巴黎、东京、香港和新加坡市。二是新兴世界城市。此类城市是全球大中型新兴经济体的商业和政治中心，也是跨国公司进行贸易和投资的重要门户，此类城市包括上海、北京、伊斯坦布尔和圣保罗等，这类城市的城市间差异较大，发展也极不均衡。三是新世界城市。此类城市多属中小型城市，但大都有良好的基础设施和生活质量，并且与全球市场联系紧密，布里斯班、墨尔本和波士顿是典型的新世界城市。此类城市，有的拥有高新技术或较强的创新研发能力，如维也纳、慕尼黑和特拉维；有的具有深厚的文化、旅游和历史底蕴，如巴塞罗那、柏林、迈阿密和开普敦等，这些城市在全球"生活质量"和"可持续性"指数上排名靠前，在吸引人才、资本、服务等方面有着较强的竞争力，如奥克兰、哥本哈根、温哥华和维也纳。

基于对上述城市发展维度的分析，需要思考另外一个重要的问题，即：在历史发展传统上注重地方政治的城市，如何与全球化这一发展大势相契合？要寻求这一问题的答案，恐怕就需要分析全球化时代人类社会生活和经济发展所面临的挑战，以及这些挑战的性质和类别。

全球化和世界经济发展不仅对国家和政府提出了挑战，更对城市提出了较高的要求，而国家治理能力的弱化，又从另一方面赋予城市等次国家行为体责任和使命。当今，城市在处理地区公共问题方面的责任越来越大，包括环境污染、公众健康、公共安全、气候变化、移民问题和经济福祉等，这就需要城市继续发挥其独特作用（Johnson，2018）。而作为对上述挑战的回应，城市尤其是全球城市，就需要增强在国际舞台上的城市合作机制，并通过建设全球城市网络，来积极应对前所未有的严峻挑战。当前，全球已有200多个城市网络连接跨边界和大洲的地方政府，其对全球经济政治甚至外交领域的影响不断增大（Verhelst，2017）。

需要指出的是，无论上述全球城市网络的力量如何增长，都无法改变一些重要的前提：城市外交是城市代表国家或地方政府，与其他国家、地方政府、企业、非政府组织和个体进行交流互动的具体体现，其职责和行为限度不能超越国家或地方政府的授权（Buis，2009）。但同样需要指出的是，如今，城市外交已不仅仅是一种象征性的关系或局限于文化交流层面，其在塑造全球发展议程方面的潜力逐渐得到认可（Robinson，2011）。

寻求扩大城市的国际影响力和全球性参与，主要基于以下条件或基础：一是制定明确的全球参与战略。城市外交立足于通过城市网络或城市联盟的共同倡议，进行包括经济、人文、政治等在内的多层面、多维度的合作与共享，为此需要有较为明确的国际战略，以厘清城市外交的定位和职责。二是科学合理地分配和部署资源。城市外交不仅需要有科学的预算机制，也需要有对现有资源进行整合并合理配置的体制，及确保资源最大化效用实现的协调机制。在这个意义上，在城市外交的实践中，不能期望所谓的全球城市均衡地分布在世界不同区域的城市网络中，同时要优化不同城市的职责和定位。三是科学地评估城市外交的绩效。城市要运用科学的分析工具和机制来评估其参与国际事务的效应和风险，并评估区域或全球城市网络的运行绩效。评估所获信息需要在一定范围内、一定程度上与大众共享，后者有权利知晓城市在改善其生活质量和精神生活方面的贡献度。四是探索城市影响国际议程的途径和手段。城市一旦确定了其在全球范围内的角色作用，就需要通过国际合作和交流，参与并组织双边性、多边性的制度化磋商或谈判，并依托自身的知识资源、技术资源、资本资源等生产要素，有效地开展城市外交。

从理论上看，全球城市参与国际事务的上述基础，也能够通过理论分析实现逻辑上的自洽。在漫长的政治发展长河中，始终有一些传统的逻辑假设在影响着我们对国际社会行为体的判断和认定。虽然全球形势发生了根本性的变化，但在部分国际政治学者看来，国家仍然是最具影响力的政治实体。他们认为，自1648年《威斯特伐利亚条约》确认了民族国家主权概念以来，国家就是最重要的行为主体；有现实主义者更是坚持自己思维的逻辑起点，即当今世界依然弥漫着无政府状态的全球体系的文化，在全球经济生活和政治生活中，国家的地位依然难以撼动（Boudry，2008；Buekens，

2006)。

但是随着全球化的到来，上述基于传统现实主义视野的理念正在悄然发生变化，国家已不再被视为国际关系中唯一重要的实体（Bell, 1989；Giddens, 2002；Keohane and Nye, 1977）。考虑到国家逻辑与全球化逻辑之间的根本差异，这些思考是有道理的（Kangas, 2017）。随着信息技术和大数据技术的发展，城市成为全球交往的主要行为体和知识生产的主要供给者（Robinson, 2002）。正是在新的情势引领下，城市获得了足够的资源与合法性来从事对外交往活动，在推进经济增长、政治民主、技术进步、文化繁荣等方面发挥着不可替代的重要作用（Shatkin, 2007）。

（二）进博会与上海城市外交：新的功能重构

无论从规模看还是从创新程度看，第二届进博会比首届进博会都有了较大提升。全球首发的新技术和新产品，以及供应链和产业链合作的深化程度，都极大地拓展了国际合作的空间，也对上海城市的功能提升和转型提出了更高的要求。

1. 进博会助推上海加速融入全球城市网络

全球城市网络的主要功能在于通过自愿、互利的原则建立共赢的架构和协作模式。与其他制度性平台不同的是，全球城市网络具有自身特殊的属性，比如通过进博会，上海将全球公共产品所拥有的知识、数据、信息、标准等内在要素，在具有开放性、包容性和创新性的公共空间中实现快速集聚，不仅有利于提升上海获取国际优质资源的能力和机遇，而且能增强中央政府对次国家行为体的赋权能力和意愿。更重要的是，进博会为上海进一步融入全球城市网络并参与议程设置提供了重要平台。有学者在对53个全球城市网络进行了详细列表分析后认为，在诸多全球城市网络类型中较为活跃的当属应对气候变化的C40（李昕蕾、任向荣，2011）与世界城市和地方政府联盟（UCLG）。而发展中国家的大中城市则较少加入此类平台，这就大大制约了上海、曼谷等城市在全球议程设置、知识信息分享、话语表达等方面的能力（Keiner & Kim, 2007）。

从国际学界运用全球城市理论的研究范式来看,更多学者关注的是从经济全球化的层面分析城市在世界格局中所处的层级和位置,这种单一思维的惯性是西方城市观和城市外交模式的深层体现(汤伟,2017)。这样的研究同时也向我们提出了严峻的命题,即城市外交虽然从形式上讲是次国家行为体的对外交往活动,是基于城市公众利益和国家公共利益的对外行为,但这样的对外交往不能仅仅被理解为技术或贸易层面的交往,更多的时候需要将这种交往置于促进城市内部治理体系改革进而使城市主动参与国际事务的语境下观察和思考,即:通过诸如像进博会、世博会这样的国际交往平台,上海可着力推进内部治理效能的有效升级,增强上海城市外交的合法性、自主性和有效性。而要实现这一效能的升级,就应给予城市更多的管理自主权,其中包括城市公众的积极参与、相对开放的决策机制等。

进博会为上海城市外交提供了国际驱动力,增强了上海城市外交的主动性和创新热情。在某种程度上,进博会通过生产要素尤其是商品贸易和技术贸易集聚,激发了上海内在的自主发展诉求,为上海城市空间的重组提供了强大的牵引力量。当然,这样的牵引有个前提,即上海城市外交与国家总体外交高度契合,与国家发展战略趋向和世界经济发展大势密切联动。

从另一层面来看,上海的城市外交与中小型城市外交(或称外事活动)仍有着较大的差异。作为全球城市的上海,对于管理自主权有着更多的战略谋划、制度需求及资源要素禀赋等内在诉求,挖掘上海城市的潜力,就需要从两个维度对其进行分析:一是作为国家治理单元的普通行为体,上海需要紧密对接国家战略需求和对外交往需要;二是作为特大型城市,上海也担负着全球城市的光荣使命,即要在全球空间资源配置中发挥促进生产要素流动和管理的功能,并在这样的管理过程中自觉培养对外交往的能力、责任心和改革的决心,由此也培育了上海城市外交的国际驱动力、制度改革的空间和资源禀赋的运用能力。进博会为上海实现这样的功能回归或者说全球空间重组,提供了极佳的实验平台和空间。

2. 进博会丰富了上海城市形象的战略叙事

从理论上讲,战略叙事是在特定的场域下,借助多层面的话语表达,行

为主体通过议题选择、议程设置和描述策略，对受众进行有效传播并取得预期收益的管理过程。其中，战略叙事中的核心关键词是叙事的"可信度"与"通达机制"，即：通过话语表达或话语重塑，达成行为主体间的认同和理解，而达致理想叙事效果的策略、手段和载体是其中的重要环节。

进博会所呈现的即是这样的叙事场景。其中，叙事主体不仅包括政府及其派驻机构，也包括企业、非政府组织和个体。围绕进博会所展开的一系列国家展、企业展、高层论坛、双边和多边谈判，则构成了叙事场景中的一个又一个微观叙事平台，并由此最终建构起宏大的进博会叙事脉络。无论是国家与企业间合作空间的开拓，还是新思想、新理念、新技术的共享，都从不同维度和领域描绘着进博会叙事的"工笔画"。

第二届进博会展示了世界 500 强和行业龙头企业的新产品与新技术，这些高新技术和成果的展示，打造了国家叙事的品牌空间，这是一个由非国家行为体——企业——所构建的主题环境，旨在从空间上体现高新技术背后所蕴含的国家发展理念。而进博会通过对场景的设置，重新定义了高新技术的内涵和发展前景，这些理念通过适当的方式进行传递和交换，引发了参展商和各国政府的共鸣。

事实上，关于国家战略的微观叙事，折射的是城市外交在软实力发挥方面的功能。尽管根据基欧汉和奈的理论思考，软实力统筹与民族国家紧密联系在一起，但在全球化的今天，城市外交已经较好地诠释了软实力发展的多重推动力量（基欧汉、奈，2002）。一定程度上讲，城市外交是更大范围内国家外交的延伸，是国家价值观、理念和思想的实践路径。当然，除了高新技术所蕴含的价值理念，包括人文交流、品牌推广等，也成为城市外交推动国家软实力提升的重要手段和途径。

3. 进博会拓展了上海城市外交的公共空间

近年来，世界经济发展的趋势之一，是世界舞台上的全球城市规模日益壮大，其重构世界经济和权力网络的力量正在增强。全球城市通过多样化的国际参与方式，在地区和全球治理中发挥着独特的作用。无论是在促进全球经济增长方面，还是在解决全球非传统安全问题方面，学者们都提出了以城市为主导的解决方案,希望能在政府主权之外寻找不同于传统的对策思路。另一方面,通过日益形成的全球城市网络,在共识的指导下开展经济合作,灵活多样的合作形式为全球治理注入了新动力。

关于城市公共空间的扩展,及城市外交公共产品的供给,都是近年来城市外交研究的热点议题。历史学家乔尔·科特金在其著作《全球城市史》一书中认为,尽管城市的变迁千差万别,但实际上城市主要在政治、经济和精神三个方面发挥作用(科特金,2014)。随着时间的推移,城市的功能也发生了变迁,城市体现的社会多样性特征也越发明显。密集的人类活动、充满创新的思想等,有效拓宽了城市服务公众的空间和平台,同时也赋予城市不同的特色。但无论城市面貌如何改变,研究者依然就一些方面达成了共识,即城市始终是信息、知识和思想的交汇点,也是商品和资本集聚的中心,更是公共行政的核心。正由于具有这些优势,城市在区域经济和社会秩序方面的重要作用得以凸显。

如今,进博会也赋予了上海这座城市在新的历史方位中的新使命和新角色。进博会期间,上海首先是国际贸易和商品的汇集地,是国际社会交往和人文交流的重要空间,更是城市创新和社会活力再现的载体。此次进博会吸引了来自150多个国家和地区的3000多家企业签约参展,参加的国家、地区、国际组织和参展商均超过首届(李笑萌、张云,2019)。进博会期间的上海,更展现了全球社会关系的空间形态,不仅为国际社会的贸易增长和商品交换提供了平台,也为全球公共产品的供给提供了崭新的平台。

进博会正在重构全球经济关系和社会关系,与经济学家提到的"集聚效应"类似。通过进博会,大大拉近了传统经济学认知中的物理空间,依托信息技术重新构建生产要素聚集的空间视域,在进博会的展馆中即可实现信息、知识和思想的共享与交互,由此最大限度地提供了制度、技术和文化等公共产品。比如,上海诸多龙头行业和公司,不断承接进博会的溢出带动效应,逐渐打造为引领国际贸易发展的新高地;而上海也通过集聚海外贸易机构,不断打造为具有特色的国际贸易机构集聚平台和提供服务功能的重要载体。这些都将有效对接中央关于长三角发展的战略,打造区域发展和城市

发展新的增长极。

4. 进博会增强了上海城市外交议程设置的能力

进博会推动上海城市外交的外延进一步拓展，并由此增进上海城市的软实力。城市软实力的表达和实现，主要源于城市所拥有的自然禀赋和生产要素特征。与国家一样，城市不仅仅由行政管理机构及其相关机制共同构成，更因其中包含教育文化组织、商业组织、市民社会，从而使其相比国家而言，更具有灵活性和温度。而城市的软实力正是上述所有生产要素及非生产要素相互作用的产物，这就使得城市在国际事务中能发挥独特的作用。

在当今的全球化时代，世界经济的形态越来越多地由城市定义并通过城市进行调节。城市是世界经济相互联结的物理港口和虚拟节点，这种连接正在建立更加紧密的相互依存关系，并通过全球公民的互动产生共同的收益。随着城市之间的联系日益紧密及经济相互依存，一种新型的全球大都会主义正在兴起。

进博会主题聚焦，即"新时代，共享未来"，不仅在贸易方面打造了新型的交流平台和通道，而且也逐渐跨越行业和领域，实现多维度和多层面的融合，这样的融合对上海而言意义重大。通过进博会，上海市实现了城市外交与公共外交的交融。公共外交是国家软实力的组成部分，是政府试图将国家总体外交体现的价值观和思想系统地向外部受众呈现的尝试。与政府相比，非国家行为体能够更多地发挥软实力作用。学界通常使用"城市外交"一词来指代城市中范围更广的国际活动，包括一些可被归类为纯经济发展的活动，例如旅游业的促进或吸引外国直接投资（FDI）的活动。但是，学界倾向于将旨在倡导城市经济发展或政治利益的活动与利用城市固有软实力的举措区分开来：市民社会的文化关系活动实际上是对城市思想的总结。作为软实力的一种体现，城市外交与国家外交有着不同的路线。但城市可以是构成国家战略的重要组成部分，可以制订自己的国际参与计划。因此，各国可以选择城市作为其外交工具的一部分，问题是：一个城市可以或需要从国家议程中获得多大的管理自主权？

大多数城市从事国际交往活动，其主要目的是确保经济利益。无论是通过将城市定位为外来投资目的地还是举办大型活动，城市领导人所说的目标通常都强调改善城市形象以促进经济增长。在具有全球流动性的经济中，城市凭借其吸引投资的能力快速成长，因此，对城市而言，应对全球经济危机就需要进一步加强国际贸易，吸引投资和高端人才。从经济维度来讲，城市外交的主要目标是促进投资、塑造城市品牌，或者通过贸易平台加强国际合作、促进旅游业发展并吸引高端人才。

以第二届进博会为例进行观察，进博会促进了上海市的进一步开放升级：仅从虹桥国际经济论坛来看，其议题设置聚焦营商环境、人工智能、世贸组织改革、电子商务、共建人类命运共同体等前沿领域，进一步突出开放发展和创新引领，也体现了中国支持经济全球化和多边贸易体制的决心。

城市外交不仅仅增强了城市的贸易或投资活动，而且城市设置国际活动议程的能力也在不断增强。尤其是像上海、纽约、巴黎等国际性大都市，日益融入全球城市网络之中。不仅在国际交流的舞台上，而且在许多国际组织或国际机构中，也越来越多地出现了城市活动的身影。近年来，越来越多的国际组织或国际机构强调城市在国际事务中角色的转变。例如，世界银行建立了一个"城市抗灾小组"，旨在帮助城市应对气候变化等危机，应对挑战、分享最佳实践，同时建立了一系列科学的城市化评估体系。无论是国际机构还是国际组织，都积极关注全球城市的可持续发展，共同分享城市发展信息，并由此成为全球城市发展的推动力量。

一方面，通过城市外交和信息技术的融合，可以打造全新的数字时代和数字空间，这将大大缩短物理空间的距离，将彼此并不相识的群体纳入统一的场域中进行创新性的合作；另一方面，数字空间或数字城市的产生又将带来一系列更深层次的问题：城市外交的动力是主要来自器物层面和制度层面的交流，还是更多地来自不同企业和个体共同打造的共有知识？从这个意义上讲，城市外交本应内在地体现城市精英和大众的价值追求，或者说，从根本上体现了城市的公共价值观。因此，有研究认为，城市外交战略必须优先考虑公众的价值认同和精神追求。一项成功的城市外交战略，应积极融入全球城市网络之中，并增强公众对城市国际责任和义务的认同感，进而积累城市的国际化经验，这或许是提升城市软实力的最佳路径。

从政策含义来看，政府和国家的决策者，应认真研究城市外交在软实力战略中发挥作用的机制和方式。这就需要中央政府为城市提供愿景规划方面的支持，另一方面也要给予城市更多的管理自主权，使其能够最大限度地发挥国际影响力和吸引力。需要注意的是，中央政府在下放管理自主权的同时，也需要慎重考虑不同城市提升全球影响力的目标和能力，并帮助制定科学的发展战略。

需要指出的是，城市外交的推进唯有与城市公众的现实利益和愿景基本一致时，才能实现最佳的城市外交目标。在这样的场域中，城市精英和大众能够通过包括进博会在内的国际活动这一平台，实现国际参与这一美好愿景；而城市中的教育、文化等机构，也可以融合城市精英和大众的共同发展理念，共同推动城市软实力的提升。

从世界政治的发展趋势和全球治理的复杂性角度思考，仅仅依靠民族国家或者国家集团的力量无法有效应对新的挑战；而全球城市网络的构建，将能够为全球治理贡献独特的公共产品和管理经验。当下，经济要素、社会力量和文化要素的充分流动，再加上民族国家对国家主权和利益边界的基本诉求，加剧了全球治理的难度，因而城市在处理非传统安全议题方面的作用不断得以强化。作为创新思想和创新技术的源泉，城市在全球共有知识生产、思想引领和人才聚集方面，有着独特的功能，也能为全球问题的解决提供新的方案。城市有责任推动自己积极融入全球城市网络，积极参与国家和全球的治理进程，这不仅有助于城市本身软实力的提升，更重要的是，通过对国际事务积极、广泛的参与，城市外交将逐步实现与国家外交战略的契合，进而丰富和创新公共外交的内涵与实现方式。

三 进博会促进上海城市外交实践的政策思考

进博会的举办，是我国在新的世界经济发展背景下努力开放市场的重大举措，是我国推进新一轮高水平对外开放的一项重大决策。基于我国总体外交布局和地方外交政策发展趋势，关键的问题是：如何激发城市发展的活力？如何厘清城市外交发展的目标和路径？从近年来我国地方政府和城市的外交实践来看，其主要从三个维度进行思考和创新发展：一是坚持和服务于新时代我国外交的总体目标；二是服务于地方政府和城市的经济社会健康快速发展；三是依托和服务于地方及城市的国际交流需求。

基于上述目标，需要不断完善城市外交机制。当前，长三角一体化战略已发展为国家战略，而上海的发展不仅可以推进长三角一体化发展，在此基础上还进一步延伸，将长江经济带和辐射中西部的重任与使命系于一身，这样就全面凸显了上海的桥头堡地位和作用；而将举办进博会、服务"一带一路"建设与落实长三角一体化发展国家战略等重点工作结合起来，也正是进博会的溢出带动效应所在。为此，上海需要积极推进并构建央地协调的城市外交集群，具体可以从部门协调和事务集聚等方面进行创新性机构重组。统筹上海的地方外事部门，并积极协调不同部门的对外事务；在此基础上，也须充分发挥企业、智库、媒体等关键行为体的作用，为构建灵活、高效、务实的城市外交共同体（集群）献计献策。

第一，借助进博会，将上海打造为世界最佳城市实践区。实践区集中全球卓越城市所拥有的共创空间、实践方案，也为全球城市提供城市外交实践的平台。通过进博会，上海将逐渐发展为全球城市的枢纽，在推动全球城市合作、设置全球城市议程等方面发挥引领作用。借助进博会，上海连接亚太、欧洲等发达国家经济圈，全面提升上海的城市能级。更为重要的是，进博会汇集了全球优质的资源和要素，将进博会的"中国元素"融入全球城市发展中，而上海也日渐成为全球城市网络的新节点和增长极。

与此相关的是，上海须充分挖掘进博会为提升城市综合竞争力而集聚的内在驱动要素。当前，作为全球特大型城市的上海在综合竞争力方面所面临的问题，主要集中在技术创新、制度环境、可持续发展等方面，进博会则为上述瓶颈问题的解决提供了方案和参考。相关政府部门和智库可充分利用进博会高层论坛、企业对话会等机制，提升城市治理的精细化、科学化水平。

第二，借助进博会的新技术和新产品，上海不仅能够进一步发挥进博会

的制度创新优势，也能够在这样的对接中极大地激发制度创新热情和潜力。尤其是，在对接国际贸易规则、探索环境保护、政府采购、知识产权管理和争端解决等方面，不断加大公共产品的供给和生产力度。经过未来一段时期的探索，上海需要继续完善通过举办进博会形成的机制体制，探索建立亚太地区协同发展服务中心，搭建亚太示范区国际智库交流平台、示范区数据库和指数库、人才库，进而搭建区域电子商务和国际贸易展示平台，推动生产要素在亚太地区乃至更大范围内加速流动和优化配置。

依托进博会，上海可以在开放型经济创新方面提供更多的公共产品。进博会旨在围绕世界各国的特色优势商品与服务，通过供需商家、创新创意、市场信息、专业人士与高层决策者及国内外媒体的现场集聚，特别是通过品牌看点的竞争性展示、多样化选择和分散式决策，以不同行为体的认知互动来增进合作，进而促进国际贸易规模的扩大，形成贸易投资全球化合作的市场共同体，构建中国与世界互融互通的开放型经济。进博会以进口市场大开发满足人民美好生活需要，通过供给侧结构性改革实现经济增长动能转换，以国际合作公共产品构建人类命运共同体。

第三，从进博会和"一带一路"的联动机制来看，上海可以发挥关键的引领和链接作用。上海的城市管理水平和贸易信息枢纽港的建设，已为上海充分发挥进博会平台的溢出带动效应奠定了坚实的基础。上海应以举办进博会为契机，构建以亚太地区为主体的双核全球价值链和贸易投资网络。同时，也应逐步建立以亚太区域为核心的世界投融资服务体系，深化全球贸易投资体系改革，并形成以中国为主体的双核全球价值链分工体系。

第四，提升上海区域贸易治理效能，并打造助力我国企业"走出去"的机制平台。依托举办进博会形成的体制机制，上海全球治理能力将得以稳步提升；依托自贸区试点聚焦构建国际化、法治化营商环境，上海可以为我国企业跨境投资、参与国际贸易等提供便利，探索形成企业"走出去"的发展模式，打造助力企业开展境外投资和成长为世界企业的重要孵化、交流和推广平台。

第五，借助进博会，上海须进一步加大对城市空间的重组力度。以全球城市作为主要发展愿景,上海拓展城市空间的方式不仅仅局限于政策驱动,更需要借助进博会实现功能驱动。如果说通过政策驱动可以实现上海与全球生产网络和价值链的对接,通过政策创新可以实现制度体系的进一步完善,通过产业结构调整可以实现功能的升级,那么,进博会对上海城市的空间重组及功能重构产生了更为深远的影响,提供了更具时代意义的启示,即:上海城市空间重组围绕开放化和市场化等维度,通过城市网络的制度化嵌入和功能驱动,全面提升上海在全球城市网络中的层级,积极、主动地进行制度创新,实现企业与国际经济接轨。

四 结语

进博会昭示中国正在加快高水平对外开放步伐。持续推进更高水平对外开放是中国着眼于未来长期发展的必然选择,需要抓住一些重要问题加以解决。当前,我国公共外交迎来了前所未有的发展机遇和广阔舞台,要把推动上海全球城市合作作为公共外交的切入点和着眼点,通过增强上海城市的软实力和影响力,推动上海在全球城市网络中发挥重要作用。在此过程中,应逐步把上海民间智库企业纳入国家总体外交,通过战略谋划,借助民间外交来体现上海城市外交特色。

从未来发展来看,进博会所带来的文明形态、文化风格,都对上海城市外交提出了功能拓展的新要求。以开放、包容和创新为品格的上海,将日益发挥促进全球城市文化发展的功能(于宏源,2017)。一方面,上海将不断吸收世界各国的优秀文明成果,另一方面也需要将中国的品牌提升到全球文化层面,这将是上海城市外交的一项重要使命。

参考文献

高尚涛,2010,《国际关系中的城市行为体》,世界知识出版社。

龚铁鹰，2004，《国际关系视野中的城市——地位、功能及其政治走向》，《世界经济与政治》第8期。

郭定平，2006，《世博会与国际大都市的发展》，复旦大学出版社。

姜微、韩洁等，2019，《秋天里的乐章——第二届进博会巡礼》，http://www.xinhuanet.com//2019-11/10/c_1125214671.htm。

李小林，2016，《城市外交——理论与实践》，社会科学文献出版社。

李笑萌、张云，2019，《新进博　新故事　新期待》，《光明日报》11月5日第9版。

李昕蕾、任向荣，2011，《全球气候治理中的跨国城市气候网络——以C40为例》，《社会科学》第6期。

路易斯·戴蒙德等，2006，《多轨外交——通往和平的多体系途径》，李永辉译，北京大学出版社。

罗伯特·基欧汉、约瑟夫·奈，2002，《权力与相互依赖》，门洪华译，北京大学出版社。

乔尔·哈特金，2006，《全球城市史》，王旭等译，社会科学文献出版社。

乔尔·科特金，2014，《全球城市史》（典藏版），王旭等译，社会科学文献出版社。

苏宁等，2011，《金融危机后世界城市网络的变化与新趋势》，《南京社会科学》第8期。

汤伟，2017，《发展中国家巨型城市的城市外交——根本动力、理论前提和操作模式》，《国际观察》第1期。

唐海华，2015，《"联邦制"的误用——中国央地关系再审视》，《文化纵横》第3期。

谢文蕙等，1996，《城市经济学》，清华大学出版社。

熊炜等，2013，《城市外交：理论争辩与实践特点》，《公共外交季刊》春季号。

于宏源，2017，《城市外交和上海参与"一带一路"的高端定位》，《城市管理》第4期。

赵可金等，2013，《城市外交：探寻全球都市的外交角色》，《外交评论》第6期。

郑伯红，2005，《现代世界城市网络化模式研究》，湖南人民出版社。

周振华等，2010，《上海：城市嬗变及展望（1949~1978）》，格致出版社。

Acuto, M. 2016. *Global Cities, Governance and Diplomacy: The Urban Link*. London: Routledge.

Acuto, M. and Rayner, S. 2016. "City Networks: Breaking Gridlocks or Forging (New) Lock-Ins?" *International Affairs*, Vol. 92, No. 5, pp. 1147-1166.

Acuto, M., De Kramer, H., Kerr, J., Klaus, I., Tabory, S., & Toly, N. 2018. "Toward City Diplomacy: Assessing Capacity in Select Global Cities." Chicago Council on Global Affairs.

Acuto, Michele and Steve Rayner. 2016. "City Networks." *International Affairs* 92（5）：

1147 – 1166.

Acuto, Michele, Mika Morissette, and Agis Tsouros. 2017. "City Diplomacy: Towards More Strategic Networking? Learning with WHO Healthy Cities." *Global Policy* 8, no. 1.

Bell, D. 1989. "The World and the United States in 2013." *Daedalus* 116 (3): 1 – 31.

Boudry, M. 2008. "*What Social Constructivism Ought to Tell Us about Psychoanalysis (and What This Would Reveal about Itself).*" Ghent: Ghent University.

Buekens, F. 2006. *Freuds Vergissing. De illusies van de psychoanalyse.* Leuven: Van Halewyck.

Buis, Hans. 2009. "The Role of Local Government Associations in Increasing the Effectiveness of City-to-city Cooperation." *Habitat International*, Vol. 33, No. 2, pp. 190 – 194.

Curtis, Simon. 2016. *Global Cities and Global Order.* Oxford University Press.

Curtis, Simon and Michele Acuto. 2018. "The Foreign Policy of Cities." *RUSI Journal*, Vol. 163, No. 6, pp. 1 – 10.

Friedman, John. 1986. "The World City Hypothesis." *Development and Change*, Vol. 17, pp. 69 – 83.

Giddens, A. 2002. *Runaway World: How Globalization is Reshaping Our Lives.* New York: Taylor & Francis.

Johnson, Craig A. 2018. "Introduction: The Power of Cities in Global Climate Politics." In Craig A. Johnson (ed.), *The Power of Cities in Global Climate Politics: Saviors, Supplicants or Agents of Change?* London: Palgrave Macmillan, pp. 1 – 23.

Kangas, A. 2017. "Global Cities, International Relations and the Fabrication of the World." *Global Society 31* (4): 531 – 550.

Katz, B., & Nowak, J. 2018. *The New Localism: How Cities Can Thrive in the Age of Populism.* Brookings Institution Press.

Keiner, Marco & Arley Kim. 2007. "Transnational City Networks for Sustainability." *European Planning Studies*, Vol. 15, No. 10, pp. 1369 – 1395.

Keohane, R. O. and Nye, J. S. 1977. *Power and Interdependence: World Politics in Transiton.* Little Brown.

Robinson, J. 2002. "Global and World Cities: A View from off the Map." *International Journal of Urban and Regional Research 26* (3): 531 – 554.

Robinson, J. 2011. "Cities in a World of Cities." *International Journal of Urban and Regional Research*, Vol. 35, No. 1, pp. 1 – 23.

Shatkin, G. 2007. "Global Cities of the South: Emerging Perspectives on Growth and Inequality." *Cities 24* (1): 1 – 15.

Tabory, Sam. 2017. "City Diplomacy and Urban Difference." *Public Diplomacy Magazine*,

October 17.

Toly, Noah J. 2008. "Transnational Municipal Networks in Climate Politics: From Global Governance to Global Politics." *Globalizations* 5, No. 3, pp. 341 – 356.

Verhelst, Tom. 2017. "Processes and Patterns of Urban Europeanisation: Evidence from the Euro Cities Network." *Territory of Research on Settlements and Environment*, Vol. 10, No. 1, pp. 75 – 96.

Wang, J. 2006. "Localising Public Diplomacy: The Role of Sub-national Actors in Nation Branding." *Place Branding* 2 (1): 32 – 42.

B.12 进博会与上海科创中心建设联动发展研究

余运江*

摘　要： 近年来，上海认真贯彻执行习近平总书记做出的"要加快向具有全球影响力的科技创新中心进军"的重要指示，深入实施创新驱动发展战略，加快建设具有全球影响力的科技创新中心，"四梁八柱"初步建成，基本框架体系加快形成，重大科技创新成果不断涌现，取得了一系列实质性突破。进博会已在上海成功举办两届，成为众多新产品、新技术全球首发的重要平台，这为上海进行跨境技术合作提供了重要机遇，可以有效促进上海科创中心建设。为此，上海要持续跟踪进博会上出现的新产品、新技术、新服务；以产业链招商为抓手，吸引进博会上的高科技企业和研发公司落户上海；密切关注进博会上展出的数字技术；进一步加大跨境开放创新合作力度；依托进博会，探索实施更为便利的研发技术和进口贸易政策；更加重视知识产权保护，切实打消参展企业顾虑。

关键词： 进博会　上海科创中心建设　联动发展

一　六年多来上海科创中心建设成效显著

2014年以来，上海认真贯彻落实习近平总书记做出的"要加快向具有

---

* 余运江，上海立信会计金融学院副教授，主要研究方向：城市经济。

全球影响力的科技创新中心进军"的指示精神，不断深入实施创新驱动发展战略，汇智聚力，加快建设具有全球影响力的科技创新中心。经过六年多的建设，上海科创中心"四梁八柱"初步建成，基本框架体系加快形成，重大成果不断涌现，取得了一系列实质性突破。目前，上海研发投入占全市GDP的比重达4%，每万人口发明专利拥有量近48件，综合科技进步水平始终处在全国前列；① 战略新兴产业产值占全市GDP比重不断增大，从2015年的15%提高到2018年的16.7%，科技创新对经济社会发展的贡献逐步提高。②

1. 独角兽企业不断涌现，高科技产业发展迅速

一方面，上海独角兽企业规模总体上处于全国领先地位，企业数量逐年增加。有关数据显示，截至2018年底，上海有34家独角兽企业，占全国的21%，总估值达1325亿美元，占全国的18.6%。③ 企业质量也在持续稳步提升，科技含量和估值不断增长，陆金所入选全国超级独角兽前十位，估值约210亿美元，小红书和依图科技两家独角兽企业入选"全球最具颠覆性企业50强"榜单。另一方面，上海高端产业集群化发展良好，人工智能、集成电路、生物医药等产业成效显著。上海人工智能产业呈现"头雁效应"，拥有22家"中国人工智能100强企业"，产业规模约700亿元（《新民晚报》，2019），聚集了人工智能行业领军企业、独角兽企业、本土人工智能企业、初创企业等各梯队企业，形成了完整的产业生态。2019年1月，微软、IBM等国际科技巨头入驻张江科学城的人工智能岛，围绕人工智能、云计算、区块链等数字产业项目，提供5G测试场景等应用场景供企业开发和测试使用。集成电路产业规模快速扩大，2018年上海集成电路销售额达

---

① 《上海加快建设具有全球影响力的科技创新中心五年以来的主要进展》，http://kw.sh.gov.cn/P/C/156782.htm，最后访问日期：2019年12月20日。
② 《上海市2018年国民经济和社会发展统计公报》，http://www.tjcn.org/tjgb/09sh/35767_3.html，最后访问日期：2019年12月20日。
③ 恒大研究院：《中国独角兽报告2019》，https://www.fengli.com/news/23392550.html，最后访问日期：2019年12月20日。

1450亿元，占全国的1/5，[①] 上海集成电路的设计业、制造业和装备材料业逐步替代封装测试业，成为主导产业。生物医药产业呈现细分产业集群化发展，2018年生物医药产业实现经济总量3250亿元，同比增长7%（沈湫莎，2018）。其中，位于浦东张江的上海国际医学园区产业集中度在90%以上，汇聚了1151家企业、26家第三方医学检测机构、400多家医疗器械企业和300多家生物制药企业。[②]

2. 研发与转化功能性平台加快推进，平台服务能力稳步提升

研发与转化功能性平台创新管理运行机制不断完善，多项政策相继推出，引入社会多元投入机制，试点"机构式资助"方式，探索财政资金"退坡"机制，以合同形式约定平台的绩效考核标准，通过专业机构进行考核评估。首批18个研发与转化功能型平台加快建设，重大创新成果开始涌现：上海微技术工业研究院建成全国首条8英寸"超越摩尔"研发中试线和硅光子技术平台，孵化的CMOS集成六轴传感器技术被认定达到业界领先水平；类脑芯片平台研发的人工智能芯片等受邀在国际集成电路会议上展示。平台陆续开始为企业提供服务，营业收入实现较快增长，生物医药、智能制造、机器人等战略性新兴产业的上下游企业均在平台上获益。生物医药平台累计对外提供服务40万次；安全创新功能型平台在"嫦娥三期"探月工程、上海地铁无人驾驶线路、新能源汽车等领域，提供保障工业系统功能和信息安全的技术支撑，实现了百万元级营业收入；上海微技术工业研究院2018年服务产业销售收入1.5亿元，较2017年增长115%；石墨烯平台达成了7项成果转化项目合作，2018年营业收入突破百万元。[③]

---

① 《市政府新闻发布会日前召开 介绍上海科创中心建设五年来主要进展成果》，http://www.shanghai.gov.cn/nw2/nw2314/nw2315/nw18454/u21aw1384237.html，最后访问日期：2020年1月20日。
② 《上海将打造一批尖端健康产业创新集群，"5+X"健康服务业园区"首秀"》，https://www.sohu.com/a/277759421_712054，最后访问日期：2020年1月20日。
③ 《两项成果入选"中国科学十大进展"，阿尔茨海默病新药获重大突破，为上海这一年点赞》，http://stcsm.sh.gov.cn/jdbd/2019nshfkjjldh/cxbd/156653.htm，最后访问日期：2020年1月20日。

3. 知识产权领域各项服务加快推进，知识产权保护力度显著加强

2012年，上海市政府印发了《上海知识产权战略纲要（2011~2020年）》，明确提出建设亚太地区知识产权中心城市。2016年2月，上海市出台《关于加强知识产权运用和保护支撑科技创新中心建设的实施意见》，聚焦知识产权运用和保护。2017年7月，中国（浦东）知识产权保护中心成立，开启专利快速审查"绿色通道"，压缩企业专利申请的授权周期，实现知识产权领域快速审查、快速确权和快速维权的"三个快速"。该中心还与上海知识产权法院等合作，打造集确权维权、公共服务和人才培养等功能于一体的平台，为企业提供知识产权领域的"全链条"服务。

4. 长三角区域间开放共享程度进一步提升，区域协同创新体系加快建立

逐步构建长三角区域科技服务体系，推动长三角区域内科技创新资源共享和协同管理。沪、苏、浙、皖一市三省科技部门共同建立"长三角区域大型科学仪器协作共用网"，截至2018年底已整合区域内近1200家法人单位的26700多台（套）大型科学仪器设施。[①] 近两年来，上海共有120多家服务机构的1900多台/套大型仪器为沪、苏、浙、皖29000多家企业提供了共享服务，涉及样品约439万件，服务费用约14亿元。[②] 上海还与苏、浙两省建立了"科技创新券"跨区域互认互用机制，可通过科技券提供服务的机构有850多家，大型科学仪器8900多台/套，服务项目1832项。[③] 2019年4月，"长三角科技资源共享服务平台"正式开通，长三角科技资源共享水平不断提升。

5. 国际科技交流合作体系进一步完善，"请进来""走出去"日益频繁

通过签订科技合作协议的方式，加深国际合作交流。上海已与19个国家和地区签订政府间科技合作协议，支持约500个国际科技合作项目。2018

[①] 《长三角科交会"扩容"，打造创新合作示范新模板》，https：//m. sohu. com/a/343294015_114986，最后访问日期：2020年1月20日。

[②] 戴丽昕：《长三角大型科学仪器设施资源共享》，http：//www. duob. cn/cont/848/205943. html，最后访问日期：2020年1月20日。

[③] 黄婧：《上海推动长三角科技资源开放共享的主要做法》，http：//www. istis. sh. cn/list/list. aspx？id=11530，最后访问日期：2020年1月20日。

年，上海市政府与以色列科技部签署《关于开展科技合作的备忘录》，明确了双方在生命科学、农业技术、能源与环保技术等领域开展联合实验室、共同资助、政策咨询、交流研讨等多种形式的合作。同时，依托浦江创新论坛、滴水湖论坛和世界人工智能大会等高规格国际学术活动，积极扩大国际合作范围。举办浦江创新论坛期间，上海市科委与英国创新署签订了合作备忘录（2016年），落实在技术转移、联合研究等方面的多项科技合作成果；与葡萄牙共同探讨制定"面向2030的科技创新合作战略规划"（2018）；与新加坡签署了沪新两地政府部门、仲裁机构、金融机构和企业间5项合作备忘录（2019年）。滴水湖论坛充分发挥了顶尖科学家的科技创新引领作用，围绕"科技，为了人类共同命运"的主题，深入研讨技术前沿、产业发展、成果转化等问题。世界人工智能大会打造了世界顶尖的人工智能合作交流平台，聚焦人工智能领域的技术前沿、发展趋势和热点问题，吸引国家领导人、全球最具影响力的科学家和企业家、相关领域知名人士开展高端对话。此外，上海还主动参与全球科研项目，提升其在全球科技创新领域的影响力，2012～2017年上海的国际双边合作增加了近160%，国际合作论文数量增长了106%。[①] 拍摄首张黑洞照片的全球200多位科研人员团队中，来自中国大陆的16名学者中有8位隶属中国科学院上海天文台。[②]

二 贸易争端背景下美国寻求技术"脱钩"给上海科创中心建设带来冲击和影响

一直以来，上海科创中心瞄准关键核心技术、"卡脖子"领域持续发力，培育产业集群，在关键共性技术、前沿引领技术、现代工程技术和颠覆

[①] 《上海的国际双边合作增加了159%，从一张黑洞照片看上海的国际科研合作》，https://www.jfdaily.com/news/detail?id=144162，最后访问日期：2020年1月20日。
[②] 《骄傲！首张黑洞照片背后的中国力量：200多位科学家中有16位来自中国大陆》，http://www.myzaker.com/article/5cadeeec77ac6440164a7732，最后访问日期：2020年1月20日。

性技术方面不断取得新突破,以科技为引领促进经济发展。中美贸易争端爆发以来,美国致力于寻求中美技术"脱钩",《人民日报》对其进行了无情揭露。美国的意图很明显,就是不断围堵中国高新技术发展,将中国锁定在全球价值链的中低端。这将对上海科创中心建设带来不利影响。

1. 贸易争端可能会走向高科技领域的竞争

2018年初以来,中美贸易摩擦不断加剧。美国在高科技领域对中国进行封锁。美方不顾近年来双方在加强知识产权保护、扩大市场准入、促进双边贸易平衡等方面所取得的众多实质性进展,也不顾及全球价值链中"合则两利,斗则俱伤"的简单道理,执意采取关税措施和科技封锁策略,意图在于全面遏制中国崛起。

虽然两国签署的贸易协议稍微缓解了紧张局势,但无法解决根本分歧,高科技领域的竞争将长期存在,我国科技开放创新和全球合作交流面临的不确定因素增多。

2. 美国寻求对华"技术脱钩"对上海科创中心建设的冲击和影响

总体上看,在中美国高科技竞争的背景下,上海要建设具有全球影响力的科技创新中心,特别是要建成全球科技创新的枢纽和节点,难度将明显加大。上海通过海外并购获得海外技术的难度将明显加大,创新人才的培养和引进将受到重大影响。目前美国限制中国留学生选读机器人、航空航天、先进制造等敏感专业,同时为两国科学交流设置障碍,限制华裔科学家在高科技企业就业。长期看,这不利于上海创新人才学习、接触美国先进技术;外资企业的技术溢出将减弱,美国采取的限制"技术转让及知识产权"方面的措施将影响在沪美资企业的技术溢出。美国采取的封锁新兴技术、供应链"断供"等手段,加深了高科技外资企业特别是美资企业对在沪投资的顾虑,上海吸引外资高科技企业、外资研发中心的难度将加大。

从在沪跨国公司来看,产业链布局将出现重大调整。从长远看,中美贸易摩擦有可能改变未来跨国公司的全球产业布局,即将销往海外市场特别是美国市场的离岸生产转移到海外,而将销往中国市场的在岸生产集聚到中国国内，从而使上海产业链布局出现较大调整。此外，全球技术贸易争端导致企业对国际技术合作的前景产生不良预期，高端科研仪器获取、科学数据交换和应用软件使用等都存在受阻风险，亟待突破技术贸易管制。

从上海产业来看，人工智能、集成电路等产业将受到直接冲击。美国是上海技术进口的第二大来源地，随着中美贸易摩擦加剧，上海人工智能、集成电路、生物医药、航空航天等产业领域的关键零部件和原材料进口均受到影响。

三 进博会为上海吸引全球高新技术、促进国际合作交流提供了重要机遇

美国对我国进行技术封锁限制，在短期内会对供应链和关键技术形成压力，但从长期来看，这种手段必然是难以奏效的。美国政府虽然极力抵制中国国际进口博览会（以下简称进博会），也没有派高级别政府官员参加，但美国企业却非常积极，参展面积居各国首位。进博会已经成为众多新产品、新技术全球首发的重要平台，这为上海进行跨境技术合作提供了重要机遇，可以有效促进上海科创中心建设。

1. 两届进博会经贸成果丰硕，号召力和影响力逐步凸显

首届进博会创造了多项国际博览会纪录，参展企业数量、展位面积、嘉宾人数等方面都超出预期，具有国别分布广、企业质量优、展品技术强、采购规模大、世界影响深的世界级展会鲜明特色。来自五大洲的172个国家、地区和国际组织参会，3617家境外企业参展，220家世界500强和行业龙头企业参展，展览面积达30万平方米，130多个参展国家实现成交，成交总额超过578亿美元，成为国际博览业史上的一大创举。① 从各展区来看，服务贸易展区32亿美元，服装服饰及日用消费品展区34亿美元，消费电子及

---

① 《首届中国国际进口博览会成功举办》，http://ncec.com.cn/getIndustryNewsDetil.do?articleId=8080AF338E2E2918E053470018ACA592，最后访问日期：2020年1月20日。

家电展区43亿美元,医疗器械及医药保健展区58亿美元,汽车展区120亿美元,食品及农产品展区1276.8亿美元,智能及高端装备展区近165亿美元。①"一带一路"沿线国家收获颇丰,累计意向成交约47亿美元。② 6天展会期间,还累计举办了370多场形式丰富的配套活动。在为期3天的供需对接会上,1178家参展商和2462家采购商开展了"一对一"洽谈,这些参展商和采购商来自82个国家和地区,具有广泛的代表性,总计达成进一步实地考察意向601项,现场敲定意向成交657项。③

第二届进博会期间,国家会展中心（上海）展馆内商贾云集、热闹非凡,共有391件全球或中国大陆首发的新产品、新技术或新服务展示出来,累计有380多场内容丰富、形式多样的配套活动成功举行。交易采购成果十分丰硕,累计意向成交金额约711亿美元,按一年计比首届增长23%。专业观众注册总人数超过50万人,有7000多位境外采购商慕名前来,展会国际化程度和国际采购比例进一步提高。从采购商行业分布来看,中国大陆企业中32%来自制造业、25%来自批发和零售业,采购商的专业性进一步增强。与首届进博会相比,第二届进博会为期3天的展期供需对接会人气更旺、签约速度更快,据不完全统计,平均每6分钟现场就能敲定并签约一项合作协议,共有1367家参展商和3258家采购商进行了面对面、"一对一"洽谈,累计达成成交意向2160项。④ 这些参展商和采购商来自103个国家和地区,具有较强的代表性。有一个例子能反映现场成交热烈程度,义乌的一家企业,在现场仅用半小时就和全球知名肉类供应商一拍即合,当即签下了5000万美元的订单,刷新多项纪录。

---

① 《578.3亿美元! 首届进博会成果丰硕》,http：//finance.sina.com.cn/roll/2018-11-11/doc-ihnstwwq5565683.shtml,最后访问日期:2020年1月20日。
② 《进博会上的"一带一路"故事:58个沿线国家深度参与》,https：//www.yicai.com/news/100060372.html,最后访问日期:2020年1月20日。
③ https：//finance.sina.com.cn/roll/2018-11-10/doc-ihnstwwq2483684.shtml,最后访问日期:2020年1月20日。
④ http：//www.wfsnjx.com/jingji/30077.html,http：//finance.ifeng.com/c/7rUSx2oY9Ym,最后访问日期:2020年1月20日。

2. 全球技术加快引入，众多"黑科技"不断涌现

首届进博会上，首次亮相中国的展品有 5000 余件，全球或中国大陆首发的新产品、新技术或新服务就有 570 多件。① 初步统计，有 101 件先进产品、技术或服务为全球首展，有 476 件为中国大陆首展，② 各类"高精尖特新"一流展品集聚。货物贸易板块分为六大展区，即汽车、高端装备、消费电子、医疗医药、日用消费品、食品及农产品，包括通用电气、德国大众、高通、雀巢、欧莱雅集团和罗氏等众多国际顶尖企业均在首届进博会上亮相。医疗器械及医药保健展区汇集了 300 多家参展企业，罗氏、阿斯利康、强生、赛诺菲、拜耳等全球医药行业巨头均参展，③ 并与 21 家三甲医院实现定向对接。首届进博会的举办推动了医疗领域进一步开放，如阿斯利康的抗肺癌药物奥希替尼（泰瑞沙）仅用不到两个月的时间就通过了中国药监局的审评，创造新药申请速度最快纪录。默沙东的 9 价宫颈癌疫苗（佳达修 9）凭借其显著的效果，在短短 9 天内就获得了中国药监局的批准，创造最快的有条件批准上市速度。美敦力公司的 Micra 经导管植入式无导线心脏起搏系统比预期提前一年获批上市。服务贸易板块细分为五大展区，包括文化教育、服务外包、物流服务等。其中，物流服务专区全面展示全球供应链服务能力，全球前 20 强物流服务企业如 FedEx、UPS、DHL、DB Schenker、C. H. Robinson、Agility、德迅、日通等大部分亮相；在综合服务领域，瑞士 SGS、法国 BV、挪威 DNV GL 等国际一线标准认证机构，与国内企业一同实质推动国际标准化工作。此外，谷歌作为文化产业展区的亮点，展示了数字化时代的虚拟博物馆和最新科技在复活艺术与文化方面的运用。

第二届进博会首发的新产品、新技术超过首届。首发新产品、新技术或

---

① 《新时代高水平对外开放的里程碑》，https://baijiahao.baidu.com/s? id =1617263301104135250&wfr = spider&for = pc，最后访问日期：2020 年 1 月 20 日。

② https://baijiahao.baidu.com/s? id =1649704761920352533&wfr = spider&for = pc，最后访问日期：2020 年 1 月 20 日。

③ http://www.xinhuanet.com/2018 -11/03/c_ 1123657485.htm，最后访问日期：2020 年 1 月 20 日。

新服务达391件，共组织53场新品发布活动，涉及领域包括全球领先的工业机器人、材料加工及成形装备、航空航天装备、工程机械、集成电路、智慧家居、智能家电、服务机器人、在线娱乐、可穿戴设备、新能源等。倘徉科技生活展区，众多新产品让人一饱眼福，魔术吸油烟机、折叠屏手机等更是令人眼前一亮。医疗医药展区的新技术、新产品亮点突出，包括世界上最细的胰岛素注射针、抗癌产品、感光变色隐形眼镜、康复器械、手术机器人等。从全球最新的抗癌药到全球首发的建筑垃圾粉碎设备，从亚洲首发的巡逻快艇到可穿戴外骨骼机器人，更多高精尖科技走进中国，走进中国人的生活。与首届相比，第二届进博会对科技装备和服务业的采购进一步提升，航空发动机、自动装备、第四代"达芬奇"手术机器人等众多高精尖产品被装进了"购物车"。进博会参展国中，西班牙、意大利、瑞士、德国、奥地利等国掌握机械设备及关键零部件技术，荷兰、芬兰等国在清洁能源和环保领域拥有全球顶尖技术，俄罗斯在军事、航天领域及法国、英国在民用航空领域都属于佼佼者，上海可引进不同国家的不同优质技术。

花王集团推出了在日本先行发售的化妆品、护肤品，为大宝宝定制的专用纸尿裤妙而舒，以及"省时又省力"的新型家务用品。"画皮"技术受到众人关注，该技术是将"定制"的皮肤纤维喷在脸上，短短十几秒后便会形成一层薄膜，修饰肤色之余，人们可在此基础上直接上妆，等到需卸妆时，直接撕去薄膜即可。这一超细纤维技术具有"毛细管吸力"，能在很大程度上提高配合使用的化妆品的持久度和均一度，同时皮肤还能湿润。

跨国医药保健公司葛兰素史克（GSK），携全球首个且唯一治疗系统性红斑狼疮生物制剂贝利尤单抗亮丽参展。作为1955年以来美国FDA批准治疗系统性红斑狼疮的第一款药物，以及全球首个治疗红斑狼疮的生物靶向制剂，贝利尤单抗的露面改变了我国近60年系统性红斑狼疮患者无新药可用的困境。

科技生活展区松下电器展馆里有一款变形的可搭乘型智能机器人，它可在陪伴型机器人和交通工具两种模式之间切换。该机器人可以通过解析摄像头等传感器捕捉到外在信息，成功构建并再现其周围的实景地图。在机器人模式下，人工智能技术得以陪伴人类；在交通工具模式下，它可以变形并高速旋转，带来超高体验的人机一体感受。

德国金属固废处理和建筑垃圾粉碎设备生产厂家带来了全球首发建筑垃圾循环利用破碎机。据介绍，这种机器每小时可处理约 200 吨建筑垃圾，拥有全球专利保护的先进刀轴技术，既可移动也能固定安装。只要一键按下去，便可将建筑垃圾等固废以每小时数百吨的超快速度变废为宝，可以满足循环经济发展的迫切需求。

第四代"达芬奇"手术机器人是第二届进博会上的"网红"产品。达芬奇手术机器人采用了人体工程学原理，放大倍数比人的肉眼高出 10 倍以上，外科医生借助它能够拥有立体式高清视野，手术精确性明显增加，手术效果进一步提高。这一尖端机器人将高端科技和人机控制相结合，必然成为外科医生的好帮手，做到眼睛和手的自然延伸。

瑞典放射治疗解决方案提供商医科达带来了"智能化精准放疗全流程"解决方案。在这个方案中，人工智能应用和新一代通信技术是突出亮点。人工智能技术可以进行"自主学习"，融合学习顶级医疗专家的诊疗经验，并对医生制定肿瘤治疗方案起到辅助作用。借此，可以激活高级别医院的放疗专家资源，打通全国数量众多的基层医院资源，形成一张巨大的囊括众多专家的高端医疗资源协作网络。

3. 进博会为上海科创中心建设带来重要机遇

进博会已经产生了广泛的积极效应，对我国推动供给侧结构性改革，实现经济质量变革、效率变革、动力变革注入了持久动力。举办进博会，有利于引进先进生产要素，以进口中间品、关键技术、生产性服务等方式，激发企业自主创新动力，加快国内产业升级换代，进一步提高全要素生产率。举办进博会，有利于我国在全球范围内优化配置资源，通过进口优质产品和服务，倒逼国内企业改进工艺、创新技术、降低成本，重塑我国在全球产业价值链中的地位。参展的人工智能、移动通信、工业自动化与机器人、节能环保装备等，与我国产业结构调整、消费升级等领域的改革方向契合，既能加强中外企业在传统领域合作的深度和广度，也能激发我国相关产业的危机感，从而激发企业自主创新动力，进一步加快国内产业升级换代。作为进博会的举办地，上海"近水楼台先得月"，承接进博会的三大效应。

一是技术溢出效应。通过资本积累或总供给增加，进口贸易可以产生显著的技术溢出效应，从而提高上海科技要素的配置效率，进一步提高上海的全要素生产率。有关理论认为，科技研发支出和人力资本增加都能促进技术进步，进博会展示商品中富含的知识、研发和人力，可以对上海科技产生正外部效应，间接增加上海的资本积累，促进上海科创中心建设和经济社会发展。每届进博会拥有近百万规模的采购商，展示数以百计的首发产品和服务，上海可以通过模仿吸收这些展品中的先进技术实现自身技术进步，并促进新的适宜技术的产生，实现技术溢出效应。

二是产业结构优化效应。进口贸易基于各国资源禀赋和比较优势，会促进稀缺要素价格降低，从而进一步优化高端要素和资源的配置。上海劳动生产率高的部门可以吸收其他部门的生产要素，通过要素流动促进科技进步和产业升级。上海相关企业将对标进博会的先进技术，加大研发投入，迫使效率低的市场主体清出，从而优化上海产业结构，推进科创中心建设和提升产业竞争力。

三是消费福利效应。改革开放以来，上海人民收入水平和生活水平不断提高，消费模式和消费需求日益多元。近年来，上海市民境外购物需求强烈，一定程度上反映了本市优质产品价格偏高和供应不足。进博会提供了一个重要平台，可以较大规模引进世界一流产品和优质服务，从而在较大程度上提高上海在家政、养老、医疗等方面的供应能力，促进消费升级。

四 发挥技术溢出效应，推动进博会与上海科创中心联动建设的政策建议

通过进博会积极扩大国外优质产品进口，既是我国捍卫全球贸易规则、推动全球贸易繁荣的重要举措，也是促进我国相关技术进一步升级和经济高

质量发展的重要平台。通过主动开放市场、加大国内产业竞争，促进相关行业和市场主体产生压力，倒逼产业结构调整和转型升级。上海可以跟踪吸收进博会上展示的最新产品和先进技术，充分提高先进制造业等行业的创新能力和技术开发能力，激发相关产品升级和关联产业发展，切实促进上海科创中心建设。

总的来说，要坚持自主创新和国际合作相结合。上海应立足自身优势，在不断提升自身能力的基础上坚持自主创新，掌握关键核心技术的所有权，紧紧跟牢世界科技前沿，深入实施以质量和效益为核心的科技创新战略，不断突破关键核心技术，吸引、集聚高端科创人才，实现上海科创中心建设持续稳步推进；同时，也要认识到进博会对国际投资和创新促进的巨大作用，特别是高科技迅猛发展的时代更要加强国际交流。上海要抱有开放、创新之心，与国际上友好国家、友好城市、先进企业、进步人士共同开展高新技术合作，拓展上海科技创新的"朋友圈"，从而实现原始创新、集成创新、引进技术再创新同步发展。

为此，要依托进博会在上海举办的有利契机，密切跟踪展会上的一流企业和先进技术，大力开展科创合作和精准招商，引进新产品和新技术，推进产业链延伸和项目落地。要加强进博会数据的精准分析，推动参展企业从参展商转变为贸易商，从贸易商转变为投资商，从而在进口贸易促进创新示范区投资投产，实现本土生产、本土销售。在对一流贸易企业和跨国公司总部加大吸引力度的同时，更加重视并抓住细分行业优秀企业，针对"隐形冠军"和独角兽企业，积极开展有针对性的招商，支持其在上海发展壮大。

1. 持续跟踪进博会上出现的新产品、新技术、新服务

一是抓住进博会汇聚全球创新产品和技术的机遇，引进人工智能、生物医药、集成电路等领域的重点产业发展急需的产品，加快提升产业核心竞争力。二是积极对接技术先进参展国资源，积极谋求合作机会。三是加快推进全球顶尖技术装备展示、交易，选择资源基础好、发展潜力大的平台载体，如临港世界级智能制造产业中心、外高桥国际智能制造服务产业园，实现全球顶尖技术和装备保税展示，提供相关专业服务，提高技术引进效率。四是

充分利用进博会这一平台加强国际合作，吸引国际知名创新孵化中心入驻上海，鼓励在沪外企联动设立开放式创新平台，促进外资研发平台和资源进一步集聚。

从跟踪策略上看，要尽可能选择那些能够展示完整的产业格局和国际生态的参展企业，既要重视行业领军企业和未来引领企业，也要选择一定比例的优质的产业链上下游企业。要注重引进能够形成完整体系的产品，构建完整的产品体系，展示行业发展动态，进一步形成行业集聚效应与标杆效应，吸收、整合、集聚优势产业、产品，推动形成专业化集聚、上下游配套、高端化发展。通过这些措施，逐渐打破目前本市集成电路产业的光刻机等高端设备受制于人，人工智能企业的AI专用芯片不能自主可控，重要生物医药企业在试剂、培养基依赖进口的不利局面。

2. 以产业链招商为抓手，吸引进博会上的高科技企业和研发公司落户上海

对进博会有关数据进行精准分析，推动参展企业从参展商转变为贸易商，在一定阶段后，实现从贸易商转变为投资商，打通展示-贸易-投资这一链条。抓住进博会上世界500强企业和各行业龙头企业集聚的机遇，吸引跨国公司贸易型总部在上海打造供应链管理中心、研发中心和资金结算中心。聚焦上海产业发展急需合作的高新技术参展企业，主动加强技术沟通和投资合作，同时进一步引进海外高端创新资源，提升上海国际化创新能力。

3. 密切关注进博会上展出的数字技术

数字技术日渐成为产业升级新引擎，具有开放性、交互性和共享性。上海应加快引进全球知名数字企业，大力发展数字技术和数字经济。一是关注进博会智能制造板块。结合上海产业地图和技术交易、创新转化需求，聚焦生物医药、高端装备、新材料等智能制造关键领域，引进智能制造领域发展所需的关键装备、零部件和技术。二是选择汽车、生物医疗等领域重点突破。汽车和生物医药的产业链长，与数字技术可融合性强，上海集聚了不少该领域的跨国公司，如位于嘉定的安波福是全球自动驾驶领域第一梯队跨国公司，可引进其最高技术级别的L4级自动驾驶技术，以推动上海自动驾驶领域实现技术突破。建议选择汽车、生物医药等发展基础好的领域，加速医疗、医药

等领域进口产品的上市进程,打破美国等发达国家在高技术领域的进口封锁。

4. 进一步加大跨境开放创新合作力度

当前,全球正处于新一轮技术革命和产业变革前夜,国际产业分工和生产格局将面临重大变革和调整,这为我国利用新技术实现产业"变轨"跨越发展带来机会窗口。上海要紧密关注进博会,把握新技术革命和全球产业重构机遇,加快新一代信息技术、量子通信、生物科技等前沿技术研发,大力发展新兴产业,倒逼传统产业转型升级,推动企业换道超车,实现产业"变轨"跨越发展。要积极延伸进博会合作链条,从单纯引进技术向合资、合作研发转变,重点选择与以色列等科技强国开展合作。通过设立联合实验室共同支持高科技合作项目等形式,推进在沪科学基础设施开放共享,共同搭建开放共享的科创生态圈。

5. 依托进博会,探索实施更为便利的研发技术和进口贸易政策

一是推进进博会便利化措施常态化。将涵盖展前、展中、展后的一揽子通关便利化措施延伸到研发类和技术类进口,加大对企业创新产品的进口采购支持力度。二是调整外资研发中心政策和高新技术企业认定标准。支持将研发在沪、生产在外的总部企业纳入高新技术企业认定范围,推动更多企业享受高新技术企业税收优惠政策,鼓励外资企业延伸在沪产业链和价值链。三是鼓励跨国公司参与开放式创新。向参展外资科技企业开放国内科技研究合作项目,鼓励国内企业融入跨国公司开放式创新生态系统。

同时,要积极寻求政策支持,切实帮助在沪企业应对国际技术封锁。一是建立全市关键技术保障清单,做好技术供需双方对接互补。市区两级科技部门组织力量全面摸底重点高科技企业的技术供应链情况,制定本市科技企业关键技术供需清单,帮助在沪企业快速匹配替代方案。三是支持鼓励企业开发、使用国产产品及零部件,对企业使用国产替代产品实施部分税收抵扣政策,通过纾困资金对企业因国产替代而造成的效费比下降给予一定经济补偿。

6. 更加重视知识产权保护,切实打消参展企业顾虑

世界知识产权组织发布的《2019年全球创新指数》报告显示,中国在

知识产权保护上取得突出成绩，已连续4年保持上升势头。[①] 在第二届进博会上，来自100多个国家和地区的3000多家企业带来了最前沿、最尖端的产品、技术、服务，首发的新产品和新技术更是层出不穷。中国知识产权保护取得显著成绩的同时，也存在不少亟须解决的问题，需要加大力度解决。外资企业对商标混淆等违法行为反映较多，要进一步加强展会中的商标权和专利权保护。加强与海关、公安等部门的执法协作，加大知识产权执法力度。通过完善委托调解机制、推行知识产权案件巡回审判等方式，推动建立知识产权快速维权、协同保护机制。

参考文献

沈湫莎，2018，《这些被总书记点名的上海重点发展领域，要从"高地"变"高峰"》，http：//www.whb.cn/zhuzhan/kjwz/20181228/233041.html，12月28日。

王孝瑢、金泽虎，2019，《进口效应的深度挖掘——基于首届中国国际进口博览会视角》，《重庆工商大学学报》（社会科学版）第6期。

文怡，2019，《中国国际进口博览会：众多"黑科技"亮相》，《今日科技》第11期。

习近平，2019，《开放合作 命运与共——在第二届中国国际进口博览会开幕式上的主旨演讲》，人民出版社。

《新民晚报》，2019，http：//xmwb.xinmin.cn/html/2018-12/30/content_6_7.htm，最后访问日期：2020年1月20日。

钟山，2019，《奋力推进新时代更高水平对外开放》，《求是》第22期。

[①] 《知识产权保护：进博会的坚实后盾》，http：//news.cnwest.com/szyw/a/2019/11/10/18155647.html，最后访问日期：2020年1月20日。

B.13 进博会对上海城市消费能级提升的影响与对策研究

王春雷 王强 杨宇晨 涂天慧*

摘 要： 作为中国扩大对外开放的国际性公共新平台和全球第一个以进口为主题的国家级博览会，进博会汇集了世界范围内的知名企业，带来了全球优质产品和先进技术。讨论进博会的溢出带动效应，研究进博会对提升上海城市消费能级的影响与对策是一个重要视角。本报告研究了进博会在上海城市消费能级提升中的作用，认为进博会主要是通过直接或间接改变供给侧、制度侧和需求侧，助力上海及周边城市居民"能消费、愿消费、敢消费、会消费"，最终实现促进城市消费能级提升的目标。进而在分析上海城市消费能级提升的瓶颈基础上，针对如何利用进博会提升上海城市消费能级提出了相应的政策建议。

关键词： 进博会 "上海购物" 城市消费能级

消费作为拉动国民经济发展的三驾马车之一，在经济发展中起着关键作用。根据国家统计局公布的统计数据，2018年，我国居民人均消费支出

---

* 王春雷，上海对外经贸大学中德国际会展研究所所长，主要研究方向：目的地营销、会展经济与活动管理、城市发展；王强、杨宇晨、涂天慧均为上海对外经贸大学会展经济与管理专业硕士研究生。

19853元，实际增速同比增长6.2%。与前几年相比，可以明显发现我国居民人均消费增速逐步放缓，这可能是受到宏观经济环境和微观高额住房贷款压力的影响。然而，消费需求是最终的需求，国民经济要平稳运行，必须保证资本在各个部门间合理流动，发挥消费增长和升级对释放内需潜力的作用，进而推动我国经济由出口和投资拉动为主向消费拉动为主转型，提高我国居民生活水平，提升我国居民的幸福感和满意度。

中国国际进口博览会（以下简称进博会）是世界上首个以进口为主题的大型展会，是我国政府着眼于推进新一轮高水平对外开放所做出的重大决策，也是旨在坚定支持贸易自由化、经济全球化和探索多边贸易合作的一项重要举措。由于进博会以进口为主题，吸引了诸多国内外优质企业参展，带来了全球最新、最前沿的产品和技术。超过5000件展品在第一届进博会上"首秀"，同期上线"6天+365天"一站式交易服务平台，第二届进博会新增"进博会发布"平台，部分国际知名企业借助进博会向全球首发新品。例如，杜邦召开新品发布会，乐高集团召开乐高集团新品推荐会，阿吉斯召开德国阿吉斯全球首发IMPAKTOR 380 PLUS新品发布会等。

上海作为进博会的选址城市，在承接进博会的溢出带动效应上具有明显的地理优势。进博会的举办，给上海推进"四个品牌"建设中的"上海购物"品牌建设和提升城市消费能级注入了一剂强心剂。

一　上海城市消费发展概况与新特点

2016年，上海市人民政府办公厅印发了《上海市促进新消费发展发挥新消费引领作用行动计划（2016～2018年）》（以下简称《行动计划》），提出要从4个方面入手，为经济提质增效和国际消费城市建设提供更持久、更强劲的动力，即推动提质升级，培育拓展新兴消费热点；促进创新转型，打造面向全球的消费市场；突出重点领域，着力优化消费综合环境；深化制度创新，健全消费政策保障。该《行动计划》的印发，标志着上海市在提升消费驱动、全力打造全球知名消费城市方面的决心和毅力。2019年4月19

日,上海发布了《关于进一步优化供给促进消费增长的实施方案》(以下简称《方案》),提出要进一步优化营商环境,全面打响上海"四个品牌"建设,让消费者能够买到最新、最时尚的商品,能够享受到最好的消费环境和消费体验。

受中美贸易摩擦等因素影响,2019年1~11月上海市进出口总额、工业生产总值、对外直接投资同比出现了一定的回落,大宗商品交易额和社会消费品零售总额增速回落(陈宇先,2019)。然而,上海市商品销售总额和社会消费品零售总额两大指标却保持着持续增长的态势。据上海市统计局公布的数据,2019年1~11月全市实现社会消费品零售总额12214.41亿元,比上年同期增长6.6%。分行业来看,批发和零售业实现零售额11131.20亿元,比上年同期增长6.9%;住宿和餐饮业实现零售额1083.21亿元,增长4.1%。从商品类型上看,同期吃、穿、用、烧的商品零售额分别为2640.44亿元、2652.94亿元、6410.08亿元和510.94亿元,分别占社会消费品零售总额的21.6%、21.7%、52.5%和4.2%。[①] 其中,吃、穿、用的商品分别增长7.4%、7.3%、7.3%,烧的商品下降8.0%。

总体而言,上海市的消费数量和消费质量都在稳步提升,居民基本能够实现"买全国"和"买全球"。上海市居民消费水平不断提高,消费结构逐步升级,消费行为呈现个性化和多元化的特征,购物消费方式更加多样和便捷(孙久文、李承璋,2019)。但与发达国家主要的国际大都市相比,上海的商业发展仍存在较大差距,尤其体现为上海市场的消费能级还偏小(范林根,2010)。另一份研究基本赞同这个观点,认为上海市居民的消费结构整体上已经跨越了以生存型消费为主的基本阶段,迈入了以发展型消费为主、享乐型消费比重不断提高的阶段,但同时居民对高质量产品的需求没有得到完全满足(汪伟、姜振茂、沈洁等,2018)。

通过研读相关文献和有关上海消费发展的研究报告,并辅以社会调研,

[①] 《1~11月本市社会消费品零售总额增长6.6%》,上海市统计局,2019年12月13日,http://tjj.sh.gov.cn/html/sjfb/201912/1004211.html,最后访问日期:2020年3月20日。

笔者发现，随着城市发展进入新时期，上海消费市场在消费需求、消费供给、消费方式、消费模式方面呈现新的特点。在消费领域也出现了"新零售""首店经济""夜间经济"等新名词，这些新名词背后折射出的是居民对商品不断提档升位的追求。

1. 消费需求：居民消费由生存型消费转向发展型消费和享乐型消费

据国家统计局上海调查总队发布的数据，1980年，上海市城镇居民恩格尔系数为56%；1999~2001年，全市城镇居民恩格尔系数降到40%~50%，进入"小康"阶段；2002年后，恩格尔系数下降到40%以下，上海市城镇居民生活进入"富裕"阶段。近年来，随着城市经济的持续发展，上海市城镇居民在交通、通信、教育、文化、娱乐、医疗等领域的支出在绝对数量还是相对数量上都呈现快速增长的态势。同时，定制化、品牌化和高端化成为上海城镇居民新的消费热点。2018年，上海化妆品类、服装类、通信器材类消费品零售额占全国的比重分别为25%、20%、14%，市民对中高端时尚商品的消费成为上海新的经济增长点。

2. 消费供给：消费供给质量稳步提升

自《全力打响"上海购物"品牌加快国际消费城市建设三年行动计划（2018~2020年）》于2018年推出以来，上海汇集了54.4%的国际知名零售商，90%的国际高端知名品牌，路易威登、迪奥、宝诗龙等著名奢侈品牌也先后在上海首发全球新品。同时，上海消费市场中国内品牌和本地品牌的商品也在缩小与外资品牌的竞争差距。上海市商业信息中心（现名为上海市商务发展研究中心）、上海品牌促进中心曾发起过一项畅销品牌调查，其调查结果显示，合资品牌仍然占据消费市场主体，上海本地品牌占全部畅销品牌的20%，占国内品牌的46.4%，较上一年分别提高0.4%和6.8%，进口品牌是消费市场的重要补充（俞玮，2012），各畅销品牌的类型占比见图2。

3. 消费方式：网络消费快速增长与线上线下（O2O）商业良性互动

从业态发展来看，2018年上海市批发和零售业实现零售额11568.8亿元，同比增长8.2%，拉动社会消费品零售总额增长7.5%，而同年全市网络购物交易总额超过1万亿元,电子商务交易额接近3万亿元。纯线上零售店铺零售额为1925.9亿元,同比增长13.8%。[①] 随着新技术的应用,盒马鲜生率先开启新零售业态,随后京东、小红书[行吟信息科技(上海)有限公司]、小米等互联网龙头企业纷纷在上海开设线下店。上海线上线下零售渠道并存,线上强调高效、便捷、省心省力,线下强调沉浸式体验、互动,并逐渐形成线上线下良性互动的商业形态。

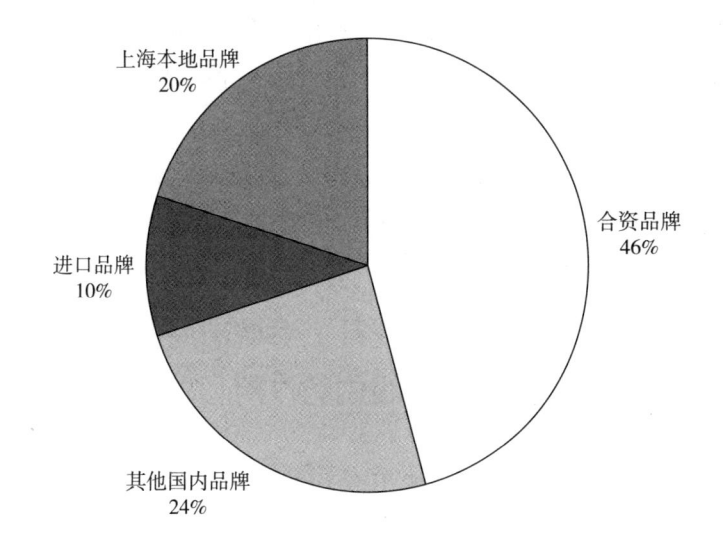

图1 上海消费市场各畅销品牌类型的占比

4. 消费模式:新兴消费模式不断涌现

近几年,随着以共享单车、共享新能源汽车和共享充电宝为代表的"共享经济"在上海兴起,共享消费已经成为满足市民多元需求的一种新模式。共享消费在不断优化市场供给体系,满足市民对服务的便捷性、环保性的要求方面发挥了重要作用(万玲,2019)。与共享消费一起兴起的还有"M2C"(Manufacturer to Customer)消费,即生产厂商通过互联网

---

① 《2018年上海消费市场运行分析》,上海市商业信息中心,2019年4月24日,http://finance.sina.com.cn/forecast/2019-04-24/doc-ihvhiqax4738747.shtml,最后访问日期:2020年3月20日。(注:上海市商业信息中心已并入上海市商务发展研究中心)

等手段，缩短供应链环节，拉近与终端消费者的距离，接收来自终端消费者的个性化定制订单，满足终端消费者需求。例如，上海凯路登汽车科技有限公司是为车主提供一站式服务的O2O+M2C平台公司，采用线上线下相结合的方式，为消费者提供除汽车维修、保养之外的自驾游等诸多服务。

根据新华社瞭望智库发布的《2019长三角新消费发展报告》，上海市已成为互联网新消费的策源地和新高地，新技术的应用和商业模式的创新正在成为城市消费增长的主要动能。另外，上海已初步形成拼多多、哔哩哔哩、小红书等互联网新阵营方阵，这些公司有的深耕年轻群体，有的关注一二线城市以外的更大市场，但都在用新的模式和技术满足不同消费群体的新需求。①

二 进博会在提升上海城市消费能级中的作用

打响"上海购物"品牌、提升上海消费能级，需要从供给侧和需求侧两端发力，同时，政府要做好体制机制创新，改善综合环境，让上海居民"能消费、愿消费、敢消费、会消费"。

"能消费"是指政府通过完善财税支持措施、提升金融服务质量和效率、深化收入分配制度的改革等措施和手段，制定新个人所得税法相关配套制度和措施、加快消费信贷管理模式升级，加快信贷产品创新，加大对重点消费领域的支持力度，并进一步推进城乡居民增收综合配套措施试点工作以保障居民收入，使居民有充足的可支配收入用于消费。"愿消费"要求政府从供给侧进一步发力，完善商品供给体系，使区域商品和服务供给显著增加，国内外优质商品不断涌现，用于国内居民和厂商的生活与生

---

① 《2019长三角新消费发展报告》，http：//www.lwinst.com/survey/9864.htm，最后访问日期：2020年3月20日。

产消费；改善居民消费结构，提升生产消费质量和效能，使消费需求显著提升。"敢消费"是指政府要完善消费综合环境，包括放宽消费领域市场准入、促进实物消费结构升级以及推进重点领域产品建设，使消费环境显著优化。"会消费"是指加强消费宣传推介和信息引导，尤其是要关注当代青年人对概念产品、创新产品、高端产品等潮流产品的消费需求，并加强引导，在居民中形成新的消费浪潮，使得新消费引领作用得到进一步强化。

概括而言，进博会主要通过3条途径来提升上海城市消费能级。在供给侧（对应"愿消费"），通过商品供给的提档升位，刺激居民消费，改善居民消费结构，同时促进厂商的生产性消费提质增效。在制度侧（对应"敢消费"），各级政府及行政主管部门为配合进博会的举办，积极改善综合环境，提升进博会对全球资源的集聚和辐射能力，同时出台相应政策，加强消费发展制度的供给。上海市政府也积极推进消费市场载体建设，发挥上海虹桥商务区在进博会中的主体作用。在需求侧（对应"会消费"），了解在新经济背景下市民特别是青年一代对概念产品、创新产品、高端产品等潮流产品的消费需求，引领潮流产品，积极承接进博会的溢出带动效应，鼓励国内外企业在进博会首发产品并在上海落地，形成具有上海特色的"首店经济"。

（一）商品供给的提档升位

1. 商品数量稳步增加

第二届进博会在商品绝对数量上继续保持高增长态势。据《解放日报》报道[1]，截至2019年10月24日，"一带一路"沿线国家企业申报进境进博会展品总数达到603票，占全部申报进境展品的三分之一。同时，来自土耳其23家参展商的150余类展品创下了第二届进博会单票展品品类和参展商

---

[1] 李晔：《"会飞的汽车"这次是真能飞！进博会展品已达603票，猜猜"一带一路"沿线占多少？》，https://www.jfdaily.com/news/detail?id=184464，最后访问日期：2020年3月20日。

最多的纪录，同时，达能旗下超过120款产品和10款新品也在第二届进博会集中登场。因此，在排除相同品类后，第二届进博会申报进境展品总数约为1800票，展品品类高达10万种，约比首届进博会增长10%。

更为难能可贵的是，在全球贸易形势错综复杂、受中美贸易摩擦影响明显、上海关区进口货物总值同比下降的背景下，第二届进博会的举办使进口商品数量逆势上涨。

2.商品质量稳步提升

第二届进博会的展品明显向科技化、高端化方向发展，并更加注重观众体验。与首届进博会相比，第二届进博会在所设立的七大展区中新增了养老康复、AR（增强现实）、VR（虚拟现实）等新题材，同时增设了室外展区，新增了室外"无人驾驶汽车"的活动区、冬奥会冰雪项目体验区，还设立了多个维度的体验区、活动区和洽谈区。另外，第二届进博会还采用智能化技术，如人脸识别、数字化信息技术等，提升观众体验，增强展区的辅助功能，方便专业观众和参展商对接。

（二）对居民消费结构的影响

1.时尚消费

时尚消费是指大众在消费活动中表现出的对某事物的追求，既可以被认为是一种消费行为，也可以被理解为一种生活方式。《全力打响"上海购物"品牌加快国际消费城市建设三年行动计划（2018～2020年）》明确指出，要将上海打造成具有全球影响力的消费市场。目前，上海国际零售商集聚度达54.4%，90%以上的国际知名品牌已入驻上海，并且从2015年到2018年，上海平均客单价已上涨至3319.2元，较2017年增长近40%，从品牌聚集力和奢侈品消费能力来看，上海都称得上是名副其实的"时尚汇聚之都"。

进博会作为"买全球""惠全球"的国际平台，有利于提升进口品牌进入中国市场的曝光度，因此，许多企业乐于将进博会作为新品首发地。此外，第二届进博会特设高端消费品专区，吸引了众多奢侈品企业同台竞争，并将前沿的科学技术与时尚相融合,带来了融合科技和时尚的新产品,这有助于改变国内市场对时尚消费的传统认知,并引发中国企业对技术应用的新思考。

2. 教育消费

教育消费是指对教育产品及教育服务的消费。2015年发布的《关于"十三五"期间全面深入推进教育信息化工作的指导意见(征求意见稿)》强调,要促进科学、技术、工程、艺术与数学(STEAM)教育在全国范围内的推广与普及。据相关行业报告公布的数据,近十年中国教育市场的增速高达16%,而且随着互联网技术的普及,2019年在线教育的市场规模高达4041亿元,如图2所示。

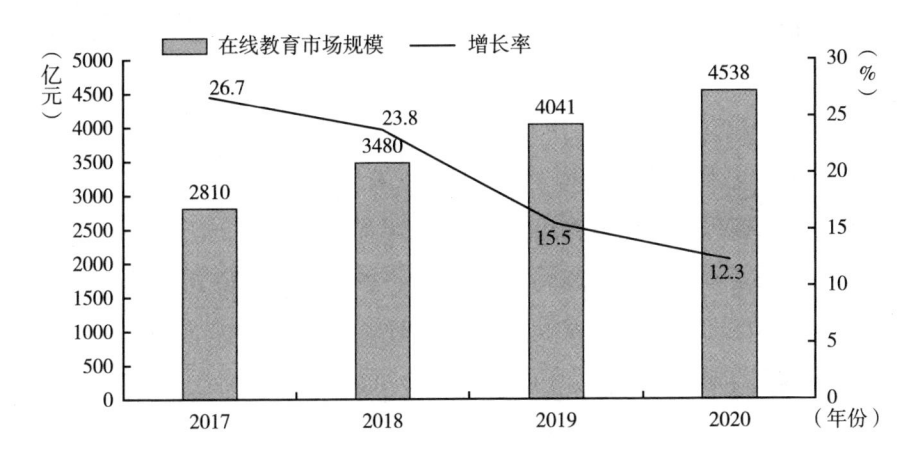

图2 2017~2020年我国在线教育市场规模及增长率

资料来源:《2019上半年中国K12在线教育行业研究报告》,https://www.iimedia.cn/c400/65829.html,最后访问日期:2020年3月20日。

上海作为现代化国际大都市,拥有丰富的科研教育资源,迫切需要产学研融合进而全面推动综合教育改革和创新型人才培养,从而支撑上海新产业、新技术、新业态的持续发展。进博会作为中国对外开放的重大举措,吸引了全球优质教育资源进入中国市场,有利于教育事业的融合创新和人才培养质量的全面提升。第二届进博会及延展期间,特邀全球领先的国际教育机构和高等院校参展,向公众介绍新颖的教育理念和科学技术;举办了中国-

北欧经贸合作论坛,围绕提升语言能力以助力中国企业开拓全球业务展开深度讨论,致力于向中国市场推广有关课程培训的新理念。

3. 文化消费

文化消费是指为满足精神需求,对于文化产品或服务的消费。《2018年上海文化产业发展报告》公布的数据显示,2017年,上海文化产业增加值达2081.42亿元,占全市GDP的比重为6.80%。随着文化产业的迅猛发展,文化产业增加值占全市GDP的比重在波动中稳步上升,在推动上海经济高质量发展中发挥了积极作用,如图3所示。

图3 上海文化产业增加值及其占全市GDP比重的情况

资料来源:2008~2018年《上海统计年鉴》。

第二届进博会的国家展展出面积达到3万平方米,64个国家展团通过极具民族特色的展台和展品,将国内外文化旅游资源相对接,有利于推动东西方文化实现和谐、共存、共享,也为中国文化创新发展注入了新的动力。本届进博会首设4000平方米的"非物质文化遗产暨中华老字号"展示区,通过37个非遗项目和69个老字号品牌,向全球展示上海海派文化和中国传统手工艺,有利于中华文化的传承和对外输出,彰显大国的民族自信。此外,首创文创馆和"上海优选特色伴手礼"展台,通过富有特色的文创产品,将传统与时尚、文化与创新相融合,充分体现文化赋能,满足消费者尤其是年轻群体对文化内容和美学的需要；引导消费者关注中华传统文化，并为优秀的文创产品买单，助力中国文创产业的开发和可持续发展。

2018年上海市委办公厅、市政府办公厅发印的《全力打响"上海文化"品牌加快建成国际文化大都市三年行动计划（2018~2020年）》明确指出，要依托演艺节展活动，将上海打造成国际文化大都市。据不完全统计，目前，上海拥有各类专业剧场和演艺空间约146家，各类演出主体的数量达到1398家，观众人数每年约600万人次，但对标国际重要演艺城市还存在很大差距。进博会期间，第21届中国上海国际艺术节同期举办，引入了中外各类大小文艺演出，包括国际优秀话剧、歌舞剧及中国传统戏剧等，推动了国内外文化艺术交流互动，更让"白天逛展会，晚上进剧场"成为进博会期间上海市民的生活方式。

4. 康养消费

康养消费是指为保养身体或增强身体素质而对康养产品或服务的消费。据联合国公布的数据，中国人均寿命已提高至76.4岁，2018年中国老年人口比例为17.9%，预计到2050年中国老年人口数将达到4.87亿，占总人口的34.9%。中国残疾人数量约8500万，失能和半失能老人数量达4400万。随着老龄化时代的到来，人们对医疗保健的需求不断增加，"健康生活""老有所依"逐渐成为社会热点话题。2018年，我国银发经济相关产业规模已超过3.7万亿元，预计到2021年总体市场规模将达到5.7万亿元。

为顺应康养消费升级趋势，第二届进博会首次开辟养老康复专区，吸引了日本、瑞士、德国等60多家企业参展，总展出面积达3364平方米，产品涉及助残、居家养老、康复、保险等领域。此外，由民政部、中国残疾人联合会联合主办的"中国康复辅助器具与健康大会"作为进博会配套活动同期举办，会议聚焦中国康复产业的政策体系建设和发展新趋势，并举办供需对接会，以满足中国市场对前沿康养设备的采购需求。

目前，成都、杭州等城市都在积极借助进博会平台实现养老项目落地。尽管国内消费者对养老产品的关注度持续提升，但由于资源缺乏和宣传不足，养老理念相对落后。进博会设立康养专区不仅体现了国内的新兴消费需求,更重要的是,将国际上具有引领性的康养理念和技术(例如养老社区、适老化设计、可穿戴机器人等)引入中国,有利于我国进一步拓展康养市场,打造健康美好新生活。

5. 体育消费

体育消费是指用于体育活动、产品或服务的相关消费。根据国家体育总局发布的《体育产业发展"十三五"规划》,2020年中国体育产业总规模将超过3万亿元,体育服务业增加值占比将超过30%,体育消费额占人均居民可支配收入的比例将超过2.5%。并且,随着北京2022年冬奥会的临近,冰雪体育产业迅速发展,到2020年总规模将超6000亿元,如图4所示。

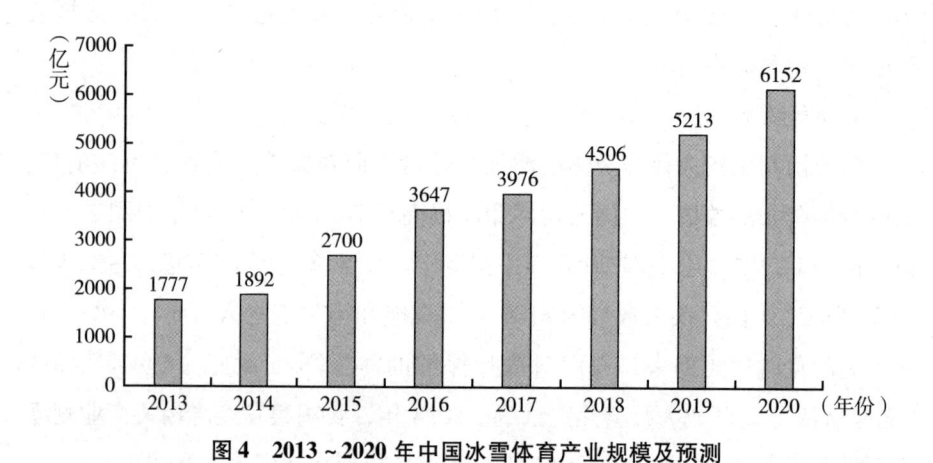

图4 2013~2020年中国冰雪体育产业规模及预测

资料来源:《2018中国冰雪产业白皮书》,易观国际集团,2018年1月15日,http://m.analysys.cn/article/insight/detail/1001158,最后访问日期:2020年3月20日。

为体现我国体育产业百花齐放的格局,并推广全民冰雪运动,除引入各类先进的体育器材和科技外,第二届进博会首次在国家会展中心(上海)外搭建了冰雪体验区,总展出面积为5000平方米,分为沉浸式VR体验区、冰壶体验区、冰雪奇幻嘉年华、冰上体验区、雪世界五个区域,体验者可以在教练指导下穿着专业装备感受冰雪运动带来的乐趣。沉浸式VR体验有助于激起国内更多消费者参与冰雪运动的欲望,进而促进冰雪运动在国内的推广与普及,同时,可以进一步推动国内外展商和客商开展深度交流与合作。

2009年，电子竞技正式被列为体育竞赛项目，其影响力随着互联网和数字科技的发展迅速提升。许多优秀的海外电竞企业参与了首届进博会，并与国内相关企业达成了一系列促进电竞体育发展的合作项目。为承接首届进博会的溢出带动效应，推动中日企业间的 IP 合作，长宁区特举办中日数字贸易发展论坛，围绕电竞体育等数字创意产业，与日方企业开展深度交流与合作。普陀区利用创意园区优势，打造曹家渡人行天桥－电竞城二层平台－长寿路商圈天桥，形成多维立体交通空间，为电竞体育的发展提供场地和内容依托，进一步激发市民的电竞消费潜力，助力上海建设"数字贸易国际枢纽港"。

6. 夜间消费

夜间消费是指从当日 18 点到次日早上 6 点对第三产业的线上或线下的消费，包括餐饮、娱乐、展览、购物等。随着各地政府对夜间经济的重视程度和投资水平不断提高，我国夜间经济飞速发展。据艾媒数据中心预测，2020 年我国夜间经济规模将首次超过 30 万亿元，如图 5 所示。

图 5 2017～2022 年中国夜间经济规模增长率

资料来源：《2019～2022 年中国夜间经济产业发展趋势与消费行为研究报告》，https://www.iimedia.cn/c400/65686.html，最后访问日期：2020 年 3 月 20 日。

2019 年 4 月，上海市商务委员会等九部门联合出台了《关于上海推动夜间经济发展的指导意见》，提出要以发展夜间经济为契机，形成地标性夜生活聚集区，打造富有上海个性的夜间都市品牌。目前，上海市共任命了

15位夜间区长、85名夜生活首席执行官，并规划了9个夜生活聚集区。进博会是国际品牌进入中国市场的重要窗口，首届进博会后，205家国际品牌首店入驻上海，并联合陆家嘴商圈、南京西路商圈、五角场商圈等推出系列IP活动，这有助于上海全面提升商圈活力和吸引力，丰富消费市场，促进上海夜间经济的转型升级。

此外，为满足居民多样化的社交和消费需求，上海市相关机构和企业推出夜跑滨江、博物馆夜游、24小时影院、24小时书店、夜间动物园等文化娱乐活动。2019上海购物节以"要购物，到上海"为主题，对接第二届进博会，同时结合长三角一体化，推出百项活动，包括豫园赏灯游园会、进博品质生活节、秋季啤酒节等，以不断完善上海夜生活生态圈，进一步扩大内需，开拓夜间消费新空间。

（三）生产性消费提质增效

1. 无形服务

服务是将新技术引入商品生产过程的媒介，是一种使其他生产活动成为可能的便利环境要素，日益成为推动商品生产的动力。作为进博会主办城市的上海正在大力促进服务贸易发展，"十三五"期间，上海市规模以上服务业营业收入实现阶梯式增长，服务贸易在上海经济发展中的作用日益凸显。2018年，上海第三产业增加值占全市GDP的比重为69.9%。第二届进博会服务贸易展区的展出面积为2万平方米，实际参展企业358家。展区主要分为文化服务、旅游服务、金融服务、教育服务以及物流服务等几大板块，所展示的展品在促进生产性消费提质增效方面起到了巨大的作用。

其中，文化服务类展商包括达高、德马吉等。文化服务板块包括动漫、城市文化综合体、非营利机构等展示，旨在传达新的理念、使命和文化。进博会使世界各地的文化在上海激荡交融，国内外文化产品和服务的展示有助于激发消费者、潜在消费者新的文化需求。同时，进博会是文化创意与旅游业交互碰撞的平台，它聚焦于文旅消费趋势分析、促进产业融合发展，为企业推动文旅消费提供了新模式、新技术、新案例、新方向。

金融服务类展商包括汇丰银行、普华永道等。这些金融服务机构提供多渠道融资方案、跨境投资方案、定制化金融服务方案、创新金融产品等各类业务，可以为企业做大做强提供资金支持，为企业健康发展注入动力，为企业应对未来挑战提供对策。同时，利用一些金融服务机构的全球网络资源，利益相关者可以建立更为密切的合作关系，进而推进价值共创的实现。

教育服务类展商包括水星服务（Mercury Service）、新景程（香港）有限公司等。这些机构的教育服务涉及海外院校资源的整合，为企业定制海外游学行程以及全球院校课程计划等。企业和院校通过对教育的生产性消费，能拓宽国际化视野，培育国际化人才。

物流服务类展商包含韦铭、招商局中白商贸物流股份有限公司等。物流服务包括配送、国际储运、报关等一整套物流增值服务。通过对高效率、低成本物流服务的生产性消费，企业能够将资源集中于核心业务，并以快速、灵活和更好的方式进入市场。

进博会推进了服务业领域的新一轮对外开放，有助于我国企业进一步融入全球价值链分工体系，同时，也进一步扩大了上海乃至全国范围内货物贸易和服务贸易的规模，进而提升了我国国际贸易的竞争力。

2. 有形产品

有形产品是生产性消费的重要组成部分，例如原材料、半成品、包装品等都是生产终端商品的厂家必须采购的。据统计，近年来，上海商品销售总额呈上升趋势。2019年，上海商品销售总额为120808.41亿元，比上年增长1.1%。依托进博会，第四季度上海商品销售总额增速比前三季度提高了0.2个百分点。第二届进博会共设12个展馆及部分室外展区，除1.1服务贸易展区与5.2国家展外，其余展区的展品大多是有形产品。对第二届进博会有形产品类参展企业进行分类统计，结果如表1所示。

由于某些展品类型分布于两个展馆以及某些展馆涉及两类主题，需要对统计数据进行进一步加总，如图6所示。从图中可以看出，第二届进博会的有形展品主要聚焦于6大类，即装备、汽车、科技生活、品质生活、医疗器械及医药保健、食品及农产品。

表 1　第二届进博会各展馆参展企业数量

展馆	展品类型	参展企业数量(家)
室外	装备	26
2.1H	汽车	58
3H	装备	240
4.1H	装备	78
5.1H	科技生活及品质生活	258
6.1H	品质生活	503
6.2H	品质生活	245
7.1H	医疗器械及医药保健	92
7.2H	医疗器械及医药保健;食品及农产品	657
8.1H	食品及农产品	828
8.2H	食品及农产品	603

资料来源：根据进博会官方网站上提供的展商名录制作而成。

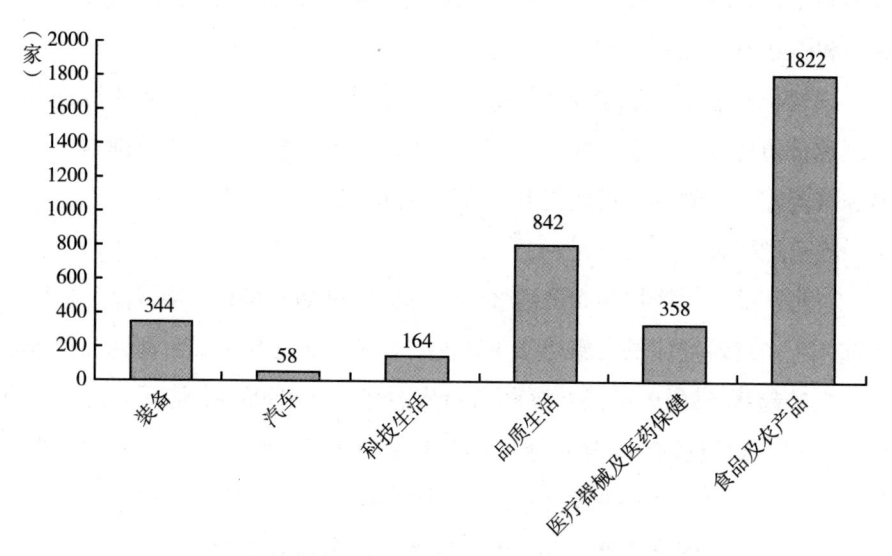

图 6　第二届进博会不同类型展品的参展企业数量

资料来源：根据进博会官方网站上提供的展商名录制作而成。

在 6 大展品类型中，食品与农产品参展企业数量最多，占比达 51%；其次为品质生活类参展企业，占比为 23%；之后分别为医疗器械及医药保健企业、装备企业、科技生活相关企业与汽车企业。各类有形产品中的初级产品与半成品为企业生产、产品深加工等提供原料，进而加强产业链上下游的连接，而有形产品中的产成品则可作为分销商的生产性消费。基于进博会平台，国内厂商可以发现国外新产品、新技术在国内的广阔市场，并选择作为其原始设备生产商、分销商或代理商。从该角度来看，第二届进博会的有形产品能够为国内企业的生产性消费提质增效。

（四）综合环境改善

1. 加强消费市场载体建设

第二届进博会成功举办，对基础设施建设、重点商圈改造、线上线下消费平台搭建以及引导新零售业态都起到了推动作用。从场馆来看，首届进博会催生了国家会展中心（上海）的周边景观灯光工程、门户雕塑、"一纵两横"高架涂装、绿化提升工程，第二届进博会在以上工程的基础上进一步提标优化。此外，展馆从单层扩容为双层，以此增加展览面积，满足进博会扩大规模的需求。同时，基于双层的考虑，展馆外增设了两个坡道，以方便展品运输。

从交通来看，上海开通了S26公路入城段、蟠龙路、徐民路等12条配套道路，以缓解进博会期间的交通压力。其中，S26公路入城段、诸光路通道工程、G15嘉金公路北段大修工程是进博会的关键道路配套工程。从信息技术来看，在虹桥商务区范围内新建、改建并投入使用近200座5G基站，为第二届进博会提供高质量通信保障和智慧应用保障。为助力进博会而开展的基础设施新建、翻建项目还有很多，在此不一一赘述。

作为进博会主场服务阵地的虹桥商务区，从"智慧交通""10 + X 联动平台""融合服务""商务生态"4 大方向进行改造，并实施9类300个整改项目，覆盖区内道路交通、桥隧涂装、河道水系、公共绿地、景观灯光、建筑外立面、城市精细化等。由此，进博会带动了区域配套升级，促进了区域经济、社会发展等多个领域，从而使消费市场综合环境得以优化。另一方面，进博会溢出带动效应显著，使虹桥商务区的区位价值大幅提升，推动商务区从上海走向世界，进一步提高了上海的辐射服务能级。

此外，进博会充分利用线上线下消费平台引导新零售的概念，并且持续推进消费市场综合环境的优化。首届进博会提出了"6天+365天"的概念，即展会期间6天和展会后365天常态化的进口交易服务，具体从两方面实现。一方面，根据《中国国际进口博览会实施方案》，建设"6天+365天"一站式交易服务平台，以实现"参展一周、服务一年"的目标。同时，该平台为"展品"变"商品"提供有效公共服务，为全球企业、商品、服务及技术顺利进入中国市场提供全方位、多模式、多渠道的交易促进服务。另一方面，虹桥商务区管委会打造了"6天+365天"交易服务主平台——虹桥进口商品展示交易中心，就近承接进博会参展后续服务，促进各类商品和货物的集散，建立与周边保税展示交易场所的联动机制。此外，除展会期间的实体展示外，进博会还推出了网上展览，介绍参展企业及其产品。

以上举措在一定程度上优化了上海及周边地区消费市场的载体建设，使得消费者能够更好地享受进博会带来的消费商品、消费体验以及消费价值的提升。

2. 完善促进消费发展的制度供给

为更好地服务进博会，国家和地方相关部门制定并出台了一系列制度和政策，而这些制度和政策在一定程度上进一步完善了促进消费发展的制度供给（见表2）。

表2 为举办进博会制定的相关制度和政策（部分）

发布部门	发布时间	制度或政策	主要内容
海关总署	2018年6月13日	《2018年首届中国国际进口博览会检验检疫禁止清单》	禁止清单包括4类，具体来说，分别有：一、《中华人民共和国进出境动植物检疫法》里规定的禁止进境物禁止展览和销售二、来自日本福岛等10个县的食品、食用农产品和饲料禁止展览和销售三、禁止进口的旧机电产品和旧服装，其中旧服装禁止展览和销售，旧机电可以展览但禁止销售四、危险化学品禁止参展和销售

续表

发布部门	发布时间	制度或政策	主要内容
海关总署	2018年6月13日	《2018年首届中国国际进口博览会海关限制清单》	限制清单包括11类,对展和销的不同用途明确不同的监管条件
海关总署	2018年6月27日	《2018年首届中国国际进口博览会海关通关须知》	对进博会备案、展览品审批和准入、物资申报、查检放行、展中监管、展览品处置、人员及个人物品、记者采访器材等进博会物资通关全流程规范性要求进行了详细阐述,为办展方、参展企业提供了详细的通关指引
海关总署	2018年6月27日	《海关支持2018年首届中国国际进口博览会便利措施》	海关具体支持措施包括量体贴身打造,制定进博会通关指引;依托信息化管理系统,提供全流程服务;派员入驻现场,提供咨询服务等13项
海关总署	2019年7月9日	《2019年第二届中国国际进口博览会海关通关须知》	在原有基础上删除了对人员及个人物品通关的说明,并对部分内容做了进一步优化
海关总署	2019年7月9日	《海关支持2019年第二届中国国际进口博览会便利措施》	在原有基础上进行优化整合
财政部、海关总署、国家税务总局	2019年11月4日	第二届中国国际进口博览会展期内销售的进口展品税收优惠政策	一、对第二届进博会展期内销售的合理数量的进口展品免征进口关税,进口环节增值税、消费税按应纳税额的70%征收 二、附件所列参展企业享受上述税收优惠政策的销售限额不超过列表额度。其他参展企业享受税收优惠政策的销售限额不超过2万美元,具体企业名单由中国国际进口博览局、国家会展中心(上海)有限责任公司确定 三、超出享受税收优惠政策的销售限额又不退运出境的展品,按照国家有关规定照章征税

资料来源:作者根据海关总署、财政部、国家税务总局等官方网站公布的文件整理绘制。

除表2中的内容外，为进博会制定的制度和政策还包括《首届中国国际进口博览会海关工作指引》《展览品结转为保税货物操作规范》《保税仓储货物结转为展览品操作规范》《强制性认证产品入境验证实施细则》等。同时，自首届进博会举办以来，中国先后出台了扩大进口、稳定外贸增长、激发市场主体活力等一系列政策举措。由此可见，进博会进一步完善了促进消费发展的制度供给。

（五）潮流产品引领

1. 增强对全球资源的集聚和辐射能力

进博会具有显著的资源集聚与辐射效应，这在展会的多个阶段体现出来。展会前期，为了吸引高质量、多样化、全球化的参展商与客商，进博会组委会多次策划和组织路演活动。其主要形式为举办推介会，就进博会的功能、成就等，在会上向意向参展企业做详细介绍，充分阐述进博会的价值，让意向企业深入了解具体情况，并回答他们关心的问题。据统计，第二届进博会共开展31场路演活动，其中海外路演10场，国内路演21场，具体情况如表3所示。

从路演的地区分布来看，第二届进博会海外路演涉及南美洲、北美洲、大洋洲、亚洲以及欧洲；国内路演东北、西北、华北、华中、华南、西南等地区的21个重点城市。每一次路演都集聚了众多当地知名企业，并邀请首届进博会代表企业进行分享。通过路演的形式，进博会在一定程度上集聚了全球的企业资源，并通过分享发挥了广泛的辐射作用。

路演活动吸引世界各地的众多企业带着自身的代表性产品齐聚上海，从而促进了客户流、信息流、技术流、资金流等资源要素的集聚，而优质资源在集聚与展示的同时也产生了辐射效应，使得上海能够获得全球范围内最优质的产品。

2. 新品展示和首发

第二届进博会新增"进博会发布"平台，鼓励国际参展企业向公众集中展示和发布新产品、新技术、新服务、新工艺和新应用。第二届进博会举办期间,各参展商借助该平台在全球首发新产品、新技术或服务数量达到391件,远高于首届进博会(贾璇、宋杰,2009)。《2018年中国国际进口博览会企业商业展展后报告》显示[①],在参加首届进博会的1793个参展商中,尚未进入中国市场的产品及服务的数量达5446件。其中,属于全球首发的新产品、技术或服务的数量为101件,首次在中国大陆展示的数量达476件。这些在进博会期间发布的产品充分满足了当代青年人对于概念产品(如"会飞的汽车")、创新产品(如"迪卡侬新零售场景应用机器人'迪宝'")以及高端产品(如"宝洁OPTE AI美颜仪量产版")等潮流产品的消费需求。第二届进博会部分首发产品排期见表3。

表3 第二届进博会部分首发产品排期

时间	企业名称	活动名称
11月6日	三星	三星GALAXY FOLD媒体发布会
11月6日	松下	Panasonic战略发布会
11月6日	美敦力	美敦力创新医疗科技秀
11月6日	杜邦	杜邦新品发布会
11月6日	太平洋资源氢能集团	太平洋资源(氢能)集团新产品发布会
11月6日	乐高	乐高集团新品推荐
11月6日	阿吉斯	德国阿吉斯全球首发IMPAKTOR 380 PLUS新品发布会
11月6日	迪卡侬	迪卡侬新零售场景应用机器人"迪宝"全球首发
11月6日	欧莱雅	欧莱雅美妆科技定制产品及彩妆新品牌发布
11月6日	埃克森美孚	埃克森美孚商用车润滑油新品发布
11月6日	纪娜梵	"云阶月底,步步生相"
11月6日	波士顿科学	为生命创新矢志不渝——波士顿科学创新产品推介
11月7日	强生	强生新品沟通会
11月7日	花王	花王新品发布会
11月7日	路易达孚	路易达孚集团新品发布活动
11月7日	德勤	因我不同,智联德勤——新品发布
11月7日	SGS集团	智连万物SGS 5G通讯监测技术发布会
11月7日	福维克家用电器	福维克,未来新体验暨新品发布会

① 《首届进博会企业商业展展后报告发布》,http://www.mofcom.gov.cn/article/i/jshz/zn/201901/20190102826312.shtml,2019年1月11日。

续表

时间	企业名称	活动名称
11月7日	默沙东	增辉生命——默沙东新品介绍
11月7日	宝洁	宝洁创投——Opte 量产版全球首秀
11月7日	费森尤斯	费森尤斯医疗血液透析设备新品发布会
11月7日	GF加工方案	GF加工 Liechti g-Mill 1150 五轴叶片叶轮加工机床
11月7日	玛氏	我的食刻™方便米饭 世界风味 全球首发
11月7日	开云集团	瑞士雅典表中国特别版首发会
11月7日	瓦克化学	稳定缓释,芳香天然——瓦克环糊精香复合物
11月8日	赛默飞	创新科技 引领未来 赛默飞新品发布
11月8日	法孚	全自动智慧产线
11月8日	飞利浦	飞利浦新品发布
11月8日	正大集团	用心做好食品
11月8日	德国莱茵 TÜV	让垃圾分类成为循环经济起点
11月8日	霍尼韦尔	霍尼韦尔辊筒输送及自动化仓储解决方案
11月8日	梵诗玛	源自意大利"生命的化妆"来自意大利的"健康使者"
11月8日	胜记仓	YOUNG TWICE 2019 胜记仓新品发布会
11月8日	德国卡赫	洁净新体验卡赫无线自清洁擦地机 FC 系列
11月8日	赫曼德家居	KIC:生活的革新与蜕变
11月8日	那智不二越	【NACHI】新产品发布会
11月8日	天田	AMADA 的 IoT"V-factory"智能钣金加工的未来
11月9日	新西兰乳业有限公司	献礼进博会——纽仕兰 4.0 定制装,刷新营养新高度
11月9日	思坦库	德国思坦库锅具新品发布会,轻盈与卓越!
11月9日	欧姆龙	智科技 慧未来
11月9日	康宁	康宁科技创新分享会
11月9日	日本光电	新一代半自动体外除颤器产品介绍
11月9日	天龙马兰士	Polk Legend 新品发布会
11月9日	芳珂	FANCL 健康食品新品发布会
11月9日	德国宝	花样年华 闪亮人生
11月9日	德国西克	SYKON 门窗幕墙系统,缔造更具安全感的智能化人居空间
11月9日	安姆科	安姆科入驻中国包谷,发布创新包装解决方案
11月9日	漅美医疗科技	AMS-H-03 氢氧气雾化机新品发布会
11月9日	西刻标识设备	西刻标识划刻打标设备 I124S 新品发布会
11月10日	摩泰克梅蒂斯	3D 打印砂浆及高性能混凝土的生产及施工应用
11月10日	环亚香港	奔跑吧 高跟鞋
11月10日	保镖药房	德国保镖药房玻尿酸系列护肤品全球首发
11月10日	爱依世家	Astroman 爱依世家——永恒的经典

资料来源:《展会发布平台活动排期表》,https://www.ciie.org/zbh/bqgffb/20191025/19179.html, 2019 年 10 月 25 日。

3. "首店经济"

所谓"首店经济",是指一个区域利用自身特有的资源优势,吸引国内外品牌在区域范围内首次开设门店,使得品牌价值和区域资源实现优势互补,对区域经济产生积极影响的一种经济态势。

第二届进博会的参展商除了在"进博会发布"平台发布新产品、引导和满足当代青年人的新消费需求之外,更是直接进入线下销售环节,把消费需求转化为实际消费。进博会为国际品牌进入中国市场提供了一个非常重要的窗口,国际品牌首店都在加速抢滩上海。据上海购物中心协会与中商数据统计,2019年,上海共计开出各类首店986家(不含快闪店)。其中,海外及中国港台地区新进品牌、中国大陆本土新创业品牌、既有品牌创建的全新副牌或子品牌、原有品牌的新概念店/跨界店或旗舰店、退市后改换门庭重出江湖的品牌新形象店占比分别为18%、45%、12%、21%、4%;全球首店及亚洲首店、全国首店及大陆首店、华东区域首店、全市首店占比分别为2%、22%、13%、63%。就首店选址的物业类型来看,购物中心、百货商场、街铺分别占78%、7%、15%。

这种"首店经济"丰富了消费市场,也为城市商业的发展带来了新的可能。著名国际品牌开设首店可以带来看得见的客流,对扩大就业、发展经济和提升上海城市消费能级都具有非常重要的意义。

三 上海提升城市消费能级的瓶颈

(一)入境消费吸引力不足

随着国民收入和生活水平的日益提高,中国已成为全球最大的出境旅游市场,2018年我国大陆居民出境人数达1.62亿人次,同比增长了13%。相比较而言,我国入境旅游发展缓慢,2018年游客入境数量为3054万人次,同比增长5%。据联合国贸易和发展会议发布的统计数据,我国服务贸易逆差达2395亿美元,其中90%源于旅游贸易逆差,事实上,我国已成为全球

最大的旅游服务贸易逆差国。如何推动旅游业供给侧结构性改革、发展入境旅游，并引导入境游客在上海消费成为亟待解决的问题。

2018年上海市人民政府印发的《关于促进上海旅游高品质发展加快建成世界著名旅游城市的若干意见》明确提出，要将入境旅游和入境消费作为促进上海旅游发展的重要抓手，将上海打造为富有国际吸引力的都市旅游目的地。进博会在上海举办，吸引了来自世界各地的企业参展，商务客流大、停留时间长是发展会展旅游、提升上海消费的契机。然而，目前上海在入境消费吸引力方面还存在以下几个问题。

1. 消费项目吸引力不足

文化是塑造区域品牌的核心竞争力，国际游客选择到一个城市旅游往往是受到当地人文景观与历史文化的吸引，以期获得丰富的旅游体验。然而，目前上海主推的旅游项目大多是由传统的市区观光和商圈购物组成，没有将都市休闲与红色文化、海派文化和江南文化充分融合，缺少上海本地特色及相关体验项目，导致消费活动千篇一律，缺乏新意和吸引力。同时，上海旅游产品供给单一，缺少适应外国游客需求的旅游线路、目的地、旅游演艺及特色商品，无法满足游客的个性化文化和旅游消费需求。

此外，国际旅游者特别是中青年旅游者对个性化和定制化的要求相对较高，但现阶段，上海开放式景区和微旅行街区数量不足，公共标识设立等不普遍，给自由行造成了一定的不便；具有国际水准且适合外国游客观看的文艺演出活动尚较少，夜间文旅消费的规模需要进一步扩大。

2. 消费环境吸引力不足

由全球化智库（CCG）与携程旅行网联合发布的《"推动新时代'来华旅游'高质量开放发展"报告》指出，签证问题是影响入境旅游的主要因素，来华签证的申请费用较高、时间较长、手续过于烦琐、信息告知不足、通关流程复杂等降低了外国游客的入境意愿。此外，目前，上海虹桥机场和浦东机场共运营193条国内/地区航线和108条国际航线，可直飞全球108个通航点，但大部分集中在亚洲地区，需要二次转机，且浦东机场离市中心较远，交通可达性和公共服务的国际性还需进一步提升。

对标国际著名旅游城市,上海入境旅游的消费环境仍需改善,目前还存在非法旅游购物点、"黑导游"、低价竞争等不良现象,给上海城市形象和旅游体系带来了一定的负面影响。针对网络通信,国际游客在使用电子支付、国际搜索引擎和社交媒体等方面也存在很大问题,需要完善入境游客移动支付解决方案。此外,语言沟通也是困扰入境游客的问题之一,旅游景点、餐饮住宿、购物娱乐、机场车站等场所的多语种服务水平不达标,同时还缺少明显的标识予以引导。

3. 消费城市吸引力不足

尽管上海在目的地营销方面做了大量努力,但对比国际知名的目的地营销城市仍显不足。例如,阿姆斯特丹专门成立了目的地营销机构,并推出"I Amsterdam"城市宣传口号,同时利用阿姆斯特丹特有的文化、旅游、会展及特色产业来进行整体营销推广。目前上海是将目的地营销所需要的职能分散在不同的职能部门,严格说来,上海还没有成立专门机构负责城市形象的统一宣传推介,无法充分利用影视作品、会展活动、体育赛事和新媒体技术等手段,将旅游、文化、商务会展、体育等领域的宣传和城市推广相结合,且各部门之间还存在职能冲突,工作效率和效果都有待提升。

(二)大型消费类平台不足

截至2018年底,上海市共有67条特色商业街、256家商业综合体,其中建筑面积超过10万平方米的有63家,总营业额达到1777.02亿元,上海市实体商业取得的成绩非常突出。然而,据《2018年上海市国民经济和社会发展统计公报》数据,2018年全市居民的人均可支配收入为64183元,消费支出为43351元,全年实现消费品零售总额12668.69亿元,其中网上商店零售额占比为15.2%。网上商店零售额对比北京、广州等特大城市仍显不足。深究其原因,可能是上海缺少能引领消费发展的大型消费类平台。2019年,中国互联网企业十强名单如表4所示。

表4　2019年中国互联网企业十强名单

排名	企业名称	主要品牌	总部城市
1	阿里巴巴	淘宝、阿里云、高德	杭州
2	腾讯	微信、QQ、腾讯网	深圳
3	百度	百度、爱奇艺	北京
4	京东	京东商城、京东物流、京东云	北京
5	蚂蚁金服	支付宝、相互宝、芝麻信用、蚂蚁森林	杭州
6	网易	网易邮箱、网易严选、网易新闻	北京
7	美团	美团、大众点评、美团外卖	北京
8	字节跳动	抖音、今日头条	北京
9	360	360安全卫士、360浏览器	苏州
10	新浪	新浪网、微博	北京

资料来源：《2019年中国互联网企业100强发展报告》，中国互联网协会，2019年8月14日，http://www.isc.org.cn/hyyj/hlw100/listinfo-36993.html，最后访问日期：2019年12月22日。

互联网正成为推动中国经济发展的重要力量。艾媒数据中心公布的数据显示，2018年中国数字经济规模已达31.3万亿元，占GDP的比重达34.8%；包括百度、阿里巴巴、网易、腾讯等在内的中国互联网排名前100位的企业总市（估）值已超过4万亿元。吸引具有国内外资源配置能力的互联网企业在城市设立总部，不仅有利于知识技术的引入，更可以给当地的税收、产业集聚、消费和就业等带来可观的溢出效应。但根据2019年中国互联网协会及工业和信息化部网络安全产业发展中心公布的互联网百强名单，仅19家互联网企业将总部设立在上海（见表5），且无一占据前十，这表明上海在大型互联网平台总部的培育上还需要加强，并需要为互联网企业提供更加宽松的发展环境和强有力的政策支持。

表5　2019年总部落沪的中国互联网企业

序号	企业名称	主要品牌	排名
1	上海寻梦信息技术有限公司	拼多多	11
2	携程计算机技术（上海）有限公司	携程旅行网、天巡	16
3	网宿科技股份有限公司	网宿云分发、网宿云、网宿网盾	32

续表

序号	企业名称	主要品牌	排名
4	巨人网络集团股份有限公司	征途系列、仙侠世界系列	34
5	上海钢银电子商务股份有限公司	钢银电商	37
6	东方明珠新媒体股份有限公司	百视通、东方购物、SITV	38
7	上海米哈游网络科技股份有限公司	米哈游	43
8	前锦网络信息技术（上海）有限公司	前程无忧、应届生求职网	46
9	上海波克城市网络科技股份有限公司	波克城市、捕鱼达人、猫咪公寓	49
10	盛跃网络科技（上海）有限公司	盛趣游戏	51
11	优刻得科技股份有限公司	UCloud、优铭云、安全屋	53
12	上海二三四五网络控股集团股份有限公司	2345网址导航、2345加速浏览器	64
13	真岛信息技术（上海）股份有限公司	真岛、T云、Trueland	70
14	上海幻电信息科技有限公司	哔哩哔哩	73
15	东方财富信息股份有限公司	东方财富网、天天基金网、股吧	81
16	上海东方网股份有限公司	翱翔、东方头条、纵相	91
17	上海创蓝文化传播有限公司	短信、空号检测、国际短信	92
18	行吟信息科技（上海）有限公司	小红书App、小红书之家	94
19	上海找钢网信息科技股份有限公司	钢铁全产业链电商、找钢指数	97

资料来源：《2019年中国互联网企业100强发展报告》，中国互联网协会，2019年8月14日，http：//www.isc.org.cn/hyyj/hlw100/listinfo－36993.html，最后访问日期：2019年12月22日。

（三）本土强势消费品牌不足

根据《上海老字号品牌白皮书2019》公布的数据①，截至2018年底，上海的老字号品牌共计222家，是全国老字号品牌数量最多的城市，类别主要涉及食品、日化、服饰、文体等。然而，随着品牌全球化竞争越演越烈，老字号品牌虽有多年的运营经验和知名度，但在外资品牌的强烈冲击下，市场占有率并不乐观。以国内化妆品高端市场为例，排名前20的公司市场占

---

① 《上海老字号品牌白皮书2019》，http：//www.maidi.com.cn/web/news_detail/8465？last_page_name=gsxw，最后访问日期：2020年3月12日。

有率总计达70%，其中国际品牌占比为64.8%，本土品牌仅占7.5%。造成本土品牌发展缓慢的主要原因主要有以下几个。

第一，缺少市场定位，管理体制落后。多数老字号传统国有企业长期满足于现状，甚至故步自封，与时代潮流脱节，因此在体制机制和管理体系上相对落后，尚未建立现代化的企业制度、激励机制和产权制度，导致生产效率低下，产品质量降低。

此外，由于缺少市场细分，老字号传统国有企业容易走向盲目多元化，滥用品牌资产以获得短期收益，从而导致消费者的品牌认知混乱，影响品牌形象和品牌信誉。

第二，品牌意识薄弱，缺乏创新力。缺少品牌意识、仅靠情怀来吸引消费者是大多数老字号品牌衰落的主要原因。随着时代的发展，消费群体的需求和偏好也在不断转变，缺少符合新时代价值观念的产品或服务，会拉大消费者和品牌之间的距离，导致消费者无法理解老字号所要传达的文化意蕴。调查显示，上海老字号品牌的平均活力指数为48.9。

根据全球知名咨询公司铂慧（Prophet）发布的《2019品牌相关性指数》报告，在中国消费者最喜爱的十大品牌中，除了安卓、英特尔、奥迪外，其余7大品牌均为中国品牌（见表6），而且中国消费者更关注科技在生活中的应用。然而，目前很少有老字号品牌利用互联网、大数据或人工智能等技术手段进行内容生产和跨界转型。

表6 中国人最喜爱的十大品牌

排名	品牌名称	排名	品牌名称
1	支付宝	6	哔哩哔哩
2	华为	7	小米
3	安卓	8	中信银行
4	大疆科技	9	英特尔
5	微信	10	奥迪

资料来源：《2019品牌相关性指数》，铂慧（Prophet），2019年9月19日，https：//prophet.cn/report/relevantbrands-2019/topbrands/，最后访问日期：2019年12月24日。

第三,传播力度不够,国际化程度低。很多老字号固守"独此一家"的传统观念,在品牌推广和对外宣传上几乎毫无投入,而且不开展任何线下体验活动或线上推广,导致品牌认知度日益递减。另外,随着中国在国际舞台上的地位日益提升,国外越来越关注中国的传统文化,对老字号品牌产品的需求不断增加,为民族品牌走出国门提供了契机。但目前大部分老字号品牌缺乏"走出去"的意识,尚未建立国际化的营销渠道,品牌推广活动的国际化程度也远远不够。

(四)本土品牌推广力度不够

为全面打响"上海购物"品牌,彰显城市的品牌聚集能力,2018年4月中共上海市委办公厅、上海市人民政府办公厅印发了《全力打响"上海购物"品牌加快国际消费城市建设三年行动计划(2018~2020年)》,提出要制定并实施重振老字号、优化消费环境、重塑商业地标、会商旅文体联动等8个专项运动,为本土品牌的发展提供政策配套和引导。但本土品牌在转型升级过程中,还可能会涉及资金不足、知识产权易受侵害、市场推广困难等问题,需要政府有关部门结合实际情况进行细致规划。

首先,虽然上海市出台了产业转型升级发展(品牌经济发展)专项资金扶持办法,但对本土品牌的扶持力度仍然不够。相比较而言,为推动首都消费市场的品质化发展,北京市在2019年3月发布了《关于鼓励发展商业品牌首店的若干措施》,其中明确规定,对本土品牌(含港澳台)企业,对其开首店的租金和装修予以支持,发展资金可按实际投入的最高20%、最高200万元提出申请,切实的资金扶持政策大大减轻了本土企业在转型升级过程中面临的资金压力。

其次,知识产权被侵犯问题会阻碍本土品牌的发展。根据北京市人民检察院发布的《2016年北京市检察机关知识产权刑事司法保护白皮书》,2016年北京本土品牌知识产权受侵犯的案件共41件,涉案79人,占该类诉讼人数的65%。针对该问题,北京在2016年及时制定出台了《北京市知识产权服务品牌机构培育办法》,通过知识产权服务机构,为企业提供涉及商标、

版权、专利等各项专业服务。同样，上海也需要进一步完善有关品牌产权的法律法规，规范品牌市场管理，打造良好的营商环境，助力本土品牌提升自身的竞争力，从而为创新发展提供动力。

本土品牌推广困难的原因，除企业自身营销意识薄弱外，更多的是缺少合适的宣传渠道。为激发本土品牌的活力，政府应为本土品牌牵线搭桥，鼓励跨界合作，实现多路径传播推广，以扩大其在全国乃至全球的影响力。以香港为例，香港维他奶已有80多年的发展历史，为吸引年轻消费者，并进一步扩大全球影响，维他奶与全球知名卡通动漫人物麦兜强强联合，推出麦兜版维他奶，并且制作一系列具有"麦氏幽默"的宣传视频，通过线上线下一系列营销活动，成功拉近了受众和品牌之间的距离。然而，目前上海大部分本土品牌还局限在自己的行业和受众范围内，亟须找到营销的突破口和新的推广路径。

四 关于进一步借助进博会提升上海消费能级的政策建议

（一）加大购物在目的地营销体系中的分量，增强城市消费的整体吸引力

总的来说，上海较好地发挥了进博会的溢出带动效应，并将文化艺术、旅游、会展、活动等初步整合纳入了目的地营销体系。然而，在现有的目的地营销体系中，"上海购物"的特色和作用尚未凸显出来。另外，开发更多的特色商品、打造更多的知名品牌是促进消费者尤其是外地消费者购物的重要途径。大白兔奶糖、回力球鞋、南翔小笼包、永久牌自行车、上海牌手表等皆为曾经的"上海名牌"，但随着时代的发展，大部分本土品牌已黯然失色。为加大购物在目的地营销体系中的分量，上海应加强"上海购物"品牌的内容建设。

另一方面，上海应加快推行离退税政策，并进一步增强政策的实施效

果。2015年7月1日,上海确认了第一批27家退税定点商店,主要分布在本市中心商业街区、旅游购物景区、涉外居住商业社区。如今,退税定点商店已经发展到370多家。退税定点商店的设立为国外消费者在上海购物提供了极大便利。2019年1月28日,上海又率先推出离境退税"即买即退"的便利服务,大大提升了国外消费者办理离境退税的体验感。离境退税办理流程的优化以及推进国外消费者购物退税的便利化,将刺激外国旅游者的购物需求与意愿。

为此,上海应积极扶持本土品牌发展并加强对"上海购物"的品牌宣传,进一步优化离退税政策体系,致力于打造面向全球的消费大市场、全球新品首发地、引领潮流的风向标和创新发展的新零售,全力推进国际消费城市建设。

(二)以进博会为契机,构建提升全球城市消费能级的长效机制

在促进商品进口的同时,进博会还能创造消费。新的消费是创造出来的,在物质极大丰富的前提下,供给也会创造需求,科技也能决定消费。然而,展会期间所能创造的消费是短期的、暂时的,无法长期稳定。因而,上海需要思考如何以进博会为契机,构建提升全球城市消费能级的长效机制。具体建议如下。

第一,基于进博会"6天+365天"平台,科学规划核心功能,优化顶层设计。目前,进博会的"6天+365天"一站式交易服务平台已逐渐成型,上海应该更好地规划其核心功能,充分利用线下贸易港与线上电商平台,扩展进博会的辐射范围。

第二,推动进博会与国内企业联动的机制创新,深化供给侧结构性改革。进博会汇聚了世界各地的商品与技术,其中一些商品和技术对国内企业而言是陌生、新兴的领域。通过参加进博会,一些国内企业能发现自身差距,进而倒逼企业转型升级。因而,创新联动机制、搭建国内外企业合作平台、促进本土企业转型升级对构建提升上海城市消费能级的长效机制有所裨益。

第三，开发新模式，促进进出口贸易便利化。以进博会为契机，针对展览会的展品与保税商品，上海应积极探索新模式、新机制，如延长展品入境时间、保税展示等。上海应通过各种创新举措，降低商品流通成本，便利双方贸易，进而实现消费能级的提升。

（三）促进会商文旅体深度融合，扩大综合消费服务供给

据统计，商务客人的人均消费额是普通游客的4倍。因而，会商文旅体的深度融合有助于扩大综合消费服务的需求。第二届进博会更重视文化展示、旅游推广等元素，反映了上海推进会商文旅体等多个产业融合发展的理念。然而，就当前的整体情况而言，会商文旅体融合程度还有待进一步提高。

为促进会商文旅体深度融合，上海可以举办"进博会上海城市体验周"，以探索切实有效的会商文旅体联动机制。同时，应进一步促进商品消费与不同领域消费如文化活动、艺术欣赏、旅游休闲、体育健身、生态农业等的融合联动，使消费层次更加丰富多样。

另外，截至2018年底，上海已经形成了10家会商文旅体联动效应较好的示范性商业综合体，也出现了中国华东商品进出口交易会、上海国际艺术节等50个联动示范项目。为了促进会商文旅体深度融合，上海还应加快全市会商文旅体联动试点区域建设。在深度融合中，相关企业能较早地发现潜在的商机或需求，进而扩大其产品或服务供给，这将促进城市综合消费服务供给的扩展。

（四）突出重点领域，着力优化消费综合环境

上海应抓住主要矛盾，着力在重点领域实现突破，以优化消费综合环境。

1. 引入第三方评价机制，优化市场信用环境

实施"上海优礼行动计划"，在食品、日用品等领域建立"上海优礼标准"，评定"上海优选伴手礼"公共标识，挖掘一批"有优良品质、有创新设计、能传承文化"的"上海优选伴手礼"产品。此外，需进一步评定和

推广"价格透明、服务诚信、产品优质"的上海优礼商店。

2. 健全消费者权益保护机制

应进一步健全消费者权益保护机制，包括对展会采购商和个体消费者权益的保护。目前，国内对于展会期间消费者权益的保护还有所欠缺。上海作为国内会展业的领头羊，应率先完善相关制度，为其他城市树立标杆。

3. 优化商业网点布局体系

为提升商业项目的质量与商业整体水平，上海应充分利用自身优势，将有实力、有经验的商业地产开发商吸引至上海商业地产市场。此外，对于区域性商业中心和重要人流导入地区的商业网点，需适度扩大其设施规模，以满足国内外旅游者和广大市民的需求。

4. 完善消费领域标准体系

推进消费新业态、新模式领域的标准化建设尤为重要。上海应就体育、家政等服务消费以及基于信息技术的消费新业态、新模式领域，鼓励企业、行业协会开展标准化工作，推进标准体系建设。同时，在重点行业和重点产品上，全市应致力于支持企业、行业协会制定国内领先、国际一流的标准。

参考文献

陈宇先，2019，《2019年上半年上海消费市场稳中有升》，《商业企业》第4期。
范林根，2010，《提升上海市场消费能级的路径研究》，《上海经济研究》第10期。
贾璇、宋杰，2019，《专精尖特、全球首发、中国首展……进博会展品，改变未来》，《中国经济周刊》第21期。
孙久文、李承璋，2019，《中国三大都市圈核心城市消费结构升级研究》，《当代财经》第7期。
万玲，2019，《进博会引导下的中国居民生活消费新趋势》，《黑龙江工业学院学报》（综合版）第6期。
汪伟、姜振茂、沈洁等，2018，《进一步释放上海消费潜力》，《科学发展》第9期。
俞玮，2012，《上海消费市场国内品牌和本地品牌竞争优势持续提升》，《国际市场》第5期。

B.14 进博会与虹桥商务区建设研究

何 丰*

摘 要： 虹桥商务区借助进博会溢出带动效应，以建设国际开放枢纽、国际化中央商务区和国际贸易中心新平台为功能定位，升级服务长三角、对接全国战略、联通国际的枢纽功能。目前，虹桥商务区面临三大问题，即进博会溢出带动效应有待提升、虹桥商务区发展瓶颈有待破除、虹桥商务区进博会主场优势有待强化。虹桥商务区作为进博会中心地，主场优势主要体现为：进博会贸易引力增强，参展商具有近邻优势和规模优势；自贸区扩区，面向海洋的东翼浦东与面向长三角的西翼虹桥双翼齐飞；虹桥商务区扩容，放大中心城市辐射效应。国际化中央商务区的虹桥标准涵盖国际开放枢纽、国际化中央商务区和国际贸易中心新平台三大功能定位。通过学习、匹配与共享等集聚机制，创新虹桥商务区制度安排，实现"三个升级"，即：创新商务区规划制度，实现多规合一升级；创新公共服务制度，实现设施升级；创新消费制度和开放枢纽制度，实现产城融合升级。

关键词： 虹桥商务区 主场优势 虹桥标准 集聚机制

进博会是世界上第一个以进口为主题的国家级展会，集外交、展览、论

---

* 何丰，上海大学经济学院副教授；主要研究方向：区域经济学、体育经济学和国际贸易学。

坛于一体,通过主动开放带动全球开放,扩大中高端供给,满足人民美好生活需要。如何利用全球首创进博会的主场优势,将虹桥商务区建成上海、长三角和中国企业"买全球"和"卖全球"的交易展示平台?如何向全球客商展示区域商务中心优势和全球商品贸易港区位优势?如何通过"大会展"、"大商务"和"大交通"的三大功能,提升"上海服务、上海制造、上海购物、上海文化"的城市影响力?

一 问题分析:进博会与虹桥商务区

(一)进博会溢出带动效应有待提升

在进博会的效应上,政府主导型展会的溢出带动效应主要体现为城市影响力提升的"品牌效应"、全球高端资源集聚的"平台效应"、制度层面对接国际的"桥梁效应"。进博会长效机制建设目标主要体现为:提高功能性平台辐射效应、精准对接和有效联动程度,进行高水平制度创新,以进博会为契机带动大虹桥地区打造国际一流会展集群,推动长三角更高质量一体化发展(李锋、陆丽萍,2019)。

(二)虹桥商务区发展瓶颈有待破除

1. "产强城弱"的"产城不相融合"问题长期未得到解决

在区域管理上,虹桥商务区因涉及多个行政区域,本身并不具有独立的行政管辖权,存在各自为政、多头管理问题。事权与财权不相匹配,导致虹桥商务区在空间规划、功能布局、公共资源配置以及产业布局等方面受到其他行政区的制约。

在区域开发上,虹桥商务区出现很多"断头路",各个片区路网与主功能区之间的联系比较弱,其与中心城区间的道路交通容量也比较有限,外部的集疏运道路交通主要依靠延安路高架(市区方向)、G50、G42、S20、外环线、沪青平公路等。大部分道路日常交通就比较拥堵,大型会展期间的交

通拥堵情况更为严重。

在区域规划上，重点解决开发与交通的矛盾，尽可能不增加中心城区的交通人流压力。通过促进产业结构调整和提升产业能级，推进新型城镇化和城乡一体化，把虹桥商务区打造为产、城、人和谐共进，充满活力的新城区，完善上海城市总体空间布局。南虹桥、西虹桥以及北虹桥片区实现错位互补，促进各片区协同发展（黄亮、王振、陈钟宇，2016）。

2. 公共设施尚处于硬件建设期，服务不配套，交通拥堵严重

作为新建、在建商务区，虹桥商务区短期内楼宇供应量偏大，但居民区、办公区和商业区的人口密度尚低。四区交汇需要协调多个行政区的权责利，住宅、商业、休闲娱乐等生活性服务设施不齐备，生产性服务功能专业化和多样化程度有待提高。作为集航空、铁路、长途客运和轨道交通为一体的综合性大型交通枢纽，虹桥商务区最高日客流集散量高达110万~140万人次，远途交通便捷，但大虹桥区内四区间的局部公交不多，"最后一公里"交通问题尚待解决。交通高峰期道路拥堵严重，停车难。为了应对进博会期间的大客流，协调核心区企业停车场，采取错峰停车、共享停车等措施，增加停车位供应量，缓解停车难问题。

3. 会展业的产业关联效应和区域一体化效应仍需改善

进博会主场地国家会展中心（上海）是全球最大的会展中心，其功能定位为：集聚国际会展资源，提升上海国际会展中心能级，通过贸易服务平台，辐射长三角，服务全中国。2015年的上海车展从浦东上海新国际博览中心迁至虹桥商务区的国家会展中心（上海），表明与光大会展中心和浦东上海新国际博览中心相比，国家会展中心（上海）具有比较成本优势。会展业对交通、仓储、物流和商务服务等行业产生需求拉动效应。鉴于虹桥区域的仓储饱和率较高，可以考虑将昆山、嘉兴和太仓等用地成本较低且交通便捷的邻近长三角城市作为仓储服务的扩展区。

（三）虹桥商务区进博会主场优势有待强化

主场优势起源于竞技比赛，意即主场运动队更容易取得胜利。影响主场

获胜率的因素主要包括观众规模、竞争平衡和廉政水平（陈亮、李荣、江华，2018）。虹桥商务区利用进博会主场优势，深化开发区功能，有助于降低制度创新的交易成本，激励地方政府开展辖区竞争。从长效机制看，主场优势尚待从以下两个方面进一步强化，即开发区集聚效应（企业和人口集聚的知识外溢与技术进步机制）和选择效应（市场竞争的优胜劣汰机制）。

在开发区的集聚效应和选择效应的识别问题上，与非开发区的生产率相比，集聚效应和选择效应都显著提高了开发区的生产率水平；开发区企业的生产率优势主要源自集聚效应，但持续期非常短，三年后基本消失。基于制度和政策优惠形成的选择效应是开发区长期保持生产率优势的主要原因；民营、小规模、年轻的低效率企业从集聚效应中获益更大，这意味着开发区不仅提高了资源配置效率，而且对民营中小企业起到了孵化器作用（王永进、张国峰，2016）。

在集聚效应上，非开发区企业成为开发区企业后，企业规模明显扩大，但成长规模与开发区级别、企业生命周期和行业要素密集度的异质性密切相关，其中"政策效应"和"集聚效应"是开发区对企业成长及其规模扩大产生影响的重要传导机制（李贲、吴利华，2018）。

在选择效应上，开发区在行业发展水平高的地区设立的概率更大，政策效应对企业提高生产率有影响。对比生产率具有相对优势的企业和生产率具有相对劣势的企业，政策对相对优势企业的生产率提升影响更大。政策效应不会一直存在，生产率比较优势随政策实施时间的变化趋势是，整体上先上升后下降，即整体上呈现倒"V"形。相对劣势企业借助政策溢出效应和学习效应，发挥后发优势，逐步实现对优势企业的赶超（胡浩然，2018）。

二 主场优势：作为进博会中心地的虹桥商务区

通过进博会主场优势，提升虹桥商务区的全球资源要素集聚能级和配置能力。通过高端商务、国际会展、智联交通，打造虹桥国际开放枢纽。通过全球价值链、大数据和区域物联网等，服务引领长三角更高质量一体化发展。中央商务区服务于中心城市，带动周边城市群产业升级。基于制度环境

宽松、分工和专业化的动态比较利益大、平台承载力大等优势，中央商务区成为吸引人才、资本、技术、信息和创意等现代服务经济高端要素的中心区。反过来，中央商务区通过平台服务产生极化效应和扩散效应，进一步推动分工和专业化发展，改善交易条件，拉动城市化和城市群发展。

（一）进博会贸易引力增强，参展商具有近邻优势和规模优势

2019年第二届进博会总展览面积为33万平方米，比2018年首届进博会增加20%。在会展主题上，常设5大板块（装备、消费、食品、健康、服务）、7个展区（服务贸易展区、汽车展区、装备展区、食品及农产品展区、科技生活展区、品质生活展区、医疗器械及医药保健展区），与首届进博会相比，增加养老板块，并增设室外展区。有150多个国家和地区的3000多家企业签约参展，参展面积达4.75万平方米，50万专业采购商和观众注册报名，比2018年增加了10万。以来源地为标准，统计各个国家或地区参展商和参展展品的数量及其占比（见表1）发现，空间距离邻近的日本、韩国、中国香港地区、中国台湾地区参展商占比和参展展品占比均居前十位。经济规模较大的发达国家德国、美国、意大利参展商占比和参展展品占比均居前十位。澳大利亚和新西兰因与中国贸易互补性强，参展商占比和参展展品占比均居前十位，参展展品占比排序比参展商占比排序更加靠前。分别将各国首都或地区到北京的空间距离和2018年GDP，与第二届进博会前十位参展商占比做成散点图，发现距离与参展商占比呈负相关；2018年GDP表征的经济规模与参展商占比呈正相关，表明进博会形成的贸易引力，对参展商具有近邻优势和规模优势（见图1）。

表1 第二届进博会前十位参展商和参展展品的国际比较

排序	国家或地区	参展商数（个）	占比（%）	排序	国家或地区	参展展品数（件）	占比（%）
1	日本	283	12.07	1	日本	1820	12.54
2	韩国	256	10.92	2	澳大利亚	1074	7.40
3	中国香港地区	144	6.14	3	韩国	943	6.50
4	德国	127	5.42	4	中国香港地区	903	6.22

续表

排序	国家或地区	参展商数（个）	占比（%）	排序	国家或地区	参展展品数（件）	占比（%）
5	美国	125	5.33	5	德国	898	6.19
6	澳大利亚	113	4.82	6	美国	808	5.57
7	中国台湾地区	89	3.80	7	中国台湾地区	722	4.97
8	意大利	80	3.41	8	新西兰	622	4.29
9	新加坡	59	2.52	9	意大利	619	4.27
10	新西兰	54	2.30	10	法国	479	3.30

资料来源：《2019 中国国际进口博览会时间地点 第二届进口博览会信息一览》，https://www.maigoo.com/news/528207.html，最后访问日期：2020 年 3 月 20 日。

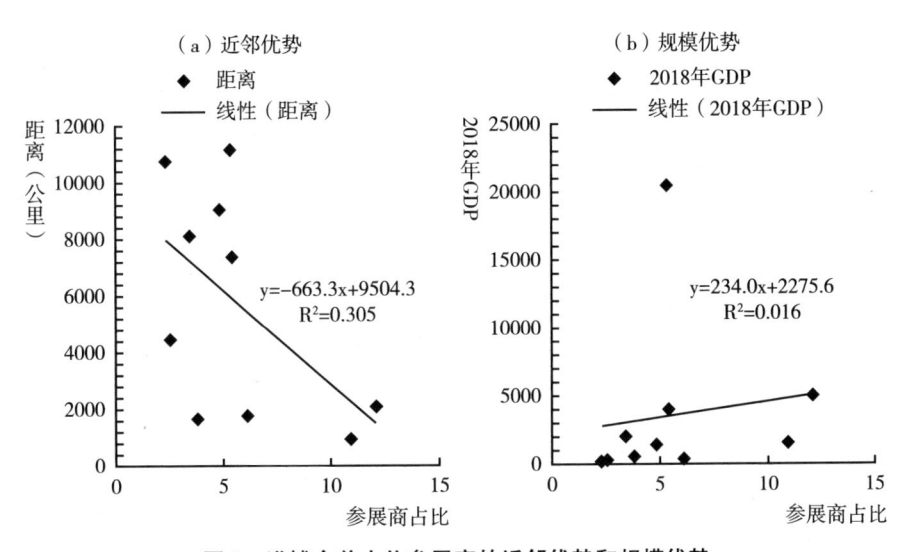

（a）近邻优势：$y=-663.3x+9504.3$，$R^2=0.305$

（b）规模优势：$y=234.0x+2275.6$，$R^2=0.016$

图 1 进博会前十位参展商的近邻优势和规模优势

资料来源：《2019 中国国际进口博览会时间地点 第二届进口博览会信息一览》，https://www.maigoo.com/news/528207.html，最后访问日期：2020 年 3 月 20 日。

（二）自贸区扩区，面向海洋的东翼浦东与面向长三角的西翼虹桥双翼齐飞

中国第一个自由贸易试验区（以下简称自贸区）于 2013 年 9 月在上海设立，以上海外高桥保税区为核心，辅之以机场保税区和洋山港临港新城，采取境内关外的特殊监管制度，面积 28.78 平方公里。2015 年 3 月，上海

自贸区第一次扩区，纳入陆家嘴金融片区、张江高科技片区和金桥开发片区，面积120.72平方公里，区位边界仍处于浦东新区内。

1. 增设上海自贸区新片区，加强金融服务改革先行先试

根据世界经济论坛发布的《全球竞争力报告》和《全球贸易促进报告》，2010~2017年我国投资和贸易便利化程度明显提升。进一步提高清关效率和金融服务效率是上海自贸区发挥先行先试功能的重要领域。从口岸效率看，铁路、航空和港口基础设施质量的平均得分依次为4.74、4.65和4.5分，年复合增长率依次为1.58%、1.55%和0.97%。从海关管理效率看，非常规支付效率提升最快，清关效率的得分情况变化不大。从金融和电子商务效率看，我国互联网用户数得分年复合增长率为9.33%，增速远超其余二级指标。金融服务的可获得性和支付能力的年复合增长率分别为-0.63%和-0.62%。

2. 增设上海自贸区新片区，加大自贸区制度创新力度

根据《中国自由贸易试验区发展蓝皮书（2017~2018）》（李善民，2018）计算的"2017~2018年度中国自由贸易试验区制度创新指数"，11个自贸区的23个片区中，制度创新总体排名前十的依次是：前海蛇口片区、上海自贸、南沙片区、天津自贸、厦门片区、横琴片区、武汉片区、福州片区、成都片区、重庆自贸区。对比总体排名第一的南沙片区，上海的比较优势体现在金融创新上，金融创新指标排名第一。南沙片区依托深圳的创新能力和粤港澳大湾区，在贸易便利化方面排名第一，在金融创新、政府职能转变和法治化建设等指标上均位居前列（见图2）。

3. 增设上海自贸区新片区，提升上海的全球资源配置能级

截至2018年6月底，上海自贸区累计新设企业数相当于设区前20年总数的1.5倍；新设外资企业占比达到20%，挂牌初期占比仅为5%。以占浦东新区10%的土地面积，创造了占浦东新区75%的GDP和60%的贸易总额，以占上海2%的土地面积创造了占上海25%的GDP和40%的贸易总额。上海自贸区扩区，在更大的区域试验政府行政管理体制改革，对接国际化标准，高效参与全球经济竞争，提升上海全球城市功能。

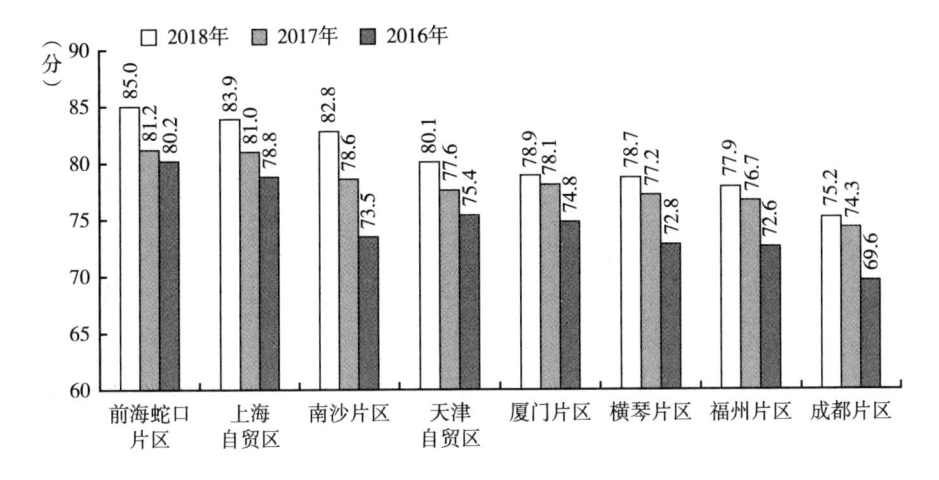

图2 第一批、第二批自贸区各片区的制度创新指数总体得分

资料来源：李善民，2018。

4. 虹桥商务区起步较晚，与面向海洋的东翼浦东相比，面向长三角的西翼虹桥集聚能级较低

虹桥商务区在2019年扩区前，总面积86.6平方公里，处于闵行、长宁、嘉定、青浦四区交界（见图3）。自2009年虹桥商务区管理委员会成立至今已有十年时间，核心开发区占地4.7平方公里，入驻企业2600家，利用"总部经济"核心功能区优势，集聚超过100家的跨国公司总部、区域总部和上市企业等。作为进博会举办地的国家会展中心（上海）占地1平

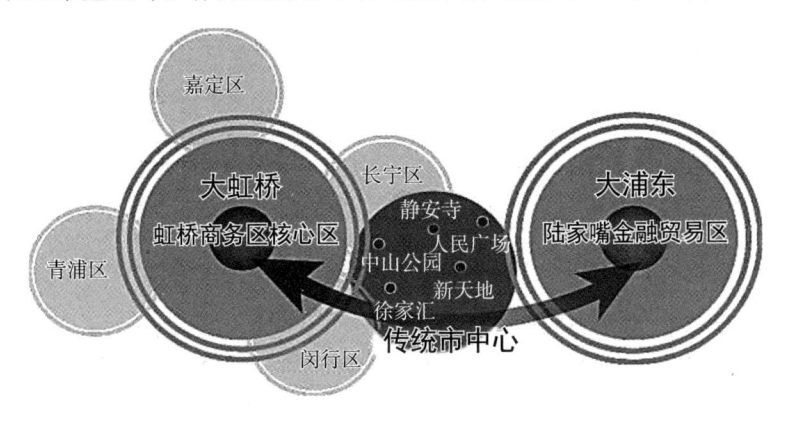

图3 建设上海东西两翼齐飞的开放空间格局

方公里，其余3.7平方公里区域建成楼宇346栋。作为面向长三角、位于四区交汇处的商务区，大虹桥所处四区和江浙两地都在发展先进制造业和现代服务业、扶持创业创新，由于产业结构趋同、市场竞争激烈，不利于发挥各自比较优势和培育区际互补优势，虹桥商务区的集聚扩散能级较低。

（三）虹桥商务区扩容，放大中心城市辐射效应

虹桥地区的空间结构为"1+3+N"中心体系，"1"为虹桥主城副中心；"3"为三个地区中心，包括南虹桥、北虹桥和东虹桥地区中心；"N"为按照15分钟社区生活圈的标准，设置N个社区中心。在静态一般均衡框架下，中心地理论描述了在居民需求门槛范围内，提供各种货物和服务的中心地（Central Place）等级、规模和分布模式。体现中心外围分布的不同等级中心地具有以下特点：①中心地提供的商品和服务级别决定中心地的等级；②中心地的等级决定中心地的数量规模、分布模式和服务范围；③中心地等级与其数量和分布成反比，与其服务范围成正比；④不同等级的中心地形成中心地系统，在市场原则、交通原则和行政原则支配下，中心地网络呈现按照不同K值排列的差异结构（见表2）。

表2　市场、交通和行政原则下中心地系统的比较分析

对比项	市场原则下的中心地系统 K=3中心地系统	交通原则下的中心地系统 K=4中心地系统	行政原则下的中心地系统 K=7中心地系统
1.原则	中心地商品和服务供应范围最大	交通干线尽可能联系多的中心地 次一级的中心地位于连接两个高一级中心地的道路干线上的中点位置	行政管理方便 6个次一级中心地位于高一级中心地市场区的6个顶点附近，次一级中心的市场区只属于一个高一级的市场区
	高级中心地位市场区中央 有6个低一级的中心地分布在其市场区外围		
2.空间结构	G级中心地 B级中心地 K级中心地 A级中心地 M级中心地 G级中心地的市场地域 B级中心地的市场地域 K级中心地的市场地域 A级中心地的市场地域 M级中心地的市场地域		
3.中心地市场区体系	1, 3, 9, 27, 81, …	1, 4, 16, 64, 256, …	1, 7, 49, 343, …
4.中心地等级体系	1, 2, 6, 18, 54, …	1, 3, 12, 48, 192, …	1, 6, 42, 294, 2058, …
5.中心地距离关系	$\sqrt{3}$	2	$\sqrt{7}$
6.交通运输效率	效率不高	效率最高	效率最低
总结	高级中心按交通原则布局，中级中心按行政原则布局，低级中心按市场原则布局		

资料来源：张贞冰等，2014。

为放大商务区中心地辐射带动效应，2019年虹桥商务区进行了扩容，实现区域发展规划统筹、产业功能统筹、交通基础设施统筹、建设标准统筹和政策管理统筹。细化的阶段性目标是：到2022年，集聚高能级贸易主体和功能型平台，形成若干现代产业经济集群，成为带动区域经济高质量发展的重要引擎。

表3 虹桥主城片区和拓展区面积对比

单位：平方公里

辖区	镇街	主城片区	拓展区	总面积
长宁区	新泾镇	3.6	8.4	12.0
	程家桥街道	4.7	3.2	7.9
闵行区	新虹街道	19.2	0	19.2
	华漕镇	26.8	1.4	28.2
	七宝镇	0.3	0	0.3
青浦区	华新镇	2.6	0	2.6
	徐泾镇	16.4	22.1	38.5
嘉定区	江桥镇	12.7	29.7	42.4
	真新街道	0.3	0	0.3
合计		86.6	64.8	151.4

注：扩容后，虹桥临空经济示范区（面积13.89平方公里）全部被纳入虹桥商务区。

资料来源：《关于加快虹桥商务区建设 打造国际开放枢纽的实施方案》。

三 功能定位：国际化中央商务区的虹桥标准

虹桥商务区借助进博会溢出带动效应，以建设国际开放枢纽、国际化中央商务区和国际贸易中心新平台为功能定位，升级服务长三角、对接全国战略、联通国际的枢纽功能。如何利用全球首个进博会的主场优势，将虹桥商务区建成上海、长三角和中国企业"买全球"和"卖全球"的交易展示平台？如何发挥"大会展"、"大商务"和"大交通"三大功能，形成国际化中央商务区的虹桥标准？如何利用国际化中央商务区的中心优势和国际贸易中心新平台优势，打造虹桥国际开放枢纽？

（一）国际开放枢纽

依托大交通功能，发挥虹桥交通枢纽的高效辐射效应，借助虹桥国际航空服务功能，联动长三角机场群，联通浦东机场和苏浙皖的轨道交通体系。在对外交通方面，借助区域机场群间的分工协作，拓展国际航运服务功能。借助沪苏湖、京昆、京沪等铁路干线和虹桥枢纽城际铁路网，协同长三角城际服务直连直通，辐射其他城市群。至2035年，以虹桥枢纽为中心的1小时交通圈，覆盖长三角县级以上城市占比超过60%。在轨道交通方面，以轨道为主导公交体系，确保公交优先原则，公交占全部出行方式比重达到50%，主城片区轨道交通站点600米覆盖率达到70%（闵行区规划和自然资源局，2019）。在路网体系方面，规划建设"七横六纵"干路网体系，全路网密度不低于$8km/km^2$。

对比虹桥机场和浦东机场的航空枢纽量级，浦东机场明显占优，但两大机场的客货运输结构及其变化趋势有所不同。从增速上看，两大机场的旅客吞吐量增长速度均快于货邮吞吐量，浦东机场的旅客规模增速明显快于虹桥机场。从波动趋势看，机场吞吐量有明显的季节效应，每年春节期间处于波谷低位。受到假期出境游影响，浦东机场旅客规模峰值多出现在暑假期间；受到国庆"黄金周"国内游影响，虹桥机场旅客规模峰值多出现在10月。从客货吞吐结构看，浦东机场的旅客和货邮枢纽地位相当，虹桥机场更偏重旅客枢纽功能（见图4）。从航班正常放行率看，夏秋两季突发天气较多时期，两个机场的正常放行率均有下降，季节性波动趋势一致。自2013年以来，虹桥机场的正常放行率普遍高于浦东机场（见图5）。

（二）国际化中央商务区

依托大商务功能，发挥高端商务和便捷商务服务功能，集聚长三角、全国和全球商务资源，建设世界级商务区，集聚本地跨国公司、境外跨国公司和区域总部。对比电子商务企业集聚规模，上海在长三角落后于江浙两省，在三大经济增长极中，落后于广东和北京（见图6）；反过来，这说明上海中

图4　虹桥机场与浦东机场旅客和货邮月度吞吐量

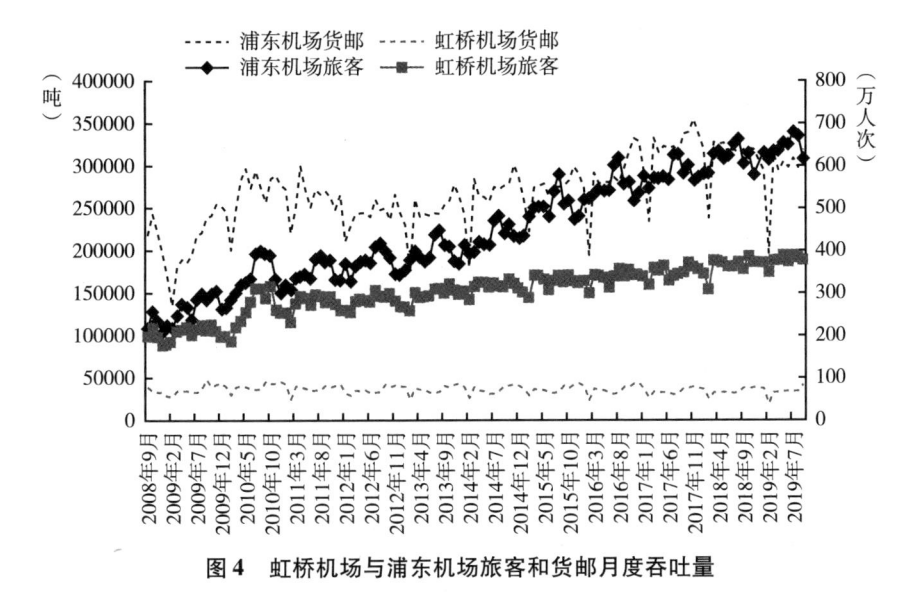

资料来源：wind。

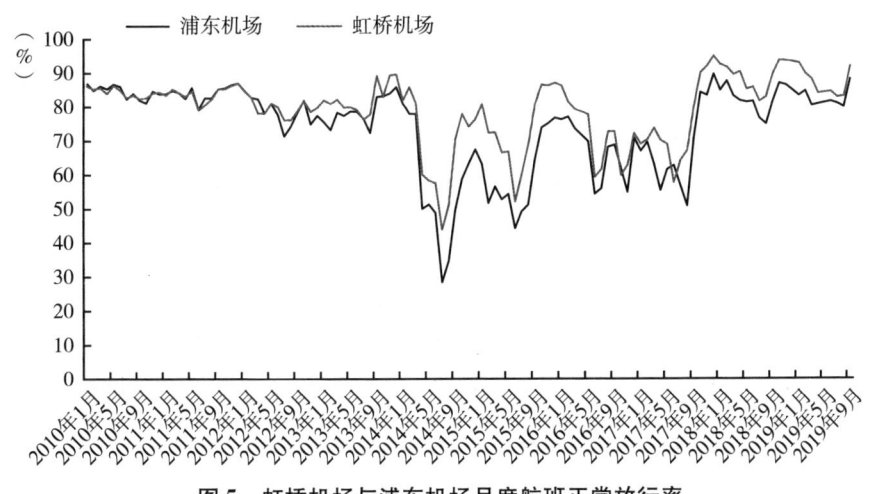

图5　虹桥机场与浦东机场月度航班正常放行率

资料来源：wind。

心地枢纽服务功能，在长三角和三大增长极中，更有辐射带动效应和倒逼升级动力。因而，迫切需要借助虹桥商务区国际化升级，提供优质商务环境和公共服务，吸引高端优势企业，制定生态宜居、高品质城市更新的虹桥标准。

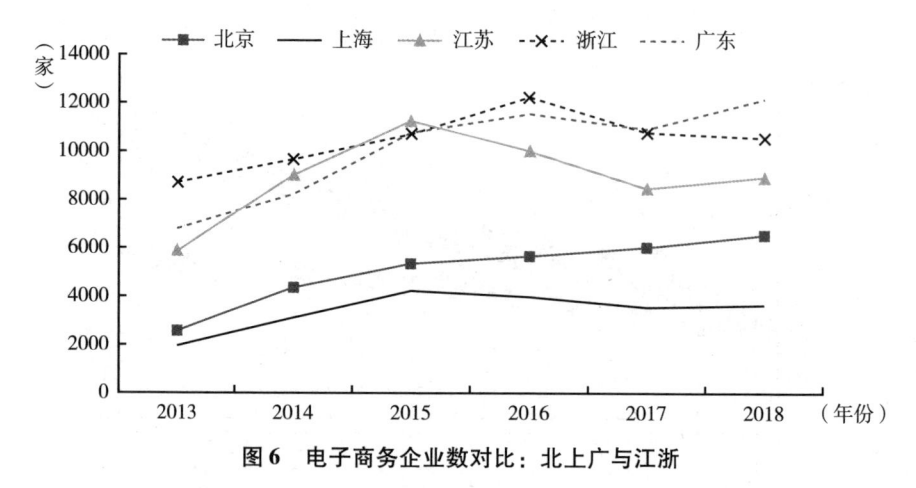

图6 电子商务企业数对比：北上广与江浙

资料来源：wind。

在特色园区标准上，推行"一地一策、一楼一案"，建设虹桥临空经济示范区、世界500强企业总部园、上海新虹桥国际医学中心、西虹桥北斗导航产业创新基地、虹桥品牌（商标）创新创业中心、虹桥国际企业创新中心、上海国际新文创电竞中心等特色园区。

在商务服务标准上，与上海联合产权交易所和上海证券交易所合作，对接企业与资本市场和产权交易市场，服务企业上市和国际并购；通过产业联盟和产业基金，促进产业链融合，鼓励卫星定位、航空服务、人工智能、物联网、大数据、大健康医疗和绿色金融等重点产业发展。

在高端商业标准上，率先试点"即买即退"离境退税，打造引领高端消费新地标，建设中高端消费品发布展示中心、新品发布中心和品牌代理机构总部，建成国际化消费体验中心和全球知名品牌区域消费中心。

在产城规划标准上，依托沪宁、沪胡、沪杭三大创新走廊，发挥虹桥主城片区20公里范围内的中心集聚和辐射功能；依托公交导向开发模式，统筹虹桥主城片区10公里范围内的商务区一体化融合功能，兼顾公共服务设施供给效率和服务覆盖范围；依托"1＋3＋N"中心体系，兼顾主导产业优势互补和区位服务功能复合、布局紧凑（见表4）。虹桥主城副中心集聚高端商贸和会展功能，承担面向国际、面向长三角的枢纽功能，在各片区多元定位基础上引领中心定位，建设多元、充满活力的地区中心（见表5）。

表4　虹桥商务区"1+3+N"中心体系

层级体系	范围	功能定位
1个城市副中心	虹桥主城副中心	覆盖区域商务、商业和文体服务
3个地区中心	南虹桥、北虹桥、东虹桥地区中心	覆盖60~80公顷范围内的本地服务
N个社区中心	N个社区中心	服务3万~5万人口的社区服务

资料来源：根据《上海市虹桥主城片区单元规划》整理。

表5　虹桥商务区三个地区中心的区位分工、产业布局和交通配套

地区中心	区位分工	产业布局	交通配套
东虹桥	航空服务	依托虹桥机场航空枢纽功能，集聚高端航空要素，建设航空管理和专业服务集聚区。侧重航空总部和管理平台建设，重点发展航空维修/培训、航空贸易和金融、飞机设计和交易等高附加值航空服务业	轨道交通10号线
南虹桥	医疗教育	侧重国际医疗、教育、文体及其专业配套服务	轨道交通25号线和13号线
北虹桥	商务创新	发挥虹桥创新辐射效应，建设科技、文化、产业创新走廊，鼓励众创	嘉闵线、轨道交通13号线

资料来源：根据《虹桥商务区规划建设导则》整理。

（三）国际贸易中心新平台

依托大会展功能，发挥进博会主场优势，借助"高端商务－展会论坛－品牌活动－文化旅游"全产业链的大会展平台，对接专业服务、海外投资和数字贸易等新兴贸易平台，对接会商旅文体产业联动，对接高端常设品牌活动和时尚消费展，如世界手工艺产业博览会、"一带一路"名品展、上海国际会展月等，完善配套服务设施和国际化营商环境，建设高品质商务活动集聚区。上海会展业优势突出并保持持续稳健增长。从2013~2018年城市展览业发展综合指数来看，在一线城市方阵和长三角核心城市中，上海

均遥遥领先（见图7）。从2012~2018年上海会展业的发展情况来看，展出面积增长较快，得益于进博会溢出带动效应，2018年展会数量快速增加（见图8）。

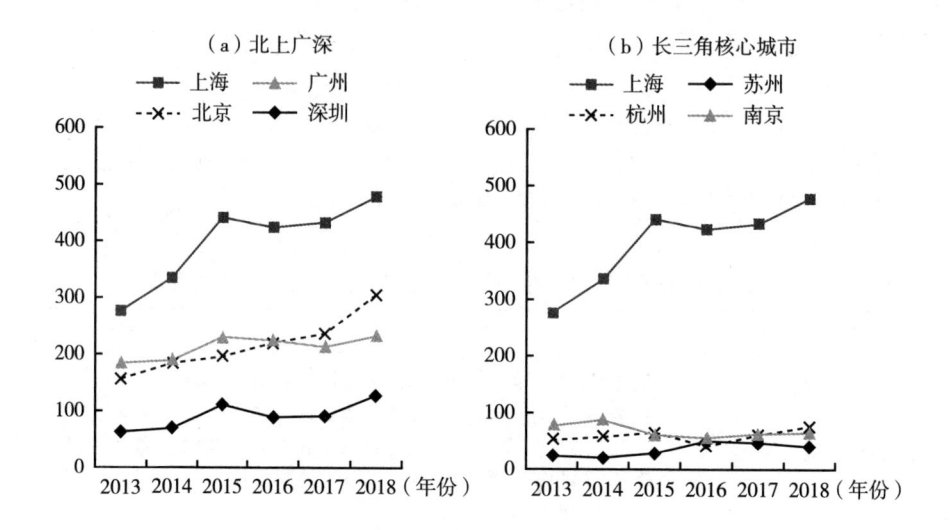

图7 城市展览业综合发展指数

资料来源：wind。

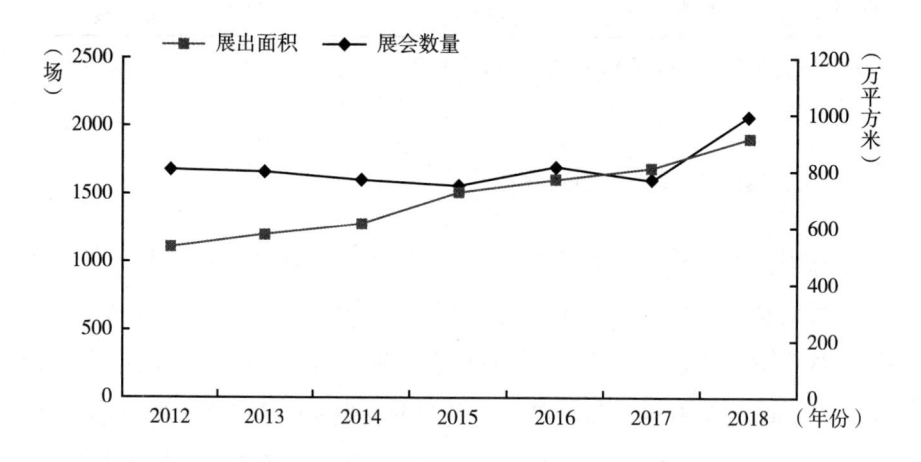

图8 上海会展业发展情况：展出面积与展会数量

资料来源：wind。

四 集聚机制：学习、匹配与共享

（一）借助学习机制，放大虹桥商务区极化效应和辐射效应

从增长极理论来看，虹桥商务区集聚现代服务业必需的高端要素，通过中央商务区和国际贸易中心新平台产生极化效应和扩散效应，提高交易效率和贸易投资便利化水平，促进城市化和城市群发展。增长极对区域经济发展的影响效应主要通过两条路径传导，分别是增长极自身的极化效应和增长极与周边区域一体化的辐射效应。

从长三角一体化增长极效应来看，虹桥商务区作为区域一体化示范区，充分发挥增长极效应和辐射效应，通过创新链和产业链，带动江苏苏州、浙江嘉兴和更大范围区域一体化；充分发挥增长极人才高地的作用及其溢出带动效应，带动高端人才在长三角一小时交通圈流动共享；充分发挥增长极高品质生态和人居环境的示范效应，整体提升周边区域集聚企业的向心力。

从虹桥商务区一体化增长极效应来看，虹桥经济技术开发区工业总产值与主营业务收入和出口交货值同趋势涨落，出口交货值对主营业务收入的贡献率在30%以上，税收贡献平稳，除2016年外，利润总额均超过税收，呈现贸易拉动、持续盈余的良性增长态势（见图9）。

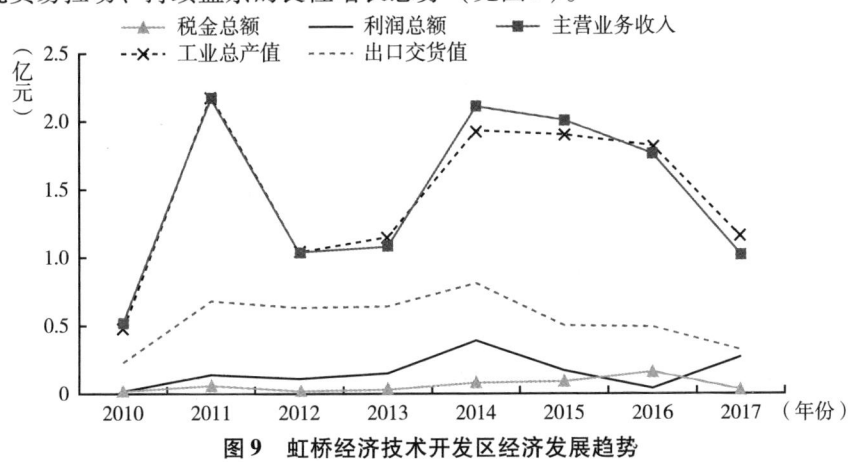

图9 虹桥经济技术开发区经济发展趋势

资料来源：wind。

（二）借助匹配机制，发挥虹桥商务区会展平台效应

从会展经济和后工业化社会主导产业来看，互联网时代的中央商务区，通过线上与线下相结合的新型平台服务，配合智能交通、物流供应链体系和便捷通关，吸引跨境服务贸易和跨境电子商务企业总部空间集聚，有利于获取知识、发挥信息空间的溢出带动效应。

根据买购网的相关数据，经统计测算发现，从进博会举办前上海会展业发展基础来看，2017年重要国际展会超过280个，覆盖主题达40个，占比前五的展会依次是机械工业（9.93%）、食品饮料（8.16%）、建材五金（7.09%）、医疗保健（5.32%）、印刷包装（4.96%），排名前五的主题展会占全部重要国际展会的35.46%，超过1/3。

从两届进博会期间主要展馆的办展规模和构成看，位于浦东新区的上海新国际博览中心位居第一，2018年重要国际展会数量达94个，主题占比前五的依次为建材五金、食品饮料、机械工业、钢铁冶金、房产家居；2019年增至107个，主题占比前五的依次为机械工业、食品饮料、建材五金、钢铁冶金、印刷包装。

位于虹桥商务区的国家会展中心（上海）位居第二，2018年重要国际展会数量达40个，主题占比前五的依次为机械工业、纺织纺机、化工橡塑、建材五金、汽摩配件；2019年增至44个，主题占比前五的依次为机械工业、纺织纺机、食品饮料、建材五金、医疗保健。

位于浦东新区的上海世博展览馆位居第三，2018年重要国际展会数量达23项，2019年为19项，主题占比连续居前两位的是服装配饰、电子电力，并列第三位的展会主题涉及创业加盟、机械工业、食品饮料。

（三）借助共享机制，发挥虹桥商务区高端服务业集聚效应

从集群理论来看，高端服务业集群具有全球经济协调配置功能，互联网时代的中央商务区拉动区域中心城市升级为国际中心城市。通过全球价值链、大数据分析和区域物联网等，带动城市群产业升级。

在虹桥商务区内部圈层结构上，主城片区常住人口约43.4万人，平峰期会展客流为8万~10万人，高峰期为30万~40万人。六大片区中，核心区侧重面向国际、面向全国，服务长三角的高端商务和交通枢纽功能；机场片区侧重机场设计和交易等高附加值服务功能；西虹桥侧重以大会展为依托的贸易和消费引领功能；南虹桥侧重公共服务先试先行创新示范功能；北虹桥侧重创新创业功能；东虹桥侧重高端航空服务功能（闵行区规划和自然资源局，2019）。

在跨辖区空间结构和产值对比上，虹桥主城片区面积86平方公里，其中核心区重点区域占地4.7平方公里，拓展区面积64.8平方公里。截至2019年12月，虹桥商务区总部企业累计达到289家，其中16家投资主体为世界500强企业，27家为跨国公司地区总部，121家为国内外上市企业的总部或功能性和区域性总部，125家为行业领军企业总部（王力，2019）。与闵行经济技术开发区和漕河泾新兴经济技术开发区的生产总值相比，作为全国面积最小、最早以发展服务业为主、唯一辟有领馆区的国家级经济技术开发区，虹桥经济技术开发区存在规模落差和错位共享空间（见图10），但借助大虹桥商务区一体化战略，可以有效发挥长期积累的中高端涉外商贸服务业比较优势。

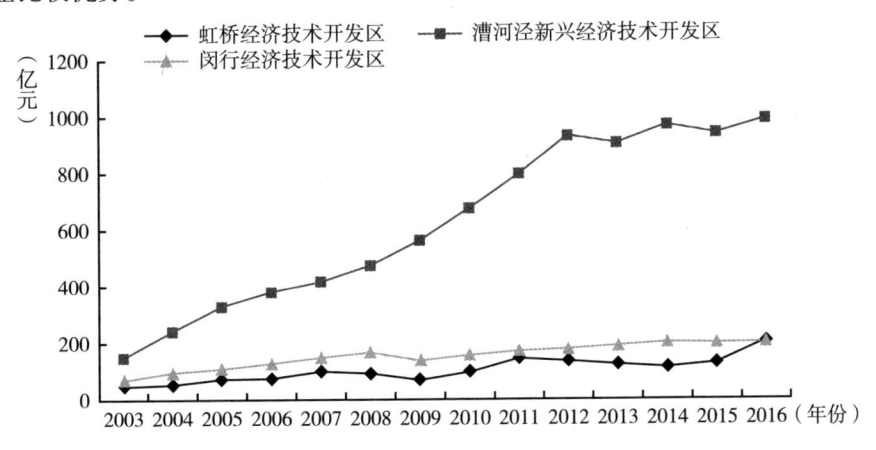

图10 虹桥、闵行经济技术开发区和漕河泾新兴经济技术开发区地区生产总值对比

资料来源：wind。

五 对策建议：实现"三个升级"

（一）创新虹桥商务区规划制度，实现多规合一升级

《上海市城市总体规划（2017~2035年）》将虹桥、川沙、宝山、闵行等位于中心城周边的主城片区纳入主城区统一管理，成为上海全球城市功能的主要承载区。作为四个主城片区之一的虹桥商务区，在《长江三角洲区域一体化发展规划纲要》中，也是上海推进长三角更高质量一体化发展的重点区域。《上海市虹桥主城片区单元规划》有机衔接《上海市城市总体规划（2017~2035年）》和《长江三角洲区域一体化发展规划纲要》，建设G50长三角国际贸易走廊和虹桥－嘉定－昆山－相城等科创走廊。提升上海虹桥商务区服务功能，将其作为示范区，引领带动江苏苏州、浙江嘉兴一体化发展。

虹桥商务区是虹桥商务区的服务功能可以概括为"一极、三地、三标准"。"一极"即虹桥商务区是服务国家战略、推动更高质量一体化发展的重要增长极。"三地"即虹桥商务区是联动长三角、服务全国、辐射亚太三地的进出口商品集散地。"三标准"即建设一流的国际化中央商务区、高水平的国际贸易中心新平台、联通国际国内的国际开放枢纽。为了提升虹桥商务区的服务功能，需要创新商务区规划制度，聚焦大流通、大会展和大商务，推进"产城融合"、职住平衡，完善交通体系和配套设施；要集约有序开发，通过多规合一、有效实施，形成区域发展合力，创新跨行政区域高质量协同发展的规划制度。

借助进博会的主场优势，依据《长江三角洲区域一体化发展规划纲要》，实践多规合一指导下的国际化中央商务区虹桥标准。从现状来看，虹桥商务区不具有独立的行政管辖权，跨越四个区县的空间构成，割裂了事权与财权，导致空间规划、产业规划和公共设施规划等多头管理，政出多门。虹桥商务区内部片区间的交通联系被铁路轨道、机场跑道和河流水系阻隔，与中心城区之间的交通联系受会展大客流影响明显。通过多规合一升级，形成空间规划的虹桥标准，可以为商务区建设和区域一体化提供示范经验。多规合一并非物理合并或简单拼凑，而是根据区情区况，将经济、社会、土地、环境、资源、城乡、交通和社会事业等各类规划，在统一的空间信息平台上恰当衔接，避免规划目标冲突，空间治理短视。

在大交通规划上，拓展虹桥机场国际航运服务功能，保障会展高峰期的航班放行正常率。第一，通过陆路铁路与机场铁路联运、枢纽安检一体化，减少重复安检，完善虹桥商务区综合指挥平台功能，提升枢纽应急保障能力和服务效率。第二，通过长三角城际铁路统筹规划，建设虹桥商务区至长三角主要城市2小时交通圈，建设快捷便利的虹桥综合交通枢纽，优化南北向公共交通布局，加强虹桥商务区核心区与国家会展中心（上海）的交通联系，加强快速和高速路网建设，加强虹桥商务区与其他各区和全上海的交通联系。第三，通过轨道交通延伸，优化交通布局。通过有偿共享、错峰定价，解决重点地区重大会展期间的停车难问题。

在大会展和大商务规划上，虹桥商务区的"长三角电商中心"集聚了阿里巴巴、谷歌、京东、唯品会等全球知名电商企业，也是进博会"6天+365天"常年展示交易平台之一。通过发挥仓储、展示和后续交易等服务功能，就近实现"展品变商品"。依托进博会，虹桥商务区设立了虹桥进口商品展示交易中心和长三角城市展示中心，打造上海、长三角乃至全中国企业"买全球"和"卖全球"的展示与交易平台。

（二）创新公共服务制度，实现设施升级

依据"多规合一"的虹桥商务区规划体系，完善虹桥商务区单元规划、控制性详细规划、公共设施事项执行标准。坚持高水平功能开发，聚焦总部经济、会展经济、平台经济、数字经济，发展数字贸易、技术贸易和电子商务。优化土地使用结构、建筑总量和功能配比，提高经济密度、土地利用集约度和开发强度。坚持高质量融合发展，借助进博会和虹桥国际经济论坛，推动虹桥商务区与长三角生态绿色一体化发展示范区、中国（上海）自由

贸易试验区临港新片区联动协同发展。坚持高标准功能布局，形成虹桥商务区各片区错位联动、优势互补的发展格局。统筹建设生态空间、公共服务、综合交通、智慧城市等，实现高质量发展与高品质生活有机结合。

统筹与均衡配置优质公共服务资源，提高公共服务配套水平。通过引入高端教育、医疗和文化体育等公共服务项目，增加高端公共服务设施规划用地，配套市级重点中小学、三甲医院、文化休闲设施、体育运动场（馆）、生态绿地等。第一，通过上海新虹桥国际医学中心高端医疗服务平台，提供临床前沿技术服务和医疗服务，完善医师注册管理制度。第二，以高校、职业院校为依托，设立国际会展专业学院，引入重大文化项目，引进重要文化娱乐和体育赛事项目。第三，通过举办国际时装周和音乐节等大型活动，引入高水平职业赛事，引进外商演出经纪机构业务。第四，参照世界银行营商环境评价指标，对标建设一流营商环境。研究发布"虹桥指数"，衡量贸易金融便利化程度和活跃度、会展活动影响力等；设立商标注册等知识产权"一窗通"服务窗口。

（三）创新消费制度和开放枢纽制度，实现产城融合升级

以承办进博会为契机，建设专业贸易和海外投资的服务平台，建设进口贸易创新示范区，提高进口商品通关便利化程度，提高安保、环境、交通等各项保障服务水平，以消费升级、进口促进出口质量升级和产城融合升级，建设虹桥国际开放枢纽。

内需消费是拉动上海经济增长的重要动力。2017年，上海GDP增长速度已降至6.9%，2018年降至6.6%，但消费增长速度一直保持在8%以上，高于GDP增速。上海的第三产业增加值占GDP比重达到1/6，商业税收占总税收的16%，商业服务就业人数超过300万。2017年，上海的境外消费类服务贸易达到4375万人次，通过旅行社实现境外旅游的游客数量快速增长。中国人均境外消费金额达到2650美元，是美国人均境外消费金额的2倍多（杜鹃，2018）。伴随经济增长和收入水平的提高，扩大先进技术和消费品进口，符合中国产业结构转型和居民消费升级的客观需要。应当充分利

用进博会的主场优势,打造面向全球的消费市场,支持品质消费、时尚消费和服务消费,促进消费服务业的专业化集聚和多样化集聚,提升消费服务便利化程度;争取更多促进境外消费回流的免税政策,扩大免税店的规模,吸引更多的游客在上海消费,实现"足不出沪买全球",联动长三角,打造进出口商品的集散地,打造具有全球影响力的商街商圈和新品首发地。

借助进博会主场优势,打造现代服务业发展高地;集聚会计、法律、咨询等专业服务机构;鼓励和促进新技术、新产品和新服务在虹桥商务区推出,发挥学习效应和后发优势;鼓励人工智能、物联网、卫星定位、大数据、航空服务、科技服务、大健康医疗、绿色金融、飞机等融资租赁。

借助进博会主场优势,建设虹桥进出口商品集散地和常设展示交易服务平台;建设虹桥进口商品展示交易中心、虹桥商务区保税物流中心、东浩兰生进口商品展销中心、绿地全球商品贸易港等;建设国家进口贸易创新示范区,促进跨境电商与跨国采购产业链融合,形成批发零售、平台内外、境内境外和线上线下结合的新贸易模式;建构海关监管新模式,实现保税展示展销常态化。

借助进博会主场优势,促进各类贸易平台集聚虹桥商务区,包括国别商品交易中心、"一带一路"沿线国家和地区的商品直销平台、专业贸易平台和跨境电商平台;培育高端医疗设备、服装及纺织原料、农产品、化妆品、酒类等交易规模百亿元以上的商品交易平台。

借助进博会主场优势,支持上海新虹桥国际医学中心打造医疗服务贸易平台。上海新虹桥国际医学园区是上海"5+X"健康服务业集聚区和国家首批健康旅游示范基地,是建设亚洲医学中心城市、提升上海健康服务能级的重要承载区。"5"是指上海新虹桥国际医学中心、上海新虹桥国际医学园区、普陀桃浦国际健康创新产业园、嘉定精准医疗与健康服务集聚区、徐汇枫林生命健康产业园区;"X"是指在杨浦、奉贤、金山、崇明、松江等区域建设若干健康医疗服务业集聚区。上海新虹桥国际医学园区先行先试,创新高质量社会办医路径,主要聚焦于:(1)扶持优势专科集群,建成高端医疗服务集聚平台和医疗服务贸易平台,形成临床前沿尖端技术、高端医

疗、先进适宜技术等医疗服务集群；（2）激励医师多点执业，鼓励医师在公立医院和社会办医疗机构间双向流动，鼓励社会办医疗机构与医学院校、有资质的公立医院建立人才培养合作机制；（3）配合主管部门对医疗机构和医师行为进行监管，对社会办医信息化情况进行监管，对医疗保险评估与结算平台进行监管。

参考文献

陈亮、李荣、江华，2018，《全球足球联赛主场优势的特点与成因》，《体育科学》第5期。

杜鹃，2018，《上海购物：打造面向全球的消费市场》，《社会科学报》7月12日第1版。

胡浩然，2018，《择优政策选择如何影响企业绩效——以经济技术开发区为例的准自然实验》，《当代财经》第8期。

胡浩然，2019，《土地政策如何影响企业的出口水平：基于开发区案例的经验研究》，《世界经济研究》第7期。

黄玖立、吴敏、包群，2013，《经济特区、契约制度与比较优势》，《管理世界》第11期。

孔翔、宋志贤，2018，《开发区周边新建社区内卷化现象研究——以昆山市蓬曦社区为例》，《城市问题》第5期。

李贲、吴利华，2018，《开发区设立与企业成长：异质性与机制研究》，《中国工业经济》第4期。

李锋、陆丽萍，2019，《进一步放大进博会溢出带动效应》，《科学发展》第8期。

李善民主编，2018，《中国自由贸易试验区发展蓝皮书（2017~2018）》，中山大学出版社。

刘瑞明、赵仁杰，2015，《国家高新区推动了地区经济发展吗——基于双重差分方法的验证》，《管理世界》第8期。

闵行区规划和自然资源局，2019，《上海市虹桥主城片区单元规划（草案公示稿）》，http://www.shmh.gov.cn/shmh/qtgg/20190909/462683.html。

王福秀，2019，《首届进博会对中国政府主导型展会的发展启示》，《全国流通经济》第9期。

王珂，2018，《首届进博会成果丰硕》，《人民日报》11月19日第3版。

王力，2019，《虹桥商务区累计吸引各类总部类企业289家》，《解放日报》12月3日。

王永进、张国峰，2016，《开发区生产率优势的来源：集聚效应还是选择效应？》，《经济研究》第 7 期。

向宽虎、陆铭，2015，《发展速度与质量的冲突——为什么开发区政策的区域分散倾向是不可持续的？》，《财经研究》第 4 期。

徐豪，2018，《为什么要举办这个"不一般"的博览会？》，《中国报道》第 11 期。

徐建，2019，《从进博会与世博会比较看上海的城市发展逻辑》，《科学发展》第 4 期。

张国峰、王永进、李坤望，2016，《开发区与企业动态成长机制——基于企业进入、退出和增长的研究》，《财经研究》第 12 期。

张贞冰、陈银蓉、赵亮、王婧，2014，《基于中心地理论的中国城市群空间自组织演化解析》，《经济地理》第 7 期。

赵新正、冯长安、李同昇、刘晓琼、芮旸，2019，《中国城市网络的空间组织特征研究——基于开发区联系的视角》，《地理研究》第 4 期。

周茂、陆毅、杜艳、姚星，2018，《开发区设立与地区制造业升级》，《中国工业经济》第 3 期。

B.15
进博会促进我国知识产权法治建设研究

顾昕 张鹏*

摘　要： 两届进博会的成功举办，多方面促进了我国知识产权法治建设，既在一定程度上完善了我国知识产权法律体系，也提高和加强了我国的知识产权保护的水平和能力。本报告通过分析进博会推动和促进我国知识产权法律体系建设的意义，认为进博会为上海建设亚太知识产权中心城市提供了重要契机。

关键词： 进博会　知识产权　法治建设　亚太知识产权中心城市

　　2018年和2019年，我国成功举办两届中国国际进口博览会（简称进博会），通过上海的舞台向全世界展示了自信、开放的中国，传递出深化国际合作与交流、通过开放求发展、拆除贸易壁垒而不妨碍贸易交往的发展理念。两届进博会的成功举办，为经济全球化的"和谐"发展做出了重要的中国贡献。

　　"知识产权"也是两届进博会的重点关切所在。习近平主席在2019年第二届进博会开幕式主旨演讲中表明中国加强知识产权保护的鲜明态度，指出"各国应该加强创新合作，推动科技同经济深度融合，加强创新成果共

---

* 顾昕，国家知识产权局知识产权发展研究中心副研究员，主要研究领域为知识产权法；张鹏，中国社会科学院知识产权中心秘书长、助理研究员，主要研究领域为知识产权法。

享，努力打破制约知识、技术、人才等创新要素流动的壁垒，支持企业自主开展技术交流合作，让创新源泉充分涌流。为了更好运用知识的创造以造福人类，我们应该共同加强知识产权保护，而不是搞知识封锁，制造甚至扩大科技鸿沟……中国将营造尊重知识价值的环境，完善知识产权保护法律体系，大力强化相关执法，增强知识产权民事和刑事司法保护力度"（习近平，2019）。

两届进博会的成功举办，多方面促进了我国知识产权法治建设，既在一定程度上完善了我国知识产权法律体系，也提高和加强了我国的知识产权保护水平和能力。中国在进博会知识产权保护工作中所贡献的特色模式和理念，更为处在不同发展阶段的世界各国提供了可以复制的成功经验。以进博会为契机，上海市应该抓住机遇利用和扩大自身优势，进一步把自身建设成为亚太知识产权中心城市。

一 进博会推动和促进我国知识产权法律体系建设

进博会的举办，推动和促进了我国知识产权法律体系的完善。这一结论来自以下三个方面。

首先，展会领域的知识产权保护问题，是知识产权法律体系中的重要一环，具有一定的特殊性。中国通过举办这种全球超大规模的展会，积累了丰富的展会经验，更在实践中凝结出了具有中国特色的展会知识产权保护模式，这既是对我国现行知识产权法律体系的完善，也为今后全球范围内的展会工作贡献了"中国模式"和"中国智慧"。

其次，在进博会的舞台上，需要快速判断和协调不同知识产权法律制度之间可能存在的冲突，这也是制定知识产权权利冲突解决机制的良好契机。

最后，进博会涉及的知识产权问题一定程度上影响了我国知识产权政策的发展方向。一个国家的知识产权规则设定不是单纯的法律问题，在很多情况下受到该国的知识产权政策影响，如何在结合我国产业发展优势的基础上制定符合我国现阶段发展水平的知识产权政策，是进博会知识产权工作带给我们的重要议题。

二 完善展会知识产权制度

进博会是全球博览会中第一个以进口为主题的国家级展会（胡建兵，2019），在进博会上，各国企业在这一平台展示最新产品、先进技术以及品牌形象，通过展会进行先进技术和重点领域技术的交流、合作。但同时，展会也是知识产权侵权行为高发的场所，能否提供高水平的知识产权保护，也是衡量举办国知识产权保护水平的重要标尺。

通过举办进博会，一方面，丰富了我国举办国际展会的知识产权保护经验，提升了主办方和企业的展会知识产权投诉应对能力，为相关立法积累了第一手实践素材；另一方面，如何更加合理和平等地保护来自不同发展阶段国家企业的知识产权，进博会给出了"中国经验"，以供今后同类型的国际展会借鉴。

（一）展会知识产权的问题所在

即便是在今天全球化的互联网时代，国际性的传统展会依然具有独特的魅力。对于各国参展企业，展会可谓风险与机遇并存：一方面，通过各国企业在现场展示的最新产品及客户的实时反馈，可以搜集竞争对手的最新情报，精准对接客户，实现推广产品的目的；另一方面，也是各大公司运用知识产权手段打击竞争对手的绝佳场所。

展会知识产权可能遇到的主要侵权领域还是专利权、著作权、商标权等传统知识产权领域，这些仍是展会知识产权行政保护和司法保护的主要领域。但因展会会期短的特征，外观设计、商标、著作权当中通过图片和音乐等就能直观感知到的侵权类型占比较高（上海高院研究室，2019），这类侵权类型因为较容易被权利人发现，所以申请权利保护的比例较高。

鉴于展会持续时间短但公开性强的特征,展会侵权产生的损害往往大于一般情况下的侵权行为,而展会一旦结束之后,权利人的维权将变得非常困难。因此最有效率的方法就是在展会现场快速、准确地认定侵权行为,通过有效的执法措施遏制侵权,减少损害的发生(毛海波,2012)。西方国家的司法体制已经达到高度专业化的程度,其采取的禁令救济程序往往令发展中国家的参展企业"不知所措",甚至屡屡掉入竞争企业设置的"陷阱",我国企业也曾经深受其苦。

(二)我国企业在海外参展遇到的禁令"陷阱"

我国企业赴海外参展时曾饱受竞争对手向当地法院提出的展会知识产权禁令之苦。

1. 美国

以美国内华达州为例,2014~2016年,当地拉斯维加斯法院共对12家赴当地参展的中国企业颁发了知识产权"临时禁令",这一期间颁发的与展会有关的禁令案件总数为16起,中国企业作为单独被告或联合被告而被颁发禁令的比例达到所有禁令的四分之三(Marketa Trimble,2019)。法院颁发禁令导致中国企业无法实现利用展会进行产品展示的目的,甚至造成了企业乃至母国声誉受损,对于企业的海外业务开展也造成了恶劣影响(子浩,2019)。

其中两家企业遭遇的情况颇为典型。2015年10月6日,山东鲁华海洋生物科技有限公司(以下简称鲁华公司)赴美参加拉斯维加斯地区的展会,在展会期间收到了美国公司向法院申请的"临时禁令",导致其所有参展展位产品及相关证据被法院扣押。次年,鲁华公司再次参与该展会时,又收到了另一家美国企业向法院申请的"临时禁令",参展再次失利,名誉也因此受到了严重的损害[①]。同年,常州菲思特公司参与拉斯维加斯的CES会展,

---

① Neptune's Mot. for T. R. O. at 3, *Neptune Tech. & Bioressources, Inc. v. Luhua Biomarine (Shandong) Co., Ltd.*, Case 2: 15 - cv - 1911, ECF No. 5 (D. Nev. Oct. 6, 2015).

因为涉嫌侵犯美国公司的外观设计和实用新型专利收到"临时禁令",其展台被美国联邦执法人员当场查抄(朱殿平,2016)。

2. 德国

我国企业赴海外参展时,屡遭禁令威胁的另一个来源国家是德国。德国作为传统的展览业强国,中国企业在"走出去"的过程中,赴德国参展的次数多,遭遇"临时禁令"的情况也较多。再加上相较于美国,德国法院签发"临时禁令"的门槛较低,一般当法院认为侵权的可能性超过50%时,就会依申请签发"临时禁令",且不需要申请人缴纳法庭费用以及担保金,获得"临时禁令"的时间也很短,紧急情况下申请当天就可以拿到法院签发的禁令(孙一鸣、段路平,2019)。这也导致在德国"临时禁令"运用较多,申请量较大,仅慕尼黑一个中级法院知识产权审判庭每年就能受理六百件以上涉"临时禁令"的案件(方立维,2014)。

一旦企业收到德国法院签发的"临时禁令",该禁令对企业即时生效,在德国国内,该企业必须立即停止生产、供应或者使用涉嫌侵权的产品,也不能将涉嫌侵权产品投入市场,或者为了前述目的占有或使用该产品,如果发生在展会上,参展商必须立即将涉嫌侵权产品从展台上取下,包括禁止展出涉嫌侵权展品的网页和产品目录,如果是商标或者外观设计涉嫌侵权,权利人甚至可以要求没收被疑侵权人的展品,以及清空可能构成侵权的展台(张陈果,2011)。正是因为德国"临时禁令"的上述特征,基于知识产权侵权而签发的"临时禁令"常被外国竞争对手在德国展会上作为攻击中国企业的手段使用。

中国在德国展会上遭遇"禁令陷阱"情况还是比较严重的。2007年在德国汉诺威举办的通信和信息技术博览会上,中国参展商的大量展品被扣押,一些企业被执法人员要求撤离展台(刘思俣,2010);2008年在德国柏林举办的消费电子展上,我国大量企业的参展品被德国海关没收(张琦,2010);2010年在德国慕尼黑举办的全球工程机械展会上,中国企业因涉嫌知识产权侵权被法院颁发"临时禁令"(江琳,2010);2014年4月,在世界上最大的灯具与建筑电器展览会——德国法兰克福照明展上，有两家中国企业被控侵权并被撤销了展位；① 多数中国企业在面对"临时禁令"时不知所措，缺乏对德国"临时禁令"制度的了解和准备，甚至做出不在任何文件上签字的举动；但在德国，如果禁令相对人对已签发的"临时禁令"置之不理，不予执行的后果可能是被处以最高达25万欧元的罚款，甚至可能面临长达6个月的监禁（Dieter Kehl、朱美婷，2007）。

（三）国内知识产权"临时禁令"情况

"临时禁令"制度在我国法律中被称为"诉前行为保全"，知识产权领域的"临时禁令"分别在《专利法》第66条、《商标法》第65条、《著作权法》第50条中做出了规定，即知识产权权利人或者利害关系人有证据证明他人正在实施侵犯其注册知识产权权利的行为，如不及时制止将会使其合法权益受到难以弥补的损害，可以依法在起诉前向人民法院申请采取责令停止有关行为和财产保全的措施。

2018年11月26日，最高人民法院公布《最高人民法院关于审查知识产权纠纷行为保全案件适用法律若干问题的规定》，该规定第7条②在原有审查三要素即"正在实施或即将实施侵权行为、存在难以弥补的损害、损害公共利益"的基础上，增加了要求知识产权效力稳定的要件。

总体而言，我国法院长期以来对颁发知识产权禁令持比较谨慎的态度，尽管法院每年的案件受理数量不同，但禁令案件一旦受理，平均的裁定支持率高于80%。全国各地法院对"临时禁令"的适用标准也不统一。广东的

---

① 《中国企业因专利侵权现场被"撤展"》，https：//mp.weixin.qq.com/s/3g8WWQCe5vpCbyy5nI833w，2014年4月14日。

② 该规定第7条规定，人民法院审查行为保全申请，应当综合考量下列因素：（一）申请人的请求是否具有事实基础和法律依据，包括请求保护的知识产权效力是否稳定；（二）不采取行为保全措施是否会使申请人的合法权益受到难以弥补的损害或者造成案件裁决难以执行等损害；（三）不采取行为保全措施对申请人造成的损害是否超过采取行为保全措施对被申请人造成的损害；（四）采取行为保全措施是否损害社会公共利益；（五）其他应当考量的因素。

法院受理的案件数量较多，标准也相对宽松。相较之下北京的法院就保守很多，受理的案件数量和最终裁定适用"临时禁令"的案件均不多。据相关司法统计，至2006年6月北京法院受理的26件案子中，只有2件裁定适用了"临时禁令"（陈文文，2016）[①]。

（四）进博会贡献的展会知识产权保护经验

以往的西方国家展会中的知识产权禁令制度，对参展厂商提出了比较高的知识产权法律要求，很多发展中国家的企业往往因此而中"埋伏或设计"。我国企业赴海外参展的经历就是非常典型的例子，在走出国门的尝试中付出了很高的制度学习成本。西方国家看似公平的知识产权保护制度下隐藏着对不发达国家企业的实质不平等。

而我国举办进博会采取的多部门协同知识产权保护措施，确保在最短的时间内对是否构成侵权进行最有效的"判断"，这份判断建立在实地实时对参展商和消费者提供相关咨询服务的基础上，最大限度地实现真正意义上的平等保护，是对"一带一路"沿线国家提供的实质友好保护，消除因为各国知识产权制度不同带来的制度门槛，避免不发达国家的参展商陷入类似西方国家展会上可能遭受的禁令"陷阱"。这种多手段平等保护措施是对国际展会知识产权保护模式的有益探索和重要贡献。具体而言如下。

1. 建立知识产权综合保护中心

依据《进博会商事纠纷防范与投诉处理办法》第6条[②]的规定，进博会

[①] "临时禁令"制度在我国知识产权法中确立之初，曾在一段时期内掀起了某些地方法院适用"临时禁令"制度的小高潮。2002年至2006年10月，近5年间各地共受理430件；2006年11月至2008年共受理319件。但随着新一轮知识产权法的修改和实施，我国知识产权"临时禁令"适用愈加稳妥、谨慎，司法适用开始降温。2009~2010年趋于减少，平均每年不到60件；而至2011年又飙升至130件，2012年总计27件，2013年以来总计41件（其中有9件为当事人相同的系列案，所涉系列案并为1件）。

[②] 该办法第6条规定："展会方在进博会期间设立知识产权保护与商事纠纷处理服务中心（以下称'服务中心'），受理商事纠纷投诉。展会方与中国国际经济贸易仲裁委员会等单位共同派出工作人员，在服务中心负责商事纠纷投诉的接受与处理，提供有关商事法律咨询服务供咨询人参考。"

设立了知识产权保护与商事纠纷处理服务中心（《知识产权报》，2019），其主要工作职责是受理处置知识产权投诉、咨询、现场巡馆、专利优先审查以及应对各类突发事件和疑难问题等相关工作。中心职能包括现场咨询，受理商标注册、专利登记、法律政策等各类知识产权咨询、优先审查，负责知识产权运营工作宣传和介绍，负责各项知识产权投诉受理、处置。服务中心能够从展会遇到的各项知识产权需求出发，综合满足展会对于知识产权工作的需求，既能帮助国外参展商和采购商了解中国相关法律政策环境，破除信息壁垒，又能及时受理知识产权纠纷。2018年首届进博会现场就设置了知识产权保护和商事纠纷处理服务中心，45名执法人员接到20多个国家和地区的咨询80余件，咨询范围涉及我国的知识产权申请及相关权利的保护问题，咨询问题均得到了妥善回复。①

2. 知识产权授权机构专家及时介入侵权判断

国家知识产权局青年志愿者协会服务进博会，为参展商快速、高效维权提供了专业的参考意见。执法部门在进博会期间面临时间短、人力不足、执行难等困难，志愿者提供了专业化人才帮助方案，帮助企业进行知识产权纠纷调解，大大地提升了执法人员事实认定的准确性，同时也提高了展会知识产权问题的处理效率，也为我国日后举办国际展会提供了依靠志愿专家的业务专长协助执法部门进行知识产权执法的经验。②

3. 提供刑事手段保障

上海市人民检察院为了应对进博会期间可能发生的知识产权侵权案件，专门设立了检察官办案组，采用专门标识、专门报送并优先处理的模式对待涉及进博会的知识产权刑事案件，启动了关于进博会案件的专项诉讼监督程序，以刑事司法震慑侵犯知识产权的行为，形成对知识产权违法行为的高压态势，在进博会召开期间营造安全、有序的知识产权法治氛围。上海市公安

---

① 于佳欣、周蕊：《578.3亿美元！首届进博会交易采购成果丰硕》，搜狐新闻央广网，http://www.sohu.com/a/274581870_362042，最后访问日期：2020年1月1日。

② 刘娇：《志愿专家，做好展会知识产权守护者》，https://mp.weixin.qq.com/s/7U6K7Uv_JLCGyURg-LZeSg，最后访问日期：2019年12月2日。

局经侦总队在"百日行动"中破获的刑事案件达83起，涉案金额达30多亿元，其中刚成立的食品药品知识产权支队起到了非常重要的作用。

4. 提供协助申请和优先审查服务

进博会专门设立的知识产权保护与商事纠纷服务中心的45名执法人员为20多个国家和地区的参展商提供了专业咨询服务，在执法人员的指导和协助下，参展商将在进博会上首次展出的发明创造提交了专利申请，在进博会上首次使用的商标也获得了优先权证明。

作为第二届进博会知识产权保护的一大重要举措，上海市知识产权局在展会期间开设进博会知识产权服务窗口，受理参展商品专利优先审查服务，为参展商的专利申请提供了便利和实惠（杨柳，2019）。

（五）展会知识产权的立法建议

国际性展会作为拉动国际贸易，促进技术、产品、服务进口的重要手段，对我国具有重要的意义。两届进博会的经验表明，我们应当完善我国展会知识产权法律制度，可以考虑对展会知识产权采用单独立法的方式予以全面保护。

现在我国对于进博会等国际性展会的保护主要依据知识产权部门法和涉展的专门法规进行保护。其中展会标识在现阶段往往通过《反不正当竞争法》和《商标法》来进行保护，但在实践中并不能完全实现保护目的，保护范围不够全面、保护效应也不够强势，往往需要扩大相关法律的适用范围（刘炎、刘观来，2016），相关规定的针对性较差、层级也比较低，且由于散落在各部门法中，搜索成本也很高，提供的保护范围也不全面（上海高院研究室，2019）。所以，有必要针对进博会的平台知识产权责任和进博会专门保护标志两方面进行单独立法，明确、统一的展会立法将为外国参展商和中国企业开展知识产权风险预防和维权工作提供清晰、明确的依据。

三 解决不同类型知识产权权利冲突的契机

在我国目前的知识产权法律体系中，不同的知识产权部门法之间可能存在适用上的冲突,在进博会这样的国际舞台上,这种冲突可能会被聚焦和放大。考虑到目前知识产权修法周期普遍比较长的现状,借助举办进博会的契机,可以加快制定不同类型的知识产权法律发生冲突时的解决规则。

以农产品和食品领域可能涉及的权利冲突为例。在两届进博会的展品中,进口农产品和食品占了很高比例,日本贸易振兴机构(JETRO)2019年组织的面向中小企业的进博会招展工作中,三分之二的日本企业来自食品及农产品领域(温潇,2019)。

(一)我国地理标志保护模式

我国现阶段对地理标志的保护,存在三种模式:第一种是以《商标法》为主的法律规范所确立的证明商标/集体商标保护制度;第二种是以《地理标志产品保护规定》为主的法律规范所确立的地理标志产品保护制度;第三种是以《农业法》和《农产品地理标志管理办法》为主的法律规范所规定的农产品地理标志保护。其中第一种商标保护模式和第二种地理标志产品保护模式以前分别由工商和质监部门管理,2018年机构改革之后,由国家知识产权局统一行使管理职能。第三种农产品地理标志保护仍在农业部管理之下。

在地理标志法律制度构建方面,目前并行的三种地理标志保护模式之间的制度衔接,仍有待进一步协调。譬如,当某个地理标志已经获得其中一种模式的保护之后,在另外两种制度下该地理标志的权利申请和权利行使如何与之协调,仍需进一步明确。

(二)不同地理标志保护模式的定位

1. 美国和欧盟采取不同的地理标志保护模式

美国采用了证明商标和集体商标模式加上反不正当竞争法保护的模式;而欧盟在对地理标志的保护制度上采取专门立法的保护模式(同时也有商标法的保护),将地理标志作为单独的一种知识产权类型予以保护。二者采用不同保护模式的主要原因在于:欧盟的地理标志保护制度是贯彻其农业政策的结果;欧盟的共同农业政策重点强调创新农业的发展模式,因为欧盟的

地理标志产品拥有良好的声誉和较高的产品质量,通过保护地理标志产品,能够获得高于一般产品的定价,从而帮助欧盟各国的产品在国际市场上占据有利位置①。欧盟成员国法国,自14世纪以来就有给予原产地名称以专门保护的立法传统,加之欧盟各国拥有十分丰富的地理标志资源,对地理标志产品的认同已成为其生活方式、审美情趣的一个部分。

而反观美国,美国作为新兴移民国家,很多工艺和生产方法来自欧洲大陆,特定来源的地理名称产品在美国逐渐演变为产品的通用名称,其地理标志保护意愿并不强烈。美国商标法和反不正当竞争法的初衷则是防止可能导致消费者混淆及误导消费者的行为。因此,美国保护地理标志主要是确保消费者的知情权和自由选择权不受侵害,从而实现保护消费者的目的。

2. 我国的地理标志保护模式选择

目前多种模式保护并存的状态导致了权利冲突的现象,部分学者和实务界人士认为可以参照欧洲(偏重于专门法保护)或美国(偏重于商标法保护)的做法,以一种模式为主对地理标志提供保护,建立统一的地理标志保护体系。

目前,要考虑以下因素。第一,目前的三种制度均已施行多年,在各自的领域内业已形成一套完整的体系。"站队式"的修改制度成本非常高,且不利于我国的双边和多边国际谈判,因为无论采用美国或欧盟任一方的制度,和另外一方谈判时就将变得无比困难,我们没有必要承受这样的制度成本。

第二,鉴于我国既有欧洲那样悠久的历史和传统,同时也兼备美国工业化大生产的特征,在管控质量的专门法和规制市场的商标法"双轨制"模式下,一方面,地方政府通过对地理标志产品进行质量控制,是开展扶贫和富农工作的有利抓手;另一方面,也不影响地理标志商标作为私权的属性。

如果在目前三种(主要)模式并存的状况下解决了权利冲突问题,完全可以不用"站队"(美国或欧盟),从而建立适应我国国情的质量控制和

---

① 欧盟采用地理标志保护专门立法的产业背景:1.75亿公顷农业用地(约占欧盟陆地面积的40%),2200万人在农场工作,农业和食品业共提供4400万个就业机会,欧盟贸易顺差中25%来自农产品。

市场规制的"双轨制"。

需要特别注意的是，究竟应该采用哪种保护模式，不是一个简单的法律问题，我们应当在充分调研全国各地区的地理标志现状和实际需求的基础上做出谨慎的判断，统一规划、科学设计，为三种不同的地理标志保护模式定好位、"分好工"，令不同的制度各负其责，避免地理标志申请人和消费者发生混淆。

（三）建立不同地理标志保护模式之间的制度衔接规则

机构改革之前的很长一段时间，因为由不同部委管理（工商、质检、农业），存在壁垒，不同模式下的权利容易并存。2018年机构改革之后，商标和地理标志产品在国家知识产权局下管理，管理机关合一，行政机关可以制定商标和地理标志产品在权利注册环节发生冲突时的判断规则。至于农产品地理标志和商标、地理标志产品注册时权利冲突解决规则，国家知识产权局可以联合农业部制定规则。

2019年10月16日，国家知识产权局发布地理标志专用的官方标志（李铎，2019），这也标志着我国开展地理标志统一认定工作迈出了坚实的一步。

在上海召开的进博会上，农产品和食品的参展比例很高，针对同一客体，如果因为我国不同的法律制度设计而导致权利冲突的话，将会在这一国际化平台被无限放大。为了防止这种事情发生，有必要加速制定不同地理标志保护模式之间的制度衔接规则。

四 引导我国知识产权政策发展方向

上海举办进博会可能涉及的平行进口、平台责任等知识产权问题，都不是单纯的法律问题，对这些是否应该判定构成侵权的回答，很多情况下受到该国知识产权政策的影响，需要结合该国的产业优势和国际形势等诸多要素综合考量，才能最终做出判断。进博会在我国召开，其本身也成为知识产权政策判断的重要考量要素之一，在破除贸易壁垒、营造开放公平的国际贸易

新环境这一大背景之下，如何确立平行进口和平台责任的侵权判断规则，进博会具有重要的引导作用。

（一）平行进口问题

知识产权的平行进口问题主要表现为未经本国知识产权人的同意，他人将在国外生产或销售的使用相同品牌或相同专利技术或相同内容的商品进口到本国的行为，这些商品在国外是合法的商品，是知识产权权利人合法授权生产的商品，只不过进口行为并没有经过本国权利人的同意（吴伟光，2006）。

平行进口问题在知识产权领域表现为商标平行进口、著作权平行进口以及专利平行进口，商标的平行进口问题尤为突出，涉及复杂的国际贸易关系，因此目前各国对于平行进口问题并没有形成统一的认识，我国立法中没有明确规定（马治国、张楠，2018），司法实践中大多法院避免直接做出对于平行进口行为合法与否的认定，所以对于平行进口合法性的规定曾一度非常不明晰。早期的司法判决中虽然有部分案件认定平行进口构成侵权，但自2013年天津二中院审理的法国大酒库股份公司诉慕醒国际贸易（天津）有限公司侵害商标权纠纷案[①]中法院判决首次正面回应知识产权平行进口不构成侵权之后，目前认为不构成侵权的声音逐渐占据了上风（崔军、施小雪，2015）。

以打印机销售为例，同一品牌的打印机生产商可能因为各国消费者不同的墨盒更换习惯而对打印机本体采取完全不同的销售策略，对于那些消费者比较容易更换墨盒的国家（无论是法律还是市场环境导致的），打印机生产厂商可能采取高价的销售策略；但是对于更换墨盒成本比较高的国家，生产厂商完全可以采用低价销售的方式吸引用户首次购买产品，在这样的国家赚取更多利润的方法可以通过后续出售更换墨盒的方式来实现。平行进口是否构成侵权，除了考察是否来源于同一授权主体之外，也应当充分考虑如何兼顾权利人针对不同市场采取不同销售策略的需要。

[①] 天津市第二中级人民法院（2012）二中民三知初字第422号民事判决书。

平行进口商品出现在进博会舞台上的可能性是非常高的,如何妥善应对是对我国行政和司法机关提出的挑战。我国首届和第二届进博会都展现出巨大的贸易吞吐量,进口体量大更要关注平行进口问题,现今上海自贸区已经开通汽车平行进口试点,① 帮助更多来自全球的进口车进入中国市场。承接进博会的溢出带动效应,尽早建立平行进口商品的侵权判断规则,是稳定贸易各方的交易关系的迫切需要。

(二)平台责任问题

展会举办方提供平台给参展商实施贸易行为,也需要承担作为提供平台方的相关责任,这是进博会作为组织方需要承担的平台责任。国际展会的组织者在参展前均会要求参展者提交展品及相关宣传资料的知识产权证明文件,以便对相应的知识产权进行必要的审核。②

一旦展会上出现侵犯知识产权的展品,展会举办方作为组织者,可能面临权利人要求其承担连带责任的诉求。以廖某诉首届上海世博会事务协调局等一案为例③,2009 年廖某将上海某工贸公司、上海某管理公司以及上海世博会事务协调局(以下简称"世博局")以侵犯其著作权为由向上海市浦东新区人民法院提起诉讼,廖某诉称上海某工贸公司、上海某管理公司未经许可,擅自制造、展出、销售其享有著作权的睡衣产品,应承担直接侵权责任。涉嫌侵权产品的标牌上显示上海世博会事务协调局授权其进行制造,可能对上述两被告的侵权行为进行了授权,应承担共同的侵权赔偿责任。在此案中,上海世博会事务协调局作为世博会标识的权利人,其所授予的权利是世博会标志的使用权,对于特许商品的使用,其仅审查世博会商标使用的相关情况。同时,对于特许商品的授权而言,世博局还要求被许可人提交相应的

---

① 《市商务委等关于公布中国(上海)自由贸易试验区新一批平行进口汽车试点企业名单的通知》,上海市人民政府网站,2017 年 6 月 28 日,http://www.shanghai.gov.cn/nw2/nw2314/nw2319/nw12344/u26aw52892.html,最后访问日期:2019 年 12 月 4 日。
② 褚战星:《海外参展知识产权风险应对以及如何维权》,https://mp.weixin.qq.com/s/da5YnsDqGccEDqjDZ-84Kg,最后访问日期:2019 年 12 月 4 日。
③ 上海市浦东新区人民法院(2011)浦民三(知)初字第 43 号民事判决书。

不侵权承诺，世博局已经尽到了合理的注意义务。法院认为特许商品在世博会上种类繁多，涉及众多行业和领域，如果要求世博局审查和保证每一种特许商品均不侵犯没有特定范围和指向的其他公众享有的知识产权和相关民事权益，显然是不现实的，最终判定上海世博会事务协调局不构成间接侵权，无须承担侵权责任。

未来在进博会的舞台上如果出现疑似侵权商品，也存在权利人将展会主办方列为共同被告，追究其承担共同侵权责任的风险。立法机关以及法院如何界定国际性展会主办方需要承担的"注意义务"以及相应的侵权责任，需要结合我国现阶段的国际环境、经济发展水平、贸易情况等因素综合决定。此时划定展会组织者的平台责任，不仅是单纯的法律问题，更关系到对知识产权政策的考量。

五　进博会全方面提升我国知识产权保护水平

得益于进博会的成功举办，我国对于国际性展会的知识产权保护意识和保护水平，也得到全方位的提升。特别是在上海市知识产权联席会议成员单位的共同努力之下，多单位和多部门的协作机制为进博会打造了良好的知识产权营商环境。相较于德国海关行政执法在展会期间的查处、美国仲裁和调解机构对展会侵权判定的帮助，我国联席会议打造的多部门协作知识产权保护机制更加全面和深入，这种集多部门力量的联合保护机制，可谓对大型国际展会知识产权保护工作的重要贡献，具有指导和示范意义。

六　知识产权联席会议协作机制

上海市知识产权联席会议办公室于2019年7月公布了《第二届进博会知识产权保护百日行动方案》（简称《行动方案》），拟从8月1日起在上海市范围内开展第二届进博会的知识产权保护专项行动（《知识产权报》，2019）。依据这一《行动方案》，上海市涉及知识产权的各个部门将以最高标准为要求，共同努力为国内外的进博会参展企业构建"依法保护、严格保护、快速保护、平等保护"的知识产权消费环境、服务环境和市场环境。

这一"百日行动"就是在上海市知识产权联席会议的主持下，以打击各类知识产权侵权行为为目的，各成员单位联合开展的知识产权保护专项行动，至少包括以下单位（徐上、文倩倩，2020；吴振东，2019；杨柳，2020）。

（一）上海市人民检察院

为保障进博会的顺利召开，上海市人民检察院专门设立了进博会专属的检察官办案组，设立了特殊通道接受进博会的知识产权案件，采取了专门报送和专门标识，以及优先处理的一体化模式，对于涉及进博会的刑事案件，在系统内特别建立了专项诉讼监督机制。

（二）上海海关

以召开进博会和机构改革为契机，上海海关新增设了上海会展中心海关，用以承接其管辖范围内的国际展会和展会期间展品进出境管理及监督。

上海海关通过"龙腾行动2019"知识产权保护专项行动，查处涉嫌侵犯参展商权利的进出口知识产权商品，共查扣1000多件侵权商品，商品总金额达50多万元。

在所辖区域范围，无论是进博会展会所在地，还是各主要进出口口岸，上海海关均设立了服务进博会的专门窗口，针对企业的通关和维权需求，设两级服务窗口专人专岗对接。

（三）上海市城管局

上海市城管局为了打造进博会期间的良好环境，成立了进博会城管执法保障工作指挥部，在进博会召开的前后集中整治了进博会展馆以及进出展馆的主要道路，同时对于进博会周边的商品市场和街区以及交通枢纽也予以了整顿。

据不完全统计，上海市城管局巡查辖区内各类场所和主要道路5万多家（条）次，前后出动执法人员3万多人次，分9批次整治和清理了3571处进博会城市环境问题点位。

（四）上海市公安局经侦总队

上海警方作为联席会议的成员单位，其经侦总队成立食品药品知识产权支队，积极加入进博会知识产权专项"百日行动"。在行动期间查处和破获的侵犯知识产权案件共计328件，其中有83起是涉及刑事司法的知识产权案件，且涉案金额达30多亿元，这一数据与同期相比增长了200%以上（钟安安，2019）。

（五）上海市知识产权局

上海市知识产权局在进博会召开之前，利用其他同类型的国际展览会开展了多次实战演练，锻炼了进博会驻展人员多方面的素质和服务能力，建立了在大型展会期间快速判断和处理专利、商标侵权纠纷的应对机制。具体而言，包括了展前预审查、展中馆内巡查以及现场设立服务站点等方式。

上海市知识产权局的执法活动对互联网上的侵权行为同样给予了高度关注。特别整治和打击了商标领域的一批互联网侵权行为，在执法活动期间着力推进线上和线下一体化的治理方案，通过对网络市场商户600多户次的检查总计查处了176件专利、商标及地理标志案件。

（六）上海市委宣传部版权局和上海市文旅局执法总队

上海市委宣传部版权局作为著作权领域的主管机关，通过线上和线下结合的方式开展著作权保护活动，联合了上海市文旅局执法总队、中国版权保护中心、中国音著协、浦东知识产权局共同制定了执法方案。

执法活动期间，上海市文旅局执法总队检查企业网站和相关经营场所共计2693家次，实际立案处罚了69件，实际收缴上来的各类非法出版物也达到了1.4万余件。

（七）上海市人民法院

上海市人民法院根据《服务保障进博会意见》和《上海市基层法院内设机构改革方案》的规定，在进博会园区内设立专门的西虹桥（进口博览会）人民法庭，由上海知识产权法院和普陀区人民法院管辖，通过组建专业的审判团队，实现集中审理进博会知识产权案件的功能，服务进博会主办方、参展商，以及参观和采购人员等各类主体。

上海市高级人民法院在进博会期间着力打造良好的司法环境，公布了《关于加强知识产权司法保护的若干意见》，为上海地区知识产权司法审判提供精确指引；同时为了进一步明确知识产权犯罪的量刑标准，也出台了《关于常见知识产权犯罪的量刑指引》，依据该指引的精神，浦东区人民法院首次做出了上海市辖区内对侵犯知识产权案件的惩罚性赔偿判决。

上海市高级人民法院还会同周边江苏、浙江、安徽三省的高级人民法院协商建立了以长三角地区为辐射范围的司法年度会商制度，搭建了案件审判协作机制，力争实现适用法律的统一，共同为进博会的顺利召开保驾护航。

由上可见，上海市知识产权联席会议的各成员单位充分发挥各自优势，在进博会举办前夕携手"护航"进博会，共同打击上海市的知识产权侵权行为。这种应对国际大型展会的多部门联合协作的保护模式，相较于西方国家的传统知识产权保护模式而言，打击侵权的范围更加全面深入，也更具备"实质公平"性。专项保护行动是在政府主导下相对主动出击打击知识产权侵权行为，因此参展企业即便不具备高超的知识产权诉讼能力，也能获得相对公平的知识产权保护。这既展现了我国对"一带一路"沿线国家经贸往来的友好平等态度，同时也是我国对国际大型展会知识产权保护工作的制度贡献。

七 建立多元知识产权纠纷解决机制

上海市知识产权局局长芮文彪在谈到进博会的保护机制时曾表示要通

过"完善多元纠纷解决机制等举措'护航'营商环境",希望进博会良好的知识产权保护态势得以延续。通过"司法审判、行政执法、仲裁调解、举报投诉、咨询服务"等多元渠道形成进博会知识产权大保护的格局,多部门多渠道共同为进博会的国内外参展企业和消费者构筑"依法保护、严格保护、快速保护、平等保护"知识产权的消费环境、市场环境和服务环境。

这种保护理念和模式也和中央文件的精神一致。中共中央办公厅、国务院办公厅于2019年11月24日印发了《关于强化知识产权保护的意见》,该意见提出建立健全社会共治知识产权模式,在传统行政和司法途径之外,进一步通过调解、仲裁和公证等方式来完善和健全知识产权工作机制,有意识地制定各种标准、提供各种有利条件、培育和发展知识产权调解组织、仲裁机构和公证机关[①]。通过完善和加强不同保护途径之间的衔接机制,形成各种途径优势互补、有机衔接的运行机制[②]。

在知识产权纠纷解决问题上,司法判决虽然具有终局性,但是我国实践表明,绝大多数知识产权纠纷是通过司法之外的方式如行政执法和行政调解等方式解决的,为了向市场主体提供高效、便捷的纠纷解决途径,有必要充分发挥调解、仲裁、行政裁决、行政复议、诉讼等各种保护途径的优势,最终形成相互协调、彼此有机衔接的多元纠纷解决机制。

可以考虑制定不同纠纷解决机制相互衔接的规则以及配套管理规定或指南,以规范相关机构在从事知识产权仲裁、调解以及公证业务时的资质、管理权限、操作流程等内容。同时进一步充实和完善国家层面的知识产权专家志愿者制度,研究和制定充分调动全社会的力量参与我国知识产权保护治理工作的机制。

[①] 该意见指出:要"建立健全社会共治模式。完善知识产权仲裁、调解、公证工作机制,培育和发展仲裁机构、调解组织和公证机构"。

[②] 该意见指出:"健全行政确权、公证存证、仲裁、调解、行政执法、司法保护之间的衔接机制,加强信息沟通和共享,形成各渠道有机衔接、优势互补的运行机制,切实提高维权效率。"

八　进博会是上海建设亚太知识产权中心城市的重要契机

在第二届进博会上，有181个国家、地区和国际组织参会，在企业商业展上亮相的企业超过3800家，到会洽谈采购的境内外专业采购商达50万名。①上海便捷、高效、公正的知识产权营商环境给各国参展企业留下了深刻印象。上海完全可以借助每年进博会的"东风"，利用上海的知识产权创造和保护优势，着力打造成为亚太地区的知识产权中心城市。

九　上海市知识产权综合实力名列前茅

上海的知识产权实力在我国诸省市中名列前茅，具有非常明显的优势，完全具备建设亚太地区知识产权中心城市的基础。以专利为例，上海市2019年上半年发明专利申请量为3.36万件、授权量1.22万件，相比上年同期，申请量增长了12.97%，授权量则增长了11.71%。目前，上海有效发明专利量已经达到了12.32万件，对比上年同期增长了14.45%；至于每万人口发明专利拥有量，上海以50.9件处于全国第二名；上海高新技术企业平均每家拥有专利数量达到12.43件，其中发明专利3.2件（沈湫莎，2019）。

国家知识产权局2018年《全国专利实力状况报告》显示②，在2018年全国各省份排名的专利综合实力上，上海以72.24的综合实力指数排名第六（见图1）。

在2018年全国各省份排名的专利创造实力指数上（见图2），上海市的

---

① 《第二届进博会圆满闭幕，上海交易团意向订单金额预计超首届》，上海市人民政府合作交流办公室要闻快讯版，http://xzb.sh.gov.cn/node2/node4/n1260/n1262/n1305/u1ai114622.html，最后访问日期：2019年12月1日。

② 余颖：《〈2018年全国专利实力状况报告〉发布，广东、北京、江苏前三》，http://www.sipo.gov.cn/zscqgz/1138935.htm，最后访问日期：2020年1月1日。

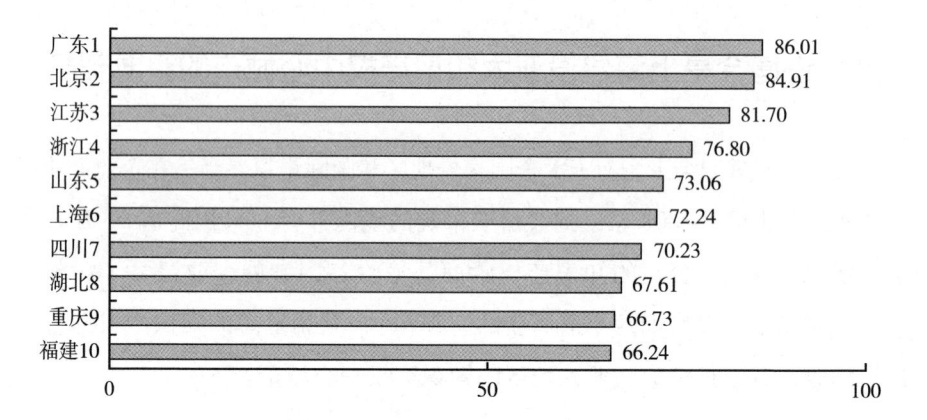

地区	指数
广东1	86.01
北京2	84.91
江苏3	81.70
浙江4	76.80
山东5	73.06
上海6	72.24
四川7	70.23
湖北8	67.61
重庆9	66.73
福建10	66.24

图1 2018年各地区专利综合实力指数前十名

专利创造实力指数排名第三，仅次于北京和广东，其专利创造实力在全国位于第一梯队，处于领先地位。

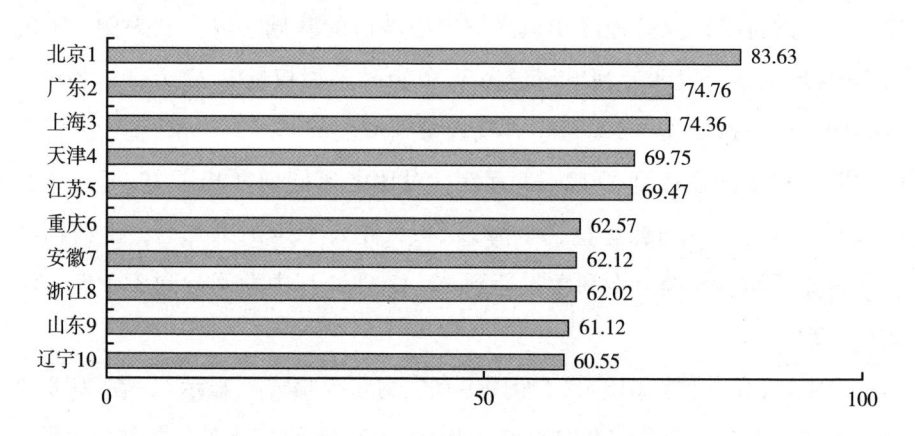

地区	指数
北京1	83.63
广东2	74.76
上海3	74.36
天津4	69.75
江苏5	69.47
重庆6	62.57
安徽7	62.12
浙江8	62.02
山东9	61.12
辽宁10	60.55

图2 2018年各地区专利创造实力指数前十名

2018年，上海专利保护实力指数较2017年有了非常大的提升（见图3），总共上升了12位，提升位次居全国各省份第一，保护实力指数排名上升至全国第八。

2018年，上海市专利服务指数仅次于北京和广东，排名位居全国第三（见图4），保护水平位居全国前列。

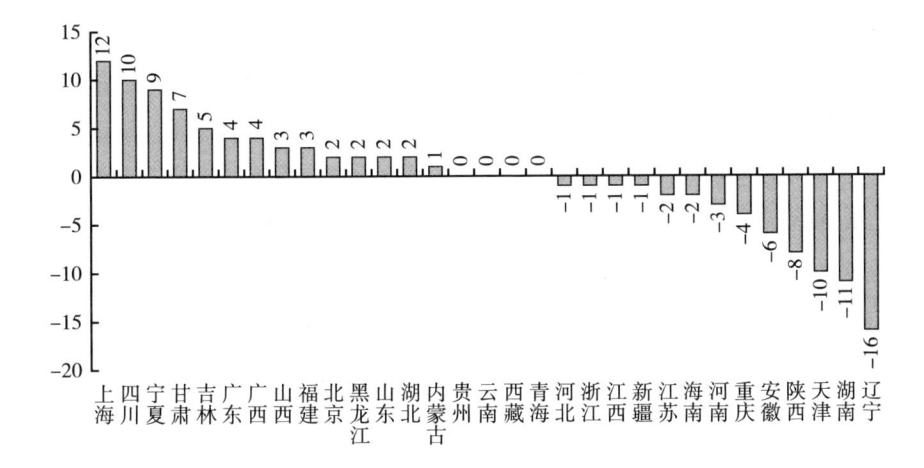

图3 2018年各地区专利保护实力指数排序位次变化情况

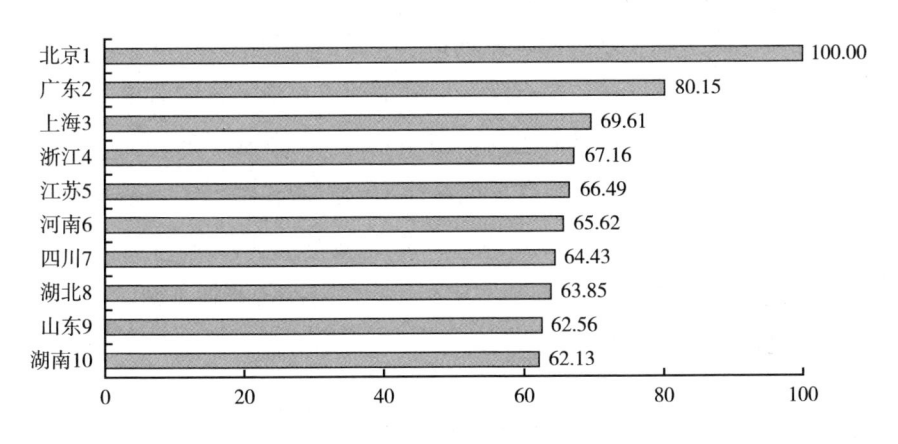

图4 2018年各地区专利服务实力指数前十名

从图1、图2、图3、图4可以看出上海市的专利实力状况总体上位居全国前列，其专利创造实力和专利服务实力均位居全国前三名，相较之下，反而是专利保护水平"拖了"上海市专利整体实力的"后腿"，导致综合排名有所下降。但这也说明上海市专利保护水平改善空间很大，其专利综合实力水平仍有较大上升空间。借助举办进博会的良好契机，上海可以进一步提高知识产权保护水平，从而提升其知识产权综合实力。

十 上海建设知识产权亚太中心的愿景目标

知识产权已成为城市发展中抢占科技竞争力制高点以及深度参与国际竞争的关键要素。将上海建设成为亚太地区的知识产权中心,长久以来一直是上海市政府和人民的共同夙愿。

(一)知识产权战略纲要的中心任务

早在2012年,上海市就颁布了《上海知识产权战略纲要(2011~2020年)》(下称《纲要》),作为上海市首个以十年期为单位的中长期知识产权战略规划,该《纲要》前瞻性地提出了要将上海建设成为亚太地区知识产权中心城市的战略目标,这不仅是上海市的重要任务,同时更关系到国家科技战略的区域部署,具有重要的战略意义(吕国强,2018)。《纲要》重点围绕企业和城市如何提高自主创新能力的问题,制定了一系列加快战略新兴产业和文化创意产业等重点产业发展的举措(陈静,2012)。《纲要》的制定为上海打造知识产权亚太中心奠定了坚实的政策基础,具有非常重要的意义。

(二)自贸区背景下的亚太知识产权中心建设

2015年,《国务院关于印发进一步深化中国(上海)自由贸易试验区改革开放方案的通知》(国发〔2015〕21号)中明确提出上海市要进一步优化知识产权环境,聚集国际多方面知识产权资源,实质推进上海市知识产权亚太中心的建设。为了完成这一任务,该通知提出要完善上海市专利、商标和版权等知识产权相关领域的行政管理和执法机制,形成行政、司法、仲裁和调解等多种手段结合的知识产权纠纷多元解决机制。作为落实该通知内容的重要举措,上海自贸区成立了全国第一个独立的并且具有完整管理职能的知识产权局,从而改变了我国30年来专利、著作权和商标分属不同部门管理的传统局面，浦东也成立了"三合一"的知识产权行政管理和执法体制（《文汇报》，2014）。

（三）与全球科技创新中心建设相呼应

2016年，为了实现上海市另一重要城市定位即建设具有全球影响力的科技创新中心，上海市政府发布了《关于加强知识产权运用和保护支撑科技创新中心建设的实施意见》（以下简称《实施意见》）。该《实施意见》基于2015年《中共中央、国务院关于深化体制机制改革加快实施创新驱动发展战略的若干意见》，以及同年出台的《国务院关于新形势下加快知识产权强国建设的若干意见》和《中共上海市委、上海市人民政府关于加快建设具有全球影响力的科技创新中心的意见》等文件的精神，为了营造优良的知识产权市场环境、法治环境、文化环境，将知识产权作为上海建设科技创新城市的关键要素贯穿始终，以知识产权保护和运用能力建设为核心，从保护、运用、服务、改革四个方面提出12条实施意见。[①]《实施意见》在建设知识产权强国的背景下，以深化知识产权领域的改革作为深入实施上海知识产权战略纲要的重要抓手，旨在通过提升上海市的知识产权创造、运用、保护、管理和服务能力，把上海建设成具有高度创新能力和保护服务水平、高端人才聚集的亚太知识产权中心城市。[②]

（四）进博会助力下的亚太知识产权中心建设

进博会是上海市建设亚太知识产权中心城市的重要契机。2019年10月，上海市委书记李强在进博会开幕前夕、第十六届上海知识产权国际论坛开幕前会见世界知识产权组织总干事弗朗西斯·高锐一行时表示，上海市历

[①] 《市政府新闻办发布〈关于加强知识产权运用和保护支撑科技创新中心建设的实施意见〉》，上海市人民政府网站，http://www.shanghai.gov.cn/nw2/nw2314/nw2315/nw18454/u21aw1110170.html，最后访问日期：2020年1月1日。
[②] 《把上海建成亚太知识产权中心城市　市委市政府发布〈实施意见〉》，上海市人民政府网站，http://www.shanghai.gov.cn/nw2/nw2314/nw2315/nw4411/u21aw1108315.html，最后访问日期：2020年1月1日。

来高度重视知识产权事业，无论是知识产权创造还是保护和运用，作为知识产权创新激励的核心要素，都是上海市提升城市核心竞争力的重要战略支撑。上海将以更大力度加强知识产权保护、对接国际通行规则，为促进城市创新创业营造更好的发展环境，以更加积极的态度拥抱对外开放。为了将上海建设成亚太地区的知识产权中心城市，希望能够进一步加强对外合作和交流，特别是在人才培养、知识产权转化运用、仲裁调解、国际交流等领域加强彼此的沟通和交流（谈燕，2019）。

十一 上海建设知识产权亚太中心的具体路径

上海建设知识产权亚太中心城市，其优势在于拥有国内处于领先地位的知识产权管理体制和司法体制，具备良好的知识产权营商环境，但同时也有缺乏国际化的知识产权专业人才的问题。如何在发挥优势的同时及时弥补短板，是上海建设知识产权亚太中心城市的重要课题。

（一）优势所在

我国国内相对安全的社会治安环境和齐备的产业链条，以及相对低廉的高素质人力成本，都是我国相较于其他亚太城市的优势所在。除此之外，上海相比于国内其他城市，建设知识产权亚太中心城市还具备如下优势（吕国强，2018）。

1. 机构建设最具活力和改革精神

2018年机构改革之前，我国知识产权领域存在多部门管理的"九龙治水"问题，上海引领机构改革的潮流，先后在自贸区和浦东新区建立了专利、商标和著作权"三合一"独立运行的知识产权局，开创国内知识产权地方机构改革的先河，起到了先行者和排头兵的作用，引起了国内外的广泛关注。

以浦东知识产权局为例，改革过程中，将原浦东新区科学技术委员会的专利行政管理职责划入浦东新区知识产权局；将原上海市浦东新区市场监督管理局的商标及特殊标志、官方标志行政管理和执法职责划入上海市浦东新区知识产权局。2015年1月，浦东知识产权局正式开始办理业务，实现了知识产权管理和行政执法的高度集中统一，避免了政出多门的弊端，为相关企业提供一站式服务，实现一个部门进行管理，一个窗口接受服务，一支队伍办理案件的综合管理体制。

在司法机构改革方面，二十年前浦东区人民法院即是我国首个知识产权审判庭以及首个刑事、民事、行政"三审合一"知识产权审判庭的诞生地，这一成功改革经验被写入了2008年的《国家知识产权战略纲要》，起到了重要的示范作用，全国其他地区的法院也纷纷效仿，浦东经验对我国知识产权司法制度改革做出了重要贡献。

2. 良好的知识产权保护环境

上海建设亚太知识产权的中心城市，良好的知识产权环境是必不可少的。除了知识产权审查、服务、管理和运用等工作之外，权利人最为看重的是知识产权保护问题。

现阶段上海正在进一步完善具有当地特色的知识产权纠纷多元解决机制。除了传统的行政执法和司法裁判之外，上海市探索通过行业协会调解、专家调解、委托调解等多种方式开展知识产权纠纷调解工作，并支持有条件的行业协会和服务机构开展相关工作；在仲裁方面，其实在2008年，上海仲裁委员会在上海市知识产权局的支持下就已经成立了上海知识产权仲裁院。在机构设置上，上海市知识产权仲裁院是上海仲裁委员会的分支机构，专门负责处理涉及知识产权合同纠纷的仲裁案件（杨金志，2008）。2018年，国家知识产权局确立了全国范围内29家机构开展知识产权仲裁调解工作，其中上海的中国（浦东）知识产权保护中心、上海市杨浦区知识产权纠纷人民调解委员会、上海市知识产权仲裁院、上海国际经济贸易仲裁委员会、上海经贸商事调解中心5家上海机构入选（上海市知识产权局协调管理处，2020）。上海市也注重知识产权信用体系建设，将侵犯知识产权的行为信息作为社会信用纪录系统的一部分对待，强化对知识产权失信行为的惩戒。

上海市历来重视知识产权行政执法工作，逐步完善知识产权行政执法案件在满足一定条件下与刑事司法案件有效衔接的各项机制，特别是针对重点

市场和重点领域的知识产权执法，作为全国"双打"工作的一环，严厉打击了侵权假冒行为，获得了全国"双打"工作领导小组的充分肯定。

上海市的司法保护工作也卓有成效，成立了知识产权的专门法院，积极推进知识产权司法体制改革，为了加大侵权损害赔偿力度、遏制恶意侵权行为，在司法实践中主动探索实施惩罚性赔偿制度。上海市审理的一批知识产权案件，在全国乃至世界范围内产生了一定的影响力，上海市高级人民法院知识产权庭曾经获得过"世界知识产权组织版权金奖中国保护奖"；此外，最高人民法院也在上海设立"中国法院知识产权司法保护国际交流（上海）基地"。

（二）不足之处

上海市建设知识产权亚太中心具备诸多优势条件，但也存在以下不足之处。

1. 国际化知识产权人才储备不足

作为国际大都市和国内外人才的聚集地，上海的外语人才无论从数量上还是质量上都代表了国内的最高水平，各领域高素质的劳动者数量也非常丰富。

尽管拥有非常好的人才基础，但是上海知识产权国际高端人才还是非常稀缺。相对于上海建设国际知识产权诉讼、仲裁、调解等多元纠纷解决亚太中心的城市定位而言，具体承接和操持这些知识产权国际化专业业务的人才数量仍非常稀缺，高端的知识产权人才数量和上海未来的经济发展定位之间的矛盾仍比较突出。

2016年6月，上海专利代理师数量仅有1069人，不足北京的五分之一，难以满足科技创新城市的专利申请服务需求；上海市高校仅有同济大学、上海大学、华东政法大学、上海应用技术大学等几所高校开设知识产权学院，毕业生数量非常有限，难以满足上海科技企业、专利数据公司、代理机构以及律师事务所对知识产权高端国际化人才的迫切需求，"招人难"已成为普遍性问题。

2.打造良好知识产权营商环境仍需破解制度性难题

上海市打造良好的知识产权营商环境，形成运转良好的知识产权多元化纠纷解决机制，仍需破解不少制度性难题。

以我国知识产权仲裁为例，目前知识产权领域的仲裁案件相较于诉讼案件而言，案件种类比较单一、受理的总体数量也比较少，这与当前全国仲裁案件呈爆发式增长的样态形成非常鲜明的对比，与全国各级法院受理的知识产权诉讼案件增长也不成比例。

在各级法院知识产权诉讼案件人少案多、压力剧增、难负其重的现状下，需要形成多元化的知识产权纠纷解决机制，帮助合理分流案件。然而，目前知识产权仲裁工作还没有担当起相应的责任，分流作用非常有限。现阶段知识产权仲裁案件主要集中在和知识产权合同相关的领域，很少涉及知识产权侵权诉讼纠纷，当然这和知识产权有效性判断的问题挂钩，如何与知识产权审查机关建立顺畅的合作机制，破解仲裁领域的制度性难题，仍是上海市未来打造亚太知识产权中心城市需要解决的课题（张维，2017）。

（三）具体举措

上海市应该做好以下几方面的工作，打造亚太知识产权交易中心、纠纷解决中心和创造中心，成为未来亚太地区知识产权交易与纠纷仲裁和诉讼以及权利申请的首选地之一，甚至可以将目光放得更远，以进博会和"一带一路"建设为契机，将上海建设成为全球重要的知识产权中心之一。

1.亚太知识产权交易中心

建设亚太地区的知识产权中心，首先应该成为知识产权交易中心，上海市为了加快建设进程、完善知识产权交易机制、整合相对分散的知识产权交易资源和信息，于2017年1月成立了上海知识产权交易中心。目前上海已经一定程度上具备了建设亚太知识产权交易中心的资源和条件，但仍面临体量不够大、管理体制不够统一、交易方式相对单一等问题，需要在借鉴世界各国知识产权交易中心发展经验的基础上整合现有资源，以国际化的视野遵循市场化和专业化的方式，提升上海市知识产权交易中心的规模和水平，同时注意培育熟悉知识产权交易国际规则的高端人才和服务机构。①

2. 亚太知识产权的纠纷解决中心

和法院诉讼相比,仲裁和调解等替代性争议解决手段有着独特的作用,不仅能够大大节约时间,还具有保密性、程序可选择性等优点,特别是其结果的国际执行力,更受到国内外企业的青睐。许多知识产权争议的主体双方来自不同的国家和地区,如果采用诉讼的手段解决纠纷,要涉及不同国家的大量司法程序,而通过仲裁或调解的方式,争议双方可以将诸多繁杂的程序整合在一起,从而有利于不同领域发生的争议得到迅速解决。

上海应当将建设纠纷解决中心作为优化营商环境的重要一环对待,进一步对接国际商事争议解决规则,完善自贸区仲裁规则,吸引国际知名商事仲裁机构入驻上海,提高上海商事仲裁的国际化程度和水平。同时充分调研知识产权仲裁案件特殊性,在此基础上尝试建立和相关部门的合作机制以解决制度性难题。

3. 亚太知识产权创造中心

上海市另一重要城市定位即建设具有全球影响力的科技创新中心,在刚刚结束的2019年度国家科学技术奖励大会上,上海有8项成果获得了国家自然科学奖,获奖数量占到了全国46项国家自然科学奖的17.4%,其优异表现也体现了上海市多年来建设具有全球影响力科技创新中心的成就。不仅是科技成果大量涌现,随着建设进程的深化,上海应在法律层面为创新主体提供更加全面和体系化的制度保障。《上海市推进科技创新中心建设条例(草案)》目前已通过市十五届人大常委会第十五次会议二审,不日将提请市十五届人大三次会议审议,相信该条例的公布将令上海全球科技创新中心的建设工作迈上新的台阶。②

---

① 李凌:《建亚太知识产权交易中心,上海怎么破"规模与风险"魔咒?》,上观新闻,网址:https://www.jfdaily.com/news/detail?id=47547,最后访问日期:2020年1月1日。
② 《划重点!国家科学技术奖最新出炉,上海这两方面有新突破》,https://baijiahao.baidu.com/s?id=1655312477294227031&wfr=spider&for=pc,最后访问日期:2020年2月1日。

（四）小结

上海实现建设知识产权亚太地区中心城市的目标，其优势在于拥有国内处于领先地位的知识产权管理体制和司法体制、具备良好的知识产权营商环境，但同时也存在缺乏国际化知识产权专业人才的短板，如何在发挥优势的同时及时弥补短板，是上海市面临的重要课题。

上海市应当抓住每年举办进博会和国家实施"一带一路"倡议的重要机遇期，利用本地良好的知识产权营商环境，将上海打造成为亚太地区的知识产权交易中心、纠纷解决中心和创造中心。希冀在不远的将来，上海可以成为全球知识产权中心的有力竞争者。

参考文献

陈静，2012，《上海致力2020年建成亚太地区知识产权中心》，中国地方网，2012年7月20日，http://www.china.com.cn/city/2012-07/20/content_25964894.htm，最后访问日期：2020年1月1日。

陈文文，2016，《知识产权临时禁令制度的困境与突破——以北京法院典型案例为视角》，《西部法学评论》第1期。

崔军、施小雪，2015，《法国大酒库股份公司诉慕醍国际贸易（天津）有限公司侵害商标权纠纷案——平行进口中的商标侵权判定》，天津市第二中级人民法院，http://tj2zy.chinacourt.gov.cn/article/detail/2015/11/id/1984299.shtml，1月1日。

Dieter Kehl、朱美婷，2007，《德国知识产权体系和司法保护，特别是展会临时禁令》，《中国知识产权杂志》第21期。

方立维，2014，《中国企业出国参展知识产权保护指南》，中国商业出版社。

胡建兵，2019，《进博会推进中国新一轮高水平开放》，http://news.zgswcn.com/article/201910/201910311429541080.html，10月31日。

江琳，2010，《德国展会知识产权侵权风险应对措施之我见：bauma2010知识产权纠纷情况分析》，《工程机械与维修》第7期。

李铎，2019，《新的地理标志专用标志官方标志发布》，国家知识产权局网站知识产权工作栏目，2019年10月18日，http://www.cnipa.gov.cn/zscqgz/1143060.htm，最后访问日期：2020年1月1日。

刘思俣，2010，《海外展会屡遭专利阻击，中国标准亟待推向市场——2007年德国CeBIT MP3扣货事件启示》，载田力普主编《中国企业海外知识产权纠纷典型案例启示录》，知识产权出版社，第269~270页。

刘炎、刘观来，2016，《国际展会知识产权保护问题探析》，《行政与法》2016年第1期。

吕国强，2018，《开启上海建设亚太地区知识产权中心城市新征程》，http：//ip.people.com.cn/n1/2018/1109/c179663-30391274.html，11月9日。

马治国、张楠，2018，《中国自贸区知识产权保护研究》，《科技与法律》第6期。

毛海波，2012，《国际展会知识产权保护研究》，华东政法大学博士学位论文。

Marketa Trimble, 2019, "Temporary Restraining Orders to Enforce Intellectual Property Rights at Trade Shows: An Empirical Study", Scholarly Works. https://scholars.law.unlv.edu/cgi/viewcontent.cgi?article=2120&context=facpub，最后访问日期：2019年12月4日。

上海高院研究室，2019，《服务保障进博会知识产权司法保护问题研究》，中国上海司法智库，https：//mp.weixin.qq.com/s/N_awQG7vCdHXsLBNIMXcZA，最后访问日期：2019年11月22日。

上海高院研究室，2019，《服务保障进博会知识产权司法保护问题研究》，中国上海司法智库网：https：//mp.weixin.qq.com/s/N_awQG7vCdHXsLBNIMXcZA，11月22日。

上海市知识产权局，2019，《上海发布〈第二届进博会知识产权保护百日行动方案〉》，http：//www.sipo.gov.cn/dtxx/1140849.htm，最后访问日期：2020年1月1日。

上海市知识产权局协调管理处，2020，《上海5家机构入选国家首批能力建设知识产权仲裁调解机构》，上海市人民政府网站，http：//www.shanghai.gov.cn/nw2/nw2314/nw2315/nw31406/u21aw1325475.html，最后访问日期：2020年1月1日。

沈湫莎，2019，《进博会知识产权保护百日行动方案发布》，上海知识产权频道，2019年7月25日，http：//gov.eastday.com/zscq/n2511/u1ai23488.html，最后访问日期：2020年1月1日。

孙一鸣、段路平，2019，《德国展会知识产权保护及德国临时禁令系列问题答疑》，https：//mp.weixin.qq.com/s/ode7uVLcU4GSrEtaEUop_w。

谈燕，2019，《李强：加快把上海建设成为亚太知识产权中心城市》，新华网上海频道，2019年10月22日，http：//www.sh.xinhuanet.com/2019-10/22/c_138492207.htm，最后访问日期：2020年1月1日。

温潇，2019，《日本贸易振兴机构上海代表处所长：越来越多日企成"进博会忠粉"》，中国经济网，2019年11月4日，http：//www.ce.cn/xwzx/gnsz/gdxw/201911/04/t20191104_33518652.shtml，最后访问日期：2020年1月1日。

文汇报，2014，《上海提出打造亚太知识产权中心 为创新"保驾护航"》，商务部网站，2014年12月9日，http：//www.mofcom.gov.cn/article/resume/n/201412/

20141200827498. shtml，最后访问日期：2020 年 1 月 1 日。

吴伟光，2006，《商标平行进口问题法律分析》，《环球法律评论》第 3 期。

吴振东，2019，《上海加大进博会知识产权保护力度 查处侵犯知识产权案件 328 件》，10 月 11 日，新华网客户端，网站地址：https：//baijiahao. baidu. com/s？id = 1647080285151156726&wfr = spider&for = pc。

习近平，2019，《开放合作 命运与共——在第二届中国国际进口博览会开幕式上的主旨演讲》，人民出版社。

徐上、文倩倩，2020，《上海市知识产权联席会议组织开展第二届进博会知识产权保护百日行动》，国家知识产权战略网，网站地址：http：//www. nipso. cn/onews. asp？id = 47656。

杨金志，2008，《上海成立知识产权仲裁院》，国家知识产权局网站，2008 年 10 月 31 日，http：//www. sipo. gov. cn/docs/pub/old/zscqgz/2008/201310/t20131024_853158. html，最后访问日期：2020 年 1 月 1 日。

杨柳，2019，《上海针对第二届进博会开展知识产权保护百日行动》，人民网，2019 年 8 月 12 日，http：//ip. people. com. cn/big5/n1/2019/0812/c179663 - 31289352. html，最后访问日期：2020 年 1 月 1 日。

张陈果，2011，《临时禁令的德国法与欧盟法实践——写在知识产权执行欧盟指令（RL2004/48/EG）颁布之后》，《科技创新与知识产权》总第 19 期。

张琦，2010，《远赴重洋后的展会知识产权尴尬》，《今日财富：中国知识产权》第 10 期。

张维，2017，《知识产权仲裁受案量少种类单一》，人民网，2017 年 9 月 22 日，http：//legal. people. com. cn/n1/2017/0922/c42510 - 29552535. html，最后访问日期：2020 年 1 月 1 日。

《知识产权报》，2019，《上海：建设高水平知识产权保护高地（2019）》，国家知识产权局网站专题专栏，2019 年 1 月 9 日，http：//www. sipo. gov. cn/ztzl/qgzscqjjzky/kyjl/1135256. htm，最后访问日期：2020 年 1 月 2 日。

钟安安，2019，《上海知识产权保护"百日行动"取得阶段成果》，《民主与法制时报》2019 年 10 月 12 日。

朱殿平，2016，《应对涉外侵权挑战 知产大省江苏做了哪些努力？》，人民网江苏视窗频道 2016 年 2 月 2 日，http：//js. people. com. cn/n2/2016/0202/c360301 - 27680648. html，最后访问日期：2020 年 1 月 1 日。

子浩，2019，《赴美会展的专利侵权风险及其应对——以在内华达州经验为例》，《电子知识产权》第 4 期。

B.16
进博会品牌形象研究

叶 俊*

摘 要： 作为中国主场外交的重大活动，进博会在上海召开的意义重大，因此必须重视进博会的品牌形象以及其所带来的各方面影响。本报告通过大数据分析和内容分析法，对进博会在国内外媒体上所呈现的品牌形象进行了分析。在这一基础上，本报告还分析了进博会对其主办地上海的品牌形象影响。报告通过数据、案例分析，剖析了进博会的品牌形象及其对上海的影响所存在的问题，并从多个维度提出了改进进博会品牌形象、提高进博会对上海城市品牌形象溢出带动效应的建议。

关键词： 进博会 品牌形象 城市形象 媒体报道

在世界经济不确定性加剧、保护主义和单边主义暗潮汹涌的今天，中国国际进口博览会（简称进博会）的成功举办对推进全球经济进一步开放、构建人类命运共同体、塑造负责开放的中国大国形象有重要历史意义。可以说，进博会是国家品牌形象的一次集中展示，更是塑造上海城市形象的直接途径，也是城市公共外交的有力推手。塑造强势品牌形象不但是一个重要的国家传播实践命题，也是新闻传播学、舆论学、宣传学、话语学等人文社科领域的重要学术命题。

---

* 叶俊，中国社会科学院新闻与传播研究所助理研究员，主要研究方向：马克思主义新闻学、新媒体与宣传研究。

进博会是基于上海这一城市举办的大型活动，同时也是全球多元文化的交流场域。进博会既是中国对外开放的名片，也是上海城市形象的窗口。进博会引起了国内外的广泛关注，既是征服国内公众注意力的国家媒介事件，也是辐射全球主要国家社会公众的全球媒介事件。当今世界，各国经济社会发展联系日益密切，世界经济深刻调整，保护主义、单边主义抬头，经济全球化遭遇波折，多边主义和自由贸易体制受到冲击，不稳定不确定因素依然很多，风险挑战加剧。进博会就是在这样的历史环境下被赋予推动全球包容互惠、构建人类命运共同体、建设开放型世界经济的重要使命。

在如此语境下，本研究采用战略传播学和舆论学的交叉视角，全面深入地考察进博会品牌形象的实际建构效果；探讨国内外媒体和普通民众是如何建构进博会品牌形象的，进博会又在何种程度上影响了中国品牌形象和上海市品牌形象的塑造，这些品牌形象能否形成独具特色的品牌调性和独特诉求点以供传播，塑造和传播路径是怎样的。在此基础上，提出有利于品牌形象塑造的策略与建议。

一 国内媒体上的进博会形象分析

本报告以 2018 年 11 月 1 日至 2019 年 11 月 30 日为时间区间，以新闻标题作为相关新闻的限定，在"慧科新闻检索分析数据库"中检索并采集国内媒体关于进博会的相关报道，共获得报道样本 205699 篇。此外，在"百度指数"中搜索互联网用户对进博会的关注程度（搜索量）及持续变化情况。

（一）进博会关注度分析

从报道趋势来看，媒体和网民的关注度在不同时段呈现了不同的趋势特征。国内媒体有关进博会的报道呈现不规则的"U"形。而网民对进博会的关注度呈现"L"形。在每年 11 月，即进博会举办期间，国内媒体对进博会都给予了大量关注，因此有关报道最多，而此时公众对进博会的关注度和搜索量也是最多的。2018 年 11 月首届进博会举办成功后，国内媒体对进

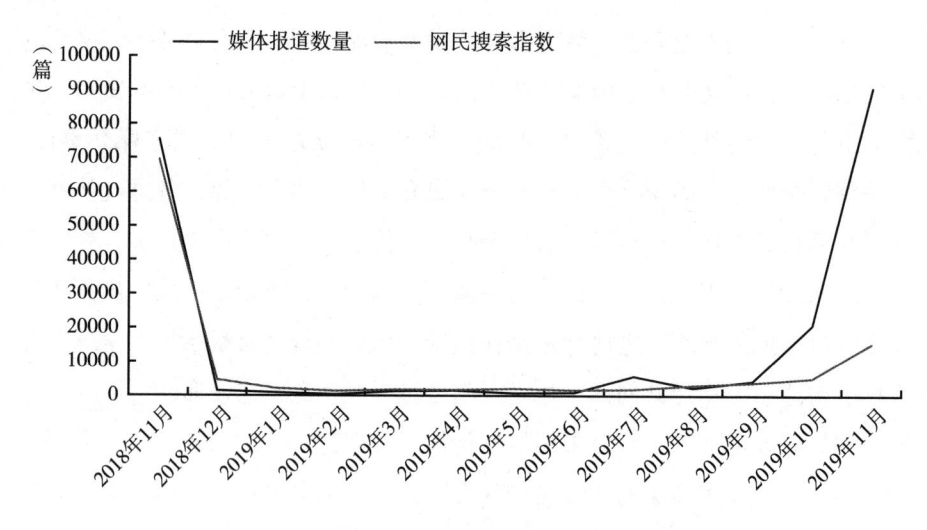

图1 进博会媒体报道数量和网民搜索指数

会的关注呈断崖式下降，此时公众对进博会的关注度也随之下降，并最终保持着一个相对稳定的状态。这一状态持续到2019年9月进博会倒计时100天的时候，随着第二届进博会的临近，各省份开始参与进博会的准备工作；因此，媒体对进博会的关注开始增多，网民对进博会的关注度也随之上升。到2019年11月举办第二届进博会的时候，媒体对进博会的关注达到顶峰，网民的关注度也达到该年度最高。2018年11月，相对于首届进博会，媒体给予第二届进博会更多报道，而公众对第二届进博会的关注远远低于对首届进博会的关注。

（二）媒体报道分析

为更好把握媒体报道的特点，我们以进博会为关键词，以2018年11月1日至2019年11月30日为时间区间，划定媒体报道来源，包括三个方面：一是以《人民日报》《光明日报》《经济日报》为代表的国家主流媒体报道；二是首届进博会举办地上海的媒体（沪内媒体），如《解放日报》《文汇报》《新民晚报》的报道；三是沪外媒体的报道。对于沪外媒体的选择，研究者以《互联网新闻信息稿源单位名单》（白名单）中所列的400家单位作为媒体来源。从中按照地域的划分，每一省份选择三家在该省份最有影响力的省内媒体。最终选择结果如表1所示。以新闻标题作为相关新闻的限定，本研究在"慧科新闻检索分析数据库"中检索并采集国内媒体关于进博会的相关报道，共获得报道样本2073篇；并对这2073篇报道进行分析，探究媒体报道呈现的特点。

表1 媒体报道来源

地域	媒体
国家主流媒体	《人民日报》《经济日报》《光明日报》
沪内媒体	《解放日报》《文汇报》《新民晚报》
沪外媒体	《安徽日报》《北京日报》《北京晚报》《滨海时报》《兵团日报》《长春日报》《长春晚报》《长江日报》《长沙晚报》《成都日报》《重庆日报》《重庆晚报》《重庆晨报》《大众日报》《福建日报》《福州日报》《甘肃日报》《广州日报》《广西日报》《贵阳日报》《海口晚报》《海南日报》《海南特区报》《杭州日报》《哈尔滨日报》《河北日报》《合肥晚报》《黑龙江日报》《黑龙江晨报》《河南日报》《湖北日报》《呼和浩特日报》《呼和浩特晚报》《湖南日报》《内蒙古日报》《江西日报》《吉林日报》《济南日报》《昆明日报》《拉萨晚报》《兰州日报》《兰州晚报》《辽宁日报》《南方日报》《南昌晚报》《南昌日报》《南京日报》《南宁日报》《宁波日报》《宁夏日报》《青海日报》《山东商报》《山西日报》《陕西日报》《沈阳日报》《沈阳晚报》《石家庄日报》《四川日报》《太原日报》《新京报》《西藏日报》《今晚报》《华西都市报》《武汉晚报》《乌鲁木齐晚报》《西安日报》《西安晚报》《西海都市报》《厦门晚报》《新华日报》《西宁晚报》《新疆日报》《羊城晚报》《扬子晚报》《燕赵晚报》《银川晚报》《云南日报》《浙江日报》《郑州日报》《郑州晚报》《天津日报》

1. 热度分析：新闻报道量趋势

从图2可以看出，总体上，从2018年11月1日至2019年11月30日，相关新闻报道量变化与上文呈现的总体报道量变化基本一致，在此不再赘述。

2. 新闻报道量最高媒体

从对进博会关注度最高的媒体前十名排行来看，在2018年11月至2019年11月期间，排名前三的媒体是分别是《解放日报》《新民晚报》《文汇报》。这三家媒体均属于沪内媒体。第四、五、六名分别是《人民日报》（数字报）、《经济日报》《光明日报》（数字报）、三家国家主流媒体。之后才是沪外其他

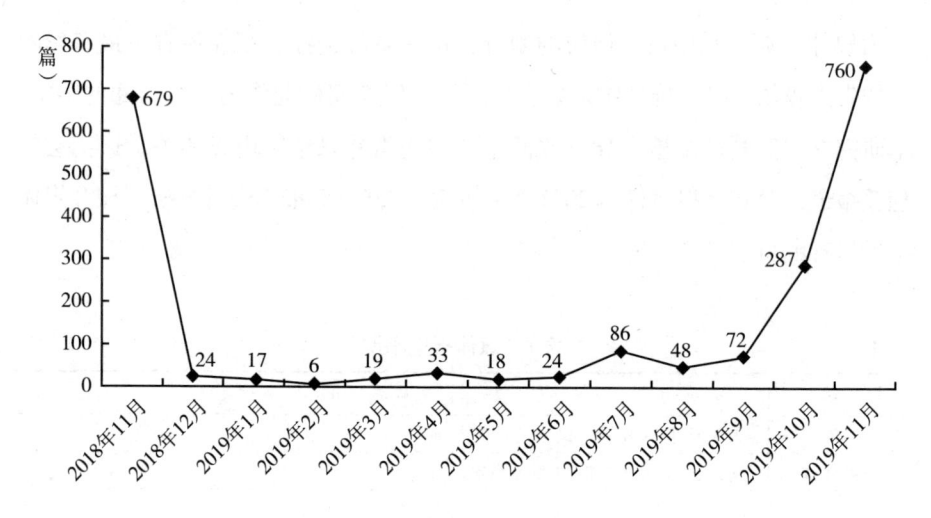

图 2 新闻报道量趋势

省市的媒体。从中可以看出，进博会作为上海"家门口"的大事，和上海发展密切相关，也是展现上海城市形象的良好时机，因此沪内媒体对其给予了极大关注；进博会作为中国的主场外交，其促进商贸的作用和外交作用是不言而喻的，因此，以《人民日报》为代表的党和人民的新闻机构，也对进博会这一国际盛事保持了高度关注；进博会作为一场以进口为主题的博览会，给中国经济、国际贸易带来很大发展机遇，因此《经济日报》这样的经济类报纸也对其进行了关注。

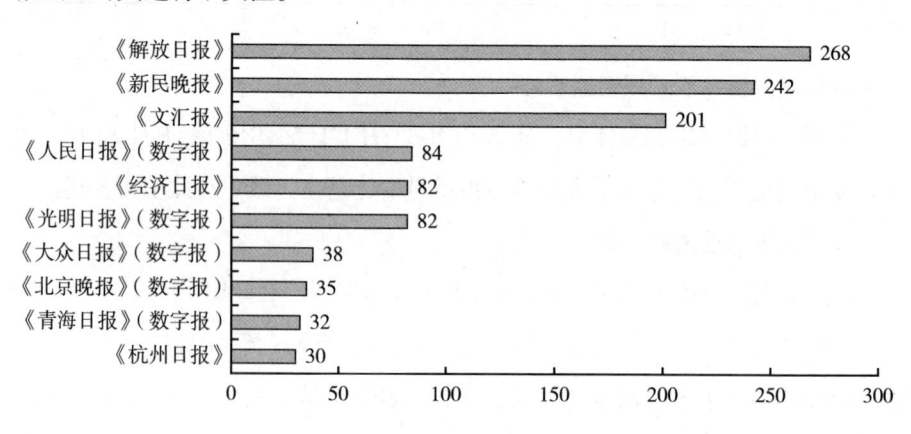

图 3 新闻报道量最高媒体

3. 传播量最高地区分布

从传播量来看，2018 年 11 月至 2019 年 11 月，上海居传播量最高地区榜首，这和上海是进博会的举办地以及以《解放日报》为代表的沪内媒体对进博会保持了全国最高的关注度密切相关；北京居第二，这和我国的全国性媒体、中央媒体的主要机构坐落在北京相关；上海和北京位列前两名，基本符合新闻报道量最高媒体的排名。浙江、江苏和上海合称"苏浙沪"，位处长三角经济带，这三个省份之间的发展互相影响，互相带动，因此，进博会在浙江、江苏的传播量也很大；福建、山东等沿海省份及陕西、青海、河南、四川等内陆省份，希望借助进博会这一平台，共享发展机遇，更快融入全球市场，因此也对进博会给予了极大关注。

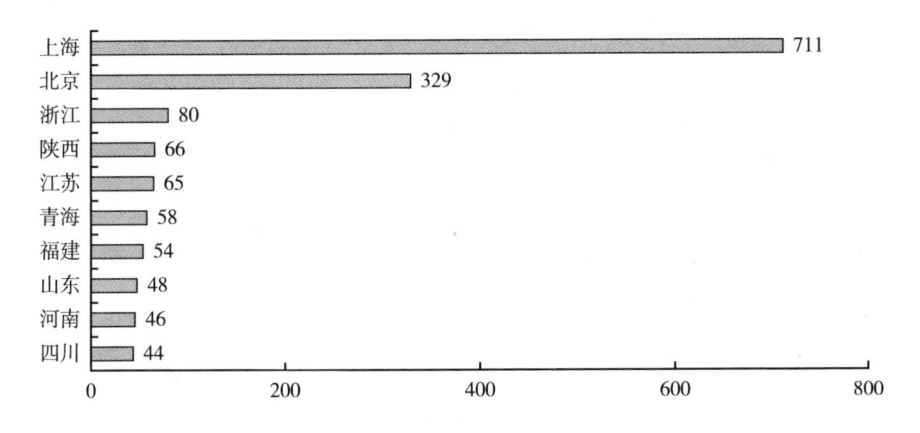

地区	传播量
上海	711
北京	329
浙江	80
陕西	66
江苏	65
青海	58
福建	54
山东	48
河南	46
四川	44

图 4　传播量最高地区分布

4. 词频分析

2018 年 1 月至 2019 年 11 月，通过对热门报道进行词频统计分析，可以发现，除了对"第二届""进博会"本身的关注，"企业""全球""开放""世界""市场""贸易""国家""发展"等词语，也是媒体重点关注、报道的词语。由此推断，媒体对于中国举办进博会这样的全球盛事，注重报道其对于促进全球经济发展、搞好贸易市场等发挥的作用和展现中国对外开放市场的决心。

开放　发展　首届　第二
进口　中国　国家　全球
世界　市场　二届　企业
产品　国际　贸易
第二届

*(以上热词基于热门报道发现)

图5　热门词频分析

5. 媒体报道特点

以纵向来看，2018年11月至2019年11月，国内媒体对进博会的报道呈现"首届进博会期间的全方位报道→首届进博会举办后的成果展示→第二届进博会举办前的准备工作→第二届进博会举办期间的全方位报道→第二届进博会举办后的成果展示"的时间轴特点。如果单论一场完整的进博会的报道，其完整顺序是"进博会举办前的准备工作→进博会举办期间的全方位报道→进博会举办后的成果展示"。

当然，在国内媒体总体上都呈现的时间轴报道特点之外，具体到每一阶段，由于与进博会的"关系"存在"亲疏"，不同地域的媒体又呈现不同的特点，以第二届进博会的有关报道为例。沪内媒体关注全程，开展不间断的报道；沪外媒体更关注进博会举办期间的报道。例如，对比《解放日报》和《青海日报》，《解放日报》作为承办进博会城市的主流媒体，在此期间共有266篇报道，《青海日报》共有32篇相关报道。《解放日报》基本上每月都会有对进博会的报道，可见对其进博会的持续关注，而《青海日报》作为一家沪外媒体，其对进博会的关注主要体现在进博会举办的期间及前后。

6. 媒体报道聚焦

整体上，以时间顺序来看，2018年11月1日至2019年11月30日，国内媒体对进博会的报道主要集中在以下几个方面。

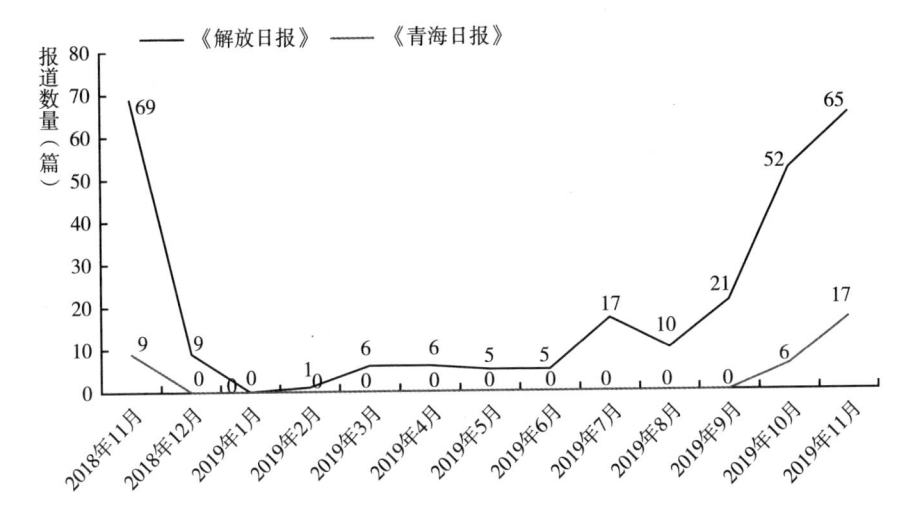

图6 《解放日报》《青海日报》进博会报道数量变化

（1）对第二届进博会的进展和准备工作的大力报道

国家主流媒体和沪内媒体持续报道了第二届进博会的宣传工作、沪内各行各业在上海市政府积极牵头下为进博会成功举办做出的各项努力。例如，在住宿方面，据《新民晚报》报道，上海启动进博会住宿预订平台，推出29万余间进博会住宿房源信息（杨玉红，2019）。除此之外，媒体也关注了进博会参会情况，积极报道报名参会展商、国家会展中心（上海）、参展商品的情况等，力求让公众全方位、多角度了解进博会。例如，《解放日报》报道了美国的古董车经销公司外滩大道有限公司为第二届进博会汽车展区带来的5辆古董车（吴卫群，2019）。

而在这方面，沪外媒体主要关注了本省市积极参与进博会、本省市代表团组建等相关工作情况。例如，《新华日报》记者了解了江苏各项工作的筹备情况：江苏省组建了由分管副省长担任团长，省商务厅、省委宣传部、省发改委等21个部门为成员单位的省交易团，下设16个交易分团。为加强展前对接洽谈，江苏省组织多家省内企业赴上海参加了4场展前对接会（许海燕、邵生余，2019）。

（2）对习近平主席在两次进博会开幕式的演讲的关注和解读，借进博

会肯定中国大国胸怀

在两次进博会开幕式上，习近平主席都做了主旨演讲，国内主流媒体对其进行了大力报道。媒体在微博上运用图片和视频等形式，对其中的"金句"进行了广泛传播，例如，《人民日报》官微有关"习近平出席#第二届进博会#开幕式并发表主旨演讲"的直播，共有407万网友进行了观看，该条微博共有4336次转发量、1164条评论，以及7.6万点赞量。媒体通过对习近平主席主旨演讲的报道，肯定中国不断深化开放、与世界各国互利共赢的决心。

（3）对两次进博会参展和展品的报道和介绍

两次进博会，给中国企业和消费者带来多种多样的商品。国内媒体对其进行了报道。据《新京报》报道，第二届进博会总展览面积超过首届。国家综合展展览面积达3万平方米，企业商业展设装备、消费、食品、健康、服务5个板块7个展区（李晗，2019）。例如，人民网在《第二届进博会展品抢先看》一文中，介绍了全球最细最短胰岛素注射针头、神秘的古董汽车、"世界最安静"的洗衣机、"金牛座"龙门铣的"姊妹""双子座"龙门铣等展品，宣传进博会，引起公众的兴趣。

（4）对两次进博会成果与意义的宣传和肯定

进博会的成功举办，给中国带来巨大溢出红利。主流媒体认为进博会的外交功能、经济促进功能值得肯定。例如，《人民日报》通过采访各国参展商，表示进博会作为中国主动扩大进口和开放市场的重大举措，为世界各国共享中国发展机遇、各国企业开拓中国市场和深化互利合作提供了重要平台（牟宗琮、李琰等，2019）。沪内媒体除肯定进博会对我国的作用之外，也肯定了进博会是展示上海形象的名片，能够促进上海国际影响力的提升。例如，2018年首届进博会召开前夕，上海市人民政府新闻办公室出品，SMG（上海东方传媒集团有限公司）旗下的幻维数码一连推出四部进博会上海城市形象宣传片，分为"大美""人文""活力""机遇"四个篇章；在2019年第二届进博会召开前夕，上海市政府新闻办公室推出全新进博会形象宣传片《上海·恒新之城》。两则宣传片展现了一个多元开放、拥抱世界、活力创新、中西融合的国际化上海的城市形象。沪外媒体主要认为参与进博会是本省市转型发展、扩大开放的机遇。例如，《青海日报》称，在为期六天的进博会期间，青海参会企业将充分利用这一国际性贸易交流平台，展现青海自身优势及发展前景，实现进出口协同、两个市场综合运作（谭梅，2019）。

7. 媒体态度

国内媒体对进博会的态度统一呈正面积极的态度。从前期的卖力宣传、举办期间的大力报道，到举办结束后对进博会成果的高度肯定，国内主流媒体对进博会的态度呈现高度的一致性：正面积极，大力赞扬肯定。

（三）网民分析

1. 网民人群画像

上海是进博会的永久举办地，不管是媒体报道，还是网民关注，上海都当仁不让居于首位。从图7来看，上海民众对进博会的关注远远高于其他省份，其次是江苏、浙江和北京。

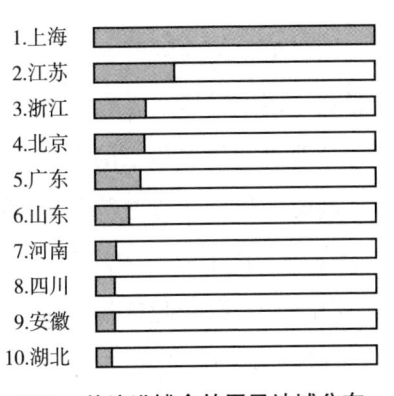

图7 关注进博会的网民地域分布

年龄层面，关注进博会的网民整体集中在19~39岁的群体，由此可以推断年轻人更关注进博会。其中，20~29岁的网民占比46.48%，他们既是当下中国互联网中的主要群体，也是最为关注进博会的群体。

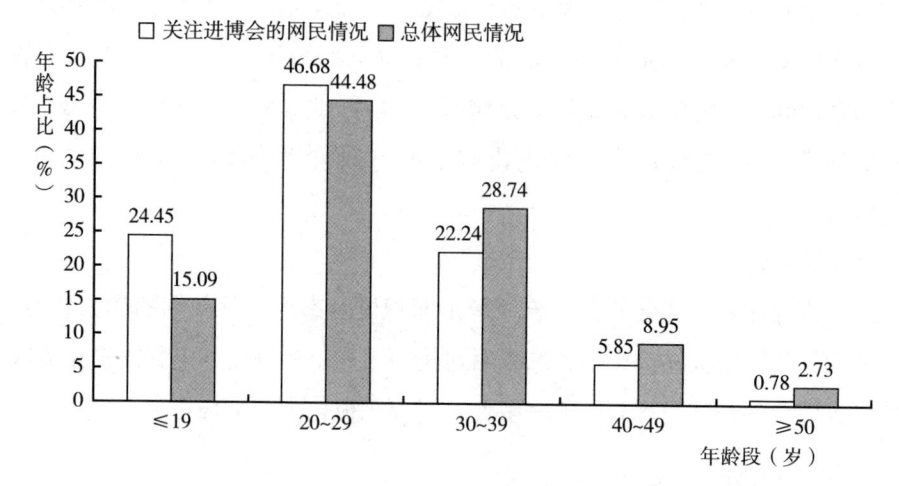

图8 关注进博会的网民年龄分布

2. 网民关注重点和态度

2018年11月1日至2019年11月30日，国内网民对进博会的关注低于媒体的报道，且和国内媒体统一的正面积极的报道相比，网民对进博会的态度更加多元，正面评价和负面评价兼有之。对进博会上五花八门的展品，以及通过进博会所展示的大国形象，国内网民主要持正面肯定赞扬的态度，但是对进博会带来的负面影响，网民对其主要持批评态度。

（1）点赞进博会展品，期待进博会带来的生活变化

在进博会，买全球。进博会是全球高端产品集中展示的平台，各种高科技产品、高品质展品纷纷亮相，让公众叹为观止，感叹"科技改变生活"。正如网民@蝶儿影wo所评论的，"科技越来越进步，生活越来越美好！"网民@糖芯_sweet说道："好神奇，科技改变生活！"

（2）进博会体现的大国风范和形象值得肯定

进博会向世界展示了一个更加开放包容的中国，表明了中国热切期待其他国家和中国开展合作、互利共赢的大国胸怀。进博会所体现的大国形象、开放包容的中国态度，得到网友的一致赞扬。网民@林铭洋评论说："中国发展是属于全人类进步的伟大事业。"

(3) 进博会带来的负面影响

第一，进博会交通管制带来生活不便。进博会准备期间的道路修建以及进博会举办期间的临时限行，给居民出行带来诸多不便，一些市民有怨言。除此之外，居民的快递无法按时到达也是居民抱怨的地方。

第二，进博会调休打乱生活节奏。在进博会举办期间，为了确保第二届进博会开幕式和重大活动顺利进行，尽量减少对社会生产生活的影响，上海市人民政府办公厅发布《关于调整进博会期间公众休息日安排的通知》。调休消息一经发出，立刻引起居民的热烈讨论，部分居民对其表示理解，并安排出行游玩。但也有网民表示，因为调休生活节奏被打乱、原定计划无法实行，让人很无奈。有网民说，虽然发通知让调休，学生们调休不上课，但大多数企业并不响应号召依然上班，给市民家庭生活、工作休息带来不便和混乱。

第三，进博会加强安检给乘客带来不便。在进博会期间，凡是终点为上海的列车都要进行二次人工安检，给许多乘客带来不便。

二 对国外媒体上的进博会形象分析

以国家为单位、以发展为主题、以共赢为目标的进博会一开幕便引起全球各个国家和地区的广泛关注，也让全世界的目光聚焦于中国，为中国传播自身观点、表达自身立场搭台。本报告以期为办出更高水平、更高质量的展会提供抓手，同时也为进博会国际形象的树立提供借鉴，收集和整理了英美两国主流媒体对进博会的报道，了解其对进博会的情感和态度，并通过对比展会开幕前后媒体报道中的修辞话语、报道倾向的变化，考察该博览会是否跨越了意识形态、政治对抗等障碍，真正让外界意识到展会的举办初衷和责任使命。

（一）对美国主流媒体相关报道的分析

媒体报道不仅代表着媒体观点，更蕴含着国家的情感态度，牵动着民心，所以优质的报道内容可被视为窥镜，通过分析报道标题、内容、修辞等

细节，即可略微知悉社会情绪。美国是世界头号大国，其一举一动对世界各个国家都可能产生联动效应，加之进博会的举办又处于中美贸易摩擦期间，分析美国媒体报道、探究其对进博会的观点态度也就成为本研究的重中之重。本报告以2019年9月22日为时间节点，整理了《华盛顿邮报》(The Washington Post)、《华尔街日报》(The Wallstreet Journal)及《纽约时报》(The New York Times)三大报纸对进博会的全部报道，以此探察美国媒体对进博会的观点态度。

1. 对《纽约时报》报道的分析

通过在搜索框内输入关键词"China International Import Expo"、"Shanghai Expo"和"CIIE"，反复筛查后可知《纽约时报》共有9篇关于进博会的报道，首篇报道出现于2018年11月4日，最新报道更新于2019年7月4日。其中会前报道1篇，会中报道2篇，会后报道6篇。值得注意的是，所有会后报道均援引自《中国日报》(China Daily)，仅有前3篇报道为媒体原创。

《纽约时报》对进博会的首篇报道名为《密友难寻：特朗普对贸易战不断加压，中国想要寻找盟友》("China Seeks Allies as Trump's Trade War Mounts. It Won't Be Easy")，关于进博会召开的目的，该文认为是因为中国经济已显疲态，而美国越发沉重的关税惩罚更是让其雪上加霜，进博会就是中国为向世界宣示中国对全球贸易仍存有积极推动作用、证明中国重要地位而做出的举动。同时，作者也认为以西欧为主的世界强国在知识产权、进出口贸易逆差等问题上，对中国还持有保留态度。第二篇相关报道出现在一周简报中，简述了中国是美国大豆最大的进口国，但近期因关税问题中国的进口大幅减少，导致美国大豆大量囤积让农户苦不堪言。最后一篇关于进博会的原创报道名为《中国互联网论坛上初显技术弊端》(At China's Internet Conference, a Darker Side of Tech Emerges)，该篇集中讨论中国在互联网领域取得的新进展、新成果，文中作者大篇幅介绍了腾讯最新的数据抓取和储存技术，并引用腾讯代表的演讲表明所有技术都在法律允许的范围内使用。同时，文章亦提到了机器人、面部识别等前沿技术，文章虽点到为止，但标题的倾向性也容易引导读者的情感价值判断。

其余6篇文章虽为引用而非原创,但也均从各个角度报道了进博会的盛况,丰富了媒体用户对进博会的认知,同时,转载文章也从侧面反映出媒体对进博会的情感态度,所以相关内容也被纳入本报告的分析范围。《纽约时报》对进博会的最近两篇报道分别为《前联合国秘书长期待中国多多举办国际盛会》("Former U. N. Secretary – General Urges China to Increase Presence on World Stage")以及《上海期待成为全球金融中心,现已步入正轨》("Shanghai's Ambitions to Be a Global Financial Center Well and Truly on Track"),两篇文章都对首届进博会赞誉有加,认为其既有助于上海经济的发展以及国际地位的提升,又促进了全球贸易的开展和世界经济的发展。由此可见,《纽约时报》虽在最初并不看好进博会,甚至从阴谋论视角对其多加猜疑诟病,但进博会所取得的成就有目共睹,媒体对其的看法也更加客观公允。

2. 对《华盛顿邮报》报道的分析

若说《纽约时报》专注于报道国际事务,那么创刊于1877年的《华盛顿邮报》则更关注美国国内政治动态,其既是美国最具知名度和影响力大报之一,又位于最受世界关注的媒体之列。通过搜索关键词,《华盛顿邮报》关于进博会的报道有5篇,其中包括1篇会前报道,3篇会中报道以及1篇会后报道。

《华盛顿邮报》对进博会的首次报道出现于2018年4月11日一篇题为《为抵御贸易战,习近平主席开放市场,促进进口》("Facing Trade War with U. S., China's Xi Renews Vow to Open Markets, Import More")的报道中,作者笔墨多着于中美贸易摩擦,只将进博会视为中方回击的重要武器。在进博会开幕当天《华盛顿邮报》共发出两篇报道,分别从中国和美国的角度对进博会开幕进行报道。《习近平表示中国将促进世界进口贸易发展,并抨击特朗普"丛林法则"言论》("Xi Tells the World China Will Boost Imports, While Swiping at Trump's 'law of the jungle'")一文客观陈述了进博会的开幕盛况,并从自身角度分析了首次进博会未能吸引到很多大国高级领导人,尤其是美国高级官员无一到场的原因:其一,多米尼加共和国总统 Danilo

Medina宣布与台湾地区断交，转而与中国建立外交关系，此举令美国国务院感到不快；其二，巴基斯坦总理伊姆兰·汗在发言中暗讽美国，美国对此也极为不满。《共和党参议院的胜利是特朗普加速政治调整的证据》（"Republican Senate Gains Would Show that Trump Accelerated a Political Realignment"）则认为民主党接管美国众议院以及进博会的顺利举办给特朗普施加了双重压力，美国民众乃至世界人民都在猜测他的下一个动作，也将持续关注中方是否可以兑现其在进博会开幕式上许下的承诺。在2019年6月10日最新报道中，进博会作为谷歌（Google）进入中国市场的方式和契机被再度提及。

综上，《华盛顿邮报》对进博会的所有报道大都以客观角度陈述进博会开展情况，鲜有出现明显的价值判断或感情引导，主要争议点也主要围绕关税、知识产权保护等问题展开。另外，根据对其网络版报道上的跟帖评论可知，网民最关注的仍是中美贸易关系、中美两国政府及国家政策等内容，对中国政府及其政策的关注主要集中在中国经济发展、中国制造、中国外交关系等方面。

3. 对《华尔街日报》报道的分析

《华尔街日报》是一家以财经报道为特色的综合性报纸，报道内容侧重于金融及商业领域，并在国际上具有广泛影响力。关键词显示，该媒体对进博会的报道仅有三篇，会前一篇，会后两篇。

其中最早的一篇相关报道名为《世界上最大的出口国将自己重新定位为一个大买家，中国的改造旨在应对空前的全球抵制》（"The World's Largest Exporter Has Repositioned Itself As a Big Buyer to Answer the Unprecedented Boycott"）出现于2018年10月17日，作者在文中将进博会定义为一个支点，是世界上最大的出口国培育其"进口商"新形象的通道，也是习近平主席在回应和反击前所未有的地缘政治冲突时所需采取的必要之举。同时，报道通过对30多个政府，以及10多个跨国公司的调查采访发现，尽管企业热衷于在中国销售更多产品，但进博会仅受到少数资深人士认可。最后，报道指出随着中美贸易争端不断扩大，全球各大企业机构仍需要时间来调整和适应与中国的商务经济往来。第二篇报道名为《经济发展减速危及中国多年努力》（"Slowing Growth Raises Pressure on China's Stimulus Efforts"），报道提及中国经济增长减速，进博会所背负的期待也更高、使命也更大。最后一篇报道《美国经济学家认为中国经济衰退所带来的危机恐比贸易战更甚》（"American Businesses Say China's Slowdown Is a Greater Threat Than the Trade War"）则明确指出在经济一体化的大背景下，中国经济增速减缓也对美国经济造成严重打击，两国间的贸易对垒实是下策，甚至会导致多败俱伤的局面，进博会作为中国推动世界经济发展的重要尝试应该予以肯定。

《华尔街日报》对进博会的报道数量虽少，但都选取了大量的数据、观点和评论做佐证，让整体信息非常丰满，同时也让报道更加客观。与此同时，该媒体从全球观念和经济角度分析和看待进博会的举办和开展，并提出自己的看法和观点。简而言之，《华尔街日报》对进博会显示出较大的好感与期待。

（二）英国媒体报道分析

英国在世界范围内的影响实力亦不容小觑。本研究以英国《卫报》（the Guardian）和《每日电讯报》（The Daily Telegraph）为主要观察对象，梳理两报在一年之内对进博会的所有报道，粗略勾画英国对进博会的形象视图。

1. 对《卫报》报道的分析

《卫报》是英国的全国性综合日报，拥有广泛的青年受众，同时也在欧洲学界占有一席之地。通过检索关键词，《卫报》对进博会的报道共有12篇，其中2篇写于会前，4篇写于会中，6篇写于会后。

根据观察，《卫报》只在进博会举办过程中对其进行了大篇幅的专题报道，会前和会后都是将进博会作为经济手段或外交方式简单提及。在2018年4月10日的首次报道《中国虽不想与美国进行贸易战，但也必须采取反制措施》（"China Does Not Want a Trade War with the US, But It Must Defend Itself"）中，《卫报》就认为进博会是中国应对与美国贸易危机的方式，也是向外界释放中国将持续打开国门、与世界一同发展进步的信号。在中国首

届进博会开幕当天,《卫报》连续发表4篇文章,分别从习近平主席讲话、进博会举办目标、参展人员体验等方面对其进行了全面生动的报道。同时,记者在《习近平于上海承诺中国经济不会被美国击垮》("Over in Shanghai, President Xi Has Vowed that America Cannot Sink China's Economy")中,大幅援引了习近平主席在演讲中对知识产权保护重要性的强调,以及对外开放中国教育、文化和电信部门的承诺,但同时报道也对进博会能否实现预期目标持观望态度。

根据报道分布可知,在首届进博会圆满闭幕之后,《卫报》对其的相关报道高于以前,且报道倾向转好,如《进博会为中尼合作迎来新机遇》("CIIE Brings New Opportunities for China‐Nigeria Cooperation")、《炮舰外交只会损害英国与中国的关系》("Gunboat Diplomacy Can Only Harm Britain's Relationship With China")等报道都表明媒体对首次进博会对部分国家乃至世界经济发展起到推动作用表示认可,也更加愿意去深入了解进博会。

2. 对《每日电讯报》报道的分析

《每日电讯报》是英国有影响的全国性报纸,也是英国四家全国性"高级"日报中发行量最大的一家。通过检索关键词信息发现,该报刊对进博会的报道达到了74篇之多,其中会前相关报道有21篇,会中2篇,会后51篇。同时,因该报排版紧凑,内容丰富,所以其消息相较于其他全国性大报略微简短。

《每日电讯报》对进博会的首次报道为2018年2月12日的文章《中国旅游人数稳步上升》("Tourist Numbers in China See Steady Rise"),报道认为近来前往中国旅游的游客数量持续增加,而进博会的开展也势必为中国旅游业发展带来新一轮的增长。在首届进博会期间,媒体推出的两篇报道均是对开幕式内容的跟进,待其落幕之后才开始更新会上取得的新成就及新进展。第二届进博会之前《每日电讯报》对进博会的报道均为对第二届进博会的预热,如《中国经济》("China Business")、《中国科技新闻》("China Technology News")、《进博会深度开放了中国经济》("Shanghai Import Expo to Further Open Up Chinese Economy")等,不难看出其对进博会颇有好感,亦十分期待下一届进博会的到来。另外，媒体也从其他国家角度对进博会进行了报道，《据调查，欧洲投资者对中国仍有信心》（"European Investors Still Confident in China, Survey Finds"）一文援引"2019年欧洲对华商业信心调查"（European Business in China Business Confidence Survey 2019）问卷数据，发现62%的受访者认为中国是一个高度优先的市场，中国在国际供应链中发挥着不可或缺的作用。此外，这项调查收集了包括服务业和制造业在内的多个行业的意见，发现56%的受访者希望今年继续扩大与中国的业务往来，而进博会就是一个极好的商贸窗口；另外，《英国人对中国作家的幻想小说和科幻小说兴趣高涨》（"UK Appetite Rises for Fantasy and Sci-Fi Novels by Chinese Writers"）中提到进博会也让英国民众对中国文化越发好奇，越来越多的人开始自发阅读中文小说、了解中华文化。

《每日电讯报》对进博会的报道数量虽多，但仍有部分内容是转载自《中国日报》（China Daily）中的"观中国"（China Watch）专栏，而非媒体原创。即便如此，整体观之，该媒体对进博会的报道较为积极，在举办前期便已展现出对该博览会的较大期待，并在展会结束后从不同国家、媒体、民众的角度对其进行全面分析，对进博会的整体情感呈稳中向好态势。

（三）进博会国际舆论的特点分析

作为2018年中国四大主场外交之一，进博会的召开吸引了全世界目光。为勾画世界各国对进博会的情感态度、襄助往后进博会及相关工作的顺利开展，本报告从《纽约时报》《华盛顿邮报》《华尔街日报》《卫报》《每日电讯报》切入，深入分析其报道内容、报道修辞、报道分布等方方面面，对英美国家主流媒体所呈现的进博会形象有了如下认识。

首先，国外媒体主要从经济和政治角度讨论进博会，且大都将其视为贸易战背景下的产物。其次，从报道内容上看，媒体主要在知识产权、贸易保护、中国国际地位、中美关系等方面集中讨论。最重要的是，虽然在进博会圆满结束前媒体对其大都持保留和观望态度，鲜有媒体主动原创内容对进博会加以赞赏，甚至以阴谋论揣摩中方举办进博会的意图，言语中讥讽中国掠夺

国际市场为己谋利；但在首届进博会闭幕后，包括《纽约时报》《卫报》在内的媒体对其的态度显示出转好之势，说明进博会所取得的成就不容忽视，展会对世界各国的经济助力有目共睹。同时，所有媒体均表示将对进博会持续关注，希望中方恪守其在开幕式上做出的承诺。

此外，在报道搜集过程中发现，多家媒体均从《中国日报》中直接转载报道，由此可见《中国日报》作为中国重要的外宣窗口，在国际范围内的认可度逐渐提高，影响力也在不断扩大。值得一提的是，上海报业集团旗下《上海日报》推出的融媒体新闻产品 Shine News 也在报道进博会最新进展时做出了贡献，其对进博会进展进行了铺量报道并占据了谷歌搜索中大部分内容，成为世界人民了解进博会的重要渠道。

三 进博会召开对上海城市形象的影响

进博会的举办，能够促进全球经济的发展，对中国来说也是展现改革开放成果和决心的一张名片。此外，进博会的举办，还给举办地上海带来了经济、社会、发展等多方面的红利。

（一）加快推进上海"五个中心"的建设，树立上海全球卓越城市和社会主义现代化国际大都市形象

建设国际经济、金融、贸易、航运、科技中心，是上海的五大战略定位。进博会的举办，有力地推动了上海"五个中心"的建设。这将促进上海早日成为全球卓越城市和社会主义现代化国际大都市。进博会作为世界上第一个以进口为主题的大型国家级展会，本身就属于贸易活动，而贸易需要经济、金融、航运、科创的支撑，反过来，贸易也推动经济、金融、航运、科创的发展。以进博会和金融为例，进博会参展企业结算、货币兑换、投资等，都涉及了金融需求。例如，交易双方的订购商品和服务的行为，就产生了对于金融结算的需求。

进博会创造的契机，为上海"五个中心"及全球卓越城市发展提供了

政策依据。首届进博会开幕式时，习近平在主题演讲中讲到，将增设中国（上海）自由贸易试验区的新片区、在上交所设立科创板并试点注册制、支持长江三角洲区域一体化发展并将其上升为国家战略。这些都有利于"五个中心"的建设。进博会将带动上海各行业的发展。进博会将使人员流、信息流、贸易流大增，为会展、法律服务、电子商务、进出口贸易、金融、物流服务及零售商业等行业带来商机。上海举办进博会，是推动全球卓越城市建设的重大机遇。上海市也积极抓住机遇，为外商投资创造便利条件。

（二）提升上海政务与营商的服务形象

政务服务与营商环境是城市形象的重要部分，也是"上海服务"的重要内容。为更好地简化流程，服务进博会，响应政府部门大力推行"互联网+政务服务"的要求，2018年，上海市升级"一门一窗服务"，推出"一网通办"，采用线上办事为主、线下办事为辅的服务新模式，减少企业、群众办事环节，优化服务流程，提升办事效率。将一些之前需要数周乃至数月的流程压缩到以日计算。例如，上海为"进博会"实行了"单一窗口"的做法，这类似我们常说的"让百姓最多跑一次"，也就是说，在单一窗口制度下设置货物进出口、支付结算等部门，分别对接海关、边检、商务等22个部门。

在此基础上，上海发力"政务服务一网通办"，启动"城市运行一网统管"。这"两张网"，以数据为基石，以改革为动力，不断提高城市治理科学化、精细化、智能化水平，走出一条符合超大城市特点和规律的社会治理新路子。2019年9月，"一件事一次办"主题式服务在上海"一网通办"总门户上线启用。2019年初，上海制定营商环境改革2.0版，提出当年行政审批事项承诺审批时限平均减少50%。同时，在《长三角地区政务服务"一网通办"试点工作方案》的指导下，上海也积极推行了长三角"一网通办"，办理区域从原先三地扩展到三省一市的多个城市，可以异地办理的企业政务服务事项已经达到30项，涉及环评、刻制公章、法人一证通、养老保证金账户等。上海市的"一网通办"建设工作有序有效推进，成为全国

"互联网+政务服务"建设的模范城市。中央也成立调研组，深入上海进行实地调研，总结上海的"一网通办"相关经验，以便推广全国各地学习。

（三）提升上海城市文明和行业文明形象

进博会期间，数万名城市文明志愿者将与服务内场的志愿者互相补充，在城市的各个角落用暖心笑容和尽心服务为进博会保驾护航。全市设置进博会城市文明志愿服务站（岗）576个，其中进博会城市文明志愿服务站点297个、志愿服务岗位279个，推动组建进博会志愿服务队215支，在"上海志愿者"网以交通文明、游客咨询、秩序维护、环境保护、医疗救援等为主要内容发布进博会志愿服务项目285个。志愿者队伍不仅提供了高质量的志愿服务，也很好地彰显了城市文明和城市品格。

与此同时，上海42个行业以进博会为契机，提升城市文明程度与市民文明素养，初见成效。据上海市精神文明建设委员会办公室公布的信息，经第三方机构测评，2019年上海行业文明指数达到90.40，较2018年水平（88.04）进步明显。例如，在通信行业，目前上海已经建设了5G基站10500个，包括进博会周边开通的5G基站85个，同时实现核心城区5G信号室外覆盖。在出租车行业，上海将更新投入1877辆新能源纯电动出租车，配备智能终端，可实现全程录音录像、驾驶员人脸识别等安全功能；此外，相关政府管理部门将定期通报全市出租车企业和网约车平台相关热线投诉排名，对涉及拒载、绕道、甩客等行为的从业人员实施"零容忍"管理。

（四）促进上海打造具有全球影响力的世界著名旅游城市形象

上海是国际经济、金融、贸易、航运、科技创新中心和综合交通枢纽，同时也拥有十分丰富的旅游观光资源。上海市文旅局数据显示，2017年上海共接待国际旅游入境者873.01万人次，比上年增长2.2%；全年接待国内旅游者31845.27万人次，比上年增长7.5%。国内最大的在线旅行社携程的大数据也显示，上海是全国最受欢迎的旅游城市之一，2018年预订自由行、跟团游、定制游等度假产品、到上海的旅游人次比2017年增长55%。

首届进博会开幕当天通过携程预订度假产品，前往上海旅游的人数达到峰值，同比上升了87%。

在进博会举办前，上海对交通、绿化、住宿等基础设施进行了改造升级，展现了一个面貌崭新的上海，促进了上海旅游环境和旅客体验的提升。例如，在首届进博会时，外滩和陆家嘴两岸的黄浦江核心景观带，进行了全面升级改造，让老外滩变得流光溢彩。为保证地铁内人员更快通行，2018年，上海地铁陆续完成全程约8000台进出站闸机的改造，从一个站仅有两个可刷码进站的闸机，到支持刷码服务通道覆盖率达100%，给上海市民及游客带来更方便快捷的出行体验。为全面做好第二届进博会住宿保障工作，提升旅游住宿行业服务水平，推动上海旅游优化发展方式，提升质量效益，上海市文化旅游局还组织开展了2019年度上海市旅游住宿业技能大赛。

进博会让上海有了一个难得的国际揽客窗口，给上海带来了巨大的客流量。一方面，拉动了上海本地旅游。进博会官网数据显示，在首届进博会期间，国家会展中心（上海）单日有超过60万人"买买买"，给124家上海旅游景区带来了264万人次游客。另一方面，也为长三角地区输送了客源，带动了周边游。首届进博会时，上海市文化旅游局作为首届进博会旅行保障组组长单位，为与会嘉宾推荐了25条旅游精品线路，涵盖苏浙沪经典、特色景点。多家旅游企业表示，上海周边城市如杭州、苏州等地的酒店搜索量、预订量都出现了不同程度增长。携程数据显示，2019年进博会期间，从11月4日起至11月11日，购买高铁票的外籍人士环比增长了近50%，大多往返于上海和杭州、苏州、南京、无锡等周边地区之间。

进博会还给上海旅游行业提供了借鉴世界经验、提升自我的机会。携程对平台百万量级跟团游、自由行、门票玩乐等度假产品大数据进行分析，并结合全国7000多家携程旗下门店报名的情况，发布《2018上海旅游度假大数据报告》。数据显示，2018年上海旅游单次平均消费为2171元，相较于2017年增长了12%，前往上海的游客消费意愿明显增强，前往上海的单次旅游消费增长。这源于上海本身的魅力提高，旅游资源不断丰富。这也导致游客在上海的停留时间变长，60%的游客会选择4天以上的行程，相较于

2017年提高了6%。这些都与11月份进博会的召开密切相关。携程定制游数据显示，2018年通过定制游到上海出游人次同比增长888%，游客更愿意通过定制游来主导旅游行程的设计，根据自己的喜好和需求定制行程。当地向导服务已经成为前往上海的自由行客人探索城市的重要方式，特别是成为境外客人游览上海的必备途径。2018年相较于上年外语向导订单增长51%。另外"不和陌生人拼团"的私家团产品在上海游客中广受欢迎，2018年预订上海私家团的游客数量增长261%。

（五）推动上海会展业发展及"会展之都"形象建设

进博会溢出带动效应显著，促进了上海会展行业的发展。在长达5天的论坛举办期间，除开幕式、三场平行论坛、虹桥国际财经媒体和智库论坛外，还包括多达287场各种类型和主题的论坛、峰会及项目接洽会。《2018上海会展业白皮书》披露，进博会对上海会展相关产业的溢出带动效应，达1400亿元。2018年，由上海市入境的894万人次的旅客中，参展等商务目的的旅客占比在50%以上，上海9个主要展馆吸引参展人次超过2000万。

进博会的成功举办，为之后上海举办国际性展会提供了宝贵经验。首届进博会的成功举办，离不开上海在城市服务、设施建设、会展运营、会展创新、产业联动和会展制度建设等方面做出的努力。例如，进博会推动了人脸识别、大数据等技术在展会管理中的应用。为更好提供服务，上海市还推出了"6天+365天"，指的是进博会开放的6天，加上一年365天线上线下互动的进博会网络平台，即一个永不落幕的进博会。

从第一届与第二届的比较来看，第二届参展国家和地区以及企业数量均超首届，企业商业展两次扩容仍"一展难求"，更多"全球首发""中国首展"亮相展会。商务部发布的信息显示，第二届进博会规模更大、规格更高：国家展和企业商业展总面积从30万平方米增加到36万平方米，世界500强和行业龙头企业参展数量超过首届，新产品、新技术的数量和质量超过首届。面积更大，企业更多，产品更丰富，"不一般"规模的背后，印证了进博会对全球的吸引力。这些都有助于上海打造"会展之都"。

四 进博会的品牌形象问题与建议

针对两届进博会的相关报道及其对上海的影响，我们对相关问题进行了分析，并根据这些问题提出了相关建议。

（一）进博会的品牌形象问题

从已经召开的第一届进博会来看，总体上可以说是成功的，但在一些具体问题上还存在一些不足。从品牌塑造角度看，主要存在以下几个方面问题。

1. 进博会自身品牌形象问题

（1）在国内舆论层面，人民群众参与感不强。从已经举办过的第一届进博会舆情来看，国内媒体报道和社交媒体数据表明，人民群众普遍没有参与感，而且对此颇有怨言。尽管综合考虑安全交通、场馆容量、参展体验等因素，在优先满足专业采购、交易洽谈的前提下，主办方在11月9～10日安排团体观众实名制观展，但仍然不接待市民个人前往观展。这难免让普通民众有所失落，有"与我无关"的印象，且对进博会感情不深。

（2）在国际舆论层面，有被视为政治手段的倾向。从国际上主要媒体报道来看，目前对进博会的报道总体舆情向好，但西方国家一些重要媒体仍有不少文章质疑进博会的目的不是对外开放，而是中美贸易摩擦背景下的政治手段。

（3）在社会影响层面，报道和研究偏少。举办进博会的首要目的是彰显中国在国际上的开放形象，但不能不考虑在国内的社会影响，而要提升进博会在国内的影响力，媒体报道和学术研究是两个重要渠道。目前，媒体关注进博会的报道绝大多数集中在进博会召开期间及其前后，相关学术研究还很少，没有充分挖掘出进博会对中国的外交战略意义。

2. 进博会在塑造上海城市形象方面的问题

（1）视野仍有局限，全球视野有待加强。从目前上海媒体报道来看，多数集中在上海自身，而从全国、全球视角去传播进博会、树立进博会形

象，进而展现上海形象的报道不多。例如，媒体报道多数讲述上海在进博会安排、服务等方面的内容，而对进博会的国家外交意义、全球经济一体化意义缺乏足够的报道和解读，这就降低了进博会的战略意义，使进博会给人一种"只是在上海召开的一个展会"的印象。与此相比，境外媒体反倒对进博会有更多宏观意义的解读。

（2）战略融合度不够，需要融入更多上海元素。上海集中打造了全球卓越城市、五个中心、四大品牌等战略，但这些战略尤其是"上海文化"在进博会中体现得不够明显，进博会可以在很多地方宣传上海文化品牌，但在各种宣传内容、场馆布置中并未得到很好体现，未能较好把握住进博会为上海这些重大战略提供的前所未有的机遇。

（3）形象缺乏系统性，可识别性尚有欠缺。进博会对上海城市形象的建构与传播，需要有一个从目标定位到具体措施再到细节设计的系统的、可识别的操作体系。例如，如果要提升五大中心形象，具体要从哪些方面着手；如果要通过进博会提升上海的四大品牌形象，又该从哪些方面具体着手；怎么做才能让参展商、外宾、游客、市民感受到；怎么做才能激发他们二次传播的主动性，等等。这些都需要一个系统性的顶层设计。

（4）公众参与感不足，形象传播效果受限。进博会的公众参与主要体现在两个方面：一是国内外公众到进博会现场参观、购物等行为，二是国内外公众在亲身体验之后通过自媒体、口口相传等方式进行二次传播。从目前情况来看，尽管现在已经在一定时间、一定范围内允许一定数量的观众通过规定流程到现场参观，但相比于庞大的需求来说，这显然是非常有限的。并且，公众在参观后主动通过微博、微信朋友圈、抖音短视频等方式进行二次传播的行为仍然有限。

（二）提升进博会品牌形象的建议

要把进博会办下去、办得好，打造其品牌形象是必须考虑的问题，而不能关起门来自己"玩"。从已有问题分析来看，下一步可以重点从以下几个方面入手。

1. 重视顶层设计，设置进博会的形象议程

首先，从网络数据分析来看，网民对第二届进博会的关注度（搜索量）明显下降。有关部门应该重视这种情况，探讨公众关注度大幅度下降的主要原因。进博会每年举办一次，群众对其能否每年都保持高度关注，主要还是取决于媒体的宣传和引导，要创新方法。第二届进博会的媒体报道量高于首届进博会的媒体报道量，但仍出现受众关注度明显下降的现象，可见除了要加强宣传报道外，还应创新宣传途径和方法，吸引公众的注意力。

其次，网民尤其是上海当地网民对进博会相关工作等表达的不满，与官方对负面舆情的回避和冷淡态度形成明显的对比。每一场大型展会或会议的举办，势必会对当地居民的生活带来诸多不便，这是毋庸置疑的事实。面对负面舆情，有关部门应该第一时间高度重视，对实际情况加以调查说明，减少负面舆情的扩散。在举办结束后，要对举办过程中产生的问题加以总结反思，有不同声音不可怕，重要的是要及时改正，争取在下一次举办过程中不再发生类似的问题。

因此，必须加强国内外舆论引导。一是要加强进博会相关舆情监测，可委托相关单位进行动态监测，及时反馈异常舆情。二是要加强媒体报道，体现出"6天+365天"的进博会预设形态。三是加强进博会的国际传播，讲好进博会的故事，并充分发挥外媒（包括海外华文媒体）的作用。四是加强学术研究，深入挖掘进博会对国家外交战略、对外开放形象、长三角乃至全国的溢出带动效应以及上海对外开放和城市形象的深远意义。

2. 重视品牌效应，把进博会融入五大中心品牌形象之中。五大中心的品牌形象，一方面需要务实，切实做好各方面工作，提升五个方面的国际竞争力；另一方面，也需要战略性的传播，以树立品牌形象，提升软实力，为五大中心建设提供软件基础。下一步，有必要做好三个方面工作。一是有目的、有针对性地把五大中心建设融入进博会中，同时也把进博会融入五大中心战略中，使进博会能够全面展现五大中心元素，五大中心建设也能得益于进博会的溢出效益。二是加大五大中心的传播力度，并创新五大中心的传播方式。适应国际社会的话语方式，更多地采用故事、事实、数字等进程传

播，避免宏大的主题叙事。三是有针对性地弥补航运、科技创新要素在进博会中的不足之处。例如，把进博会与自贸区、张江高新区等更好地勾连起来。

3. 重视文化价值，把进博会融入上海四大品牌战略之中。首先，上海购物、上海服务充分发挥了进博会的溢出带动效应，但尚有提升空间。例如，针对上海购物，可考虑与专门商场、保税区等结合起来，使其更加机制化、稳定化；针对上海服务，可考虑制定一套服务业的上海标准。其次，上海文化、上海制造在进博会中有所体现，但不成体系。例如，可考虑在进博会场馆设计、色调、礼品、标语、宣传册等上面，融入上海文化元素；在展品安排、消费品提供等方面体现上海制造元素。最后，进博会是国家级的固定大型展会和主场外交活动，因此要有全国视野，在体现上海品牌的同时，也要考虑融入中国元素，打造中国购物、中国服务、中国制造、中国文化的品牌。

4. 强化可感知度，提升可识别度，把进博会打造成上海城市形象的一张名片，打造上海城市的新地标。目前，进博会主办场地在国家会展中心（上海），由于流动性强，其场地很难形成长期稳定的品牌效应。建议把上海国际贸易的历史与文化，贯穿于进博会各种设计之中，让游客可从中感知上海的国际化。同时，可探索打造"进博会主题园"（简称"进博园"），提升进博会的可识别度。事实上，北京奥运会、上海世博会这些重大活动都留下了城市地标，在塑造城市形象方面发挥了重要作用，进博会这种创造性的重大活动也需要有历史遗存。

5. 科学布置场馆，把进博会打造成上海乃至中国对外开放的窗口。现在进博会场馆其实已经很大，所用场地很多，但都是分散状态，且没有固定名称。从打造上海城市形象和城市地标来说，进博会作为国家的重要展会，既是一年一届的国家重大商贸活动，也是上海面向世界的一个重要窗口，有必要形成一个稳定的场所。

积极探索规划建设"进博园"和"中国进口博物馆"，有助于塑造上海对外开放的国际形象，也可以成为上海打造"国际贸易中心"的落脚点，使其成为展示中国贸易文化和上海贸易历史的重要窗口,成为中国国际贸易历史的名片,还可以成为上海文化品牌建设的重要标志。

(1)打造"进博园",发挥进博会的溢出带动效应

上海是中国对外开放的一个窗口,是国际贸易中心。而目前,对外开放与国际贸易体现在港口和贸易上,没有视觉上的标志。打造"进博会主题园",有助于塑造上海对外开放的国际形象,也可以使其成为上海打造"国际贸易中心"的一个落脚点。按照习近平主席的指示精神,进博会要年年办下去,而且要办出水平、办出成效、越办越好。为此,中央专门成立了"进博会组委会"。进博会要"办出水平、办出成效、越办越好",需要树立其品牌形象,予以准确定位。

目前,进博会主办场地在国家会展中心(上海),由于流动性强,其场地很难形成长期稳定的品牌效应,有必要形成一个稳定的场所,探索打造"进博会主题园"。

首先,要把进博园打造成中国"对外开放"的形象代表。习近平主席指出,举办进博会,是中国着眼于推动新一轮高水平对外开放做出的重大决策,是中国主动向世界开放市场的重大举措。因此,进博会要重点打"开放"牌,采取系列措施提高新时代开放的新水平,而非停留在简单的展览层面。

其次,可以将进博园打造为上海"对外开放"的形象代表。尽管进博会是国家展会,但是进博会毕竟是落地上海且长期要在上海举办。作为我国对外开放的典型城市,上海应该充分挖掘进博会的品牌效应,把其作为上海对外开放的一个标志性活动。

再次,要把进博园打造成能够代表上海国际化大都市形象的一张名片。上海把打造全球卓越城市作为战略目标,目前的抓手是"五大中心"和"四大品牌"。"五大中心"是内在发展,"四个品牌"是外在形象,两者相辅相成,但缺乏一个窗口。进博会则可以成为上海打造国际化大都市形象的一个重要窗口和名片,成为上海城市的新地标,成为展示上海乃至中国贸易文化的重要窗口。中国的国际贸易拥有悠久的历史,有着丰富的国际贸易文

化。上海作为中国近代国际贸易的代表性城市,可以打造"进博会主题园",使其成为一个展示中国贸易文化和上海贸易历史的重要窗口,成为中国国际贸易历史的一张名片。

最后,在"进博会主题园"的功能区布局上,可以做出如下设想。①"展览区"。进博园展览区重点用于进博会召开期间产品展览。同时,展览区会更好发挥进博会的作用,一方面,非展会期间,展览区可向社会开放,或像"世界互联网大会"会址,成为旅游景点;或成为会展馆,可以承接各种会议和展览。另一方面,展览区设置各种宣传窗口,提高进博会宣传力度,提升进博会的公众知晓度。②"观光体验区"。"休闲区"在内容上,可陈列各国特色产品、世界先进科技产品等,可采用实物、图片、影像等方式,把参与过展览的商品、国家、企业集中展示,供游客旅游观光。同时,也可以通过设立"公众参与馆""公众体验馆""VR 体验馆"等,提升公众对进博会的认知,使公众成为宣传进博会的重要力量。③"购物区"。设立专门的区域,提供进博会展览产品或各种进口产品,供人们后续购买,提高人们主动参与进博会、了解进博会、宣传进博会的积极性。同时,进博园购物区也可逐渐成为上海乃至全国购买进口商品的重要场所。④"中国进口博物馆"。以实物、图片或展板形式,展现中国历代进口的产品,并突出上海进口贸易史,例如,经过上海转到全国的产品及近代上海引进的产品等,以此体现中国的国际贸易文化、进口文化,特别是上海悠久的国际贸易文化。"中国进口博物馆"可以逐渐成为中国国际贸易领域的重要标志。

此外,也可考虑适当分散场地。在主场地之外,可把相关功能分散出去,发挥进博会辐射长三角的作用,带动长三角一体化。目前,已经有一些周边城市在筹备承接进博会相关功能的一些工作。

(2)提高公众参与度,丰富进博会品牌效应

制定"开放日",提升公众对进博会的参与感。第一届进博会举办期间,在综合考虑安全交通、场馆容量、参展体验等因素,优先满足专业采购、交易洽谈的前提下,主办方在 11 月 9～10 日安排团体观众实名制观展,但不接待市民个人前往观展。目前,主办方在公众参与这方面的做法是,进

博会结束之后，民众可以在虹桥进口商品展示交易中心买到"进博商品"，展品变商品，并参照"奥特莱斯"模式销售。一方面，时间差会降低民众积极性；另一方面，地点转移也会降低民众参与进博会的感觉。建议进博会现场适当设定"开放日"，允许民众个人前往参观。同时，设立线上或线下交易的专门区域，提升民众的参与感。此外，可在展馆内通过宣传册、海报、视频、活动等形式，加深公众对进博会的理解度。

加强进博会传播策划，提升公众对进博会的知晓度。对于进博会的宣传，不仅需要主流媒体的对外传播，官方的外交行动，也需要公众参与其中，在个人海外社交、国际贸易、境外旅游的过程中，把进博会及其意义传播出去。这就需要通过各种方式，提高国内外公众对进博会的知晓度。建议可采用以下几种方式。一是重视发挥公共外交作用。要支持和鼓励公众主动讲好进博会故事的公共外交作用，并通过培训提高志愿者的职业素质，引导志愿者、参观者树立公共外交意识。二是改进公众教育的内容和方式，提高市民准确表达有关进博会、上海和中国形象信息的能力；同时，加强学术研究，深入挖掘进博会对国家经贸战略、对外开放形象、长三角乃至全国的溢出带动效应以及上海对外开放和城市形象的深远意义，并积极传播这些学术研究。三是重视公共服务对海外民众的作用。完善针对海外参展方、参观者、媒体所提供的交通、娱乐、志愿者等方面的公众服务，在场馆设计时融入一些介绍进博会和中国的知识，无形之中提升海外人士对进博会的认知度，使其能够回国后主动讲述进博会故事。四是加强进博会舆情监测与传播力度。委托相关单位进行动态监测，及时反馈异常舆情并加以引导，澄清公众对进博会的误解；同时，及时发现报道不足之处，加强媒体报道，并借此向公众普及进博会相关知识、讲述其战略意义。

参考文献

李晗，2019，《第二届进博会面向全球推介　总展览面积将超首届》，《新京报》

1月19日第4版。

牟宗琮、李琰等,2019,《进博会观察:"向世界展现一个更加开放包容的中国"》,《人民日报》11月2日第3版。

谭梅,2019,《开放的青海,在路上……——写在青海组团参加第二届中国国际进口博览会之际》,《青海日报》11月5日第6版。

吴卫群,2019,《进博会"跑"来5辆古董车》,《解放日报》10月11日第2版。

许海燕、邵生余,2019,《第二届进博会开幕在即 江苏准备好了》,《新华日报》10月25日第5版。

杨玉红,2019,《上海推出29万余间进博会住宿房源信息——第二届进博会上海宾馆饭店住宿预订平台正式上线》,《新民晚报》6月13日第7版。

Abstract

The 2nd China International Import Expo (CIIE) was held as scheduled in Shanghai during November 5 – 10, 2019. Compared with the first session, it's upgraded in size, quality and the contents of activities. This is a concrete action and pragmatic move that the Chinese government took to actively open China's market to the world and advance the construction of an open world economy characterized by mutual benefits, inclusiveness and win-win cooperation, and served as strong evidence of China's consistent stance of supporting multilateral trade, economic globalization and trade and investment liberation and facilitation, and opposing protectionism and unilateralism.

In April 2019, Shanghai Academy organized compilation of the first CIIE blue book entitled Development Reports on China International Import Expo, which has achieved good academic and social effects. In order to keep tracking and in-depth research on the new thing of the fair, the blue book will be renamed "Research and Development Report on the of CIIE" in 2020, with the content and style consistent with the previous years. The report collection includes a general report and a dozen of topical reports, focusing on the global spillover effects of CIIE and its influence on the development of China and Shanghai from multiple perspectives including economics and trade, culture, society, opening-up and brand image.

The general report says, China's continued hosting of CIIE reflects China's spirit of openness and inclusiveness as well as its resolve and sincerity to advance economic globalization and the cooperation on free trade and investment with real actions, and demonstrates China's commitment to the mission of jointly building a community of shared future for mankind through consultation. The continued hosting of CIIE also provides new opportunities, platforms and drivers for worldwide countries to develop economy and trade, and bolsters the world's confidence to develop with China. The permanent home to CIIE in Shanghai will bring infinite possibilities for the development of Shanghai. Based on its positioning as "five centers", Shanghai will enlarge opening-up and steadfastly push forward various tasks to maximize the spillover effects of CIIE.

From brand-new perspectives, the sub-reports discuss the relations between CIIE and global governance and that between CIIE and the new round of opening-up, and explore how CIIE will promote the construction of rule of law for IPRs in China, how CIIE will advance the development of Hongqiao CBD, how CIIE will exert influence on the policies and practice of Shanghai's city diplomacy and how to forge the brand image of CIIE. Moreover, the papers analyze issues like how CIIE will promote international cultural and tourism exchanges and cooperation, economic and trade cooperation under the "Belt and Road" initiative, the integration in the Yangtze River Delta region, the construction of free trade zones, the construction of Shanghai as an international finance center, and the upgrade of Shanghai's city consumption level.

The reports pooled the wisdom of dozens of experts from Shanghai Academy and several universities in Shanghai, and are intended to interpret the opportunities that the 2nd CIIE creates for local development at a higher level and in a more open way of thinking. The book can offer reference for the experts, scholars, insiders and policy makers in relevant fields, and is of great value and significance for the international academic circle to gain deeper understanding of CIIE.

Keywords: CIIE; opening-up; economic globalization; community of common destiny for all mankind; spillover effect

Contents

I General Report

B. 1 Taking China's Opening-up to a Higher Level
through CIIE　　　　　　　　　　　　　　*Li Peilin, Lin Pan* / 001

Abstract: In today's world, everyone has in himself a little bit of others. While the development of global division of labor and global value chain links various economies in the world closely together, the rising trend of de-globalization like unilateralism and trade protectionism, constant regional conflicts, global spread of the coronavirus epidemic and increasingly vulnerable political orders are posing unprecedented challenges to world economy. Hosting CIIE shows China's long-term consideration of embracing the world and future and its commitment to the mission of jointly building a community of shared future for mankind through consultation. The pragmatic moves China has taken to open itself further up to the world and the constantly optimized business environment provide more opportunities to other countries, bolster the world's confidence to develop with China, and advance the quality development of China. Meanwhile, holding CIIE in Shanghai will bring more opportunities for the development of the city. Based on its positioning as "five centers", Shanghai shall enlarge opening-up and steadfastly push forward various tasks to maximize the spillover effects of CIIE.

Keywords: CIIE; opening-up; multilateral cooperation; long-term effect

II Topical Reports

B.2 Research on CIIE from the Perspective of Global Development and Governance-with Driving the Development of the Least Developed Countries As an Example　*Ren Lin, Han Yonghui* / 014

Abstract: The world is currently undergoing a new round of major development, reform and adjustment. While all countries are increasingly interacting with each other in economic and social development and the reform of the global development and governance system is gathering pace, the global development deficit is a hard nut to crack. A key solution is to address the problem of development facing the least developed countries. CIIE is a solution China proposes to easing the global development and governance deficit. It offers opportunities for the least developed countries to expand presence in China's market, be faster integrated into the global economic and trade networks, promote economic development at home, enhance international positions and create more social wealth. However, as the operational mode is not mature, both software and hardware facilities are less than perfect and the brand influence is insufficient at present, CIIE's support for the least developed countries is to be strengthened. To give further play to the role of CIIE in helping the least developed countries, on one hand, efforts shall be made to beef up the publicity of and support for the least developed countries before, amid and after the expo and increase the least countries' recognition of and participation in CIIE; on the other hand, efforts shall be made to run CIIE as a brand and in a specialized manner to boost its global influence.

Keywords: global governance; economic and trade cooperation; CIIE

B. 3 Research Reports on CIIE and the New Round of
High-level Opening-up　　　　*Wu Guoding, Xiong Aizong* / 042

Abstract: CIIE is a major move that China has taken to actively open itself to the world, and reflects China's resolve to enlarge opening-up, support economic globalization and advance the construction of an open economy. Hosting CIIE meets the needs arising from the new development stage of China's open economy, and is of great strategic and practical significance for China to cope with China-US economic and trade frictions and promote the new round of high-level opening-up. The report elaborates how CIIE will become an important platform for China's new round of high-level opening-up at product, institutional, strategic and global governance levels. It also gives suggestions about how to advance China's high-level opening-up through CIIE and give play to the role of Shanghai in the efforts to enlarge opening-up, such as innovating in the import management system, positively assessing and publicizing the role of CIIE in the world, properly addressing the problems that possibly arise and building and improving the international mechanism for cooperation.

Keywords: CIIE; opening-up; "Belt and Road" initiative; pilot free trade zone

B. 4 Further Promoting the Global Spillover Effects of CIIE
　　　　Liu Hongkui, Zhang Ting / 065

Abstract: CIIE not only promotes the reform and development in China, but also is of great importance to the development of world economy. It pushes forward global economic development by providing a platform for worldwide economic and trade cooperation, enlarging import, deepening China's economic and trade relations with participating countries, advancing the development of the global value chain and maintaining the multilateral trade mechanism of the world.

CIIE provides historic opportunities for the enterprises and quality products of other countries to enter China, increases export from relevant countries to China, and promotes the development of international trade of such countries. By hosting CIIE, China takes a clear-cut stand against trade protectionism and unilateralism, contributing greatly to improving the environment for international trade. The support for developing countries, particularly the least developed countries, promotes the common development across the globe. In the future, efforts shall be made to strengthen the function of CIIE as an international procurement platform, help enhance the export capability of developing countries, improve the role of CIIE in investment promotion, develop the power of discourse of Hongqiao International Economic Forum in the world, so as to better advance the development of economic globalization and build an open world economy.

Keywords: CIIE; global economy; spillover effects; common development

B.5 Research on the Long-acting Mechanism of Interaction between CIIE and the "Belt and Road" Initiative   *Wang Yuzhu* / 087

Abstract: As an innovative mechanism of world trade, CIIE is an important international public product capable of driving development and the reform of global economic governance. Under the background of high-quality Belt and Road cooperation, CIIE is aimed to create external economic space, ease the disturbance of the uncertainties in trade competition to the development of global trade and advance the formation of a steady industrial landscape in which the areas along the route are connected with China. As an extraordinary exhibition, besides boosting commodity trade, CIIE also plays a role in policy exchanges and institutional cooperation, and serves as an important mechanism driving high-quality Belt and Road cooperation. Hongqiao International Economic Forum is increasingly becoming a window for the State and local governments to display policies, and will shoulder a bigger mission of promoting institutional cooperation and international consensus in the future. CIIE is an important platform to release fruits of high-quality development, as more and more innovative products and technologies are debuted at CIIE, which gives it the function of leading innovation. Besides, CIIE can advance the expansion of market space, boost China's reform by accelerating industrial restructuring through the trade balance strategy, and also play a big role in the modernization of government governance and the construction of domestic market system under the "Belt and Road" initiative.

Keywords: CIIE; "Belt and Road" initiative; long-acting mechanism; market space; opening-up

B.6 Research on How CIIE Promotes International Cultural and Tourism Service Trade

Li Meng, Chen Wenyan, Gao Yulu and Hu Xiaoliang / 113

Abstract: As industrial restructuring progresses worldwide, service trade enjoys an increasingly higher position in the global trade structure and has become a new engine driving global economic growth. Cultural and tourism service trade is a major part of service trade. The 2nd CIIE shows some new trends of global cultural and tourism service trade: Cultural and tourism service trade has an increasingly important position; China's cultural and tourism service trade ushers into a new stage; inbound tourism will be further developed; a number of international cultural and tourism enterprises will rise inevitably; big data and Internet technologies will play a bigger role; the service sector will be further integrated with the manufacturing sector in development; the coupling effect of pilot free trade zones and free trade ports needs to be released in an integrated manner. To give better play to the function and value of CIIE in promoting the development of international cultural and tourism service trade, more active and bigger efforts shall be made to explore the coordinated development of online and offline businesses and the operation of the "6 days +365 days" interactive alignment mode.

Keywords: CIIE; cultural and tourism service trade; new actions

B. 7　Research on CIIE and the Integration of the Yangtze
　　　River Delta　　*Chen Xiaodong, Deng Siyue, Zhao Danni* / 133

Abstract: The launch of CIIE shows China moves from passive opening-up to active opening-up, and demonstrates China's attitude of "pursuing active opening-up" and "taking positive actions" in the new era. The paper discusses the influence of CIIE on the Yangtze River Delta from six aspects, i. e. import & export, consumption upgrade, market construction, integrated industrial development, the coordinated protection of ecological environment and the reform and opening-up at a deeper level, and systematically analyzes the interactions between the integration of the Yangtze River Delta and CIIE. While the bonus of CIIE will benefit the Yangtze River Delta, the Yangtze River Delta will learn from CIIE to take the integrated development to a higher level.

Keywords: CIIE; integration of the Yangtze River Delta; integrated industrial development; upgrade of residential consumption

B. 8　Research on CIIE and the New Round of Free Trade
　　　Zone Construction
　　　　　　He Shuquan, Wang Jingqing, Zhang Wanting et al. / 151

Abstract: As an import-themed State-level expo, CIIE is releasing huge "spillover effects", including the policy orientation effect, industrial orientation effect, international trade effect, international investment effect and nationwide radiating effect. Amid the new landscape that features comprehensive and linked reform and opening-up, China is progressively moving from opening-up in an all-round way to stressing on linkage. Amid the interaction among the five major national strategies, the new round of free trade zone construction is a major part of China's new landscape of linked reform and opening-up. China has set up free trade zones in five batches, and a "1 + 3 + 7 + 1 + 6" pilot free trade zone construction pattern has taken shape by far. The new round of free trade zone construction will be geared to CIIE functions in commodity exhibition, institutional opening-up and cross-border e-commerce, and be linked with CIIE in institutional highland construction, new-type international trade, industrial clustering and layout as well as logistics and finance, etc. In practice, there are some problems with the linkage between CIIE and free trade zone construction, for example, stress on Shanghai's construction rather than linked opening-up across the country, highlight consumer goods import rather than intermediate product import, underpin commodity service rather than institutional construction, and underline functions of trade rather than the functions of international investment. To develop a stronger linkage between CIIE and free trade zone construction, we shall take into consideration institutional construction, nationwide radiation, import of high-quality capital goods and attraction of international investment.

Keywords: CIIE effects; new round of free trade zone construction; the new landscape of linked opening-up; national strategic layout

B.9 Research on CIIE and the Construction of Shanghai
As an International Trade Center   *Zhang Hao* / 188

Abstract: CIIE creates new opportunities for Shanghai to lift its construction as an international trade center to higher level. The report analyzes the current development of Shanghai as an international trade center, and reviews Shanghai's role in gathering demand both at home and abroad and integrating resources in both domestic and foreign markets. Research based on input and output data shows, Shanghai's output of industries like industrial manufacturing and logistics & storage strongly supports the final consumption and intermediate input in other parts of China, which is particularly true in the Yangtze River Delta and Yangtze River Economic Belt. Shanghai also plays a big role in the "Belt and Road" construction. Through its radiating effect, CIIE increases the vigor of foreign trade and the connection between domestic and foreign markets, and drives the development of producer services and the improvement of trade facilitation in Shanghai. In the future, CIIE shall focus more on the upgrade of trade functions, the popularization of regulatory measures, the expansion of hinterland and the consolidation of established results, so as to develop the long-term effect supporting the construction of Shanghai as an international trade center.

Keywords: international trade center; economic hinterland; gather demand; trade facilitation

B.10 Research on CIIE and the Construction of Shanghai As an International Finance Center

Yang Di, Zhufu Haiying, Yu Zhonghua and Hu Xiaoliang / 221

Abstract: According to the established goal, Shanghai will be basically built into an international finance center by 2020. CIIE has been successfully held for two sessions, and its annual launch in Shanghai in the future is bound to have positive influence on the construction of Shanghai as an international finance center. The report analyzes the financial demand of CIIE, notes that CIIE and the international finance center can empower and promote each other, and gives a number of suggestions, such as taking advantage of CIIE to promote the currency conversion reform, advancing RMB internationalization in the participating countries along the belt and road, and pushing forward offshore trade and offshore finance in Shanghai Free Trade Zone, so as to promote the construction of Shanghai as an international finance center.

Keywords: CIIE; international finance center; free conversion of currencies; RMB internationalization; offshore finance

Contents

B.11 Research on CIIE and Shanghai's City Diplomatic
Policies and Practice   *Zhao Yinliang* / 242

Abstract: CIIE expands the connotation of Shanghai's city diplomacy, and provides an institutional path for Shanghai to be integrated into global city networks and participate in international affairs. Taking advantage of CIIE, Shanghai will give further play to the new functions of city diplomacy, combine city diplomacy with the public diplomacy and people-to-people diplomacy in the country's general diplomacy, and define the directions for city diplomacy, i. e. making an explicit strategy for global participation, scientifically and reasonably allocating resources for global participation, taking active part in the arrangement of global city network agenda and reshaping discourse narration for public participation. More importantly, this will provide constructive thinking for the exploration of the diplomatic community construction mechanism based on coordination between central and local governments.

Keywords: CIIE; Shanghai; city diplomacy; public goods

B.12 Research on the Linked Development between CIIE and the
Construction of Shanghai As a Scientific and Technological
Innovation Center   *Yu Yunjiang* / 265

Abstract: In recent years, Shanghai has seriously followed the important instruction of "accelerating the march towards a globally influential scientific and technological innovation center" given by Xi Jinping, General Secretary of the CPC Central Committee, thoroughly implemented the strategy of innovation-driven development, and accelerated its construction as a scientific and technological innovation center with global influence. By far, the "four beams and eight columns" have taken initial shape, and the basic framework is being built at a faster pace; important scientific and technological innovation results have sprung like mushrooms, and a chain of substantial breakthroughs have been achieved. Since the outbreak of China-US trade war, the US has been seeking for China's decoupling from the US in technologies. People's Daily mercilessly disclosed the fact, claiming the US was starting a "tech cold war" and putting up a "digital iron curtain", which will have certain impact on the construction of Shanghai as a scientific and technological innovation center. Meanwhile, CIIE has been successfully held in Shanghai for two sessions, and is becoming an important platform for the global debut of many new products and technologies. That provides great opportunities for Shanghai to conduct cross-border technological cooperation and can effectively promote the construction of Shanghai as a scientific and technological innovation center. So, Shanghai shall keep tracking the new products, technologies and services displayed at CIIE, and draw the tech enterprises and R&D companies participating in CIIE to Shanghai through investment promotion across the industrial chain; it shall pay attention to the trends of digital technologies, and increase cross-border cooperation on opening-up and innovation; it shall explore and implement better R&D technologies and import policies based on CIIE, and focus more on IPRs protection to remove concerns of participating enterprises.

Keywords: CIIE; construction of Shanghai as a scientific and technological innovation center; linked development

B.13 Research on the Influence of CIIE on the Upgrade of Shanghai's City Consumption Level and Countermeasures

Wang Chunlei, Wang Qiang, Yang Yuchen and Tu Tianhui / 281

Abstract: As a new international public platform that China launched to enlarge opening-up and the first import-themed State-level expo in the world, CIIE gathers famous enterprises and presents quality products and advanced technologies from around the world. It's an important perspective to discuss the spillover effects of CIIE and study the influence of CIIE on the upgrade of Shanghai's city consumption level and countermeasures. The report analyzes the role of CIIE in the upgrade of the city consumption level in Shanghai, and concludes that CIIE helps the residents in Shanghai and even its neighboring cities "be able to, willing to, daring to and good at consumption" mainly by directly or indirectly changing the supply side, institutional side and demand side, and ultimately helps achieve the goal of improving the city consumption level. Based on the analysis of the bottlenecks constraining the upgrade of the city consumption level in Shanghai, the report further gives policy suggestions concerning how to improve the city consumption level in Shanghai through CIIE.

Keywords: CIIC; shopping in Shanghai; city consumption level

B. 14 Research on CIIE and the Construction of Hongqiao CBD

He Feng / 314

Abstract: Taking advantage of the spillover effects of CIIE, Hongqiao CBD, positioned to be an open and international hub, an international CBD and a new platform for the international trade center, is upgrading its functions in serving the Yangtze River Delta, aligning local moves with national strategies and connecting Shanghai with the world. At present, Hongqiao CBD needs to address three problems, first, the spillover effects of CIIE are to be improved; second, the bottleneck constraining the development of Hongqiao CBD is to be removed; third, the home advantage of Hongqiao CBD where CIIE is hosted is to be strengthened. To Hongqiao CBD, the home effect is reflected in the following aspects: first, the appeal of CIIE grows, attracting many participating exhibitors from nearby areas or of big sizes; second, the free trade zone expands, with Pudong, the eastern part facing the sea, and Hongqiao, the western part facing the Yangtze River Delta, both flourishing; third, Hongqiao CBD expands to amplify the radiating effect of Shanghai as a central city. Hongqiao standards cover all the three functional positionings of Hongqiao CBD, i.e. an open and international hub, an international CBD and a new platform for the international trade center. Through sharing, matching, learning and other agglomeration mechanisms, Hongqiao CBD has upgraded institutional arrangements in three aspects: it has integrated and upgraded multiple rules through innovation in the planning system; it has upgraded facilities through innovation in the public service system; it has upgraded the integration between the city and industries through innovation in the consumption system and the open hub system.

Keywords: Hongqiao CBD; home advantage; Hongqiao standards; agglomeration mechanism

B. 15 Research on How CIIE Promotes the Construction of Rule of Law for IPRs　　　　*Gu Xin, Zhang Peng* / 338

Abstract: The successful launch of two sessions of CIIE promotes the construction of rule of law for IPRs in China in many ways, improving China's IPRs legal system to some extent and enhancing the level and capacity of IPRs protection in China. By analyzing the significance of CIIE in advancing the construction of the IPRs legal system in both China and Shanghai, the paper concludes that CIIE provides important opportunities for Shanghai to develop into an IPRs central city in Asia Pacific.

Keywords: CIIE; IPRs; construction of rule of law; IPRs central city in Asia Pacific

B. 16 Research on CIIE and Brand Image　　　　*Ye Jun* / 370

Abstract: Launched in Shanghai, CIIE is of great importance to China's host diplomacy, so, we must put premium on its brand image and its influence in every aspect. Through big data analysis and content analysis, the paper discusses media coverage about CIIE both at home and abroad. On such a basis, it further analyzes the influence of CIIE on the brand image of Shanghai, where CIIE is hosted. Based on data and cases, the paper reviews the problems related to the brand image of CIIE and its influence on Shanghai, and gives suggestions from multiple perspectives concerning how to raise the profile of CIIE and increase its spillover effects on the brand image of Shanghai.

Keywords: CIIE; brand image; city image; media coverage

社会科学文献出版社

皮 书

智库报告的主要形式
同一主题智库报告的聚合

❖ 皮书定义 ❖

皮书是对中国与世界发展状况和热点问题进行年度监测，以专业的角度、专家的视野和实证研究方法，针对某一领域或区域现状与发展态势展开分析和预测，具备前沿性、原创性、实证性、连续性、时效性等特点的公开出版物，由一系列权威研究报告组成。

❖ 皮书作者 ❖

皮书系列报告作者以国内外一流研究机构、知名高校等重点智库的研究人员为主，多为相关领域一流专家学者，他们的观点代表了当下学界对中国与世界的现实和未来最高水平的解读与分析。截至2020年，皮书研创机构有近千家，报告作者累计超过7万人。

❖ 皮书荣誉 ❖

皮书系列已成为社会科学文献出版社的著名图书品牌和中国社会科学院的知名学术品牌。2016年皮书系列正式列入"十三五"国家重点出版规划项目；2013~2020年，重点皮书列入中国社会科学院承担的国家哲学社会科学创新工程项目。

权威报告·一手数据·特色资源

皮书数据库
ANNUAL REPORT(YEARBOOK) DATABASE

分析解读当下中国发展变迁的高端智库平台

所获荣誉

- 2019年，入围国家新闻出版署数字出版精品遴选推荐计划项目
- 2016年，入选"'十三五'国家重点电子出版物出版规划骨干工程"
- 2015年，荣获"搜索中国正能量 点赞2015""创新中国科技创新奖"
- 2013年，荣获"中国出版政府奖·网络出版物奖"提名奖
- 连续多年荣获中国数字出版博览会"数字出版·优秀品牌"奖

成为会员

通过网址www.pishu.com.cn访问皮书数据库网站或下载皮书数据库APP，进行手机号码验证或邮箱验证即可成为皮书数据库会员。

会员福利

- 已注册用户购书后可免费获赠100元皮书数据库充值卡。刮开充值卡涂层获取充值密码，登录并进入"会员中心"—"在线充值"—"充值卡充值"，充值成功即可购买和查看数据库内容。
- 会员福利最终解释权归社会科学文献出版社所有。

数据库服务热线：400-008-6695
数据库服务QQ：2475522410
数据库服务邮箱：database@ssap.cn
图书销售热线：010-59367070/7028
图书服务QQ：1265056568
图书服务邮箱：duzhe@ssap.cn

卡号：564158722899
密码：

S 基本子库
SUB DATABASE

中国社会发展数据库（下设12个子库）

整合国内外中国社会发展研究成果，汇聚独家统计数据、深度分析报告，涉及社会、人口、政治、教育、法律等12个领域，为了解中国社会发展动态、跟踪社会核心热点、分析社会发展趋势提供一站式资源搜索和数据服务。

中国经济发展数据库（下设12个子库）

围绕国内外中国经济发展主题研究报告、学术资讯、基础数据等资料构建，内容涵盖宏观经济、农业经济、工业经济、产业经济等12个重点经济领域，为实时掌控经济运行态势、把握经济发展规律、洞察经济形势、进行经济决策提供参考和依据。

中国行业发展数据库（下设17个子库）

以中国国民经济行业分类为依据，覆盖金融业、旅游、医疗卫生、交通运输、能源矿产等100多个行业，跟踪分析国民经济相关行业市场运行状况和政策导向，汇集行业发展前沿资讯，为投资、从业及各种经济决策提供理论基础和实践指导。

中国区域发展数据库（下设6个子库）

对中国特定区域内的经济、社会、文化等领域现状与发展情况进行深度分析和预测，研究层级至县及县以下行政区，涉及地区、区域经济体、城市、农村等不同维度，为地方经济社会宏观态势研究、发展经验研究、案例分析提供数据服务。

中国文化传媒数据库（下设18个子库）

汇聚文化传媒领域专家观点、热点资讯，梳理国内外中国文化发展相关学术研究成果、一手统计数据，涵盖文化产业、新闻传播、电影娱乐、文学艺术、群众文化等18个重点研究领域。为文化传媒研究提供相关数据、研究报告和综合分析服务。

世界经济与国际关系数据库（下设6个子库）

立足"皮书系列"世界经济、国际关系相关学术资源，整合世界经济、国际政治、世界文化与科技、全球性问题、国际组织与国际法、区域研究6大领域研究成果，为世界经济与国际关系研究提供全方位数据分析，为决策和形势研判提供参考。

法律声明

"皮书系列"(含蓝皮书、绿皮书、黄皮书)之品牌由社会科学文献出版社最早使用并持续至今,现已被中国图书市场所熟知。"皮书系列"的相关商标已在中华人民共和国国家工商行政管理总局商标局注册,如LOGO( )、皮书、Pishu、经济蓝皮书、社会蓝皮书等。"皮书系列"图书的注册商标专用权及封面设计、版式设计的著作权均为社会科学文献出版社所有。未经社会科学文献出版社书面授权许可,任何使用与"皮书系列"图书注册商标、封面设计、版式设计相同或者近似的文字、图形或其组合的行为均系侵权行为。

经作者授权,本书的专有出版权及信息网络传播权等为社会科学文献出版社享有。未经社会科学文献出版社书面授权许可,任何就本书内容的复制、发行或以数字形式进行网络传播的行为均系侵权行为。

社会科学文献出版社将通过法律途径追究上述侵权行为的法律责任,维护自身合法权益。

欢迎社会各界人士对侵犯社会科学文献出版社上述权利的侵权行为进行举报。电话:010-59367121,电子邮箱:fawubu@ssap.cn。

社会科学文献出版社